万卷方法® / 新闻与传播学研究方法丛书
主编／周 翔

Qualitative Communication
Research Methods, 3e

传播学
质性研究方法

【美】托马斯·R.林德洛夫（Thomas R. Lindlof）
【美】布莱恩·C.泰勒（Bryan C. Taylor）◎著

叶欣 李静 周翔 ◎译

周翔 ◎审校

重庆大学出版社

托马斯・R. 林德洛夫（Thomas R.Lindlof）

肯塔基大学新闻与电信学院的教授。他拥有佛罗里达大学学士学位，以及得克萨斯州立大学奥斯汀分校的硕士和博士学位。在加入肯塔基大学之前，他曾在宾夕法尼亚州立大学任教。他的研究和研究生教学主要集中在媒介传播的文化分析、媒介受众理论和研究、传播技术的社会应用及阐释性研究方法。他的研究成果见诸《传播学研究》（*Communication Research*）、《传播学杂志》（*Journal of Communication*）、《广播电子传媒杂志》（*Journal of Broadcasting & Electronic Media*）、《新闻学季刊》（*Journalism Quarterly*）、《新闻学研究》（*Journalism Studies*）、《媒体与宗教杂志》（*Journal of Media and Religion*）、《社会科学计算机评论》（*Social Science Computer Review*）和《传播学年鉴》（*Communication Yearbook*）等众多学术刊物上。他曾担任《广播电子传媒杂志》的主编，目前担任四本期刊的编委。他撰写和编辑了五本书。他的最新著作《好莱坞下的围城：马丁・斯科西斯、宗教权利和文化战争》（*Hollywood Under Siege：Martin Scorsese，the Religious Right，and the Culture Wars*）由肯塔基大学出版社于 2008 年出版。

布莱恩・C. 泰勒（Bryan C.Taylor）

科罗拉多大学博尔德分校传播系教授，专门从事质性研究方法和批判文化研究。他的质性研究发表在《传播学研究》《应用传播研究杂志》（*Journal of Applied Communication Research*）、《当代民族志杂志》（*Journal of Contemporary Ethnography*）、《组织变革管理杂志》（*Journal of Organizational Change*）、《文化、组织和社团研究》（*Studies in Cultures，Organizations and Societies*）（现名《文化和组织》，*Culture and Organization*）、《西方传播学杂志》（*Western Journal of Communication*）和其他刊物上。他拥有马萨诸塞大学阿默斯特分校的学士学位，以及犹他大学的硕士和博士学位。在加入科罗拉多大学之前，他曾在得州农工大学传播学院任教。他的主要研究项目涉及核与冷战（冷战后）传播的研究。他撰写了《核遗产：传播、争议和美国核武器综合体》（*Nuclear Legacies: Communication, Controversy, and the U.S. Nuclear Weapons Complex*），并且是《传播学质性研究方法》（*Qualitative Communication Research Methods*）第二版的合著者。

译者简介

叶欣

浙江传媒学院新闻与传播学院副教授，武汉大学新闻与传播学院新闻学博士，复旦大学新闻学院博士后。主要研究领域为融媒体传播、健康传播、新闻与传播研究方法论。2013—2014年，赴美国威斯康星大学麦迪逊分校传播艺术系高访。代表作见于《当代传播》《当代电影》《新闻学》等核心期刊。

李静

中国地质大学（武汉）艺术与传媒学院特任副教授，武汉大学新闻与传播学院传播学博士。主要研究领域为环境传播、网络传播、新闻与传播研究方法论。2016—2017年，以国家留学基金委"联合培养博士生"身份赴新加坡南洋理工大学黄金辉传播与信息学院学习。主持教育部项目1项。代表作见于《新闻与传播研究》《当代传播》《新闻界》等核心期刊。

周翔

女，美国田纳西大学传播与信息学院传播学哲学博士，教育部新世纪优秀人才支持计划、湖北省楚天学者特聘教授入选者，现为汕头大学长江新闻与传播学院三级教授。主要学术兼职包括武汉大学媒体发展研究中心研究员、中国新闻史学会全球传播与公共外交研究委员会常务理事、中国翻译协会对外话语体系研究委员会委员、中国新闻史学会计算传播学研究委员会理事、深圳大学文化产业研究院特聘研究员。原武汉大学新闻与传播学院三级教授、博士生导师，曾在新华通讯社从事国际新闻报道工作。

主要研究领域包括研究方法论、国际传播、网络传播。曾获得湖北省社会科学优秀成果奖二等奖、三等奖，湖北省高校人文社科研究优秀成果奖，武汉大学人文社科优秀成果二等奖，武汉大学研究生优秀教学业绩奖。先后主持国家社科基金项目、教育部人文社科重点基地重大项目、教育部规划项目、教育部留学基金委留学归国人员资助项目、中国外文局投标项目、湖北省省部共建教改项目、武汉大学研究生精品课程建设项目等20余个项目，参与国家社科重大项目、美国国家级基金项目。

代表作包括专著《传播学内容分析研究与应用》《传播内容数据分析与SPSS统计应用》，译著《话语研究：多学科导论》和《最后的权利：重议〈报刊的四种权利〉》，论文见于 *Journalism & Mass Communication Quarterly*、*Journal of Computer-Mediated Communication*、*New Media & Society*、*Journalism Studies*、*International Communication Gazette*、《国际新闻界》、《现代传播》、《学术研究》、《学术前沿》等国内外知名期刊。

致 谢 ———

汤姆[1] 要感谢乔安妮·林德洛夫（Joanne Lindlof）的不懈支持、鼓励和耐心。汤姆很感谢享此特权再次与布莱恩合作，其敏锐的才智、富有才气的写作以及追求学术研究质量的奉献精神提升了他自己的研究水平，并且他对这个项目的热情也极具传染性。汤姆还要感谢 SAGE 出版公司的编辑托德·阿姆斯特朗（Todd Armstrong）在本书写作中所给予的慷慨和细心的合作。

接下来，布莱恩要感谢以下人员为完成本书提供的帮助：汤姆对他持续的指导和慷慨的合作精神；SAGE 出版公司编辑托德·阿姆斯特朗对他这个项目的信任和耐心；阿曼达·波特（Amanda Porter）对我们在第 2 章讨论行动者网络理论的有用反馈；凯莉·赖利（Kerry Reilly）的爱心支持以及对非虚构写作的启发性奉献；最后是玛蒂尔达（Matilda），一只甜美却有些紧张的哈士奇混血犬，它总在凌晨时分关注着他写作，每当他转动椅子时都会惊慌失措地跳起来。

最后，我们俩都非常感谢对本书提出建议的评审人员：约翰·R. 鲍德温（John R.Baldwin）（伊利诺伊州立大学）、多萝西·J. 德拉诺斯（Dorothy J.Della Noce）（詹姆斯·麦迪逊大学）、佩吉·P. 埃德利（Paige P.Edley）（洛约拉·玛丽蒙特大学）、乔治娜·格罗森尼克（Georgina Grosenick）（卡尔顿大学）、伊丽莎白·M. 罗扎诺（Elizabeth M.Lozano）（芝加哥洛约拉大学湖岸分校）、罗宾·R. 明斯科尔曼（Robin R.Means Coleman）（密歇根大学）以及商娜·L. 特罗普（Shonna L.Tropf）（密苏里中部大学）。

1　汤姆指托马斯·R. 林德洛夫，下同。——校译者注

与《传播学质性研究方法》的前两版一样，本书旨在向读者介绍质性研究及其在传播知识产出方面的作用。我们这一努力的逻辑是绘制由质性研究者从概念化到完成一项研究的旅程。在这个过程中，我们做出了一些策略性选择，一部分是出于其必要性，一部分是出于偏好，一部分是出于对田野方法的偏向。因为它们的复杂性，我们选择不处理与话语分析相关的具体方法。我们把读者引入其他许多优秀的讨论中（Cameron, 2001；Titscher, Meyer, Wodak, & Vetter, 2000）。本书探索的方法主要是参与观察和访谈，但在这里也会使用视觉媒体、文本分析、研究日记和其他工具。我们知道一些读者希望根据他们的情况需要只是使用这些方法中的一部分。因此，老手读者可能希望有选择地阅读，但我们相信新手将从全部内容中获益。当你实际需要它们时，最好有更多的资源和方法来供你选择。

总的来说，这本书回应性地再现了质性研究在传播学中的历史和范围，同时以透视的眼光跟踪了新趋势，并保持了两者之间的平衡。我们对这些质性研究和传播问题如何在一个瞬息万变的环境中发挥作用是非常敏感的，这个环境塑造了后现代社会中学术和知识工作的形式和内容。通过这种方式，本书继续雄心勃勃地将传播学视为一个充满活力和日益国际化的学术领域。它旨在代表学科的多样性，并对最近趋势的重要性和后果作出明智的判断。

【xii】

也许本书中最重要的变化是我们决定用新的第 7 章 "数据生成Ⅲ：分析物质文化和文献" 来取代第二版中的第 8 章 "质性研究和计算机中介传播"。当代社会中 "言语" 与 "中介化的" 交流的界限日益消散（因此，几乎所有质性研究领域都以某种形式呈现出 "技术"），我们认为取消第二版的第 8 章是恰当的，相关技术问题的讨论被纳入其他章节。

巧合的是，我们认识到需要包含第三大类的数据：物质文化和文献的研究。我们认为，新的第 7 章实现了三个关键目标：（a）聚焦于空间、文物、物体、工具和文献在当代使用中的重要性；（b）为实地研究中所利用的更具参与性的其他方法论证说理；（c）提请人们注意这些经常被忽视的交往行动因素。物质文化和文献分析的具体应用是从人际传播和组织传播，批判性、后现代性和文化传播研究及媒体研究中提炼出来的。

本书的所有章节都以已发表研究的新例子为特色，有些是我们自己和学生研究的例子。这些例子是从不同的分支领域和传播出版物中选择出来的。这些例子并不是为了用于确定所要说明的论点。相反，它们是为了刺激、扩大、提高或挑战你对研究实践的思考。我们也试图采用更直接和个人的写作风格。作为读者的您，如果感到积极参与了一个关于研究者在调查传播中所作的选择的对话，那么我们这一努力就是成功的。

对本书第三版各章的修改包括：

· **第 1 章质性传播研究导论**。除了更新关于传播研究的实证主义（positivist）、后实证主义（postpositivist）和阐释主义（interpretivist）范式的现有讨论之外，我们还增加了对待批判范式的新的阐述。我们关于传播分支领域的质性研究的概述研讨了两个新领域（修辞和策略传播），修改了一个现有领域（即媒体和技术研究），并更新了这些讨论的所有研究实例。

· **第 2 章理论传统与质性传播研究**。除了更新我们对这些传统的现有阐述之外，我们还增加了五个新传统的讨论，包括行动者网络理论（Actor Network Theory）、批判性种族理论（Critical Race Theory）、后殖民主义（Postcolonialism）、社会建构主义（Social Constructionism）和结构理论（Structuration）。为每个传统理论提供了已发表研究的新例子。

· **第 3 章设计Ⅰ：规划研究项目和第 4 章设计Ⅱ：实施研究项目**。虽然我们最初是有把第 3 章和第 4 章结合起来的想法，但最终我们还是把它们作为一对章节，并且重新组合了它们之间的元素，以便更好地描述研究从一个概念"提升"到涵盖设计和伦理的考量，最后是正式的研究提案。第 3 章还介绍了一个学生探索研究理念的新的扩展案例。这个例子与制订研究问题的不同来源的详细处理有关。

· **第 5 章数据生成Ⅰ：参与、观察和记录社会行动**。我们认为本章的一般格式——致力于参与、观察和撰写脚注的部分——坚实而不需要重大修改。我们回顾了持久性和通用性的类型学（例如最近文献中对其有效性的讨论），并试图尽可能提高清晰度和可访问性。

新增部分主要涉及越来越多地使用辅助技术（例如，手机视频）和新的通信服务和类型（例如，博客、短信）来观察和记录实地工作的经验。

- **第6章数据生成Ⅱ：质性访谈**。我们扩大了焦点小组访谈的讨论范围，以便更全面地探讨其使用、优点和局限性。增加了关于使用辅助技术进行访谈（例如，电子邮件）的部分以及与之相关的伦理问题。我们还扩大了有关录音转录的论述部分，以帮助读者认识并进而能够管理一些不太明显的将语音翻译成数据文本的问题。关于询问的技巧，汤姆的一项研究中有很多例子可以说明。

【xiv】

- **第8章赋予意义：质性数据的分析与阐释**。我们为编码数据的过程提供了更多细节和方法，主要是通过使用过程更加透明和易于遵循的例子。我们还更新了计算机辅助质性数据分析软件（CAQDAS）这一部分。我们有意不提供用户评论，也不提供有关使用哪个程序的具体论题（新程序可能是无尽的）。相反，我们为 CAQDAS 的关键议题提供了一个总体方向，以便读者可以决定是否并且在某种程度上如何使用特定的工具和系统来达到自己的目的，并满足成功质性研究的要求。

【xv】

- **第9章写作、署名和发表**。我们扩大了对质性写作学术圈规则的讨论，以解决另外两个日益相关的制度背景：出版经济学和新媒体。我们还将对现有的"传统"和"替代"写作格式的讨论扩展至"多媒体"。

第5章　数据生成Ⅰ：参与、观察和记录社会行动

第6章　数据生成Ⅱ：质性访谈

第7章　数据生成Ⅲ：分析物质文化和文献

第8章　赋予意义：质性数据的分析与阐释

第9章　写作、署名和发表

第1章　质性传播研究导论

1.1　引言：同警察一起工作（并对其进行研究）

伊丽莎白并不是某天醒来，突然决定研究警务人员，思考组织传播是如何塑造他们的身份的。这迟早会发生。但这一切却始于机缘、兴趣和那种有事要发生令人不安的感觉。

伊丽莎白是美国西部一所大型公立大学传播学专业的学生，她已选择做学位毕业论文。年初在项目导师的敦促下，她开始考虑确定自己的研究课题和研究领域。渐渐地，她意识到她在学警局的兼职学生工作是值得考虑的。在行动部门工作两年后，她已经沉浸在警员和公务员例行日常公事中了。她了解到他们与学生、周边城市居民，以及其他执法机构成员之间的交流是如何在常规政策和非正式规范中被形塑的。在履行职责时、在闲散的对话中，她注意到警员表达出自己在工作中引以为豪的事情和不满意的地方。随着时间的推移，她和一名警员同事开始约会，并与他们开始工作之外的交际，她对这些事情的兴趣加深了。

由于她的身份，伊丽莎白认识到在这个群体中她得到了外部人员不易获得的某种程度的信任，而且警务工作的强度本身即有着其内在的趣味。如何解读他们因为从属于这个群体而具有的矛盾意义呢？她为她的选择而犯愁。冒着辜负他们的信任，去正儿八经地研究他们（她把其中一些人都当作朋友了），甚至报道一些他们可能不太愿意被报道的事情，这真的值得吗？力求客观，对她来说是否太迟了？ 【1】

和她的论文导师以及警察局长商量之后，她决定冒这个险。她开始在轮班时与警员们一起搭车出任务，观察、聆听、记录他们与市民及他们之间的对话，采录她日常工作时间发生的对话。有人乐于接受这样的过程，也有人表示怀疑，而大多数人期望的是，她能"真真切切"地了解他们的工作到底是什么样的：组织内的勾心斗角，前所未见的突发危险和冲突的可能性，被混同于"区区"保安的屈辱，以及满足那些真正需要"保护和服务"的人所带来的喜悦。

伊丽莎白进一步要求人事部门与她进行一对一的延伸性对话。在这些交流（大多数都作了音频记录）中，她就她所目睹的事件及这些人和其他人所做的陈述进行询问。最后，她收集了各种文件（电子邮件、短信、便条等）来展示管理者们所希望的警员们看待他们自己和他们部门的方式。

所有这一切会引向何处呢？伊丽莎白逐渐预感到警员们在部门里的工作满意度同他们作为一种职业理想而"真正"维持一方治安的形象息息相关。她意识到这些警察和他们的上级力图在为这个组织树立形象，从而避免被外界指责他们缺乏信誉（比如被指责为一群"玩具巡警"）。

结果，这些警员不断寻求从上司和同僚那里得到一再的保证，确认他们的工作成就符合预期的想象。事实上，他们塑造了一个同为"良好监督工作"的重要场所的大学与警局并驾齐驱的积极形象。渐渐地，伊丽莎白提出用"组织认同"（organizational identification）和"非干扰性控制"（unobtrusive control）的理论解释这些发现。

最终，伊丽莎白的项目很成功。她通过了毕业论文答辩，并获得了很高的荣誉。在接下来过渡的一年里，她在一家大型零售企业任经理。之后，她决定读研，继续研究组织传播，并且嫁给了当年约会的那个警察（她丈夫现在正学习做急救护理工作）。回望这一切，她说："我 【2】 想我总是能知道要去讲述一个有意义的故事。"

这是质性传播研究人员工作的大致情况。伊丽莎白实际上是学习了一种叫"民族志"（ethnography）的特殊研究方法。她的故事告诉我们，研究者们是如何提出问题，如何决定什么是重点观察和报告的对象，以及他们是如何涉入研究过程之中的。比如，一开始，伊丽莎白就意识到当下的生活圈是一个研究的机会。它产生于偶然的时机及对警察行业的同理心。尽管有时感觉它可能会产生冲突和担忧，但这种情况（通过实践）也是可控的。

这个项目中选用的研究方法到底怎样呢？在这方面，伊丽莎白的研究算得上一箭三雕。首先，她使用**参与式观察**（participant observation）的方法。顾名思义，研究者通过这种方式成为一个既有群体中活跃的一员，扮演着令其他成员感到认同、适应、无威胁性的角色。通过参与完成每一天的工作，研究者深入了解到同其他成员一样的责任和义务、动机和情感，并感同身受。有效参与是实现有效的质性传播研究的先决条件。我们将在第 5 章深入探究这个方法。

除了观察别人，伊丽莎白还进行了**访谈**（interviews）。正如在第 6 章中要进一步讨论的，访谈有几种不同的叫法。总的来说，访谈应像是在平等者之间展开的对话，对话者系统地合作探讨共同感兴趣的话题。尽管质性研究者常常会带着一个议程进入访谈，但是他们一般不对访谈施以过多的结构。比方说，伊丽莎白的提问鼓励警察表达他们个人对工作的情感，而不是强迫他们从一个预先准备好的答案列表里去作选择。质性研究者访谈的理由如下：理解某种情形下研究对象的观点，唤起他们过去的经历，获取专业性的洞察或信息，获得仅靠观察通常无法得到的对事件的描述，培养信任感，了解敏感的人际关系，创建事后可供分析的交流记录。

最后，为了完成研究，伊丽莎白收集和分析了公文，以及其他组织性的人为产物。这是因为她的研究考察的是由警局成员所形成的对警局的叙述。这种分析通常将物质文化（例如，服 【3】 饰、建筑、汽车等）"阅读"作为符号表达的主要方式（参阅 Goodall，1991）。视觉媒介——诸如图片或视频——也可以被研究人员或者群体成员用来记录行为，捕捉不同的行为意图（LeBaron & Streeck，1997）。我们将在第 7 章中深入探讨这个方法。

在本章中，我们将重点放在这三种技术上，因为它们为成功的质性研究创造了一种必要的灵活性。通过这种方式，伊丽莎白的项目提出了质性研究人员会问的一些基本问题：这里发生了**什么**？正在完成什么？**"他们"是如何做到的**？这些活动是如何改变的，**取决于谁在做，什么时候，在哪里做**？**"他们"是如何理解和解释他们所做的事情的**？**"他们"是谁**——对于我，还是对于他们自己？对于他们来说，**"我"是谁**？**最后，这些知识对**传播学者和专业人士以及普通大众有何用处？

这些问题体现了对颇富争议的传播学学问的界定性投入：在其表演（performance）所处的不同语境下研究人类**符号行为**（symbolic action）（Cronkhite，1986）。也就是说，质性研究人员研究的是**人类传播的表演和实践**。

让我们给这两个术语做个分解。首先是"表演"，这里指的是传播的技巧、表现力和即时性，迫使我们不得不将其视作不止是"信息"（messages）或者显而易见的表达信息的工具（Bauman，1986）。也就是说，表演具有创造力、地方性，也是协同互动的事件（就像朋友间的玩笑话）。另一个术语是"实践"，则构成了传播行为通用和常规的面向。与表演相比，实践更加抽象和标准化。它们构成连贯一致的行为，这种行为可以由特定表演的物质特性索引，而且它们被社会行动者归因为他人动机的推测。例如，好莱坞动作片对话的一个套路是引入一个人物或诉诸一种实践（比如，"这是**威胁**吗？"），来解决另一个人表现中的模棱两可之处（"不，这是**承诺**。"）。

因此，表演和实践构成了我们每日交流的结构。通过它们，我们确立了我们的各种关系在不同的语境中的意义。事实上，任何一种传播行为都可以作为一种表演被研究，相应地，它也可以被视为实践的一种变体。综合起来，这些要素使得意义的社会结构在实际上难以区分于"传播"。

本章的下一节中，我们重新审视了这个假设的知识依据。这些依据尽管不是马上呈现出来的，但研究方法形成了哲学体系的实践技术，包括对现实本质的信条（**本体论**，ontology），以及已知现实将如何被认识（**认识论**，epistemology）。这些信条往往只暗含在实际研究中，但是它们形成了重要的准则，使得传播研究者们能维护他们的研究工作——和评判他人的工作——将其作为一种特定的哲学传统的范例。这些主张帮助建立受众对研究形式和内容的期待。当这些期待被满足时，受众可能会发现这些研究不仅可信，而且有价值。忽视这种情况的研究人员使用质性研究方法，就要承担风险。他们通常会产生疑惑的结果，经历挫败。

为了避免这些结果，我们接下来会对比四种塑造了传播学学科质性研究发展规范的"范式"（paradigms）。此外，我们还会回顾两种目前进行的研究中正在形成的趋势，我们将会专门探访质性研究方式在传播学不同分支的使用，然后通过概述余下内容来总结本章。

【4】

1.2　四种范式和（也许）一个葬礼：质性传播研究简史

1975 年，传播学学者詹姆斯·凯瑞（James Carey）就质性研究方法提出了以下观点：

> 抓住人们对存在的解释并将其系统化，以便我们更好地接触这些解释。这是一个以小见大的过程：研究特别的仪式、诗歌、戏剧、会话、歌曲、舞蹈、学说、神话，以及小心翼翼地接触一种文化或是一种总体生活方式的全部关系。（p.190）

出版的时候，凯瑞的愿景与**实证主义**（positivist）假设所主导的传播研究相对立。这些假设在战后一直颇有影响力，因为社会学家效仿自然科学中开展的研究领域和研究活动（部分原因是为了获得相当的声望）。用弗洛伊德的话来说，实证主义是质性研究为了占据一席之地而必须杀死的象征性父亲。结果，这个范式遭到了强烈讽刺，经常被冠以"客观主义"（objectivism）、"经验主义"（empiricism）和"理性主义"（rationalism）的相关标签。这场斗争的中心主要是下列实证主义主张（Anderson，1987，1996a；Lincoln & Guba，1985）：

【5】

- "现实"是单一的、先验的和客观的。它独立于其认知者而存在。
- 真知源于对经验现象的观察。这些现象构成现实本质的有形的物质痕迹。
- 自然科学的概念和方法是——经过一些修正后——开展社会科学研究的一个合理模式。
- 现实本质限制了我们可以提出的主张范围。这些主张应该寻求与现实本质相一致。因此，我们应该不断完善我们的方法，最大限度地提高它们的严谨性和准确性。
- 在观察现象时，应减少它们的复杂性，以便隔离特定元素的存在，并澄清其潜在的关系。
- 测量和量化的逻辑推理（例如，用于描述统计数据的使用）是描述经验观察（例如，数量、频率或比率）最好的方法。
- 研究人员应该寻找并解释决定人类行为的原因和影响的机制。
- 为了检验变量之间的关系，研究者应该根据其拥有的某一特定性状或性能，**聚合**（例如，作为人口样本的）研究对象。
- 理论发展最好是演绎式的。研究者应该提出理论，然后在现有的基础上对现象进行解释，验证他们的知识。经得起检验的**假设**应当与理论相结合。

在传播学中，实证主义的影响表现为多种形式。这包括为传播寻找外部的或心理层面的原因，侧重于预测和控制"行为"，并将量化研究方法用于人工环境（例如，实验和问卷调查）。这里可以引用的有无数研究项目的案例，通过节目内容来研究传递影响力的媒介"效果"，可能是最为突出、最具弹性的案例（Nabi & Oliver，2009）。

实证主义的影响是巨大的（Anderson，1996a），但从来都不统一或单纯。其原因之一是传播学者对实证研究的合适目标和策略从来都不完全统一。其部分原因是实证主义本身就是一个有着多样而冲突的传统的混合体（Corman，2005）。而且，作为一个相对年轻的交叉学科领域，传播学又倾向于多元主义和多样性文化，即使是这种发展趋势在它的学科分支中不尽一致（Bochner & Eisenberg，1985；Pearce，1985；Peters，1986）。最后，传播研究者在战后时期，以各种方式回应实证主义的批判。这些因自然科学和社会科学的革新而兴起的批评，挑战了实证主义的几个核心假设。其中包括：对现象的发现和对它解释力的验证；其推定的"事实"（facts）

【6】 产生独立的理论、价值或术语；对研究目标和研究意图施加人为限制；源于置身事外所产生的伦理困境（甚至，潜在地，源于人类邪恶和苦难的一面）。

由于这些批评，许多传播研究者开始加入到新兴的**后实证主义**（postpositivist）研究范式中。后实证主义者，根据科尔曼的解释（Corman，2005，p.21），"是重视解释社会现象的科学研究方法的人，同时，他们也接受许多不同的对实证主义的批评声音，形成超越实证主义的立场。"结果，这些研究者将其工作定位于以下几个前提（Corman，2005；Guba & Lincoln，1994；Miller，2002，pp.32-45）：

- 物质世界和社会世界是由独立于个体感知而存在的复杂现象构成的（又名"现实主义"的本体论）。人类关于这些现象的**信念**是多重的、片面的和不准确的。
- 人际互动遵循固定模式。这些模式将有关现象的社会信念"具体化"，并使之注入了可预测性、显著性和重要性。
- 为观察到的现象模式寻求原因和解释（比如产生机制），是创造知识的最佳方式。而这些原因多重交互，不断变化发展。
- 虽然**绝对**真相和价值无涉的调查很难达成，但发现伪造证据，减少研究偏差（例如，通过对研究进行同行评审）**是**可以实现的，也是值得的。因此，"客观性"是系统性集体行为的产物，而不是孤立个体行为的本质特性。
- 发现（即概念化）现象、验证概念，也同样被视为研究的逻辑。
- "主位"（emic）的（即一般的）意向性与社会行为者的经验应该保存在现象解释中。
- 在自然环境下进行的研究十分有利于记录情境对社会行为的影响。
- 量化和质性方法都是进行学科研究的合理资源。
- 多种方法的使用提高了对复杂现象的解释（例如，通过"三角测量"——比较和对比——使用这些方法产生的结果）。
- 质性方法对构建结构化（和潜在的量化）分析意义深远。研究者使用的统计数据更有可能是基本的描述性数据（例如，频率计数），而不是复杂的推理性数据（如回归分析）。

此外，尽管例子比比皆是，值得注意的是，后实证主义研究的一个显著领域是健康传播，流行病学的遗产塑造了"传统的"认知行为路径和"替代性的"质性研究方法之间的关系（Zoller & Kline，2008）。

虽然这些范式的转变可能给人"不再有实证主义"的感觉（Corman，2005，p.31），但是有三个原因能让人相信它还存在。首先，这种转变并不普遍。一些实证研究的要素受到挑战（Bochner，1985；Craig，1989）的同时，还有其他的——如对价值无涉的探究的信念——以改良型的形式继续存在。其次，后实证主义在特定语境中难以起作用。在学术界，没有比传播学更大的阵营可以承担起多种知识和专业兴趣的主导角色。正如一个人游历于坐落在一个国家内的学术机构之间——以及那些位于不同国家的学术机构——他就很可能会发现所谓"传播研究"的相似性**和**差异性。因此，最好将后实证主义——至少部分——视为思想史和政治体制塑造的地方性事件。

最后，在实证主义之后，传播学日益成为专业化高而分散的学科。在其不同的学科分支内，各种思想传统和而不同，相互共存。虽然有少数传播学者反感这种多元化，但大多数人看起来还是欢迎这种多元化的，几乎所有人都接受它作为一种政治现实。然而，许多人仍努力与他们共事的同僚维系着一种**通用语**（lingua franca）。看来，在这些情况下，我们最多能做的是发展我们主要感兴趣的基础领域，同时监控这种形势的外围有何创新和合作的机会（Van Maanen，1995a）。

实证主义衰落之际，质性研究的倡导者加入了一场与反对者的激烈辩论。1970 年代和 1980 年代，一个重要的学者团体主张**诠释主义**（interpretivism）[1]，这是一种又被称为"自然主义"

1　可参考《解释互动论》一书，重庆大学出版社引进出版。——编者注

（naturalism）（Anderson，1987；Guba & Lincoln，1994；Denzin & Lincoln，2000）、"解释经验主义"（hermeneutic empiricism）（Anderson，1996a，1996b）以及"建构主义"（constructivism）（Guba & Lincoln，2005）的范式。这种范式是由 19 世纪和 20 世纪几股思想传统融合发展而来的，包括德国唯心主义哲学、现象学、解释哲学和美国实用主义（C.Taylor，1977）。在第 2 章，我们将进一步探讨这些传统，但是现在我们可以考虑以下诠释主义的独特承诺（参阅 Arnett，2007；Cheney，2000；Guba & Lincoln，2005）：

【8】

· 在研究符号使用、意会（sensemaking）和决策等主题时，"人文学科"与自然科学有着本质上的不同。

· **现实**是独特的、多元的、同步的和局部的现象。它们通过人与人之间表达和诠释的符号实践来实现。**社会现实**在本质上是自然浮现与协同合作的。

· 研究应力求实现对人类行为、动机和情感的深刻理解。它应该阐明人类如何使用文化符号体系来为他们的存在和活动创造共同的意义。

· 社会现实的知识来自基本的相互依存关系，而这种关系存在于研究者和他们的研究之间。研究人员不使用方法论工具。他们自己**就是**工具。

· 研究人员提出的知识主张不可避免地存在态度和偏见。因此，他们应该反省和思索他们主张的偶然性。

· 通过长时间待在实际的社会环境中，以及与其他参与者的广泛互动，研究人员产生可信的知识主张。深入了解当地的意义和实践被认为是成功解释的必要条件。

· 研究人员应该使用口头的和叙事手段来收集数据，并为他们的主张提供证据。

· 研究人员在解释他们的表演如何有意义时，应该保留社会行动者的主观体验。

· 研究人员应该**归纳性**地发展理论。这意味着，他们反复将自己的试探性解释与由群体成员持续互动中所获得的知识进行比对检验。解释应该产生对现象的不断增加的"扩张性"理解，无论是在现象发生的地点内还是在跨地点之间。

在 1980 年代，传播学者认同了诠释性范式，发表了一些引人注目的基于质性研究方法的"实验"（例如，Benson，1985；Dervin，Grossberg，O'Keefe，& Wartella，1989；Gerbner，1983）。在这个过程中，这些学者在美国传播学的传统之外，寻求新的灵感：社会学的符号互动论和现象学传统；文艺理论与精神分析有关的文本与受众的新思想；批判理论对权力、机构和社会结构的替代性解释；最后，在文化研究中，研究日常生活政治的理论与方法的创造性整合。这些出版物一直持续到 1990 年代，攻破了量化研究的最后堡垒（例如，Tracy & Gallois，1997）。显而易见，这些出版物**并没有**证明实证科学和量化方法是错误的研究模式，但指出它们对于研究具有情境性、反身性的社会行为来说是**不充分**的（Deetz & Putnam，2000；Schwandt，1989）。

然而，质性倡导者在能够实现自己的目标之前，他们必须克服位于这条道路上的三大障碍。

【9】首先，传播学者必须要重建质性研究方法的培训课程，这类课程自 1960 年代以来就一直被忽视（Delia，1987，pp.69-73）。其次，研究人员一直在与这样一种观念作斗争：质性方法产生**软科学**，其特征是不精确的仪器、有偏见的观察、选择性的数据报告和模糊的、有限的发现。最后，

质性研究人员与其选择的争议主题引起的污名进行了斗争。因为他们中的一些人依照"个人"（personal）兴趣来选择自己的研究问题和研究旨趣，他们的研究与现有的礼仪和严谨的学术交流标准相抵触。同时，质性研究有时会描绘"另类"（alternative）和"越轨"（deviant）的亚文化，主流受众往往因其"琐碎""无关""粗俗"而无视（Jenkins，1988）。

然而，在 1990 年代，这种对立失去了其很多优势和活力，主要是质性研究的理据和范例越来越复杂。观点向另一个方向转变。质性方法指导的研究生阶段课程增加了（Frey，Anderson，& Friedman，1998）。期刊编辑留出宝贵的版面发表质性研究（Pardun，1999），专业协会创办了同类期刊和相关兴趣团体。大学和商业出版社相互协调，致力于质性研究系列丛书的出版。最后，传播学者们也在此期间采用质性的方法，因为他们跨学科的同僚、基金会、专业客户同样对其应用性感兴趣。

然而，如果对质性传播研究中最新兴起的**批判性**（critical）范式不加讨论的话，这段历史就不完整。"批判"（critical）这一术语调用了一套丰富而复杂的知识传统。一般来说，这些传统促进了在伦理和政治上敏感的、对产生于历史和文化斗争情景下的权力、知识和话语之间关系的研究。因此，批判性研究涉及诸如"剥削、压迫、不公平、不对称的权力关系……扭曲的传播和错误的意识"（Alvesson & Deetz，1996，p.192）这样的主题。

由于几个相关理论的协同效应（将在第 2 章进一步讨论），"批判"（Critique）随后在质性传播研究中上升到范式地位。虽然，如同它们的相似之处，这些理论存在巨大差异，一致的目标使得观察家宣称存在一种独特的理论流派（Alvesson & Deetz，1996；Guba & Lincoln，2005；Kinchloe & McLaren，2005；Schwandt，2007；Strine，1991；Thomas，1993）。这些典型的承诺包括：

· 我们对现象的理解是由社会和历史建构的权力关系所调和的。
· 这些权力关系**在话语中**发展起来，它创造了"主体位置"（subject positions），通过它，人类能够以自我、他人和世界为意义的对象加以理解和行动。 【10】
· 研究的"事实"永远不能脱离它的价值。研究并非是——也永远不可能是——"天真无辜"的。
· 尽管其影响尚未确定，但是"政治经济学"（即社会发展和资源分配的结构）极大地塑造了文化的意义和实践。这种影响通常以财富分配不均、权力资源发展——包括物质（例如，制造技术）和精神（例如，精致"品味"）——将行动者分为不同群体。身份结构与政治经济（例如，社会阶层、职业）联系在一起，与其他制度产生的身份结构（如宗教、国家）产生互动。
· 研究人员应该研究（潜在的挑战）压迫被创造、复制和转化的手段。批判理论特别关注资本主义和科学／技术现代性的共现。这些力量已经有力地塑造了西方自由社会中人的存在，并助长了它们将消费主义和私有化等价值观强加于其他发展中社会。
· 研究人员应该考虑他们在复制压迫条件方面的共谋（complicity）（例如，支持服务提供商对"无助"客户的家长式作风）。相反，他们应该采取对话的方式，鼓励同参与者发展真实的协作关系。研究的目标和程序应该支持被统治群体对利益的人性化追求，例如发声、尊严、正义和自治。研究人员为这些群体的"解放"（emancipation）做出了潜在的贡献，为他们提供了思考、感受和行动的新资源。潜在地，研究者和组员可以识别和利用宰制机构的弱点，剥夺它们所需的资源，如共意与合法性。其最有力的是，研究可能会刺激民众反抗剥削政权。

虽然批判范式在传播学中的历史相当复杂，但我们可以注意到质性研究方法的三个交叉点。首先，批判研究传统在传播学人文主义分支和附属学科（例如，修辞学）中一直特别强大。因此，对于这些领域的学者而言，质性研究方法补充了作为一种媒介的"诠释转向"，由此他们可以发展与社会科学的关系。作为交换，批判理论通过由接受重叠的相互交叠的解释主义前提——例如，社会行为可以被视为一种既能被描述又能被判断的"文本"——所打开的缺口进入质性传播研究（Ricoeur，1977）。

[11]　　其次，批判传统一直在传播学的分支领域中培育发展，这些领域以国际性成员（例如，媒介研究）和一种对压迫感兴趣的倾向（例如，有点出人意料的是组织传播）为特点。这些分支领域中的许多成员就这样接受了批判理论的影响，容易认识到质性研究方法对推进批判性研究项目的价值。

最后，我们可能会提及批判理论家和质性研究者之间的紧张关系。在这场冲突中，双方相互指责。批判理论家认为，人类学家在他们对文化秩序的"反隔离"描述中显得过于天真，将文化成员对主导安排的**同意**误认为**背书**，忽视了一种"中立"研究立场的政治复杂性。批判理论家因此担心"超然"的质性研究者可能延续压迫，只是因为他们不能将其概念化（Hawes，1983；Ortner，1997；Putnam, Bantz, Deetz, Mumby, & Van Maanen，1993）。反过来，一些质性研究人员历来主张，极端和僵化苛严的批判议程并不适用于进行质性研究。这些怀疑论者谴责批判理论家将其政治议程演绎式地强加于社会行为分析，无法证明解放本身就是一种不经扭曲的理想，在实际的文化实践中过度简单化了权力运作（Hammersley，1992；Philipsen，1991），也未能为他们所记录的问题提供可行的解决方案（Alvesson & Willmott，1992）。

然而，这场冲突并非难以解决。质性传播研究者越来越多地使用复杂的批判理论如认同、文化和权力等，以此作为其研究框架（Barker & Cheney，1994；Deetz，1998；Holmer-Nadesan，1996）。反过来，转向质性方法的批判理论家（Forester，1992）也日渐增多，将其作为细致描述日常生活的一种手段。

从传播学研究范式的概述中，我们可以得出什么样的结论？其一，质性传播研究赢得了认可，巩固了这些成果，并继续扩大影响力。（有人甚至会说，它现在是该学科**占主导**的方法论，但似乎没有必要保持这样的成绩，无论它有多精准。）尽管偶尔故态复萌，传播学已普遍将"质性研究"制度化为一个术语，涵盖了将符号互动的经验维度视为记录和反思的原始素材这样一类的学术研究。这些实践潜在地可以使社会世界不断发展的世俗成就对其参与者来说更为可见、更可讨论（Denzin & Lincoln，2005，p.3）。在质性研究中，数据收集和分析过程的[12]　最终解决，靠的是严谨地发展日益精准和实用的语言来描述、概念化、诠释、解释并批判所记录的交流（Waite，2007）。

1.3　感受合作，走向全球：质性传播研究的两个发展趋势

在进一步论述之前，我们需要简要地考虑目前正在形成的质性传播研究的两种发展。如果说我们的历史回顾到目前为止证明了什么的话，那就是，质性研究是在其环境变化的基础上不断发展的敏感生物。在贯穿我们撰写本书多个版本的过程中，我们一直试图跟踪这些变化。

我们将**新自由主义**和**大学**列为第一个趋势。在这里，我们关注认为"自由市场"的经济力量应当指导社会生活的行为（和研究）这一主导信念给质性研究造成的附带结果。一般来说，新自由主义意识形态支持有利于减少贸易和投资壁垒的经济政策，（主要通过减税）对国家运营实施财政规戒，放松对企业竞争和盈利能力的结构性壁垒的管制，以及对传统上服务于"公共利益"的国有企业进行改革和私有化。在冷战结束后，随着公司和政府对当代"全球化"的明显威胁和挑战（例如，新的更廉价的劳动力市场的出现）做出回应，这些政策的影响力不断增强。

这些发展如何影响学术生活和质性研究的开展？在西方自由民主国家，如美国，现代公立大学是一个复杂的机构，传统上一直服务于多种相互竞争的利益（Chaput，2008）。这包括促使公民社会化，使之具有普遍的"文明"和独特的民族身份，培养未来员工掌握职业和专业知识，容纳经济发展尚无法为其提供充分就业的年轻成年人，并为民营企业提供国家资助的研究项目和发展所需的科学技术。如此说来，大学从来就不是一个单纯无辜的机构，尽管它经常因收容那些无关紧要的知识分子而被斥为"象牙塔"。事实上，大学因其产出和共谋的整个范围而使其受到了来自具有各种不同的意识形态色彩的批评者的长期鄙视。

然而，与此更相关的是新自由主义如何影响了公立大学的结构和文化。在这里，许多评论者（Chaput，2008；Greenwood & Levin，2005；Heckman，2009）已经观察到一些令人担忧的趋势，包括国家对大学运作的支持普遍下降，因而引发了成本大幅削减、课程改革以及部门之间为了日益稀缺的资源而展开破坏性的内部竞争；去除稳定性的终身教职岗位以支持更为廉价的、更加视条件而定的劳动力（如兼职教师）；部门教师和私营企业"客户"之间兴起旨在开发新的能生成替代资金的"市场"和"利润中心"的"企业型"关系；在教师绩效评估中，外部资助的研究优先于教学和服务；最后，一种有害的"消费者"言论的出现，将学生的学习构建成为服务供应商与其付费客户之间的一种商品交换（McMillan & Cheney，1996）。【13】

这一趋势如何影响质性传播研究？有一些影响是显而易见的。其一是人类学家和社会科学家的不安情绪日益加深，由于外部筹资水平低（与自然科学和工程学的同事相比），他们仍旧在制度上继续被边缘化。虽然这种不足有时导致良性的忽视（随之而来的就是任意的自治），与此同时，质性研究者持续在苛严的新自由主义范式下努力为其研究活动辩护。他们日益转向（或被驱使至）外部资金来源，他们的研究主题、研究问题和研究结果往往受限于新自由主义的前提：效率、产出、控制和效益。邓金和贾尔迪纳（Denzin & Giardina，2006，2008）曾记录过在各政府部门（特别是卫生和教育部门）复兴的有害的亲实证主义运动，该运动倡导"基于科学""基于实践"和"基于证据"的研究。这些运动系统地排除了质性研究模式。在美国，这种"方法论原教旨主义"在布什政府时期因保守的行动主义者而加剧，他们反对那些给暗示他们所青睐的政策的可行性带来麻烦的证据，这种原教旨主义也因"9·11事件"后军国主义

和仇外的整体气候而加剧。

　　这些发展趋势确实令人担忧，但我们并不只是一味沮丧地看待它们。比如，对"证据政治"的重新讨论鼓励质性研究者不要故步自封，而是去解决被称为"质性研究"日趋矛盾的基本原理，以及实践所产生的知识连贯性和一致性的实际需要（Hammersley，2008）。此外，这些趋势并不意味着所有的资金来源都有相同的利益，也不意味着他们正积极密谋破坏非传统的研究，或者说他们不受影响。相反，这意味着他们的利益创造了显而易见的力量场域，形塑了（但不一定决定着）质性研究的可能性。因此，我们建议研究人员要密切关注情况，并积极培养关系以便为他们的利益服务。通过采用一种倾向于新自由主义力量的策略性和创业型导向，质性研究者可以发现和利用意想不到的机会。例如，古多尔（Goodall，2008）已注意到新的大学使命，如"与利益相关者合作"，如何在实际上使质性研究者能够放弃只为彼此写作的这种自我束缚的做法，使之能与不同的群体合作开发令人兴奋且有回报的伙伴关系，使之为了成功研究而提升叙事、对话、伦理和自反的价值。

　　我们第二个值得注意的趋势隐含在第一点中，它涉及当代全球化带给质性传播研究的后果。"全球化"是目前社会文化理论中最为复杂的术语之一。从根本上说，这一概念涉及社会内部和社会之间日益增长的相互依存状况。现代运输和传播技术（主要是互联网）的革新，以及跨越传统界限，加速物质和符号现象的交换，导致相关机构的焦虑、解散和转型，所有这些都激发了这种情况（Friedman，2005；Schwandt，2007，p.129）。结果是，围绕全球化的讨论涉及诸多紧急议题，包括同质化力量对文化发展和民主治理的影响，跨国企业权力在决定本土意义和实践中所扮演的角色，国家政府、军队力量和媒体系统支持那种权力的共谋，以及本土抵抗运动的效力（de Sousa Santos，2006；Featherstone，2006；Shome & Hegde，2002；Stohl，2005）。

　　全球化已经在传播学学科中产生强烈的反应。首先，全球化激发了新马克思主义和后殖民批评，他们反对资本主义剥削和美利坚帝国复兴带来的痛苦和欺骗（Hartnett & Stengrim，2006；Kinchloe & McLaren，2005，p.321）。其后，传播学学科分支的学者（例如，Broadfoot & Munshi，2007）一直在反思"他们的"理论与研究在持续不平等方面的共谋。然而，这种伦理存在于和后实证主义议程之间的张力中，这些议程寻求对产生于一个"汇聚"世界里的高度协作和冲突中的传播学"难题"（problems）展开"实用性"研究，并因高校寻求培养能"有效管理"差异的"全球公民"而加强（Chaput，2008）。

　　在这个过程中，传播学学科"中心"（center）与"外围"（periphery）之间的传统关系变得日益不稳定。在北方和西方"发达"社会，学者们一直被鼓励适应在他们的理论化和研究中发出的各种"新的"本土化声音（Gunaratne，2009；Shome，2006）。其结果是，他们放弃了作为那种学术的假定作者和守护者的民族中心主义和精英主义。这种权威的去中心化可能是令人兴奋的，也可能让人迷惑或者具有威胁性，这取决于个人所处的位置。然而，作为该学科的最新公民，全球化已经创造了机会来重新调整传播学学术研究，包括他们的历史经验及其独特的兴趣（Gordon，2007）。在此过程中，最为关键的是我们成功地在关于"传播学"是什么（或应该是什么）方面达成了集体理解，并成功地发展机构以促进其管理（Craig，2008）。未来几十年应该会揭示，"全球"传播学术是将发展成为一个知识筒仓的弱网络，还是将发展成为一项强大的、以相互问责和变革为特征的公共事业。

全球化对质性传播研究至少有三方面的特别影响（Alasuutari，2004；Gille & O'Riain，2002）。首先是突出了尖锐的自反性。因为质性研究倾向于探究差异，全球化不单指其表面内容，也涉及其核心迷思（例如，所有文化都渴望效仿现代西方社会这一信念）。在这个过程中，曾经被认为是稳定和普遍的方法论概念和程序（例如地缘政治边界对于抽样逻辑的相关性）似乎越来越不可预知，因此也越来越有争议。墨菲和克莱蒂（Murphy & Kraidy；2003，p.308）提出了一连串环环相扣的问题："研究的场地是什么 / 在哪里？该民族志学者与其研究社群之间是怎样的一种投入？研究对象 / 参与者如何通过民族志文本来表达——他们有什么样的声音？"在回答这些问题时，传播学研究者必须克服对安全而熟悉的质性研究方法的使用偏好。相反，他们必须大胆地使用它们，将日常生活的完整性与不断变化着的全球环境联系起来。

第二个影响在墨菲和克莱蒂列出的第一个问题中显现了出来：当代全球化已经动摇了质性研究对研究场地的概念化和参与研究地点的质性传统。在这个网络活跃、"流动"密集的时代，研究场地的文化独特性不再有保证。结果，质性研究者将其田野修正为"多场点"（Marcus，1995）。在此，目标是通过在多个地点跟踪相关表现来描述一个大范围的现象（例如，核武器试验放出的放射性尘埃）。这一发展使得研究人员在多个变换的时空边界范围内充分配置选定的对象受到了挑战。如此看来，问题不再是传播"在"某个地点如何发生，而是传播如何促进"制造地点"的过程。 【16】

最后，全球化促进新出版物的产生［例如，《传播与批判 / 文化研究》（*Communication and Critical/Cultural Studies*）、《传播、文化与批评》（*Communication，Culture，& Critique*）和《质性研究国际评论》（*International Review of Qualitative Research*）］以及已有出版物的修订［例如，《管理传播季刊》（*Management Communication Quarterl*y）和《社会研究方法国际杂志》（*International Journal of Social Research Methodology*）］，以适应不断变化的全球化质性研究的伦理准则。随着这些期刊扩大自己的投稿作者群和读者范围，这种伦理准则将通过提交稿件和同行评审的学科实践来实现。结果，有关形式、受众和责任等修辞议题对于学术性出版物而言变得越来越重要（例如，"我为谁写？""我该怎么称呼他们呢？""在评估这项研究的时候，我应该考虑谁的利益？"）。

1.4　近距离观察：在传播学中开展质性研究

正如我们之前所讨论的，传播学是一个错综复杂的领域，这导致其身份具有多样性。然而，在该学科中，大部分日常工作是围绕**学科分支**展开的。即使传播学者会将它们抽象地联系起来形成一个整体，他们仍会与特定的同僚群体相关联，分享对特定研究理论、研究主题和 / 或研究方法的偏爱。讨论这些研究群体是有用的，有几个原因：资深传播学者使学生和年轻同事社会化并附属于他们；学者之间互评的工作有助于特定学科分支议程的开展；许多学者在多个学科分支中同时兼有的成员资格（尽管其中的一个通常是最重要的），围绕这些资格设定他们的多重身份；范式的大转变在学科分支中作为地方性事务以各种方式呈现。为了对此予以说明，我们现在转而讨论 11 种不同学科分支在质性研究中的表现形式，这份（按字母顺序排列的）学科分支列表还可能更长；然而，我们在这里强调的是那些与质性方法有着强烈且明显关联的分支。

1.4.1 应用传播

【17】这个学科分支包含的研究项目至少有两个目的。首先是协助个人和组织诊断并解决影响他们实现传播目的的实际问题。正如古多尔所解释的，应用研究人员"命名、解释和改善研究对象如何聆听、互动、阅读、写作和传递信息"（Goodall，2004，p.186）。在 1990 年之前，大多数研究者就已经涉入企业商谈，但他们此后扩大了其关注点，包括非政府、非营利组织和社区联盟（Frey & SunWolf，2009）。其次，应用研究人员认为这些"天然产生"的环境是构建和测试传播学理论的宝贵机会。他们的研究经常结合量化和质性的方法，以满足特定情况的需要。它们的特点是由研究人员和对象之间的合作来界定问题、设定目标、识别成因、制订策略和实施解决方案。

质性研究方法在培养这些项目的伦理和政治方面特别有帮助（Frey，O'Hair，& Kreps，1990；Seibold，1995）。邓金和林肯注意到，应用质性研究"是将理论、方法、实践、行动和政策结合在一起的关键。质性研究人员可以分隔目标人群，显示某些方案对这类群体的直接影响，并在这样的设置下区分出对政策变化不利的限制。行动导向和临床导向的质性研究人员也可以为那些被研究的人（他者）创造说话空间"（Denzin & Lincoln，2000，p.23）。

应用传播研究的后实证主义传统最近受到范式转变的显著影响。埃林森在这个领域进行的民族志观察结果表明，民族志目前服务于务实、理论及意识形态 / 政治的目标混合体（Ellingson，2009），她鼓励研究人员承认渗透在他们项目中的"混乱、不完善和失误之处"（p.146）。与此类似，应用研究人员对组织环境下的化身、情感、矛盾的"非理性"的描述，受到了特拉斯维和阿什克拉夫特的挑战（Trethewey & Ashcraft，2004）。古多尔（Goodall，2004）主张用民族志的叙事方法来讲述"更好的"（也即更有用、更令人难忘的）**故事**，描述有关传播学理论和实践之间的关系，从而弥合专业学者和广大受众之间的鸿沟。最后，弗雷和尚沃尔夫（Frey & SunWolf，2009）讨论了这些学者所扮演的不同的"转换"角色，因为他们清楚地表达了现有研究的通用资源和研究对象的特定需求。众多的范例可在《应用传播研究杂志》（*Journal of Applied Communication Research*）卷册中发现。近期一个值得注意的研究是蒂尔曼（Tillman，2009）的反身性解释，她经历离婚带来的精神创伤后，竭力避免恢复贪食的想法和行为。

1.4.2 群体传播

在 1990 年代中期，弗雷（Frey，1994a）认为诠释学可以刺激这个停滞不前的研究领域。【18】传统上，群体传播研究者一直采用量化方法，在涉及人工分配任务的解决方案的一次性实验事件中研究零记录的大学生群体。质性研究方法则不一样，可以用于扩大所研究的群体范围、传播类型及支持主张的证据类型。随后多拉尔和迈瑞根（Dollar & Merrigan，2002）提出，质性研究可以证实和扩大现有的群体传播理论，产生新的理论，恢复被忽略的议题，以及将传统智慧问题化。然而，弗雷（Frey，1994b）却注意到，群体传播研究者使用质性研究方法同样也面临挑战，包括与群体成员就入场、纳入、保密和双边互惠等协商达成一致。这个领域中的另一些趋势包括：利用质性研究方法来研究群体成员的日益全球化和中介化的传播实践，改进我们对形塑传播实践的环境作用的理解（Frey，2002）。这里最新的范例包括塞登和比亚萨提（Seddon & Biasutti，2009）对意大利弦乐四重奏乐队成员之间的自发传播研究，这种传播使得成员能够通过尊重作曲家对演奏他们所选择的音乐作品中所作的评分来平衡艺术创造力。

1.4.3　健康传播

这个学科分支代表了一个独特的应用研究流派，是由人际传播和大众传播的后实证主义学者创建的。它显示出传统的功能主义，专注于协助医护人员识别和克服认知沟通的问题，这些问题影响公共卫生和相关服务的提供。这些问题可能与人际、组织、媒体和技术有关。健康传播研究者通常使用量化的方法，如调查，来帮助医护人员预测和控制病人的态度和行为，设计和评估干预措施，以实现预期的结果（Freimuth，Massett，& Meltzer，2006）。

然而，批评者已经指出，这些研究可以重现医疗专业人士对患者的权力等级，同时掩盖他们的经历。因此，质性研究方法有助于在医疗过程中完整恢复患者的主体性和能动性。这种方法强调形成"自我效能"（self-efficacy）这类参考变量的情境。同时，它还重点考量角色的性别、阶级和民族特点，共同构建深奥的、常常是矛盾冲突的文化含义，体现了疾病、疼痛、痛苦和死亡的具体条件。在这里，研究人员利用访谈、观察、文本分析来验证自我报告或是从调查中收集的数据，同时，研究人员强调了患者和专业人士的声音，他们之间的关系构成了医学社会生活（Kreps，2008）。这些方法在获得医疗机构内有争议性的、大规模变革背后的"地面实况"（the ground truth）上显得特别有用（Gillespie，2001；Sharf & Street，1997；Vanderford，Jenks，& Sharf，1997）。【19】

健康传播也受到最新范式变化的显著影响。佐勒和克兰（Zoller & Kline，2008）在他们的综述中识别出可归因于解释学和批判范式研究者主流的几个趋势。由此，他们认为他们的研究重点已变得日益多学科交叉和国际化，研究者更为开放地进行参与和合作研究，并且在伦理和政治上也更加成熟。他们的结论是，普遍而言，新范式鼓励研究者挑战在医学和社会科学中占支配地位的客观主义，并从"传播有助于实现其有效性的再现观转变为设想健康、身份和权力关系是互相构建的构成观"（p.109）。最近的一个例子是艾林森（Ellington，2003）对一个癌症中心跨学科老年肿瘤团队的"后台"传播展开的研究。

1.4.4　跨文化传播

在这一术语范畴下，受人类学和社会语言学学科影响的研究人员研究了不同文化群体的成员之间的互动（Martin & Nakayama，1999）。这一学科分支的功能主义和后实证主义研究与从事对外关系和国际商务的专业人士的"实际"利益有关。总的来说，此类研究将民族文化作为一种独特的变量概念化，并寻求其对相关传播因果影响的证据。然而，自1980年代末以来，解释学者专注于传播与文化之间的互惠和新兴关系。他们的工作强调文化知识和身份的社会建构，以及研究人员在学术、历史和社会经济背景重叠的情况下如何构建权利主张的责任义务（Collier，1998）。

最近，批判学者强调了伦理和政治在跨文化传播中的效力（Halualani，Mendoza，& Drzewiecka，2009）。这些"激进"的观点促使学者面对该领域冷战背景下产生的遗留问题，不是将国家看作一个静态的实体，而是通过概念化符号和强制性差异来实现持续和不稳定的成就。[20] 在这一过程中，学者们反思了西方文化对自身的帝王式审视，颠覆了西方文化对同质、同化、理性、共识等文化特质的过分强调。无论是"国内"还是"国外"，这一新的研究浪潮都强调权力关系的不平等；多样性；种族、阶级和性别认同的重要性；以及全球化背景下地缘政治边界的消解（Collier，2000）。最近的一个例子是麦金农（McKinnon，2008）针对一群苏丹难民"走失的男孩"与他们被安置之地亚利桑那社区的成员之间的交流的研究。

1.4.5　人际传播

人际传播这个学科分支是量化研究和后实证主义研究的传统阵地。其结果是，它一直在缓慢而谨慎地适应解释学范式（Leeds-Hurwitz，1992）。开创性的研究把人际关系和互动情节看成是言语或非言语传播的固有成就（例如，Bochner & Ellis，1992；Rawlins，1983）。这些研究大多数描述的是个人特性和社会现实，作为语言使用和文化在互动语境中心的产物。通过数据的归纳分析，他们还开发了这些直接观察产生的数据解释（Poole & McPhee，1994）。他们关注的是人们如何描述他们的关系纽带，以及在维护和改造这种关系时他们所遇到的困境。近年来，在传统的研究主题上应用了新范式，如理解、技能、倾听和自我披露（Carter & Presnell，1994）。他们已经挑战了选择研究的关系类型、抽样总体和研究方法使用的传统逻辑（Morrill，Snow，& White，2005）。潜在的"关系型民族志"（relational ethnography）可以专注于文化语境、伙伴之间相互依存的语体变异，以及扩大关系领域研究的范围。

最近的一个例子是2003年奥尔森对男性伙伴之间发展和表达有关浪漫爱情的概念进行的研究（Olson，2003）。

1.4.6　语言和社会互动

语言和社会互动的学科分支是国际和跨学科的研究者之家，这些研究者受到心理学、社会学、语言学、人类学和语言哲学等不同传统的影响。即使这种构成特别有活力，语言和社会互动（Language and Social Interaction，LSI）的研究人员仍然普遍认为，"最小的语言、手势、声音表达能够影响意义建构及可以塑造社会的必然结果"（Tracy & Haspel，2004，p.788）。虽然 [21] LSI 原本和人际传播的学科分支联系在一起，但是随着 LSI 研究人员扩大他们的研究重点，例如诊所和电台听众热线节目这类公共场所和机构发生的话语，这种联系削弱了。总体而言，LSI 研究人员共同致力于解释学和语用学，但是与收集和分析数据并报告结果的步骤差别强烈。比如说，这个部落至少有四个家族：

   ·**会话分析师**专注于互动的结构和过程，通过说话者本能地产生、协调、解释话语时所展示的策略（例如，Beach，1996；Hopper，1992；Peräkylä，2004）。

· **话语分析师**关注的是录音、转录，以及在各种语境下产生的口头、书面和视觉话语分析。在这里，"话语"（discourse）既可以看作一种更为广泛的社会形态的局部表现（比如，社会阶层），也可以看作一种特定情节的互动成果（比如，招聘面试）（Hepburn & Potter，2007）。

· **交流民族志者**（ethnographers of communication）关注组织安排独特的"言语共同体"（speech communities）成员之间进行特有的日常交流的文化规范和仪式（例如，Fitch，1994a）。

· **微民族学家**（microethnographers）对具体的语言和非语言互动进行细致的分析，尤其是在物理构建的环境中（LeBaron & Streeck，1997）。

综上所述，语言和社会互动（LSI）的研究人员共同致力于对自然情境下发生的日常谈话的精确和详细的研究，记录并归档谈话（尤其是通过转录），以及使用数据摘要作为知识主张的实证证据。在每时每刻轮流的基础上再现话题，包括人们如何"造成"（do）社会现象，比如关系、权力、组织、社区、种族和性别等社会现象。虽然研究的混合形式在这个学科分支中并非是未知的（例如，Jarmon，1996；Tracy & Tracy，1998），但LSI的研究人员通常偏离人类学家，倾向于更超然的研究员的角色，限制受语境影响的证据主张来强调记录互动的外显特征，以及诠释复杂的传记和社会行动者的经验来突出作为社会实践典范的互动功能。这里最近的一项研究是特雷西（Tracy，2007）对当地一所学校在应对一个巨大的预算错误时的"危机话语"分析。

1.4.7　媒介与技术研究

正式来讲，媒介与技术研究这个学科分支还不存在。相反，它代表了我们启发性地合并两个学科分支，其关系可以比作一种双星系统的引力作用：围绕一个共同质心旋转的不同天体。 【22】

"媒介研究"位列这些学科分支的第一，最初被称为**大众传播**。这一名称的改变是由于研究人员从研究广播媒体的结构、功能和"效果"转向对媒体受众进行民族志研究。这种针对"接受研究"（reception studies）的转变起因于两种发展：欧洲批判理论家受限于纯文本和政治经济学分析的认知发展；许多美国学者不满于实证主义研究传统的发展。每个研究群体都努力打造自己通往质性研究的道路：批判理论家得益于被符号学和后结构主义理论影响的"文化研究"（cultural studies）的发展；美国大众传播研究者得益于他们的社会现象学的使用（每种传统我们都将在第 2 章中深入讨论）。

受众研究的迅速发展产生了媒介社会使用的重要见解，强调了主流媒体文本意义的积极解释（Anderson & Meyer，1988；Corner，1999，pp.80-92；Geraghty，1998；Lindlof，1991；Morley，1992）。这也造成了巨大的争议：例如，批评的转向使得实地考察的实证研究人员与办公室那些将民族志文本中的政治理论化的批评家之间产生了裂痕（Bird，1992；Murphy，1999b）。在任何情况下，关键是在受众日常活动的语境中自然地倒向了接受实践的研究。一些进行的亚文化"抵抗研究"（resistance studies）的研究人员创造性地解构媒介文本以便服务于他们的独特兴趣，他们似乎颠覆了文化霸权（Fiske，1991a；Jenkins，1992）。在发展传播中围绕着媒介运动的影响，其他一些研究者用质性研究方法挑战了种族中心主义的假设（Bourgault，1992）。还有一些研究者专注于"诠释共同体"，其中媒介使用是一种通过其成员维护他们在当地地位的仪式性表现。相反，这个学科分支造成了抵抗研究和文本批判的兴起，这引起了政治经济学者们的不满，他们顶多也就是过早拒绝受众反对的民粹主义庆祝活动。他们还呼吁重新把受众作为制度权力的物质对象来研究（Morley，1997）。这项议程可能采用质性研究中的相关程序，探索组织机构中的媒介内容创作，比如新闻编辑（Lester，1980；Rodriguez，1996；Tuchman，1991）和电视节目制作（Gitlin，1983；Levine，2001；Saferstein，1991）。

这个学科分支中的第二个"明星"就是"信息和通信技术"（information and communication technology，ICT）。这个术语本身就有点武断，我们用它来涵盖"计算机中介传播"（computer-mediated communication，CMC）"互联网""网络""新媒体"等相关项目的研究（N.Baym，【23】 personal communication，July 4，2009；Schneider & Foot，2004）。我们之前已经回顾了质性研究中这一子领域的发展（Lindlof & Taylor，2002，pp.247-278）。一个鲜明的特征是参与者是高度跨学科的成员，不仅包含一般的传播学者，也有自然科学家和工程师，他们的研究问题使他们成为社会和文化理论的一个新的答案来源。总的来说，这些学者的研究意义和做法围绕着三种不同平台的融合：大众/广播媒介、计算机和电信。在这个过程中，他们分析了数字和交互式多媒体技术日新月异的发展和广泛普及。他们的研究主题包括人工制品（例如，"智能手机"）、程序（例如，Web 浏览器）、基础设施（例如，服务器群组）、平台（例如，社交网站）、用户群（如博客）、活动类型（例如，在线游戏）、监管制度（例如，互联网工程任务组）、时代精神［例如，"赛博文化"（cyber-culture）］，以及主体间性的状态（例如，虚拟）。而这些都是历史上最新出现的现象，他们所提出的问题对研究者来说并不陌生：人类如何利用技术作为传播媒介来象征性地表现自己的身份、关系和所属群体？他们如何适应现有的意义和做法来处理"新"媒体的形式和内容？这些实践如何在施加的约束和现有的创新机会之间进行协调？

在现有熟悉的模式下，传播学者在这里从对促进"有效"新技术采纳的狭隘关注转变为更为广泛的理解和批判的过程（Nocera，2002）。结果，在挑战行业中夸张和普遍误解上，在通知政府调控上，以及在提炼理论上，他们都做出了宝贵的贡献。然而，每一项成果都需要对传统的质性方法进行调整，以适应技术发展周期的加速、技术扩散的广度和理论的复杂性（Beaulieu，2004；Broad & Joos，2004；Garcia，Standlee，Bechkoff，& Cui，2009；Markham & Baym，2009）。由于新媒介越来越多地融入日常生活的实践中，我们将在整本书中讨论相关的方法论问题，而不是单独进行讨论。针对媒介受众和技术使用质性研究的融合性案例，请参见克拉克（Clark，2009）最近的研究，该研究探讨了低收入家庭为定义和强制青少年成员"适当"使用数字媒体而发展出来的话语策略。

1.4.8 组织传播

在这个学科分支中的研究者在 1980 年代接受了诠释主义，部分原因是出于对功能主义在【24】 伦理和政治上的无效性感到沮丧（Putnam & Pacanowsky，1983）。他们从管理领域的同事（也从受欢迎的作者和他们自己作为付费顾问的经验）那里了解到，该研究探讨了低收入家庭为定义和强制青少年成员"适当"使用数字媒体而发展出来的话语策略。组织可以比作一种文化（Prasad & Prasad，2002）。组织惯常地使成员加入其中，有时也开除他们；他们开发和执行旨在激发和恐吓成员的故事；他们致力于亚文化中的差异和对立；他们通过商业和迷信来处理同外部实体之间的关系。在这个学科分支中开创的质性研究所关注的话题，例如：组织角色的行为表现，组织通过使用隐喻来表达自己的身份，引导工人身份认同的管理成就，以及通常在公司机器的闪光表面背后的荒谬和悲剧（例如，Goodall，1991；Kelly，1985；Pacanowsky & O'Donnell-Trujillo，1982；Smircich & Calas，1987）。总的来说，这些研究产生了组织符号使用的精细和移情描述（Schwartzman，1993）。他们的研究结果有助于分析主题，如社会化、承诺、领导力、伦理规范、技术、多样性和创新。这些知识可以潜在地帮助组织成员识别和解决紧迫的问题，反思指导他们感知的前提，并培育成功平衡个人和组织目标之间紧张关系的文化（Herndon & Kreps，2001）。随着解释学的转向，组织传播采取多种批判理论，涉及政治组织的权力和控制，涉及改变对"组织"（organization）的传统认识，以及应如何进行研究（Deetz，2005；Taylor，2005）。

质性研究的最新趋势在这里包括研究非传统领域，如非营利组织和非政府组织（Lewis，2005）；恢复作为一种情境、具身性实践（embodied practice）工作的重要性（Barley & Kunda，2001）；[1] 修改"组织传播"包括职业和专业身份的话语表现（Ashcraft，2007；Cheney & Ashcraft，2007）；运用后殖民理论批判企业全球化互动和抵抗运动（Broadfoot & Munshi，2007；Ganesh，Zoller，& Cheney，2005）；以及尝试用个人叙事来记录当代组织的主体性（Fine，Morrill，& Surianarain，2009）。最近的一个例子是里昂（Lyon，2004）使用皮埃尔·布尔迪厄（Pierre Bourdieu）的社会学理论将网络公司作为"文化资本"（cultural capital）创业的组织知识概念化。

1.4.9　表演研究

文化批判学者德怀特·康克古德 1991 年曾认为："以表演为中心的研究将在时间、空间和历史情境中体验身体作为研究的主题和方法。表演范式坚持面对面的接触，而不是抽象和削减接触。它把人类学家置身于微妙的谈判和脆弱的'面子功夫'（face-work）中，是日常生活复杂和微妙戏剧的一部分。"（Dwight Conquergood，1991，p.187）【25】

这一定义显示了学者在表演范式这个学科分支中精巧的反身用法。一方面，它指定了形成自己研究对象的风格模式和表达方法。这些做法的范围不仅包括正式和专业的艺术、舞蹈、游戏、体育、宗教、美食、音乐和戏剧系统，也包括我们非正式和日常的恋爱、教育、时尚和商务的礼仪。这里的重点是在这些场景中，演员如何从文化意义上解读创作脚本，如何巧妙地影响和协调受众的文化身份构建，甚至世俗交际行为的程式化重复如何来完成身份构建。这些学者还关注表演的独特能力，能够公开暂停、澄清、阐述、审问和修改构成压迫性文化政治的思维、情感和

1　具身性实践，又称涉身性实践，是指实践过程中人的生理体验与心理状态之间有着强烈的联系，身体的结构、活动方式、运动和感觉体验都会促使人不断发生认知和心理状态的变化。20 世纪 90 年代末，Nigel Thrift 等人融合了现象学的观点，开始重新思考身体的本质，在吸收了海德格尔关于人"在世界中存在"（being in the world）和梅洛庞蒂关于前意识和身体知觉的观点的基础上，强调身体实践和主观感受的作用，主张意义和身份都是通过具身性实践创造的，而非社会文化结构的预先设定。——校译者注

行为样板（Alexander，2005）。

但表演不仅是这些学者研究的对象，也是一种模式。也就是说，他们适当的表演作为一种质性研究过程的对应元素象征，被重新定义为演员、观众、剧本、戏剧等。从这个角度看，研究人员的自我呈现居于中心，田野对话既有预先准备好的，也有即兴的，而知识是从情境性的合作互动的偶然事件中产生的。这种象征以质性研究成果转化为公开演出的多媒体格式审美观告终：诗歌、短篇小说、个人叙述、多媒体网站，甚至是上演剧目（Welker & Goodall，1997）。这些表演为其受众生动地阐明了文化意义在本质上的不稳定性，以及需要通过体现意志和技能的行为来加以保存（Denzin，1997，pp.90-125）。

在本章中，对表演研究的回顾可能多于任何其他学科分支，表演研究一直受到批判理论的影响，强调其"研究者"与其他文化身份的权变关系，以及微妙而残酷的压迫方式的持久性。这些理论展示了表演在创造美好、强大、争议和卓越事件中的作用，其中个人和群体经验通常被边缘化的真相会被唤起，从而打破占主导地位的意识形态（Bell，2008；Madison，2005）。这些观点打破了传统戏剧的戏剧性，突出了作为文化交流条件的矛盾、冲突、模糊、以及对连贯、结构和共识的不稳定性。此外，从事表演研究的质性研究者明显接受了反思、个人叙事的使用〔在第 9 章讨论了"自我民族志"（autoethnography）〕。随后在这些叙述中的"可能性表演"（Alexander，2005，p.431）描述了表演者生活体验中伦理、感官和情感的完整性，同时还寻求激发为"激进的民主政治"服务的对话和辩论（Holman-Jones，2005，p.763）。

【26】

这里的例子是 2008 年，维妮斯的表演脚本和反思，描述在她的家乡路易斯安那州的沙尔梅特里娜飓风影响的幸存者的声音（Vignes，2008a，2008b）。

1.4.10　修辞学

文化研究（尤其是媒介受众）的崛起已经影响了传播学科这位德高望重的"堂兄弟"，其起源可以追溯到古希腊哲学，其传统是进行以说服公众为目的的人文主义理论和战略话语批评的发展。在过去的二十多年里，修辞和文化研究的理论承诺已经日益融合了构成和治理公共文化的媒介、制度和话语的批评（Rosteck，1999）。虽然许多战后的修辞学者（以及那些与写作和创作相关的学科）青睐形式主义的文本批评（比如，公共广播），他们这一代人现在已经被接受批评理论的另一代人所取代，批评理论强调文化政治、不确定的文本和活跃的受众。

因此，修辞学者已经修改了一些他们的传统，将其纳入了质性研究的认识论和方法（Hess，2008）。他们都支持公民社会的成员之间，还有边缘化和"法外"（Sloop & Ono，1997）群体之间进行的"方言"（Hauser，1999）和"日常"（Cintron，1997）话语的实证（特别是民族志批评）研究。他们已经拓展了自身修辞学领域的概念，包括文化叙事生产和协作修辞**发明**的重要论坛（Katriel，1994）。他们已将文化成员的当地知识纳入其发展和使用的文本评价标准中。因此，他们的灵感来自文化批评基本概念的偶然性（和多元性），例如"理性"。他们从互动实践的持续倾向中积极构建批评对象。他们利用参与式观察和访谈来记录修辞效果的主张，而不是推断其潜在的文本材料（Stromer Galley & Schiappa，1998）。最后，他们提出与作为他们利益倡导者的文本团体成员合作。

【27】

这里一个开创性的研究是，1999 年布莱尔和米歇尔在对位于佛罗里达州奥兰多附近 NASA（美国国家航空和宇宙航行局）的肯尼迪航天中心美国航天员纪念馆研究中，"偶然"发现质性研究方法的叙事手法（Blair & Michel，1999）。

1.4.11　策略传播

作为组织传播的一个学科分支，策略传播广泛研究通过关于冲突、团队合作和领导力的话语过程而构成企业生活。然而，其他相关的学科分支致力于更狭隘和更官方的告知和影响"利益相关者"的企业关切。其中一些学科领域非常有名且存在已久，例如公共关系、广告和营销传播（Daymon & Holloway，2002），而另一些（比如设计）则是在某种程度上对于一般公众来说比较新和不知名的领域。虽然这些学科分支之间存在重要差异，但它们有两个相似之处。首先，它们混淆了"学术"和"专业"群体及其利益相关者的传统差别：在这里，学术"研究者"的角色和产业"顾问"的形象常常结合在一起，作为学者同客户之间合作设计的重点项目来回答有关文化趋势影响消费者行为或有关特定活动的策划和实施的紧迫问题。其次，这些群体越来越多地转向质性研究方法，为的是产生及时和准确的信息，让他们能够与目标受众交流，并成功地制造产品和提供服务。

在 1980 年代，策略质性研究的发展势头围绕着三种趋势的融合（Ante，2006；Fitzgerald，2005；Kane，2007；Osborne，2002；Suchman，2007；Thornton，1999；Walsh，2001）。第一种趋势涉及产业人类学家在职场"部落"文化背景下进行的后实证主义研究。第二种趋势正值其他社会科学家加入像施乐公司帕洛·阿尔托研究中心这样的企业实体，研究人类与"新"的信息和通信技术之间的互动。由于技术开发的快速循环和高成本，企业很快意识到，从观察和焦点小组访谈中收集的质性研究数据，不但对现有产品的营销有价值，而且还可能被纳入产品开发的早期阶段。第三种趋势涉及企业情感的整体转变，其组织摆脱了专横和单向影响的传统模式，与他们的利益相关者进行了**对话**，允许彼此间的好奇，允许彼此更好地理解价值观和动机，以及允许彼此发现合作的机会。这三种趋势导致企业聘用了更多的质性研究者，充当临时顾问和正式员工。这反过来导致了私人咨询公司的激增，博士可选职业的发展，成功产品"点击"的积累，以及学界和业界研究人员可以探索共同兴趣的会议发展。

【28】

因此，现在策略传播的研究人员在许多名义下工作，其中一些人继续在同企业高管之间持久存在的实证主义进行斗争。然而，团结他们的是认识到质性方法是一种灵活和有效的资源。使用得当的话，它们可以提供给设计师、营销人员、公关大师和广告主有关消费者如何在日常的意义和实践的背景下接触产品的重要信息，从而有助于阐明像"品牌忠诚"这类概念。这里有一位代表人物是艾瑞克·迪什曼（Eric Dishman），他是传播学专业的研究生毕业，现在已经是英特尔公司的数字健康集团总经理，产品研发创新的全球总监和著名的英特尔研究员。

1.5　总　结

在这一章中，我们已经回顾了四种范式，其影响了我们称之为传播学质性研究的发展。最开始，我们考虑的是质性研究者运用的特有程序。到目前为止，我们应该清楚的是，将质性传播研究区别开来的不是使用的具体方法，而是这些方法所服务的认识方式。方法论和认识论之间的这些联系起初并不容易说清楚，但学术新人则通过预演其解释而得到成长。质性研究人员在任何职业平台忽视这一责任，都会导致诚信缺失的风险。在回顾了两种现有的影响传播研究中质性方法使用的趋势之后，我们调查了在不同的学科分支领域中对其应用的历史（希望你的学科领域包括在内）。上述回顾表明，在这些学科分支存在部分差异的同时，还有一些反复出现的承诺，包括人类经验丰富而详细的描述，自我与他人之间的对话交锋，伦理和政治问题的敏感性，以及从情景实践隐含的知识归纳出理论。在下一章中，我们将对质性传播研究的理论传统进行探究，使你继续信奉它。正如我们将看到的，这些传统提供给传播研究人员使用的独特叙事，以指导其质性研究的发展。

【29】

1.6 练 习

1. 本章比较和对比了形成质性传播研究的不同范式。考虑一个你在学习中很感兴趣的具体与传播学相关的话题。要了解在不同的范式中进行选择可能会对您产生怎样的影响，请考虑如表 1.1 中所示的三组问题。在"实证主义"一栏中，首先回答你的主题的每一组问题。然后，至少选择另一栏，代表你感兴趣的另一种范式。现在再从这个角度回答你的问题，比较你在每一栏的答案，使用每种视角来研究你的主题有哪些明显的优点和缺点？

表 1.1　区分传播研究范式的启发式问题

	实证主义	后实证主义	诠释主义	批判理论
从这个角度来看，我认为这一现象是真的吗？ 例如： 1. 它会在**哪里**发生？ 2. 它会在**什么时候**发生？ 3. 它会**如何**发生（什么原因）？ 4. **产生的结果**是什么（有什么影响）？				
从这个角度来看，我应该如何研究这种现象呢？ 例如： 1. 我应该使用什么样的研究方法？ 2. 我该如何使用这些研究方法？ 3. 我怎么知道是否正确使用了这些方法？				
在研究这种现象时，我应该考虑哪些价值（如果有的话）？ 例如： 1. 在规划研究时，我应该考虑谁的利益？ 2. 进行这项研究时可能会出现什么样的伦理冲突？ 3. 在解决这些冲突时，我应该优先考虑谁的利益？				

【30】

2.基于你对其专业兴趣的认同，选择一种本章已描述的传播学学科分支（例如，人际传播）。首先，总结了本章关于质性方法对这一分支领域研究的影响的论述。下一步，找到属于这个领域的研究人员发表的质性研究（例如，学术期刊的文章或由组织顾问准备的最终报告）。通过查阅这个学科分支部分所引用的参考资料或者通过搜索其他的资源，比如谷歌学术搜索（Google Scholar），你能找到这个练习中的学术案例。本科生不妨考虑一下在在线杂志《传播学趋势》（*Communication Currents*）上发表的传播研究。一旦你选择并阅读了这种案例，通过回答以下三个问题来分析它：
【31】

- 这项研究如何证明在本章中讨论的其中一种研究范式的前提？
- 这项研究是否反映了本章有关这个学科分支中质性研究的历史影响的论点？如果是，该如何？如果不是，该论点应如何更新或修改？
- 最后，当你开始考虑自己研究项目的时候，这项研究有关如何进行质性研究提供了怎样的经验教训？
【32】

第 2 章　理论传统与质性传播研究

中心既不清晰，也不聚焦；它没有方法，也没有理论。

——布罗德富德和芒什（Broadfood & Munshi，2007，p.255）

2.1　质性研究与传播理论

在第 1 章中，我们使用"范式"这一术语来表述抽象信念系统，它们影响了学者研究传播的方式。我们归纳出四种形塑了质性传播研究发展的范式。总体而言，我们的阐述确证了科学史家托马斯·库恩（Thomas Kuhn，1970）做出的著名论断：范式同时发挥着知识和社会上的功能。首先，范式将学者引向现象的新定义和答案尚未被知晓的新问题（questions）。这些问题形成"难题"（problems），将在研究项目的发展中得到解决。由此，也是第二个功能，范式创造了一种形成学术学科及其分支的组织逻辑。它们形成结构，成员们在其中能够共享一种目标感，_{【33】}并投入到日复一日的协作、共事和"进步"中。

在本章，我们通过综述质性传播研究的**理论**传统来保持这一看待观念和结构的"双重视野"。"理论"这一术语作为学术的首要标志，有一段漫长而波折的历史。在民粹主义（populist）和反智话语中，理论通常被批评为精英主义的、复杂的和无法理解的。但是，更多冷静的论述强调理论的功能。理论作为现象的一种叙述，是要明确现象的组成部分、解释现象之间的关系，从而让这些关系能够被更好地理解。在这里，理论被辩护为一项非常有用的事业，它使研究者及其利益相关者能够支撑他们的论断。

第 1 章里描述的诠释和批判的"转向"已经影响了"理论"在质性传播研究中的地位。传播学学者对"新"理论的长久热情已经将后实证主义困境发生的可能性降到最低。这些困境在其他领域里出现过，身处其中的研究者在拒绝理论本身与开展伪质性研究之间犹豫不决，后者强制地将他们迫回到实证主义的领地（Prasad，2005）。此外，这些转向还引发了对"理论"的更深的欣赏，将其视为来自不同社会机构的专业人士开展的一项反身性事业（Craig & Muller，2007；Jensen，2008）。在这一视角下，专业人士收集、分析他人传播活动的证据，并向利益相关的受众汇报他们的结论。报告的意图不仅是**告知**受众，同时也是**说服**受众相信报告结果的准确性和报告写作者的信度。因此，在学术的形式下，传播理论就是一种关于"常规"（ordinary）

传播活动的专业性话语，后者已经成为一些利益群体的探索和关注对象。

上述背景为我们在这一章讨论质性传播研究的"既有"理论和"新"理论提供了框架。但是，在我们开始讨论之前，出于几个方面的原因，我们有必要对这一讨论进行说明。第一，社会和文化理论的复杂性和扩张中的理论范围，使得对它们做任何负责任的调查都不可避免地会成为长篇大论。第二，本章的篇幅只允许对每一个理论的独特因素进行概述。所以，我们鼓励读者参阅原始资料以学习更多。第三，对一个理论进行概述通常是一件复杂的事，因为概述本身就是一种模糊的、竞争性的叙述（Craig，1999）。例如，传播学下属领域的学者，因为他们使用的理论，以及如何使用而存有差别。有时，由一个理论统和的学术群体**内部**的分歧（比如，理论创建者的贡献大小）也不比群体**之间**的分歧要少。第四，由调查创建起来的模型化产生的错觉。质性研究者对理论的实际运用要比任何概述更加复杂。比如，他们在数据收集和分析的归纳阶段小心翼翼地悬置理论使用。当研究者讨论理论如何引导具体研究时，他们也可能含糊不清，尤其是当他们面对想法一致的受众时。在某些时候，研究者选择使用什么理论、如何使用，是为他们已经选择的出版物的编辑偏向所影响。第五，传播学的企业传统和跨学科性质，一直激励着质性学者创造性地对理论进行整合。这意味着我们在这里做出的理论区分会在实际运用中变得模糊。重要的是，通常没有任何**先验共识**（prior consensus）能够预示理论整合的可接受性（Alvesson & Deetz，1996）。相反，质性研究者在一个具体研究中展现理论运用的适切性。

尽管有上述说明，对理论做出像本章这样的调查也仍然是有价值的。学习一种研究方法而不知其理论传统，有点像学习一种乐器而不知它为何被创造出来、为什么有不同的演奏风格、为什么观众认为一些演奏风格是创新的而另一些是传统的。没有这种基础，你可能有能力机械性地演奏一种乐器，但是你会缺少一种完整性。所以，学习这些理论传统就是帮助刚入门的研究者做出更好的选择。例如，新手不可能确定使用一种理论，直到他们已经做出其他的、受限制的选择之后。时而我们又相信那个"理论"应该能引导质性研究的所有阶段，去做出选择并理解它们产生的结果。最后，就像刚提到的，这种调查能够帮助入门的研究者学习为什么某些理论整合会被认为比其他的整合更加合适。

现在，我们要转向形塑质性传播研究的三大理论传统。对于每一个传统来说，我们将关注它们的一般性特征，以及它们包含的特定理论。

2.2　现象学传统

你将会想起第 1 章，阐释学者相信我们应该从行动者的视角去理解社会行动。阐释学将**理解**（understanding）作为一个中心主题和一个方法论上的挑战：他人的经验是有意义的，是一个值得小心洞察的谜。19 世纪德国哲学家威廉·狄尔泰（Wilhelm Dilthey）为这种移情理解他人经验的意图发明了一个专门术语：Verstehen。Verstehen 的概念源头甚至可以进一步追溯到 18 世纪，在哲学家乔瓦尼·巴蒂斯塔·维柯（Giovanni Battista Vico）提出的"新科学"中，对人类本质及其创造物的恰当理解需要对文化形式进行历史研究。在《纯粹理性批判》（*The Critique of Pure Reason*）中，伊曼努尔·康德（Immanuel Kant，1929）拓展了维柯的讨论，承认我们对世界的感知是主动的，但是需要概念范畴的中介作用。这些范畴提供"前提"框架，我们对经验现实的知识通过它才得以发展。

到 20 世纪早期，Verstehen 概念形成了**现象学**（Phenomenology）这门科学的基础，后者对社会研究中影响日益扩展的实证主义构成了挑战。这种发展得益于**注解学**（hermeneutic）领域里开展的一些研究，注解学最初关注的是对古老经文进行解读。在这个传统下，狄尔泰、施莱尔马赫（F.D.E.Schleiermacher）和汉斯·伽达默尔（Hans Gadamer）等学者将一些扩展**文本**研究范围的方法正式化。"注解学方法"是对文本意义进行解读的方法，它通过想象作者的经验、参与文本特征与文本语境之间的循环运动来生产历史知识（Ricoeur，1997；Schwandt，2000）。尽管这一方法能够被运用到研究者想要重拾历史意义的任何情境中，但是注解学远远不只是一种方法。作为一种哲学，注解学与现象学有着共同的关注，即将理解视为人类生活（human condition）的中心要素。它也提倡一种对话伦理（an ethic of dialogue），在其中**他性**（Otherness）经验能够阐明，也可能是改变影响知识生产的偏见。注解学对质性研究产生影响的一个例子是"阐释循环"（interpretive turn），后者被文化人类学家克利福德·格尔兹（Clifford Geertz，1973）大力倡导。格尔兹认为，文化意义被公共符号形式（如仪式）编码，对它们进行最佳理解的方法是通过"阅读"（reading）活动。对这些"意义之网"（webs of meaning）进行阐释，需要质性研究者对符号活动，以及它们对参与者的意义进行"厚描"（thick descriptions）。

对 Verstehen 概念的发展产生重要影响的另一位学者是马克斯·韦伯（Max Weber）。韦伯将社会学理论根植于对有意义的社会行动的研究中，并且明晰了 Verstehen 概念的方法论运用（Morris，1977；Winch，1958）。通过说明人类行为由主观动机引导，韦伯（Weber，1968）试着褪去 Verstehen 概念的神秘色彩，把它置于一个更加科学的立场上。他认为，机构、权威和政策都起源于行动者在互动中的动机表达。一项对动机行为（motivated conduct）的持续研究可能会导向对理想型（ideal types）（例如，认同形式）的发现，而理想型会引导既定情境下的行动者主体性。然而，韦伯继续相信科学应该追求价值中立，以及对人类行为的因果解释。在现象学历史进程中的另一位学者是埃德蒙德·胡塞尔（Edmund Husserl），他对作为一门科学的诠释产生了巨大的影响。尽管胡塞尔与 Verstehen 概念没有直接关联，但是他相信意向性（intentionality）和意识（consciousness）应该成为任何科学研究的中心关注点。胡塞尔的现象学哲学意在界定我们感知对象的"本质"（essence）（参见 Husserl，1931；Kockelmans，1967）。他认为，人类意识指定出我们理解经验世界的方法。理解本质上是一种带有意向的行为，因为意向通常被导向目标。对胡塞尔来说，意识通常是对**某物**的意识。因此，我们对对象的感知是基于我们与它们相遇时持有何种具体的意向。

胡塞尔进一步提出，我们每一个人生活在一个通常被想当然的对象世界里。这个 lebenswelt，或者说生活世界（life world）对所有人类而言是一个独一无二的存在世界。尽管当你分析它的时候，它看起来是随意的、瞬变的，但是，这个生活世界更多地被社会行动者体验为永恒的。胡塞尔将这种对客观性和必然性的感知称为"自然态度"（the natural attitude）。这个概念描述了社会行动者如何对重复出现的社会场景中的特定规范进行标准化和抽象化，从而创造出有意义的秩序。

自然态度有一个**实践性**难题，它的日常活动创出的传播模式一成不变。对现象学家来说，

[36]

基础性的**科学**问题是事物如何成为这个样子：生活世界**如何**获得它的本质属性。为解决这个问题，胡塞尔提出了称为 epoche（或"先验还原"，transcendental reduction）的方法。研究者使用这个方法"悬置"[1]（bracket）出生活世界的结构和表象（appearances）。他们致力于使那些看起来正常的东西陌生化；并对一个现象持续存在的本质进行特征化，当这个现象的其他特征已经被摒弃时。经过一系列的悬置活动，现象学家能够理解日常的对象感知如何被有意义地建构。

阿尔弗雷德·舒茨（Alfred Schutz）延续了胡塞尔的现象学研究，他的主要成就始于胡塞尔未能在其分析中解决的一个问题：人类如何**学习**建构一个可以共享的生活世界？我们现在可以意识到令胡塞尔困惑的问题是**主体间性**（intersubjectivity）。舒茨（Schutz，1967）解决这个问题的方法是，宣称个体会毫无疑问地承认一个世俗世界的存在，承认他人与我们共享对世界本质特征的理解。舒茨进一步提出，个体通过假设他们彼此将会并能够互换视角来与他人交流。也就是说，在与他人进行交流时，我们信心满满得认为："如果你与我互换位置，你将会用与我相同的角度来看待情境，相反也是如此"。这一"前提"支持了我们对社会世界的自然态度。【37】

舒茨更进一步意识到，个体在所有互动中都被**定位**了——他们想象并假设着使他们的互动富有意义的时空位置。舒茨感兴趣的是，我们在这个过程中如何发展、管理和应用**知识库存**（stocks of knowledge）。这些库存包括我们从个体经验中学习到的所有事实、信念和规则，也包括继承的、生来就有的文化知识。前一种类型的知识是独特的，它部分地形成在面对面的互动中。后一种知识来源于被展示的、文化成员能够广泛接触到的经验**类型化**（typification）。类型化的知识包括深化、框架、脚本和常识。所以，文化身份的改变会为我们提供新资源，这些新资源让我们相信自身经验的某些方面比其他方面更有意义。

主体间性通常产生于我们与他人形成的关系中，对传播学者尤为重要的是，舒茨强调这种关系形成的社会中介是**口头语言**（Stewart，1981）。在形成这种基本的"我们—关系"中，人们将自己的行动导向一个意义共同系统。用舒茨的话来说，社会行动者"一起变老"，因为他们用语言来界定自己和他人。舒茨注意到，我们不仅与同时代的社会成员建立关系，还与我们的祖先和后代建立关系。

因此，舒茨接受了韦伯的行动概念，即行动是有意义的行为。但是，他继续阐明行动如何变得有意义。理解这一推进的关键是舒茨（Schutz，1967）对意义的界定，意义是"引导个体凝视自身个体经验的一种特定方式"（p.42）。换言之，舒茨相信，**只有当注意力反身到个体自己身上时，经验才变得有意义**。同时，舒茨在"行动"（action）和"行为"（act）两个概念之间做出区分。他提出，一个行动是一个常常处于过程之中的计划。当个体将其凝视引向行动，并使其像一个已完成的事件那样富有意义时，一个行动才能成为一个行为（Natanson，1968，p.222）。因此，只有通过反思关注到行为在实际上或计划上的完成，行为的意义才能被捕捉到。

舒茨的著述为质性研究留下了一个遗产：相信通过了解人们对行动如何完成以构成**行为**、尤其是言语行为的解释，我们能够洞悉他们的**行动**动机。舒茨提出，这些行动动机可以归为两类：（1）任务具有的**目的动机**（in-order-to motives）（例如，"我参军是为了得到训练以获得

1　悬置（在现象学语境下直译为"括弧"），是源自胡塞尔现象学的一种基本方法。胡塞尔提出，把世界的存在问题"圈在括弧里括起来"，即对世界的存在问题采取审慎态度，把它悬置起来，不作任何判断。在现象学语境下开展的研究中，悬置一般是指把理论、预设概念、已有的看法和观点搁置起来，直接关注生活世界和生活经验。——校译者注

一份好工作"），以及（2）解释过去经验的**原因动机**（because motives）（例如，"我参军是因为我以前跟坏人在一块混"）（Bernstein，1978，p.155）。

【38】　　舒茨著作的主体部分具有重要意义，因为它厘清了之前在阐释学中仍然模糊的概念。他自始至终都在展示个体如何通过语言建构庞大的、重叠的生活世界，以及我们如何达到彼此的主体性。总体上，围绕着理解生活经验和社会行动的问题，韦伯、胡塞尔、舒茨（以及他们注解学的同行们）的研究汇聚于此，为诸多概念奠定了基础，它们对质性传播研究至关重要。他们的学术遗产包括这样一幅传播图景：传播作为**从他者**（the Other）**经验中产生的对话**（Craig & Muller，2007）。现象学仍然是质性研究演进中的关键（Jackson，Drummond，& Camara，2007），这在言语（Stewart，1981）和媒介相关的次级领域（Couldry & Markham，2008；Traudt，Anderson，& Meyer，1987）都是如此。一个新近的案例就是霍尔、吉尔伯兹和霍顿（Hall，Gilbertz，& Horton，2007）等人对与蒙大拿州天堂谷黄石河相关联的"交流地点"（communicating place）的研究。

2.3　社会文化传统

　　我们接下来的范畴，包含那些关注"微观"传播实践与对其产生影响的"宏观"结构之间关系的理论。这里的"结构"，我们指的是"行动和意义的共享模式"，它们使相互理解和协调互动成为可能（Craig & Muller，2007，p.365）。这些现象，例如角色和仪式，持续存在于具体的互动之中，并形成机构和社会的一些稳定要素。它们将"常规的"预见性和连贯性（coherence）注入社会生活中。但是，社会文化理论后来在三个议题上存在分歧。第一个议题涉及理论视野：一些人采用"宏观"视野将社会概念化为一个力量的复杂网络；其他人用事件的"微观"视野来强调情景中的知识和行为。第二个议题是这些理论更多地强调结构**决定**（受到宏观理论的青睐）还是社会行动中的个体**能动**（受到微观理论的青睐）。第三个议题关涉的是这些理论如何对社会现象不同层次之间的关系进行概念化。所有研究者都赞同这些层次存在某种关联，但是这种关联是一种联结关系、影响关系，还是相互构造的关系，则处于激烈的争论中（也没有说明这种关联是如何运作的）。我们来梳理该传统下的六种理论。

2.3.1　常人方法学

　　你可以回忆前一部分里，埃德蒙德·胡塞尔相信社会科学应该是**本质的**（eidetic），或者关
【39】注本质性的对象和关系。一种本质社会学不对"家庭"和"组织"这样的概念预设共享的意义，而是"走进事物本身"，试图将事物的存在解释为人类互动中的主动的主题。在胡塞尔看来，如果不能对社会生活如何变得有意义有一个基本的理解，经验研究将是徒劳的。然而，胡塞尔的哲学没有提供研究这个过程所需的资源。阿尔弗雷德·舒茨的研究也没有提供这种资源，他对主体间性**应该**如何运作进行了理论化，但是他没有探究主体间性的具体发生情况。至少在部分程度上，这两个学者都认为生活世界是"外在于那里的"（out there），是自然态度的一个产物（Kinchloe & McLaren，2000）。

与一种本质科学最为接近的研究是**常人方法学**（ethnomethodology，后文缩写为 EM）（Heap & Roth，1973）。这个术语是哈罗德·加芬克尔（Harold Garfinkel）的发明，他的开创性著作是《常人方法学研究》（*Studies in Ethnomethodology*）（Garfinkel，1967）。简单说来，EM 致力于理解日常生活里那些合理的、想当然的部分是如何形成的。术语里的**方法学**（methodology）指的不是常规科学，而是人们用来建构合理且有序的行为方式的情境性方法和程序。EM 意识到，我们通常将上班、买杂货和看电视体验为连贯的事件。这是因为我们熟练地展演自己的角色，并期待（不需要真的去这么想）他人也能够这样做。所以，激发 EM 研究的一个问题就是："他们如何做它？"显然，这里的"它"不是**活动**（activity）本身，而是**参与者对它的客观性、实在性和有序性浮现出来的知觉**（Maynard & Klayman，1991；O'Keefe，1980）。令 EM 学者着迷的是，互动的"表象"如何足以支撑参与者在现实中的信念。对加芬克尔来说，表象之后空无一物：创造一个一致的、令人信服的表象的实践**就是**社会现实。

作为一种理论视角，EM 是奇特的。它放弃了一种科学传统，即忽视参与者切实运用构念来协调他们行为的方式（Atkinson，1988）。EM 后来关注社会——尤其是**会话**（conversational）——实践中意义的局部建构（Sacks，1963）。这些实践的**内容**只得到 EM 学者很少的关注，如果说他们还关注的话。重要的**是**情境资源，以及社会行动者用来赋予特定实践以连贯性的活动序列。由此，这种对互动形式的严格限制将 EM 研究者置于与其他理论的紧张关系中，后者强调行动者要有独一无二的见地（Ten Have，2004）。EM 方法中的观察（与民族志中的观察相比）、转录和访谈（使用频率最低）都已经被运用到对科学实验室（Lynch，Livingston，& Garfinkel，1983）、教室（例如，Mehan，1979）、计算机中心（例如，Johnson & Kaplan，1980）和新闻编辑室（例如，Tuchman，1991）的研究中。这些研究的共同主题是，社会行动者对特定环境中的资源和活动进行独特的组织。EM 研究关注人们如何以特定方式参与到一个活动中，这些方式为他们含蓄地界定此活动**为**此活动。这个视角可能会令人不安，因为它违背了一个传统信念：人、物和事具备一种**先验的**功能或地位。【40】

我们用两个关键概念来结束对 EM 的概述。第一个概念来自这样一个事实：社会生活是在语境中呈现的。人们的实践推理取决于他们对特定情境下可获得资源的使用。那些心照不宣地使用一个局部语境中的某些方面来建立秩序和事实的表达，在 EM 中被称为**索引性的**（indexical）。这些表达帮助我们组织环境中可获得的信息，将其视为一种资源以解释浮现出的互动。例如，在一个公司野餐中对同事讲笑话，就需要使用诸如参与者的相似性、方向、姿势、声音等情境资源。根据 EM，使这个事件成为"讲笑话"的，不是笑话的讲述，而是事件中一些有特征的活动：讲述者如何寻求群体的注意力；如何停顿来强调内容；如何打手势来解释抽象的东西；如何把讲笑话与准备食物、跟别人递食物结合起来；如何获取听众的肯定。在一场礼拜散场时，在出口处对一位宗教领袖讲同一个笑话，人们可能会反应出一套非常不同的情境资源（比如，听众数量的减少）。

第二个概念的提出是因为社会行动者需要让他们的实践推理在某种程度上对彼此"可见"。按照加芬克尔（Garfinkel，1967）的说法，"成员借由活动来生产和管理使日常事务得以有序的情境，这些活动与成员让这些情境'可解释'的程序相一致……也就是说，可以被观察和被讲述……对成员来说是可看可讲的情境性实践"（p.1）。通过这种方式，EM 学者们在行动者对其活动的言语和书面**解释**中找到了社会秩序的证据，前者被视为行动者建构其社会现实的关键方式（Heritage，1984）。当 EM 研究者诱导出原因时，他们通常用设计好的问题来询问讲话者，以获得更多的细节和理由。通过获得、阐释界定一个行动者"背景期望"（background expectancies）的理由，EM 研究者可以描述人们用来创造和维持**主体间**现实的具体方法。

在追寻这一焦点时，EM 学者被谴责忽略了其他相关现象，比如情绪，比如权力在成功的活动呈现中扮演的角色。这种谴责的结果是，他们最近拓展了焦点，从对相互协调的活动的顺序的描述（如何），到对规则、意识形态和社会结构之间关联进行更多的批判（是什么）（Atkinson，1988；Gubrium & Holstein，2000）。从历史的视角来看，EM 具有的"调皮且挑衅"（Prasad，2005，p.72）的精神通过三种方式塑造了质性传播研究。首先，它影响了**会话分析**（conversation analysis，CA）的发展，后者是语言与社会互动（LSI）这个次级领域的一个部分（参见 Beach，1996；Hopper，1992；Mandelbaum，1990；Pomerantz，1990）。受哈维·萨克斯（Harvey Sacks）及其同人的研究（比如，Sacks，Schegloff，& Jefferson，1974；Schegloff，1968）的影响，会话分析研究者们探究日常谈话的微观特征，将其视为组织和连贯的一个局部体现。他们关注的话题有：会话如何开始；会话发生的顺序；以及更一般地，说话人如何呈现他们之间熟练的协作（Gubrium & Holstein，2000；Peräkylä，2004）。

其次，EM 的某些方面突出了**规则**在交流中的意义。一般而言，规则概念持有的观点是，情境中行动的规则性来源于行动者对习得惯例的认知偏向。规则的解释具有首要影响力，是因为它们为解释互动中的创造性和一致性提供了方式（参见 Cushman，1977；Pearce & Cronen，1980；Sigman，1980）。但是，考虑到行动者的意向所扮演的角色，以及在遵守规则和运用规则时产生的创造性，规则因其要容忍的论争被打上了记号（参见 Morris & Hopper，1987；Shimanoff，1980）。

受到 EM 影响的最后一个领域是"工作中的谈话"（talk at work）（Boden，1990；Drew & Heritage，1992；同时也可以参考 Samra-Fredericks & Bargiela-Chiappini，2008 讨论的"工作场所研究"）。研究总体上假设谈话是行动者在机构和专业情境下开展以目标为导向的活动的主要方式。它探究机构谈话的局部实践与更大的结构和意识形态之间的关联。在传播中，这个项目吸引了语言与社会互动领域和组织传播领域的研究者们。

EM 在传播研究中的一个新近案例是尼古拉斯（Nicholas，2009）对马来语圈中"融合"（syncretic）谈话的研究，说马来语的人必须对他们与现代伊斯兰典范和异教—万物有灵传统的关联进行协调（比如，对**鬼**的信仰）。

2.3.2　符号互动论

用一句话来说，符号互动论（symbolic interactionism，SI）就是对"交流如何塑造个体身份，使得个体性和社会集体性成为可能"（Craig & Muller，2007，p.366）的研究。几个符号互动论概念都起源于实用主义哲学，该哲学的创始人包括威廉·詹姆斯（William James）、约翰·杜威（John Dewey）、乔治·赫伯特·米德（George Herbert Mead）和查尔斯·桑兹·皮尔斯（Charles Sanders Peirce）。实用主义哲学可以用几个命题来归纳。第一个命题是，意义产生于实践结果。

例如，两个术语（如"拉丁美洲人"与"西班牙人"）之间的意义差别产生于它们在具体情境（如选自联邦人口普查表里的身份类目）中的使用方式。如此，不同的意义源于指向社会世界的不同程序。皮尔斯发展出**符号学**这一相关领域，专注于对意指（意义生产）作为一个社会过程的研究（Jensen，1991）。同时，实用主义反对"存在一个客体现实"这种理性主义信念和行为主义方法。相反，它把现实视为**不确定**的：我们感知并在其中行动的世界包含了多层的、浮现的现实，后者通常处于变动之中。这些现实形成于自我与多种多样的人、物和事之间的协商（Dewey，1929/1960；Mead，1934）。最后，实用主义否认科学知识在自身中终结，转向对具体社会问题的分析。实用主义对自我与社会相互建构的信仰，使他们倡导劳工和教育领域的进步改革，并提倡作为民主的一个必要条件的开放传播（Dewey，1927/1954）。许多符号互动论研究者在他们对都市社区的"记录式"研究中承接了这一遗产，这些研究关注民族和移民群体经历的同化与剥夺（Delia，1987；Kurtz，1984；Rock，1979；Shalin，1986）。

符号互动论通常与乔治·赫伯特·米德联系在一起，他的自我模型深刻地影响了符号互动论的发展。在米德眼中，交流是自我发展的基础。他将社会看作建基于协作互动的群体生活领域。在互动中，参与者通过使用**有意义的象征符号**（significant symbols）来确定彼此的意向。这些象征符号包括言语和非言语姿势，它们"隐含在个体心中，在与其他个体的交流中被明确地表达出来，或期望表达出来，来作为一种回应"（Mead，1934，p.47）。使用象征符号不仅是把我们的内心状态传达给他人，它还在我们心中引发对他人回应的预期。通过这种体验（也称为"扮演他人的角色"），我们能立刻想象我们是如何被看待的。为了进行这种**角色扮演**，一个个体必须理解构成一个特定群体的生活的所有规则。米德举的著名例子是，打篮球的人各自占位是因为他们理解队员的角色（从而能够预料到相应的行为）。如此，我们通过感知他人对我们的态度来习得我们是谁，以及要扮演什么角色（Goffman，1959，1967）。

在米德的理论中，自我同时包括一个表达的部分（主格"我"，I）和一个评价的部分（宾格"我"，me）。主格"我"指向我们的创造性表达，而宾格"我"通过调整主格"我"来想象他人的态度（一般的或具体的）。人类行动与反思能力的持续互动使我们参与对象征符号的限制性交流中。通过参考初级他者（primary other）（如具体的、最接近的人物）和一般性他者（generalized other）（如一个抽象的集体）的规则，我们知道在不同的社会情境下灵活行动。自我不可避免地要受到这种期望浸润的塑造，而社会也是如此。社会化的复杂性创造了可以同时具有一致性和创新性的自我。【43】

赫伯特·布鲁默（Herbert Blumer，1969）在发展米德的社会心理学内涵方面扮演了一个重要的角色。理论上，布鲁默提出意义直接来源于社会互动。实际上，意义是人们对事物或他人展开行动时的**唯一**基础。人们根据他们对符号的共享意义和感知到的差异来匹配他们的行动。一般而言，社会行动者之间的成功联结也被称为**联合行动**（joint action）（Denzin，1969，1977）。行为的关系规则和公民—法规的准则会影响可接受的联合行动的类型与范围。尽管这些限制对群体成员有切实的力量，但是它们也能够在联合行动中被改变。方法上，布鲁默鼓励研究者通过参与式观察直接浸入情境中。他相信这是研究者理解联合行动的意义的唯一方式。

与常人方法学类似，符号互动论强烈地呼应了传播学对社会行动实践的探究。它同时强调了符号表达在同化和冲突中的作用。它解释了行动者在理解、动机和制作信息实践之间的关系。最为重要的是，它打开了社会现象固有的**意义**，使其得以被仔细探究，以防它们被对象化为结构和功能（Duncan，1962；Faules & Alexander，1978）。从历史的视角来看，符号互动论影响了人际交流中建构论路径（例如，Delia，1977；Delia & O'Keefe，1979）的发展，这种路径强调人们如何通过诸如换位思考（perspective taking）一类的认知评估来调整他们的交流策略。通过影响欧文·戈夫曼（Erving Goffman）和肯尼斯·伯克（Kenneth Burke）等人的**拟剧**理论（dramaturgical theories）（Crable，2006），符号互动论也影响了人际、群体（Bastien & Hostager，1992；Frey，1994c）和组织（Bantz，1993；Pacanowsky & O'Donnell-Trujillo，1983；Scheibel，1992）情境下的社会化、身份管理和关系协商研究。在媒介研究领域，符号互动论的研究者也曾涉及电影效果研究（Blumer，1969；Wartella，1987）。后续的符号互动论研究提出，媒介**格式**（formats）（传播技术的符码和其他结构性能力）为受众建构社会现实提供了重要的资源（Altheide & Snow，1988；Anderson & Meyer，1988；Chesebro & Bertelsen，1996）。然而，当今的受众研究只有在少数情况下才会采纳一种互动论的视角（比如，Frazer & Reid，1979；[44] Lindlof，1987）。

符号互动论研究的一项新近实例是弗恩巴克（Fernback，2005）对美国一个贫困都市社区中的居民所展开的研究，这些居民通过"社区"和"信息和传播技术"（ICT）中的"象征符号"想象出一个拟建的社区中心。

2.3.3 社会建构论

在 20 世纪中叶，现象学和符号互动论的遗产围绕着作为一种"社会建构"的"现实"意象而融合在一起（Anderson，1996a；Berger & Luckmann，1967；Garfinkel，1967；Schwandt，2000）。在这个过程中，社会学家和哲学家的突破性研究在其他领域的研究中——比如，社会心理学家罗姆·哈里（Rom Harrè）和肯尼斯·格根（Kenneth Gergen）——整合。打个比方说，这种融合除了跨学科的拓展之外并没有产生其他东西。它的副产品包括一个一般性的"建构主义"（constructivism）范式，以及一个相对于社会科学的变体，被称为"社会建构主义"或更加简洁的"建构论"。尽管发展这一传统的主要是欧洲的社会科学研究者，但是，它的强大吸引力使它成为当代欧洲大学传播院系里制度化的课程"常识"（如果不是"陈词滥调"的话）。

正如汤姆在其他地方（Lindlof，2008a）提出的那样，建构论强调人类在积极使用符号资源中扮演的角色，以对象化、传播和阐释他们所处环境和自身存在的意义。在这一视角下，意义不是单一的、固定的或消极获取的。相反，意义取决于社会行动者，他们使用知识文化储备介入到一个模糊、变动的世界中来达到他们特定情境下的、变化着的目标。后续的建构在群体互动中得到检验，那些被认为是准确的、有用的建构会被循环和维系。这些幸存的建构不断嵌入正式的机制中，比如偏好、技术和政策。经过一段时间，这些建构的历史、偶然和延展特性会淡化，后代以一种不可避免的感觉把它们当作既定的东西来接受、强化。由此，这一视角将质性研究者引向如下问题：相互竞争的多种建构是如何在群体内和群体间确定的？任意的、继承而来的实践如何限制我们想象和进行"选择"的能力？我们应该如何运用我们的**反身性**（reflexivity）能力来发展和评估替代性建构。此外，这个传统还让社会科学研究者提出以下问题：如果分析结果的真实性不是建立在其内容与客体现实之间假定的对应关系上的，那么研究如何能够证实分析结果呢？

　　毫不奇怪，与建构论相关联的传播学者关注的是，符号、语言、话语和媒介如何在传播过程中运作。这里，一个先导性观点：**传播**是人类**建构**其生活世界为一个"真实"的现象——　　【45】
也就是一个有助于共享理解和协调互动的现象——的**一个基础性**活动（Bartesaghi & Castor, 2008）。媒介学者运用这个传统探究了至少三个主题，包括新闻采写的职业常规如何筛选、"制造"出新闻成品，媒体叙事的重复如何"框架"（frame）对争议性议题的文化理解，以及受众如何利用共享知识和习俗将媒体内容诠释为本土现象。信息与传播技术学者探究了表面上完整、确定的系统与使用者适应、改变的实践之间的相互影响（Jackson, Poole, & Kuhn, 2002）。此外，言语研究方向的传播学者用建构论来研究社会行动者如何发展出人际、群体、组织和社区关系中的关键条件。在这里，一个发展中的研究主题涉及身份认同的"对话"属性，它作为一个局部的、不断变动的产物有赖于协作和语言的中介作用。建构论还影响了特定传播理论的发展，比如意义与行动—意涵话语分析（action-implicative discourse analysis）之间的协调管理（Bartesaghi & Castor, 2008）。这方面的新近研究案例包括夏和巴罗（Shi & Barrow, 2007）的一项研究，他们探究与美籍华裔青少年进行的质性访谈中的话语如何建构出他们的多元文化身份。

2.3.4　交流民族志（Ethnography of Communication）

　　接下来的理论源自人类学、社会语言学、民俗研究和符号学的丰富遗产。交流民族志（Ethnography of Communication, EOC）将传播概念化为一股持续的信息流，而不是信息交流片段。它认为社会行动者会同时使用多种渠道（比如，语言和非语言的）和符码来创造有意义的互动（Sigman, 1987）。这里的"符码"是指一整套规则，它告知文化范畴里的成员如何使用、阐释具体的符号类目（如时尚和食物）。尽管大部分的 EOC 研究关注语言实践，但它也包含了一系列对传播媒介、体裁和语境的研究（最新的综述可以参考 Carbaugh, 2005）。相关研究者在超过 20 种语言和差不多相等数量的国家中开展了田野工作（Philipsen, 2008）。

　　统合这种多样性的是对符号实践与社会结构之间关系的思考。当 EOC 研究者为传播中的文化"特质"（比如，在对本土原生实践提出特定要求的陈述中）保存证据时，这种思考就显现出来了。它允许研究者为文化研究中的资料对比和模式发掘归纳出"共文的"（acontextual）格　　【46】
式（Philipsen, 1989）。在此过程中，经常引导 EOC 研究者的问题是：交流实践如何反映交流形式和内容的本土偏好？这些偏好如何组织参与者的身份和参与者之间的关系？这些实践如何建构社会现实的一般形式（Carbaugh, 1995）？为了回答这些问题，研究者对传播符码及其功能进行了十分详细的分析。一个例子是，墨西哥组织的雇员使用代词指称形式来表达正式的尊敬和熟人之间的信任（Covarrubias, 2005）。正如这些研究描述的那样，言语社区通过对文化和道德事件进行本土的、持续的展演才得以维系（Carbaugh, 2005）。

　　EOC 传统在谱系上可以追溯到雷·伯德惠斯特尔（Ray Birdwhistell, 1970）等文化人类学家的研究。伯德惠斯特尔发展了社会情境中的身势学（人体动作）研究，埃德华·T. 霍尔（Edward T. Hall, 1959）开辟了对诸如空间关系（proxemics）等传播符号的跨文化研究。EOC 会考虑语言形式与它们的文化运用（尤其是对群体成员资格的要求）之间的关系，这是它受到社会语言学影响的明证。民俗研究对 EOC 的影响也可以找到证据，后者收集情境中的艺术实践案例来理解它的起源和功能（例如，Schely-Newman，1995）。然而，对 EOC 产生最大影响的是德尔·海默斯（Dell Hymes，1962），他最初将这个领域命名为"言说民族志"（The Ethnography of Speaking），并且将它的议题设定为对社会情境下的语言运用进行田野研究。海默斯开创了一个激进的经验研究焦点："言说就是行动本身"（p.6）。该研究产生了三个方面的影响（Stewart & Philipsen，1984）：社群言语可以像一个由规则引导的实践系统一样被研究；研究者应该考察言语形式和言语功能的跨文化显著差异，以及研究者的观点应该要受到社群意义结构的限制。总体来看，这些假设扭转了研究者对言语的关注点，从一个抽象的符号到一个需要质性研究来理解的情境性、实践性**事件**（event）。之后，海默斯把他的言语事件模式的首字母组合成"SPEAKING"："情境（Setting）或场景（Scene）；参与者（Participants）或人员（Personnel）；结局（Ends）（包括目标/目的和结果）；行为（Act）特征（包括言语的形式和内容）；调子（Key）（一个行为完成的语调、方式或情绪）；工具属性（Instrumentalities）（渠道和符号）；互动和阐释的规范（Norms）；[以及]类型（Genres）（言语行为和言语事件的类目或种类）"（Bauman & Sherzer，1975，p.100）。

【47】　　这里有三个方面值得注意。第一，尽管这个传统起初被命名为**言说**（speaking）民族志，但是绝大多数的研究者已经改用**交流**（communication）来描述他们的研究焦点。这个术语更具包容性，它包括了中介化话语和非言语符号。与此同时，大部分 EOC 研究者把"言语"看作交流的突出——甚至是原始——形式，当研究的是这个原始主题时，他们仍会使用"言语"（D.Carbaugh，个人交流，2001 年 9 月 27 日）。第二，尽管 EOC 拥有某些与会话分析相同的目标和方法，但它仍具有两个特征：它继承的民族志遗产；它对分析言语活动的兴趣，以发现角色的结构和展现。第三，作为一个跨学科领域，EOC 与常人方法学和符号互动论等社会学主要传统有区别。

　　EOC 作为一个学术社群形成于 20 世纪六七十年代，以若干田野研究、纲领性陈述和文选为标志（参见，Bauman & Sherzer，1975；Leeds-Hurwitz，1984；Philipsen & Carbaugh，1986）。在这一时期，出现了诸如《社会中的语言》（*Language in Society*）一类期刊，旨在研究社会生活里的言语，此后另外几个期刊（比如，《语言》和《语言与社会互动研究》）也开始出现。在传播学领域，EOC 通常与学者格里·菲利普森（Gerry Philipsen）相关联，他在华盛顿大学漫长而卓著的学术生涯中为该领域培养出很多优秀的研究者（比如，Donal Carbaugh 和 Tamar Katriel）。菲利普森 1975 年的研究"像庭斯特维尔[1]（Teamsterville）的男人一样说话"是一个里程碑，该研究考察了一个都市工人社区里的男性角色如何借助符号来展演。这项研究仍然值得珍视，因为它在 20 世纪 70 年代提出了一个清晰、独特的对实证主义研究的替代方案。EOC 在数据分析与理论建构的联结方面更具系统性，它还展示了一项好的研究如何起源于现实需求。例如，菲利普森的庭斯特维尔研究就对他面临的挑战（2008）做出了回应，他作为一个社会工作者努力在一个充满种族歧视的异域文化中取得成功。

1　庭斯特维尔是一个位于芝加哥南部的低收入、白人工人阶级社区。"男子气概"（manliness）是庭斯特维尔居民在日常交谈中经常谈论的一个主题，庭斯特维尔男人也非常在意别人如何评判他的"男子气概"。——校译者注

但是，批判学者在近期对 EOC 理论和方法中隐含的现代主义提出质疑（Fiske，1991a；Neumann，1994）。他们认为，EOC 对秩序、稳定、共识等理性因素的关注将抽象形式置于复杂的过程之上，隐藏了研究者在建构文化连贯的表象时扮演的角色，压制了社会群体斗争产生的分裂、含糊和悖论等现实。作为回应，EOC 研究者提出，与权力和冲突有关的主张不应导入**一种先验**（a priori），应该限制在言说者意义的明确证据里，并且，除偶然情况外不应该先于有关秩序如何形成的描述（Carbaugh，1991；Fitch，1994b；Huspek & Kendall，1991）。

EOC 研究的一个新近案例是博罗米扎 - 哈巴什（Boromisza-Habashi，2007）对匈牙利政治话语中的"表达自由"和"仇恨言论"等文化概念的考察。

【48】

2.3.5　结构理论

在 1980 年代，英国社会学家安东尼·吉登斯（Anthony Giddens，1979）发展的结构理论（structuration theory，ST）为传播学研究者解决长期存在的问题提供了一个创新性解答。这些问题起源于后实证主义与阐释学范畴相关概念之间的明显对立。正如普尔和麦克菲（Poole & McPhee，2005，p.173）概括的那样，ST "在一个可以解释个体行为和社会制度的发展和影响的框架里同时涵盖了社会结构和人类行动……（它）强调过程在社会建构中扮演的角色，因此很好地契合了作为一个过程的传播观。它既包含稳定，也包含变化。它还解释了不同分析层次——个体、群体、组织、社会——之间如何相互关联……"

ST 是通过界定和关联三个关键概念来实现上述贡献的：**实践**（可观察到的、对参与者具有意义的活动的模式）；**系统**（让群体间关系得以建立和维系的实践种类），以及**结构**（行动者参与系统实践时可以利用的**规则**和**资源**）。在上述的结构定义里，**规则**被看作引导人们行动的原则和惯例，**资源**是人们用来顺利完成行动的物质和符号现象。对吉登斯来说，结构是协调社会行动的先决条件，是"从已有的规则和资源中借用或提取出来的"（Poole & McPhee，2005，p.178）。结构是人类意指（例如，传播中的技术符号和文字）、支配（例如，压迫性的制度政策）和合法化（例如，使权力运作合理化的法律和规范）活动的主要助益。这些结构的持久性为正在发生的社会互动事件提供了稳质性。

上述定义支撑了 ST 有关结构**二元性**（duality of structure）的激进主张。简单来说，这个主张提出"当我们使用结构规则和资源在社会实践系统中行动时，我们也在让这个系统继续运转……我们复制了系统和它的结构"（Poole & McPhee，2005，p.175）。如此，结构也是行动的**产物**。然而，这里值得记住的是，这些产物不是被决定的——行动者操作不同的行动模式（比如，效忠、讽刺和颠覆）来有选择地、创造地使用可获得的结构。这些实践可能会产生**意料中**（intended）和**意料外**（unintended）的产物。根据 ST，结果是每一个互动段落都会有两种产物模式：（1）结构**生产**出它具体化的实践；（2）结构**再生产**或**转变**（通常以一种轻微的方式）成一种相关的结构。在该视角下，结构理论把传播提升到制度延续和变迁的关键位置。单一行为的效果相对微小，但是如果它被其他人重复、再生产，那么累积的影响可能是巨大的。

【49】

ST 在上述主张外还补充了另外两个主张，它们尤为重要。第一个主张是，人类对他们的环境和行为拥有丰富的知识（即使他们不能清楚地表达那些知识）。提出这一主张时，ST 对影响社会行动的人类意识区分出三个层次：话语意识，指的是我们能用语言表达的现象；实践意识，涉及我们能呈现但不能言说的知识；无意识体验和冲动，它们不可能被我们轻易地唤起到任何意识层面，但仍会强迫我们参与到社会秩序中。ST 强调的是社会行动者如何在上述意识层次之间转换，以展现他们的社会行动，并对其进行**反身监督**（reflexively monitor）（比如，通过计划和学习）。第二个主张是，对 ST 来说，三种现象模式在每一次互动中共存：**意义**（例如，当一个行动者对另一个行动者说出的话——也是一种特定的行动——进行阐释）；**权力**（例如，当第一个行动者对在当下情境里展现那一个行动的第二个行动者的**权威**进行评估时）；**规范**（例如，当第一个行动者评估那个行动的**合法性**时）。吉登斯提出，这些现象模式的运作通常以建构和维系社会系统中不平等权力分布的方式发生，以形成支配结构。基于这个原因，ST 跨越了社会文化理论和批判理论（Prasad，2005）。

总结起来，ST 突出的是，社会行动者如何利用意义、权力和规范结构来展现他们的行动，以及随后对这些结构进行具体化、本土化和转变。在传播中，ST 主要被用在两个次级领域里：（1）组织传播（McPhee，1985；Riley，1983；Witmer，1997），其中它影响了"结构行动理论"（structurating activity theory）（Canary & McPhee，2009）和"世界观理论"（worldview theory）（J.Taylor，2005）；（2）信息和传播技术，其中它影响了对监视系统设置的政治展开的研究（Samarajiva，1996）和"适应结构理论"（adaptive structuration theory）（DeSanctis & Poole，1994）的发展。在上述两个次级领域的交叉地带，ST 尤其具有影响力。在这个交叉地带，研究者探究群体和组织结构之间的关系，导入"新"媒介，以及相应的结果（Rice & Gattiker，2001；Yates & Orlikowski，1992）。该领域的一项新近研究是，柯比和克朗（Kirby & Krone，2002）对同事间交流在塑造雇员对工作—家庭利益的理解和使用上扮演的角色。

2.3.6　行动者网络理论

我们要介绍的最后一个社会文化理论在探究科学（Alcíbar，2008）、技术（Takhteyev，2009）、组织（Cooren，Thompson，Canestraro，& Bodor，2006）和媒体（Petersen，2007）等通常相关联的主题的学者中引起了巨大争议，他们也产生了日渐浓厚的兴趣。行动者网络理论（Actor Network Theory，ANT）由迈克尔·卡隆（Micheal Callon，1986）、布鲁诺·拉图尔（Bruno Latour，2005）和约翰·劳（John Law，1987）等人的研究发展起来，它根植于这样一个富有挑战的论点：在社会互动中，**非人类**物体（例如，动物、工具、建筑、文件，甚至是精神！）与**人类**行动者在名义上都扮演了同等重要的角色。ANT 的结论是，赋予非人类物体能动性会让社会—科学研究获益。在这场去中心的运动中，ANT 认为，研究者应该不偏不倚地认识到社会互动中**所有**种类的物体具有的差别，不管它们是否与熟悉的类目相一致。

此外，ANT 排斥有关社会技术互动的简单化理论。它拒绝技术决定论**和**社会建构论的极端化争论，转而持有如下观点：技术可以被看成是复杂网络里的"节点"，这个网络**包含**了人类和物体，也在相互建构的角色中对他们加以**限制**。在这个方面，ANT 创造了几个不同的术语来解释这些角色，以及它们如何在具体系统中运作（比如，一个城市诊所里医疗服务的送达；Bruni，2005）。尽管此处不可能对这些概念进行详细回顾，但我们仍可以说这些概念为观察系统**秩序**提供了新的方式，也即把系统秩序视为动态力量在实践中的暂时性稳定。这种稳定包括对一个网络的潜在因素（以及它们的影响能力）进行选择、激活、设定和规制，**成为**网络的现实的、运作中的因素。

ANT 的一个中心观点是：网络的运作是**对称的**。社会行动者把完成期望目标（比如，在一台电脑上安装网络浏览器来浏览网页）的责任分配（也即委派）给其他的"行为体"（actants）。但是，在这个过程中，行为体反过来也具有影响力，通过行使由他们的设计者、生产者和营销人员"刻下"的排斥能力（比如，嵌入在程序和脚本中）。这方面的一个例子是，版权保护软件对数码设备存储和转换内容的限制。因此，ANT 关注的是，一个社会技术网络中有关多样性、灵活性和变动的所有潜能如何通过网络因素之间的相互影响而被逐渐规范的。此过程既创造了网络的边界，也创造了网络的一致性。如果网络中的因素充分协作让它趋于稳定（"精确化"），并支持其他网络的出现，那么，这个网络就是十分成功的（Eriksson，2005）。【51】

ANT 特有的"敏感性"已经被广泛运用到众多学科（Woolgar，Coopmans，& Neyland，2009）中。传播学者天然地关注网络过程中的符号、话语和媒介维度。比如，一个情境首先必须要通过网络化以强迫潜在的成员做出回应来被界定、公开（"问题化"）；这些成员必须要被招募并偏向特定的角色［"介入"（interessement）和"注册"（enrollment）］；行动者必须与其他行动者进行协商，确定他们各自的利益和相对的影响力［"转化"（translation）］；相互竞争的秩序必须被标准化，并分配到参与群体中以创造一个网络惯性（"框架化"，framing）。

ANT 在传播学中受到重视，部分是因为它像 ST 一样试图克服不必要的二元论，没有把能动性概念化为人类行动者与非人类行动者之间的影响"节点"。因此，ANT 鼓励传播学者修正他们对符号与非符号现象的传统区分。同时，ANT 提出"网络"与"传播"是共同建构（coconstitutive）的现象：一个运用另一个来创造再生产所需的边界（van Loon，2006）。最后，对质性研究者来说，ANT 尤为相关，因为它假定研究者进入作为研究场所的网络，与该网络对其他因素的使用和管理没有根本差异。这方面的一个新近案例是贝斯特（Best，2009）对加拿大用户在移动数字设备上使用（或不使用）媒介内容功能的原因所进行的研究。

2.4　批判传统

我们在第 1 章对批判范式进行描绘时已经预览了本节对"批判理论"的讨论。正如我们在第 1 章提到的那样，批判范式的出现，是整合了若干不同理论中的相同追求（Schwandt，2007，p.51）。因为前文已铺垫了这样一个基础，我们在这一节将着力于拓展你们的理解。我们首先循着"现代"与"后现代"的轴线对批判传统进行概述，然后描绘对质性传播研究产生影响的四个代表性"理论"。【52】

批判理论传统的多样性使它的实践者们反对"普遍语法"（universal grammar）或"程式发音"（formulaic pronouncements）等印象（Kinchole & McLaren，2005，p.304）。然而，我们仍然可以在当代社会和文化理论中辨识出五个不同的"关键"前提（Kinchloe & McLaren，2000；

Prasad，2005，pp.143-148；Schwandt，2007，pp.53-54）。

第一，**理论与实践是相互关联的——不是相互独立的——现象**。实际上，批判学者提出，理论和实践应该整合起来以便群体能够意识到他们文化系统的内部矛盾。由此，群体成员能够通过鼓励创造公正、平等的关系来回应矛盾。

第二，**批判的理论化和批判研究是规范性活动**。这意味着，他们不关注对社会行动的描述和解释，因为这些传统追求会通过排除相关证据使研究主题去政治化。相反，批判理论家们把**所有的**研究类型都看成是"政治的"——这不是一个是否的问题，而是如何，以及会产生什么结果的问题。因此，他们"不会羞于"（Kinchloe & McLaren，2005，p.305）宣称他们揭示、干预、改变压制结构的目标。

第三，**批判理论和批判研究反对"工具性"论证**。这种手段—目的式的论证被视为一种意识形态，它支配着实证主义科学，并且表现为一种在研究中"解释"或"解决"模糊、冲突和危机现象的冲动。批判理论对这种意识形态的反对一直是有争议的，因为科学对客观现实提供中立、连贯（和终极）解释的承诺构成了现代西方社会的一个核心迷思。但是，正如在第1章讨论的那样，实证主义对社会科学的影响形成了后者对抽象、差异抹平、普遍化知识的非批判性再生产的偏倚。批判理论家认为，这些偏倚强化了存在于其他现代机构中的去人性化倾向。总体来说，这些倾向栖息在具象直觉、道德反思和同一性发展中，后者是社会行动者成功改变限制性结构的必要条件。

第四，由上述前提而来的一个结果是，**公正的"理性"应该恢复为一种赋权的资源**。也就是说，"合理的"批判研究服务于群体，让他们意识到塑造其处境的政治，并（根据需要）重塑那些政治促成的身份、关系和共同体的具体形式。

最后，为了防止批判理论成为一种自我服务的、僵化的意识形态，**批判理论家们必须致力于持续的、严密的反思**。那种反思应该考虑到对实际个体和群体的具体需求提出特定规范的恰当性。在这里，有一个不断引发悲剧的古老的考量，由批判激发的创新和反抗能够暂时性地增加自由，但是经过后续的制度化形成的评价和规制系统则会再生产出他们先前致力于根除的不幸、荒谬和专制。批判理论家通过提供解释、详细阐述和评价对他们的智力劳动产生影响的历史和文化来实践这种规范。

附属于批判理论两个不同派系的学者们在交替地维持和挑战着上述这些前提。第一个派系涉及一种"现代主义"传统，它源于法兰克福学派的成员们（Max Horkheimer，Theodor Adorno，Herbert Marcuse），以及他们的继承人、交往理性和公共协商的著名理论家尤根·哈贝马斯（Jürgen Habermas）——在20世纪初期和中期开展的研究。作为新马克思主义者，这些学者尤其关注与**工业和商业资本主义**的进化相伴随的控制和不公正形式。在这一过程中，他们努力克服传统马克思主义在预测资本主义在实证主义社会科学和商业化大众媒体的助力下，通过让文化成员在社会化中消极地接受压制性条件，好像它们是客观的、不可避免的"事实"而大获成功。具体来说，他们辨识一些场所，在其中，启蒙的理性价值和技术的潜在益处被操纵以创造支配和异化的系统。在这些系统中，握有权力的群体强制推行"技术理性"（technical rationalities），取代社区生活的传统价值（比如，同情、崇高和真诚）。由此，技术理性压制文化群体对目标的协作协商，并强迫他们遵照规定程式。总体而言，他们推广了一小簇"工具"

[53]

价值，如效率、生产、利润和控制。

当法兰克福学派的批评家们把资本主义当作社会病症的条件加以控诉时，他们并没有假定政治经济直接或绝对地决定了人们的生存状态。相反，他们认为，文化机构在生产意识形态话语中与政治经济串通一气，破坏了文化成员完整理解或把"意象"关系转变为他们生存状态的"真实"条件的能力。从历史来看，把意识形态概念化为一个传播的文化叙事这一转变，对批判研究至关重要（Hall，1982；Jameson，1977）。它使学者能够识别出霸权实践，精英群体通过霸权实践让武断的安排常规化，并破坏个体反思和公共辩论的生产潜力（Shapiro，1988；Sholle，1988）。在此过程中，批判理论改变了它对意识形态的认识：从一种歪曲的"虚假意识"模式（由幕布遮住的客观现实）到强调它对**构成**社会知识的"理性"和"常识"的交流性**生产**。从这个视角看，不存在独立于意识形态的"外部"——只存在一个叙事竞争的场所，它们界定社会生活中什么是好的、真的和可能的。 【54】

法国理论家路易斯·阿尔都塞（Louis Althusser）对这一现代批判做出了贡献，他把关于身份形成的弗洛伊德理论与有关政治—经济影响的马克思主义理论相连接。阿尔都塞提出，"意识形态国家机器"（例如，公共教育）的话语"招呼"文化成员去占据不同的"主体位置"（subject positions）（例如，作为"消费者"）。这些主体位置涉及身份的形成，后者的再生产实践对支配制度的维持是必要的（这一过程也被称为"召唤"）。文化成员一旦被定位为主体，他们通过一个复杂——通常也是冲突——的力量场来对他们自身、彼此和他们的世界产生（无）意识。行动及其后果则是依葫芦画瓢（Strinati，1995）。

通过发展**霸权**（hegemony）概念，意大利哲学家安东尼奥·葛兰西（Antonio Gramsci）对现代批判做出了另一个重大贡献（Mumby，1998）。葛兰西认为，霸权传播不会对受众具体去思考、感受或行动**什么**提供指引，而是更一般地指导他们**如何**去做这些事情（比如，认为某些前提比其他的前提更重要）。结果是，葛兰西并不把文化成员看成是支配性意识形态的受骗者或受害人。相反，他把他们看成是精英创造其与支配条件之间一致性的操纵对象，也是把规定的地位当作自然的、必需的和不可避免的条件来接受的主体。在容纳霸权意象和声音的过程中，"被统治者"成为结构再生产的共谋，这些结构不是由他们生产的，也不维护他们的利益。当社会行动者在一个意义已经被意识形态塑造的生活世界情境里做出选择的时候，这便是一个讽刺。他们在体验中以为自己是做出选择的行动主体，甚至在某些时候以为自己在反抗文化权威。然而，他们不再能意识到那些因意识形态变得无法接受的选择的存在——它们在可想象的、合法的边界之外。结果是，他们行动的真实性、激进性将毫无保障，控制他们理解选择的逻辑也难以改变。当支配群体成功地同化和占用革命运动时，这一点尤为正确。用葛兰西的话来说，一场"立场的战争"接踵而来，被支配群体的成员们努力扩张他们在压制系统中的"行动边界"，支配群体则继续拓展他们影响社会意义和社会实践的能力。 【55】

受批判理论影响的质性研究者见证了这种争夺，他们努力廓清——以及逐渐改变——表征、权力和身份形成之间的潜在关联（Strine，1991）。从这个视角来看，围绕文化术语的意义争夺远不止"语义上的"争夺。相反，质性研究者可能干扰、重新塑造为组织权威提供支撑的传统意义的"意指链条"（signifying chains）（Hall，1985）。因此，即便是微小的改变也能产生如涟漪般的、不可预测的结果。

批判理论的第二个派系被称为"后现代"，它总体上关注在支配组织和日常生活的世俗活动中发生的传统的巨变（及其后果）（Alvesson & Deetz，1996；Foster，1983；Mumby，1997；Taylor，2003）。正如让·鲍德里亚（Jean Baudrillard）、雅克·德里达（Jacques Derrida）、米歇尔·福柯（Michel Foucault）和让-弗朗索瓦·利奥塔（Jean-Francois Lyotard）等理论家所述，这些巨变包括殖民规范系统的分裂，以及随之而来的沿着地缘政治边界的商品流通；工业资本主义的衰落，以及一种以控制符号、话语和知识为前提的信息时代经济的崛起；一个全球大众媒介系统的兴起，它的运作瓦解了时间、空间的传统边界，也侵蚀了"市民"与"消费者"、"真实"与"仿真"等文化范畴之间的传统区分；艺术体裁和媒介的创造性分解与重组；对制度权威的"基础"元叙事的普遍的信仰缺失，暧昧地转向边缘的文化声音；以及以单一、稳定和本质（比如"个体"）为前提的传统身份的消解，人们转而青睐那些以混合、模糊和偶然为基础的身份（比如，"半机器人"，cyborg）。

总体而言，这一清单暗示出后现代语境如何通过把社会问题置于历史和文化的情境中，以及将自己卷入资料收集和分析的过程中（Charmaz，1995），来激励质性研究者将社会问题政治化。这个过程既不简单，也不容易。后现代主义的**时代精神**（Zeitgeist）充满了危机、创伤、失语症、精神分裂症和怀乡病。这种感觉和认识既参差不齐，又扑朔迷离。当社会行动更加频繁、强烈的时候，当权力运作突变或增加时，当传播作为一个社会问题获得关注时，它们让研究者在狂喜与绝望之间摇摆不定。长远来看，"超真实"（hyper-reality）（比如，拉斯维加斯大道这样的消费主义胜地）带来的欢愉和空虚可能会萦绕于研究过程：更多不一定意味着更好、充足或满足。强烈的刺激和快速的变化既可以是解放的，也可以是令人恐惧的，这取决于谁在控制、如何控制这个过程。研究者聚集的多样化声音可以对权威提出质询，它们也可能围绕着强制的、矛盾的叙事引发"不可判断性"（undecidability）这一令人烦恼的问题。在这种如风暴般的氛围中，质性研究者靠直觉和即兴创意做出回应。他们创造性地结合多种方法形成一种"大杂烩"（bricolage），以适应复杂的、变动不居的情境。他们**在语境中**研究文化语篇的具体运用和滥用（Charmaz，1995；Trujillo，1993）。

后现代批判对质性研究的另一个影响涉及发生在人文科学中的一场普遍的**表述危机**（crisis of representation）（Marcus & Fischer，1986）。这场危机起源于强调话语在塑造人类知识中发挥中心作用的理论创新。一个主要的影响是**后结构主义**，在它的概念界定中身份不是交流的**起因**，而是建构、偏好特定叙事以理解自我和他者的话语的**结果**（Lannamann，1991）。后结构主义反对传统哲学（比如，笛卡儿哲学）的主张，即个体"创作"他们的话语，作为一种独特的私人本质的表达，同时口头和书面语言（能指）的物质形式在客观现实中有稳定的对应物（所指）（Chang，1996；Hawes，1998）。与此不同，后结构主义关注符号依赖它们**与其他符号**之间任意的、不稳定（也是被遮蔽）的关系来确定其意义的方式。在这一视角下，文化是一个巨大的块茎状（就像根茎）场所，其中符号系统之间相互关联。任何具体的符号的意义只能通过话语过程来限制竞争性、颠覆性意义等"多义"潜质，并由此固定。这个主张对质性数据的分析和呈现带来一个启示，即文化不应该被"具体的文本描述""固定"，相反它应该被描述为一个充满了"位移、迁移、破坏、定位和差异"的变化无常的场所（Kinchloe & McLaren，2005，p.326）。

在所有的质性研究中，批判理论在"批判民族志"（critical ethnography）（Foley &

Valenzuela，2005；Madison，2005；Thomas，1993，2003）的实践者中得到了最大程度的发展。这些研究者致力于运用民族志方法来负责任地探究被剥夺权利、被遗忘和被妖魔化的群体（比如，囚犯）寄身其中的生活世界。他们对研究"人类经验以及它们与交流结构之间的关系"（Kinchloe& McLaren，2005，p.328）感受到一种道德责任。他们要打破现状，实现理想——尽管在某些情况下，宏大变迁的愿景被诸如具体政策、情境的实用性变革一类更加温和的目标所取代。批判民族志的研究者挑战文化管理的传统意识形态，好奇地探究——以及道德地审视——【57】替代意义和反抗意义的存在。他们将看似世俗、天真的微观实践与宏观支配系统关联起来。他们反思——哪怕是在"表达一种断裂的……主体性"的意义上（Kinchloe & McLaren，2005，p.329），从而可以意识到他们的偏见和特权如何塑造他们与支配机构、与研究参与者之间的关系。他们对自己与遇到的人之间的无意识认同——以及投射——保持警觉。他们倡导用**对话**这种方法"在田野中"形成人道的、灵活的关系。批判民族志"是行动的批判理论"（Madison，2005，p.15）。

在学科内部，批判理论围绕着传播作为"话语反思"（discursive reflection）这个意象而形成（Craig & Muller，2007，p.425）。这里的传播是一种根本性的道德和政治实践，它使社会行动者检视被遮蔽的、有缺陷且有害的支配性信念和实践。它通过揭示交流过程（比如，"话语封闭"，discursive closure）（Deetz，1992）来实现这种检视，交流过程会扭曲社会行动者对控制系统、设想合法利益和表达异议能力的意识。批判交流在需要颠覆关联话语以挑战任意的特权利益方面具有内在的反思性。这种颠覆需要使用和发展那些能够促进边缘化社会生活逻辑的富有启发且强有力的话语。上述这些创新、复归和解放的行为可能会瓦解权力机构把社会行动者当作"有用"物品来"管理"的交流过程。

我们现在转向质性研究"批判理论"的四个具体的范例。

2.4.1　女性主义

"女性主义"不是一个单一理论，而是一个由相互关联的学术和社会政治项目——都关注社会性别身份（gender identities）的本质和结果——组成的一个动态领域（Eichler，1997）。传统上，这些项目包括**自由**女性主义（liberal feminism），其追求是将女性纳入至传统上男性享有的权利和利益中；**激进**（比如，意识形态和马克思主义）女性主义（radical feminism），把女性受到的压迫与资本主义政治经济产生的社会组织的物质条件关联起来；**女性声音/体验女性主义**（women's voice/experience feminism），强调女性在认知和道德发展方面的根本独特性，寻求主流社会对其独特能力的接纳；与此相关联的**立场**女性主义（standpoint feminism）认为知识生产受到阶级、性别、种族、民族和性身份（sexual identities）等情境结合物的中介作用，女性持有【58】特定立场的知识在动摇压制性机构时尤为有效；**后结构主义/后现代女性主义**（poststructuralist/postmodern feminism）对语言和话语进行解构，洞悉社会性别身份是如何作为一种实践过程和政治过程被发展起来的（M.G.Fine，1993；Hallstein，1999）（Ollenburger & Moore，1992；Prasad，2005；Tong，1989）。这些项目近期被**生态女性主义**（ecofeminism）结合起来，生态女性主义把基于社会性别的压制与剥削、摧毁其他非人类生命形态和环境的制度相关联（Madison，2005，p.77）。

尽管上述项目有一些共同的核心价值（比如，反对针对女性的持续性抹除和剥削）（Prasad，2005），这些女性主义为质性研究带来了不同的优先事项。结果是，衡量"真正的"女性主义研究产出的标准存有争议。也就是说，女性主义研究者将其合法性建立在多种多样的方法策略上，包括提出明确表达女性关注的研究问题，选择样本对象时将女性包括在内，预测行动者的性别身份对其事件参与的影响，阐释数据时保留个体叙事的情感维度，在研究叙述中纳入参与者的声音，以及促进研究对与女性生活相关的决策的影响。

质性方法与女性主义的研究目标格外契合（Olesen，2005）。我们可以简要地归纳出六个原因。

第一，女性主义认为，知识生产是一种权力行为，在知识生产过程中研究者和他们的参与者应该是平等的伙伴（Gergen，1988）。质性（尤其是民族志）方法对建立亲密、协作、负责任的研究关系的偏重满足了这个目标。

第二，女性主义研究者总体上反对客观性前提，这种前提在科学理性和超脱的伪装下在历史上导致了对女性声音的压制（Mies，1981）。因此，质性方法与女性主义的这一原则相呼应，研究者应该保持自反性，关注他们对研究场所及其成员产生的情感和政治投入（Lotz，2000）。这种努力常常让女性主义研究者体验到竞争性目标——比如，与参与者建立关系，保守他们的私人"秘密"与公开发表相关研究结果——带来的困境（Marshall，1993；Stacey，1988）。此外，女性主义研究者对客观性的排斥让他们转向来自诠释主义和批判范式的替代性效度标准（比如，可信度）（Olesen，2000，p.236）。

第三，质性研究努力解决多元的复杂政治，也是潜在地符合女性主义的目标。女性主义者努力解决阶级、种族、国籍等现象**与社会**性别之间产生的关系（Olesen，2000；Ollenburger & Moore，1992）。因此，质性研究为社会行动的整体批判提供了一大资源，即在后殖民主义、晚期资本主义和经久不衰的父权制这些分散且关联的全球语境中，性别歧视、种族主义和阶级歧视是**同步发生的**。具体来说，女性主义研究者更加致力于对那些给予白种、中产阶层、西方本土、异性恋女性等经验优先地位的知识进行去中心化。一个局部解决方案是扩大质性研究的视野，囊括女同性恋、移民、残障者、工人阶级、非西方和非白人女性的多元、全球经验——尤其是那些亚洲、非洲和中东文化中的女性（Ashcraft，2000；Olesen，2005）。

第四，女性主义研究者对**所有**研究形式受性别歧视、种族主义、同性恋恐惧和阶级歧视等腐蚀力量影响的方式保持敏感。在维护这种努力的过程中，女性主义质性研究者要面对独特的挑战，包括：对他们提出研究问题具有限制作用的学术程序（比如，文献综述）；外部机构偏好为使用量化方法的传统主题的研究提供资金；不鼓励使用新方法的学术奖励机制；以及在子女生育和抚养责任与耗时耗力的研究项目之间保持平衡的持续存在的挑战（Moore，1991；Podsakoff & Dalton，1987）。

第五，女性主义者认为，数据产生于由关系形成的语境中，对数据的收集和阐释也应该在相应的语境中。对质性研究者来说，这意味着像访谈这样的研究方法不单单是一种**生产**数据（比如，记录访谈对象认知图式的文稿）的**透明方式**，研究方法本身就是数据——即揭示参与者之间关系的协作形式的事件（Kauffman，1992）。

最后，女性主义者的投入极大地影响了质性研究的叙事形式。这些叙述带有鲜明的个人色彩，

[59]

如第 9 章将会讨论的那样。他们创造性地运用抒情体、情感、非线性，以及不同文本片段的并置，来探究模糊、创伤和冲突等主题（Martin，1989；Weil，1989）。因此，女性主义写作（以及其他呈现模式）颠覆了实证主义（和与此相关的父权制）的前提，如超脱、独白式权威和非依随性真理（Richardson，1992；Ronai，1992）。女性主义质性传播研究的一个新近案例是罗（Rowe，2008）对女性主义学术群体成员之间的跨种族联盟的研究。

2.4.2　后殖民主义

后殖民主义（postcolonialism）是一个复杂的、有争论的项目（Kavoori，1998；Shome，1998），它围绕着被称为 20 世纪全球社会这一巨变而产生（Patke，2006）。在这个过程中，日渐乏力的欧洲帝国的几个殖民地（主要位于但又不限于亚洲、非洲和中东）发生了大胆、勇敢——有时是暴力的——民族自决运动。这些运动致力于收回对经济生产、政治统治、文化生活等资源的独立控制，这些资源曾经因帝国主义追逐权力和财富的目标而被剥夺和剥削。由北美和环太平洋国家中幸存的原住民组织的运动也加入到这些民族自决运动中，他们"捣乱""回应"那些曾经摧毁、取代他们的支配文化。尽管这些运动有成有败，但是它们彻底地瓦解了在殖民者、移民和被殖民群体之间建立起的意义与权力的传统关系。一股"不稳定"（Alley-Young，2008，p.318）的重建余波出现在本土和跨国范围内。【60】

后殖民理论的形成是解决殖民主义遗产，这些遗产仍在塑造参与历史进程的群体的意义和实践活动。后殖民理论的源起根植于土著民和被殖民者的创造性知识和行动话语中，但是其学术建制化则经常与巴勒斯坦文学学者爱德华·萨义德（Edward Said，1979）的研究相关联。萨义德的知名贡献在于把"东方主义"（Orientalism）理论化为一种西方作家和艺术家用以（歪曲）呈现亚洲穆斯林和阿拉伯文化认同（比如，异域风情、原始、神秘、狡猾和性诱惑）的审美霸权。更具挑衅的是，萨义德揭露了学术科目（尤其是艺术和人文学科）和文化机构（如博物馆）在维护东方主义上的共犯关系。赛义德研究的流行创造了一个空间，在其中，那些"低级"（subaltern）群体的创造性理论工作能够获得日益增加的显著性和合法性。在回顾这些话语的时候，我们可以区分出六个具体的"后殖民"贡献（Hegde，1998；Madison，2005，pp.47-50；Prasad，2005，pp.262-282；Shome & Hegde，2002；Smith，2005）。

第一，后殖民理论揭露了塑造后殖民群体内部和群体间互动关系的专横、压制性叙事。其中一个案例是前殖民主义者在怀乡之情、浪漫主义和本质主义的综合作用下把原住民群体倭化为"原始的"，并在道德上认为"发展"的西方模式是普世的、必然的。第二，后殖民理论发展了替代性的文化形式和实践，以此增进后殖民群体间的自我理解、责任与和解。第三，后殖民理论通过改变空间和时间的结构来追踪人员、资金、信息、技术和媒体节目的扩散。例如，这些物体的"流动"和配置与全球资本主义引发的关联和分离（如移民和旅居）相一致。第四，后殖民理论对破碎而不稳定的后独立文化（postindependence cultures）引发的幻灭、迷失、痛苦和创伤经验进行道德审视。这里的一个迫切问题是贬低和不公正的持续存在，比如贪污、贫穷、专制、战争、种族灭绝、奴隶制和强奸。由此，第五，后殖民理论对与社会性别、性、种族、阶级、民族、宗教和国籍等后殖民范畴相关联的身份叙事碎片进行概念化。它分析这些叙事如【61】

何被当今的全球化改变和修改。因此，有关认同和差异的后现代意象格外强调异质、混合及群体间的需求和模仿的互惠表现等特质。最后，后现代主义反对在文化批评中强制性使用二元对立和辩证法，比如中心／边缘、本土／全球、西方／非西方和真的／假的。这些机制被认为是错误的，因为它们过早地强调完成和稳定状态，忽视后殖民群体间正在进行的、尚未稳定的交流和协商。

后殖民主义深刻地影响了质性方法的跨学科运用。这些影响在人类学这样的学科里最为直接，人类学在帝国扩张中建立全球网络，形成一段"共犯"的历史（比如，提供有利于殖民统治的知识，参见 Clifford & Marcus，1986）。后殖民主义通过修辞理论的人文路径（Shome，1996；Wander，1996）进入传播学和媒体研究（Ono & Buescher，2001），并促使它们围绕"传播的批判文化研究"这个新的次级领域相互融合（Ivie，2004）。在传播学的社会科学传统里，后殖民主义在跨文化传播中最明显（Collier，1998；Lee，Wang，Chung，&Hertel，1995），在最近的组织传播研究中也有所体现（Broadfoot & Munshi，2007）。

后殖民主义对质性传播研究者的启示包括一种高度的自反性，这种自反性关注**任何**方法在复兴、再生产压制方面的潜在可能（Clair，2003；M.C.Gonzalez，2003；Smith，2005）。后殖民研究者通过历史和文化抗争的视角出发，对他们的研究场所进行概念化。尽管一项研究不是发生在研究者故国"之外"，研究者也要对后殖民主义的本土表现保持敏感，这种本土表现与原住民和移民群体争取更强大的声音和表征的运动相关联。后殖民研究者更有可能与这些群体形成认同、进行合作，以实现回归（restoration）、公正等共享目标。这些研究可能会涉及激进的、浪漫的表征实践，启发（和挑战）受众对他们文化的历史、现状和未来做出替代性解释（De la Garza，2004）。替代性解释可能会破坏他们内心持有的信念，但是这种破坏被认为是一种阻止那些产生新殖民主义（neo-colonialism）的军事、政治和经济权力突变而要付出的可以接受的代价。一个新近例子是，邓金（Denzin，2004）对 19 世纪刘易斯（Lewis）和克拉克（Clark）远征在美国文化历史和神话中扮演的角色进行的批判。

2.4.3 批判性种族理论

批判性种族理论（Critical Race Theory，CRT）与后殖民理论相关却又不同（Alley-Young，2008），它修正了生物本质主义（biological essentialism）和法律现实主义（legal realism）的霸权话语，将"种族"描述为一种文化实践产物，比如分类和认同（Madison，2005，pp.71-74）。CRT 的源头可以追溯到西方社会少数族群（尤其是非裔美国人）的创造性和智性话语中，这些话语在表达、阐释他们不断遭受的歧视体验。CRT 通过法学和教育学的批判性研究（Parker & Lynn，2002）在学术上获得建制化。这些研究总体上认为，种族的"自然"或"科学"维度不是客观地先于、决定种族的"社会"和"政治"现象。相反，上述范畴（以及它们之间的关系）被认为是浮现于事实和文化的偶然性文化归因（比如，用来解释基因遗传混合的任意标准被视为某个特定种族身份的证据）。所以，种族的"真相"可以被策略性地陈述，以服务于多种多样的意图，但我们不应该把那种情景性、修辞性策略与对稳定、超然的身份的揭示和确认相混淆。

出于多种原因，CRT 在传播学者中引起强烈反响。首先，CRT 着重分析创造、维系及改变意义和权力的文化关系的话语和意象，将其**当作**种族现象。这种分析不止步于对明显的刻板印象进行简单辨识，而是考虑象征符号在文化行为（performances）和文本的形成、生产和接受中更加细微、复杂且通常是矛盾的组织和激活过程。这些过程构成了一个社会的主要制度（比如，商业、教育、住房、法律、政治和宗教）与其日常生活的世俗实践之间关系的意识形态中介（Ladson-Billings & Donnor，2005）。上述实践使得从恐惧到渴望的一系列内心冲动具象化，并且对种族包容、平等、公正的本土和总体条件的生产至关重要。 【63】

最近，与 CRT 相关的学者已经转向对作为一种激进意识形态的**白种**（whiteness）的质问，白种的权力因其远离批判意识，在不清晰的假设层面上隐秘地运作而强化（Martin & Nakayama，1999；Nakayama & Krizek，1995）。也就是说，文化可理解性和合法性的基础被白人宣称的其独有的种族遗产（比如，理性、纯洁、生产力、脱离形体、文雅和自我约束）所粉饰，非白人族群在概念化和表达他们自己的利益时常常遇到挑战。体现在文化话语上，这些属性沉浸在"多元"和"中立"（比如，大学的招生政策）这样的自由主义假象之下。CRT 研究者认为，上述现象通常会模糊、掩盖持续存在的不平等，这种不平等体现在不同种族群体切实享有的经济、政治和文化权利的机会方面。

这一条件产生的甜与苦是普遍的，但它们的分配是不平等的。比如，在美国，某些族群（如亚裔美国人）与其他族群（如拉丁美洲裔）相比可以更加成功地调用其文化资源和感知到的外在特性，与白种霸权结成暂时的、局部的联盟。然而，为了靠近白人而产生的特别的白种负担就是，这些种族无法认识他们享受的不平等特权，准确的原因是他们不能认识到这种特权——以及他们的自我概念——如何起源于种族等级。白人不自觉地将自身置于种族之外，因此，他们不能有效地参与到与其他族群的相互理解的对话中，以努力解决不平等问题。

CRT 给质性研究带来的启示与我们之前讨论的其他批判理论相同。这些启示包括对学术研究项目与教育课程的矛盾心理，因为两者都是实现种族进步的必要的折中方式：将社会认同概念化为局部的、破碎的和流动的东西；参与者作为对话者和合作者，平等地参与到研究中；研究主题、场所和目标的协商政治化；对多种——通常也是相互冲突的——影响（如性别、阶级）交叉作用的知识生产进行持续的反思和解释；对诗意表达和叙事表达的创造性使用，会激发私密的——以及难以启齿的——文化权力维度。这方面的近期例子是威林克（Willink， 【64】 2008）对居住在南美的非裔美国人对作为"另类教学法"（alternative pedagogy）的个人叙事的运用的研究。

2.4.4　文化研究

文化研究（Cultural Studies，CS）是一个国际性的跨学科研究领域，它自产生之日起就成为学术争论的一个源泉（Slack & Semati，1997）。这种倾向源于 CS 学者对批判理论运用到与支配文化机构（比如，媒体集团）相关的生产和生活的认识。对 CS 学者而言，这种认识会激发有关——以及反对——传统文化管理的更多反思。因此，CS 通常会产生强烈的反对，并且引发有关公共知识分子身份的广泛辩论。

在质性研究的文化研究传统中，理论是一个启发性的框架，它能有效地阐明情境现象及其实践构成的复杂性（Alasuutari，1996）。在四十余年里，CS 运用、融合、革新这一章谈论过的其他传统，包括现象学、后结构主义和新马克思主义，由此形成了一种兼收并蓄的理论（Barker，2008；Saukko，2005；Tudor，1999）。总体而言，CS 项目探究的是不断变化的、多层次的、具有历史偶然性的结构和实践的总体性（totality），后者构成了（后）现代社会的生活和感觉（feeling）（Nelson，Treichler，& Grossberg，1992）。这种总体性的具体表现是探究政治经济影响与个体/集体对更大的自主和自我表达权利的渴望之动态关系的机会。

在这些研究项目中，CS 学者不断整合档案、文本批评和质性方法（Frow & Morris，2000）。很多 CS 学者的动机都是追求一种激进的**文化民主**，其中知识和权力形式会被在其他支配逻辑下组织起来的多元群体不断地质疑和颠覆。在这一过程中，文化成员可能会用有关终极真理的有害迷思换取实践上的顺从，和其他文化群体成员参与持续的非暴力抗争，以达成充分的、包容的协议。那些抗争可能会唤起劳动、治理、灵性、家庭和社区，它们曾被物质力量和意识形态力量（比如，民族主义、种族主义、军国主义和公司资本主义引发 2003 年美国对伊拉克的入侵）的霸权"结合体"（conjunctures）所毁灭。

尽管 CS 的学术成就与其他批判传统有重合之处，但是它仍有独特之处。具体来说，CS 关注文化产品的生产、传播和阐释如何引发文化群体内部和文化群体之间持续不断的争论。在探究这些"文化循环"（circuits of culture）（du Gay，Hall，Janes，Mackay，& Negus，1997）时，CS 学者通常把一个物体在金融经济中的**官方**价值与它在当地文化价值及信仰系统内意外地产生的**非官方**意义和娱乐进行对比（Bennett & Woolacott，1987；Conquergood，1994；Johnson，1986/1987）。这些颠覆实践能够破坏权威和合法性的传统主张。换言之，CS 学者思考的是现代性和后现代性的历史危机（比如，经济衰退与景气迅速更替的周期）显现在文化象征系统的运作中，以及这种运作如何影响身份、关系和社区的再生产实践（参见 Berman，1982）。

CS 最初形成于战后的英国，它运用文学研究的传统，要建立一个反精英、强调语境、运用多种方法的研究项目，并关注英国工人阶级的解放。CS 试图让工人群体的文化实践合法化（比如，通过反对"高雅文化"的专制），把这些文化实践作为一种资源来进行社会运动的动员。基于伯明翰大学著名的当代文化研究中心的开创性研究，CS 学者们后来拓展了原有的研究焦点，包含了与媒介使用相关的种族、民族、国籍、性别和性——最近又包括了残障——的"交叉"（intersectionality）（Collins，2004）这样日益错综复杂的问题。相应地，他们的研究场所也扩大了，包括艺术、商业、教育、娱乐、健康、移民、法律、文学、媒体、政治、宗教、安全、科学、体育和技术等文化机构。之后，形成了一个由网站、会议（比如，每年在伊利诺伊大学厄本那香槟分校举行的质性研究国际会议）和期刊（比如，《文化研究》<=>《批判方法》）构成的基础架构，支撑质性的 CS 研究。

CS 在传播学领域的运用，最早是对媒体机构及其效果的量化研究的一种批判。CS 也反对这些传统中隐含的精英议程，即对一群被假设为无知、脆弱和"不守规则"的庞大受众的控制（Ruddock，2007）。CS 为传播学者提供了一些替代性的人文学科资源，转而把媒体文本当作文化—政治产物来分析（Kellner，1993），并且融入了受众的反思声音。如同之前提到的那样，文化研究认为文本是复杂（和竞争）的意识形态产物，意识形态的运作会塑造文本的符号形式和内容。换言之，文本的意义是"由多因素决定的"（overdetermined）。比如，当电视节目的制作人想要吸引最广泛的受众时，把多种意识形态力量并入节目的叙事内容，并运用常规的符号编码（比【66】如，摄影和剪辑），这种情况就发生了。但是，由于这些意识形态彼此不同，将其合并必然会产生模糊、断裂和矛盾。这种"符号多产"（semiotic fecundity）（Lindlof，2009）间接地创造了多元、差异阐释（比如，"多义性"）的可能性。在这个过程中，受众在特定语境中——通常是以有意图的惯例为特征（比如，已婚夫妇在周五之夜仪式性地观看租来的 DVD 影碟）——积极参与（或者说"解码"）媒介文本。其中，受众携带他们自身可获得的技能、知识和主体性（比如，"文化资本"）（Seiter，2004）来阐释文本，或者将其作为呈现日常生活（比如，模仿媒体文本用作朋友间的消遣）的资源来占用。这些"阅读"（readings）可能会确认、改变或者反对编入媒体文本中的支配力量（Hall，1982，1985）。

　　CS 的英国传统强调阶级抗争，但它的北美分支却有所不同。这个近亲的研究团体采纳了一种实用主义、自由—多元传统，不再强调阶级，转而更为广泛地关注多元文化群体，借以实现相对的稳定和合意的社会实践（比如，仪式）（Carey，1989；Waite，2009）。该传统下的平民主义倾向在20世纪80年代和90年代由约翰·菲斯克（John Fiske，1991b）、詹尼斯·拉德韦（Janice Radway，1984）和劳伦斯·格罗斯·伯格（Lawrence Grossberg，1992）等 CS 学者中进一步推动发展。广为人知的是，他们的研究强调普通文化成员的日常实践，反对传统的政治—经济决定论（认为太过简单）和"使用与满足"理论（认为去政治化）。在这个后来被称为"接收研究"（reception studies）的传统下，文化实践至少有一些（比如，局部的）政治效力和一些独立于经济决定论之外的自主性。但是，这种文化实践的复杂性只能够通过研究者接近受众才能被描述，从而对其情境进行批判性理解。最近，北美和西方的 CS 都受到了后殖民研究的挑战，后者关注文化帝国主义和文化旅居中表现出来的全球、国家和地方力量之间的紧张关系（Hegde，1998；Kraidy，1999；Saenz，1997；Shome，1996）。

　　CS 的激进立场最初暗示的是学术领域（CS 与传播学）和研究主题（比如，文化、媒介和传播）之间的分歧。但是，在过去的 20 年里，CS 已经深深地渗透到修辞（Rosteck，1999）、组织传播（Carlone & Taylor，1998）、跨文化传播（Halualani，Mendoza，& Drzewiecka，2009）和表演研究（performance studies）（Madison & Hamera，2006）等次级学科领域中。所以，清楚表述 CS 对历史批判研究和多视角批判研究的影响似乎不再必要（Kellner，1993）。【67】

　　尽管如此，CS 对媒体受众／接收研究（Lindlof，2009）这一次级领域仍有着不寻常的影响。正如之前提到的，多义性和编码／解码模型的理论发展让研究者离开了推崇消极的受众意象和强大的媒体效果的实证主义路径。他们后来采用质性方法，得以描绘（或者至少是推测）受众积极的意义生产（Anderson & Meyer，1988；Jensen，1991；Lindlof，1988；Morley，1992）。这些研究的一项主要原则是，研究者对观看、收听和／或阅读媒介文本的人提出有关他们的想法、认识、推断和感觉的问题。答案揭示出的阐释模式与文本和语境的某些特征相关联。研究展示出多样化的阐释还只是一个分析步骤。此外，研究者还详细论述了受众调用其能动性来接受、协商、抵抗文本影响的**逻辑**（比如，亚文化身份）（Jenkins，1988）。当研究者在访谈之外，还对受众在家庭、俱乐部、教堂、学校、监狱等情境中的活动进行参与式观察时，上述观点更为深刻。

　　如今，质性方法在受众研究中的运用不再像过往那样笨拙、稚嫩，而是更加自信地加入到以媒介融合、文化复杂性和经验流动性为标志的后现代图景中。一个成熟的标志是，受众研究者愿意坦然地评价采纳 CS 传统、倡导持续创新带来的结果。在这里，有两个长久的争论值得注意。第一个争议涉及政治经济学者提出的批评，他们反对平民主义质性研究，因为它不能充分解释结构对文化实践的决定作用（Ferguson & Golding，1997）。这些批评反对 CS 显而易见的平庸和天真，CS 基于从文本多义性中发现的反抗**可能性**（potential），草率地把受众对霸权的反抗当作**现实**（actuality）和**效力**（effectiveness）。相比于那些对普遍解放的本土特征（比如，在极端狂热者中）存有误解的理想主义研究，政治经济学者更加推崇对物质限制（比如，对互联网的不平等接入）的现实主义民族志考察。

第二个争议是民族志的传统典范（比如，在文化人类学中运用的民族志）与在受众研究中的更加淡化的民族志版本（Algan，2009；Murphy，1999a；Seiter，2004；Tudor，1999，pp.167-178）之间的鸿沟。在这方面，评论家已经注意到那些（只）公开材料的文化批评研究和（只）与受众进行访谈的研究者错误地把他们的方法称为"民族志"。这些方法可能会得出肤浅的结论，它忽略了在更宏观的层面上受众将具体的媒介使用整合进入他们的"整体生活方式"之中。

【68】

此外，受众研究者注意到了 CS 的连续性所面临的其他挑战。这包括引导质性研究的本体论假设（Hoijer，2008）和研究的评估标准（Barker，2003），一直都没有得到清晰、准确和连贯的说明；学术界不愿意在正式的政治场合倡导正确的研究结论的政策运用（Barker，2003）；缺乏媒介研究传统的历史意识，致使研究者草率地认为他们的问题和主张是新颖的；受跨国媒介流动的影响，界定和区分受众的传统范畴被动摇（Athique，2008）；修正符号编码 / 解码模型以适用后现代电视和电影发生的节目体裁变化；调整与数字、网络和多媒体平台（比如，在线游戏控制台和网络移动电话；Livingstone，2004）相关的研究场所和阐释活动。这些发展意味着质性方法在受众研究中的地位还远没有建立起来。所以，它的未来既可能被即兴的创造所引导，也可能被学术界、工业界和媒体机构之间的"协作"所控制（Lindlof，2009）。受 CS 传统影响的一项新近的质性研究来自博伊洛恩（Boylorn，2008），她运用自民族志（autoethnography）来解释自己对电视真人秀节目描绘的黑人女性的破碎主体性和矛盾解读。

2.5　总　结

本章回顾了为质性传播研究提供知识来源的三大理论传统。对于每一个传统来说，我们探讨了它们的总体特征，以及它们包含的具体理论。对于每一种理论来说，我们回顾了它们独特的理论前提，以及它们在质性研究中如何运用。这种讨论篇幅很长，但它仍是局部的、不完整的，反映了我们对传统和理论的选择。尽管如此，我们希望本章讨论已经提升了你对理论传统在质性传播研究中的重要性的理解。如若不是，那么你现在应该意识到——尽管它们做出的努力是相似的——这些传统通过与其他传统互动、改变其他传统而在不断演进（例如，Becker & McCall，1990）。如此，质性传播研究并没有偏离这样一个跨学科理念，即"从一个特定情境出发对人类世界的理解……通常是，以及一开始就是历史的、道德的和政治的"（Rabinow & Sullivan，1987，p.20）。在接下来的三个章节，我们将会探讨这样一个观点对质性研究的具体实践意味着什么。

【69】

2.6　练　习

1. 从本章讨论的三个理论传统（现象学传统、社会文化传统和批判传统）中选一个出来，用自己的话简要概括该传统的本质特征，以及该传统对质性传播研究的历史影响。接下来，讨论该传统可能会如何影响你想要开展的质性研究。举一个例子，说明它可能会如何影响你完成以下步骤：

- 对你的研究主题（比如，一个具体的议题或难题）进行概念化；
- 提出一个研究问题；
- 选择一个开展研究的**场所**（比如，一个具体的地点和 / 或一个群体）。

在回答这些问题时，关注该理论传统带来的利与弊。该传统为你看到、听到或表达这个主题提供了怎样的帮助？它对你的看、听和表达又带来何种限制？

2. 从本章讨论的具体理论中（如社会现象、行动者网络理论、女性主义）选一个出来。首先，对本章有关质性研究方法如何影响与该理论相关的传播研究的争论进行概述。其次，找到认同该理论的研究者开展的一个质性研究案例。你可以通过查阅本章讨论该理论时标注的参考文献，也可以通过搜寻其他资源，如谷歌学术，来找到这个练习所需的研究案例。本科生可能会希望使用《传播趋势》（*Communication Currents*）这本在线杂志刊登的传播研究译文。一旦你找到并阅读了这个研究案例，就可以通过回答以下三个问题来分析它：

- 这项研究如何呈现该理论的前提？
- 这项研究与本章有关质性研究在理论发展中扮演的角色的观点是否一致？如果不一致，应该如何修正或推翻本章的观点？
- 最后，当你开始考虑开展自己的研究时，在传播理论与质性研究之间的关系方面，　【70】这项研究可以提供哪些借鉴？

第3章 设计 I：规划研究项目

3.1 引 言

在本章和第 4 章中，我们描述了传播学中质性研究项目的设计方案。设计方案可以宽泛地分为两个主要阶段：**研究项目规划**，指的是制订和形成研究问题的过程；**研究项目实施**，包括一系列前期的预调查工作——协商接入途径，让参与者知晓项目，以及形成抽样策略。

在本书描述中，以上阶段在研究者准备开始搜集数据的时候，就算是完成和"不再讨论"了。从某种程度上看，这种描述是到位的。实际上，大多数设计决策是在进入田野之前做出的。然而，在实践中，质性研究的战略、战术和技术框架处于不断动态更新的过程中。在林肯和古巴（Lincoln & Guba，1985）具有启发性的一句话中是这么说的，"设计在自然的意义上……意味着需要对众多偶发事件进行规划，但与此同时并未明确指出事件之间的关系"（p.226）。换句话说，我们需要就我们尚未亲历的问题做出规划决策。我们带着某种目标意识和一些宽泛的问题出发。我们阅读文献，进行一些初步接触，并找到一种进入社会世界的方式。我们马上就要准备好生成数据。否则，我们不能确保——当然事实上，我们通常试图避免主观预测——在项目结束时，研究发现会是什么样子。

【71】

我们可以确定的是，**自反性**是一个质性研究项目的核心。作为涉及交互认知和适应他者过程的自反性，使研究者在质性研究这条幽深曲折之路上不至于迷失。更为重要的是，自反性的研究实践破除了社会科学的客观性神话。通过意识到我们作为研究者的工作始终内嵌于文献、研究对象所构成的关系中，我们能够将我们的研究置入一个多样、变化和常有争议的意义世界里。在实践层面，自反性的涉入能够为我们提供更好的数据。我们可以听到众人声音中更丰富、更细微的差别。我们能够更深入地理解林肯和古巴所言及的"偶发事件"，这个概念指涉的是，在文化场景中，一个事物如何与另一个事物相关联。

对研究者而言，没有比启动一个新项目的想法来得更为重要了。如果象征行动世界是传播研究者的主要对象，那么潜在的研究想法必然是无限的。现实情况也的确如此。考虑到这些替代路径之多，以及我们最终投入的时间、精力和声誉成本，研究者开展某项研究的决定的重要性就被放大了。

这种前景听起来令人生畏，但寻找和酝酿一个新的研究思路是有系统的方法的。本章将为迈出这一关键步骤提供指导。我们聚焦于形成研究想法的四个来源，包括个人的经验和机遇；理论和研究文献；公共议题；以及资助的优先性。然后，我们提出对进一步推进该想法的价值和可行性进行评估的方法。

首先，让我们看看勒妮·休曼（Renee Human）这位研究者，一位上过汤姆的质性方法课程的研究生——如何开始开展自己的项目。她叙述的故事可谓一个绝佳的佐证，说明细致的自反观察如何与概念思考结合起来，从而获得一个原创性的想法。

3.2 "我的城市，我的社会，我的生活"：勒妮的故事

沿着城市空间的道路连续不断的运行，巴士已经成为城市景观中的一个不为人注意的部分。但是，是什么让大多数人无法注意到巴士，这可能恰好是最先吸引研究者的。法国人类学家马克·奥格（Marc Auge）意识到了这一点，当他深入巴黎的地铁系统时： 【72】

> 当我们谈论关于地铁出行的惯例时，其意义不同于该术语被降低到基础表达，也即习惯的一个同义词，它可能是基于以下的观察，概括出所有仪式活动的矛盾和利益：反复发生的、定期的，并且所有观察它的人或那些多或少与它有关联的人不会觉得惊讶，它对于那些积极参与的每一个人总是独一无二的。（Auge，2002，p.27）

事实上，在与巴士的日常活动第一次接触时，我们基本不会放在心上。在大多数日子里，巴士上的乘客静静地坐着，目光投向前面或者窗外。即使身处车头或车尾需要与别人四目相望的座位时，我们与他人的目光接触也是短暂的。那么，奥格所言的特异之处何在呢？它就在于乍一眼看去是一个集群的个体身上。有时候它只是无关紧要的一个车站。极少数的时候，它是一种审慎的对话。

在 10 月一个阴雨寒冷的日子里，就发生了这样一件事情。一名约 20 出头、穿着肮脏 T 恤、戴着蓝色绒线帽的白人男子，"砰"的一声，坐在我前排的座位上。他不是朝向前方，而是大大咧咧地横坐并背靠窗户。他的姿势既挑衅又保守，他冷峻的目光落在身后一排的年轻人和我身上。

观察到我们的背包后，**绒线帽**（因为他的穿着，我们这里称其为"绒线帽"）问道："你们来这里上学？"

"是的，我去肯塔基大学，"那个男孩回答道，他穿着领尖有纽扣的衣服，留着平头，带着一点傲慢和不屑的神情。我笑着点头，简单附和道。

"我在找要申请的一个技术学校，"**绒线帽**说。

"有一所列克星顿社区大学，就在体育场旁边，"那个**平头**提到。"我以前在那里，刚毕业。当然，那里现在就像蓝草社区大学一样。"

"我想去学焊接。你是什么专业？"

"电脑，"**平头**说。

"哦，嘿！"我说。"那你认识达雷尔·奎恩吗？"

"是的，我上过他一节课。我爸爸和他一起在拉法耶特上的高中，"他回答的时候撇嘴一笑，还不时和我有些目光接触。

在我前面是一位六十多岁的白人男子，穿着迷彩服，一脸浓密的大白胡子。他回过头问我们："拉法耶特？哪一年？我 60 年代的时候也在那里。列克星敦那时候的校区还非常小，也许我认识他。"

"我想我父亲是 70 年代在那里，"**平头**点头说，咧着嘴朝那个老家伙笑。

绒线帽转向**平头**说："他们在社区大学教焊接吗？"

"我不确定——"他刚想回答，我打岔说，"不是在那个校区，但我想他们在利斯顿的
【73】
校区有。"

绒线帽耸了耸肩。"钱是个问题。我住在一家小旅馆里。"

坐在他前排的一位中年非裔美国女人转过身来，问道："你住在牧羊人之家吗？我有时在那里帮忙。"

"是的，女士，"他点点头。

大胡子老头摇摇头。"这不对，你该做点正确的事情，要打破官僚的繁文缛节。正如我和退役军人管理局之间的那点事一样。"

"哦，上帝啊，不要让我再想起那个，"女人说道。

谈话就像这样继续了几分钟。我待在外围，我的座位在右后边最远的地方，一开始做了点记录，但后来我就把它搁置一边，开始听他们聊天了。我们所有人都倾斜身子或紧挨过道座位，以便融入谈话。身体朝向彼此，交换眼神。我们的情形宛如列克星敦交通（LexTran, Lexington Public Tranportation）广告标语："成为列克星敦交通群体的一份子吧！"到站后，我带着热情友好的道别和雨天防淋湿、注意安全的忠告下车了。

类似的短暂偶遇打破了巴士日常的沉闷气氛。这样的萍水相逢只是为了将路人同样迅速和彻底地再次分开吗？正如奥格建议所言，这样的事件难以测量，但是他们回应巴士上的对话之旅——伴随着——一系列固定和运动的时刻。我们就生活于此地此类的细枝末节当中，甚至当我们为了在街上追赶固定时刻的巴士。不仅陌生人之间的偶遇值得深究，而且更为常见的冷漠时期和巴士内外空间的并列关系也同样值得研究。巴士运行与此类似，乘客身份各异，成员各站都有流动变化。这让人想起了文化空间的不成文图景——有时被认可（有时不被认可）的界限将"这个"街区与"那个"划分开来。乘客们以各自街区的身份上下车。然而，在巴士上，这样的地方身份也许不是为了其他乘客的集体消费而外在化，即使其他个体内在地紧密相连。除了这些文化地图，我们会不会拥有个体地图？瓦尔特·本雅明（Walter Benjamin）认为正是如此。与其而言，地方不仅仅意味着玻璃和石头。它们是个人记忆的宝库。越过城市，器物性的结构和景观会唤起人们对逝去的人和事的回忆；不止于此，特定地点的视觉感官触发了对那些记忆的解读所衍生的想象和情感（Benjamin，1986）。当巴士经过中央浸信会医院时，我孩子
【74】
落地时悲喜交加的记忆涌现出来。但是谁和我一起乘车，看着窗外，在那个确切的时刻，处于同样的实体结构中，记忆的压力测试并未发现什么不妥？或者，也许可悲的是，重温痛苦的急诊室之旅以及因交通事故而失去某人？这种极端的情绪记忆会鼓励某个人在发自内心的快乐中

畅所欲言？或者是让另一个人默默地转向内心的痛苦？"当然，这就是我们自己乘坐地铁时遇到的生活，"奥格写道，"以不止一种方式"（p.9）。

3.3　研究思路的来源

正如勒妮的故事所说明的那样，研究的想法在日常生活中随处可见。毕竟，有什么比乘坐城市巴士来得更平常呢？这是每天令人麻木的例行公事。但偶尔，有些事情会打破这个魔咒。勒妮·休曼，这位好奇又敏锐的人，发现自己陷入了这样一个时刻，她开始察觉到隐藏在平淡视野中的丰富含义。故事的结尾表明，勒妮开始把这些个人发现变成一系列更为审慎的问题，关于社区的短暂意义。

3.3.1　个人经验和机会

在探究过程中，最重要的不仅是我们体验事实本身，而是我们如何**问题化**（problematize）我们自己或他人的行为。这个通俗的词指的是"制造问题"的行为，这些假设支撑着有意识的经验。我们通过提出紧紧地抓住社会现实结构的问题来做到这一点。比如，演员们如何让他们的意图"可见"？他们如何判断适当的（或者正当的）行动过程？他们如何应对不常见或意外的行动？（欣赏其创造力吗？反对其越轨行为吗？还是漠不关心？）什么样的局部情境促使这种情况发生？什么样的社会和文化规则在发挥作用？

问题化是通过悬置来实现的，我们对那些被视为理所当然的、通常在我们的注视下出现的现状提出尖锐的问题——这样的问题，如果大声说出来，可能会使听众惊讶，被看作是愚蠢、无知的，或者更糟。如果一切都失败了，如果我们不知道接下来该问什么，这往往就是质性研究的本质问题：**这里会发生什么？**

对特定情境下语气、立场、情感和解释的多种可能性保持宽容，我们鼓励这种充满好奇的思维方式。我们可能会感觉到**讽刺意味、矛盾、困惑、含糊不清**或事件展开方式的奥秘。**幽默**和**愤怒**也可以是从问题化工具包中获取的实用态度。比如说，我们正在教室里学习时，当老师引导学生讨论种族关系时，他首先转向一个有色人种。我们看到那个学生紧咬着嘴唇——或许她紧绷下巴——这可能是一种尴尬的表情，但我们暂时还不能确定这是不是一个合理的解释。所以我们在心里暗暗记下，并继续观察。在这样的情况下，要启动提问这一开放性循环，某些时候所需要做的只是终止一下我们自己的敏感。

接触不同文化或生活方式，或试验新的做事方式，可以帮助我们解脱以民族（或自我）为中心的思想束缚。这对于学者来说尤为重要。尽管大学校园拥有各种各样的知识自由和对不同背景的人的敏感性，但它们在很大程度上远离了世界上的许多冲突、痛苦和粗暴的正义。当然，我们中很少有人想要其他方式。更广泛的意义是：我们的经验越是单一，我们感受人们不同于我们自身的能力就越弱。许多人类学家确实是在新的经验上茁壮成长（Goodall，2000）的。对于那些不愿和流浪汉一起乘坐有轨电车的人，无家可归者收容所的志愿者，或定期的海外旅行者，仍有很多机会来采撷超越我们自己精心维护的领域边界的不同观点、生活方式和道德观。比如，从四月到十月，汤姆和他的妻子总是习惯性地进行庭院旧货出售，这是一个例行程序。来参与的人几乎包括列克星敦城的每个街区和社会经济圈子，这个活动不仅提供很棒的便宜货，还有很多机会进行交流（尽管是"安全"的主题范围内）以及近距离观察美国人习惯的机会。

　　研究者经常将他们的个人兴趣与他们的专业追求融为一体。比如，社会学家克林顿·桑德斯（Clinton Sanders，1997）的职业生涯是对他已经参与的社会世界展开民族志，研究，比如非法毒品和文身社区；"从事田野工作，"他写道，"使我能够把'工作'称为投身到各种活动和兴趣中，如果不是我从事我职业的方式，我可能会从事这些活动和兴趣"（p.487）。媒体研究学者莎拉·桑顿（Sarah Thornton，1999）对她的研究主题兴趣如此强烈，以至于辞去了终身教职职位，去为一家广告代理公司工作。迈出这决定性的一步，她写道，"一举［解决］了两个研究问题：资金和入场……此外，在广告行业中投入时间能够满足我长期对消费文化和商业的好奇心。对我来说，人类学研究不仅是一种研究方法，也是一种生活方式"（p.58）。

　　即使不为了我们的研究而改变职业轨迹，我们仍然可以转向对我们自己身份问题的关切，将其作为孕育想法的沃土。学者们通常被吸引到关注那些在重要方面像他们一样的人（例如，就妇女问题研究妇女的妇女），或者研究多年来一直吸引他们的话题（例如，布莱恩对冷战时期核影像的兴趣）。许多人经历挣扎，特别是在民族、年龄、性别、阶级、政治、宗教或性取向的方面，这都可能作为潜在的研究思路（Conquergood，1991）。有些人认为他们的研究议程是探讨与他们的自传有关的问题的一种方式。例如，很多非欧美裔研究生回国后研究他们国家社会政治或文化问题的起源（Bakalaki，1997；Parameswaran，2001）。个人身份与研究思路的契合也受到方法论的影响，因为必须投入大量的精力和悉心的关怀来致力于发掘个人在研究领域中的自我表现。可以说，如果我们研究一个我们已经感觉到与之相联系的世界，那么这种努力可能更容易开展。

　　这并不是说应该避免与个人身份相违背的想法。一些研究者有意识地开始研究与自己的道德或政治倾向背道而驰的场景，例如社会学家凯瑟琳·布利对美国种族主义和反犹太人群体中的妇女展开的研究（参见 Blee，1998，关于本人的经验的反思文章）。他们可以以清醒的方式研究这样的话题，这一事实证明了研究者的弹性和具备自我控制的能力。有时，研究者必须在进入场景之前检查他们身份的各个方面。媒体研究学者安东尼奥·拉·帕斯蒂纳（Antonio La Pastina，2006）写道，在一个偏远的巴西村庄历时几个月的田野考察期间，在研究有关受众接受拉美电视剧的情况时，他必须隐藏他的同性恋性取向，保持独立性（Antonio La Pastina，2006）。"由于缺乏亲密感，加上我因不能暴露性取向而焦虑，很多次我被逼到抑郁状态的边缘。"（p.726）值得赞扬的是，拉·帕斯蒂纳成功经受住了严酷的折磨，完成了他的民族志，并回到美国继续过着不受这类拘束的生活。

　　研究工作中有意地使用身份议题，并非总是在出版发表时才显露出来。也许一些作者担心这样的披露会被贴上自我宽恕的标签，或是威胁到他们工作的"公正性"。即便如此，许多作者仍然公开地写他们与他们的研究对象人类和主题的关系。在第9章中，我们将探讨个人的表达如何增加质性文本的真实价值。现在，重要的是要确认，对你的研究拥有热情，并能够通过追求有意义的学术研究找到你的生活方式，而不只是"还不错"，这也许是过学术生活的最好

方式。

　　最后，我们生活中的**机会**也可以是思想的源泉。这样的例子有很多，研究者们发现自己的

境况后来成为研究的场景。菲利普森（Philipsen，1975）是芝加哥南区的一名社会学工作者，当时他对那个地区的男性说话表演很感兴趣。1995 年，诺维克（Novek，1995）在开始询问有关学生的文化和他们的沟通风格的问题时，已经完成了几个高中的教学工作。卢戈西（Lugosi，2006）在英格兰的一个郊区小镇上光顾了一家酒吧，当时他意识到其"包容性文化"可以成为一项关于商业性殷勤好客的很好的研究。正如这些例子所暗示的，场景没有预备与之相应的问题，但研究者仍必须致力于打磨回应一个重要理论问题的研究想法。

3.3.2 理论与研究文献

勒妮·休曼的项目遵循许多质性研究者熟悉的路径，在奥格和本雅明的作品帮助下，她开始产生帮助她解释巴士中"公共汽车内外的空间"事件的概念，"文化空间的不成文地图"和"个人地图"在我们飞过这座城市的时候点燃了。勒妮很快将她的阅读范围扩大到了乔格·齐美尔关于个人和集体主义在大都市中的紧张关系的作品，以及关于城市空间中的传播网络的社会科学研究。

用亚拉苏塔立（Alasuutari，1996）的话说，这些书籍和文章的概念帮助勒妮"找出一个局部的意义结构，以这样一种方式'破解'一个案例，以便能够理解一开始就不可想象的奇怪的事物"（p.373）。不久之前（毫无疑问，被汤姆的最后期限推动），她准备写一份研究计划。

尽管在一项研究中，你可能会被警告不要过早地关闭你的选择——尤其是在这个意义上，即"先前的理论观点或命题可能使［案例研究］的结果产生偏见并受到限制"（Eisenhardt，1989，p.536）——空手开始一项研究也是不可能的。我们情不自禁带来一些思维的习惯，包括与我们一起进入现场的理论观点。我们并不直接拒绝这些观点，或者为了避免"偏见"而假装它们不存在，而是认为把它们作为开发洞察力的**资源**更有用。

这种理论作为资源的观点可以通过几种方式实现。开启一个项目，理论知识可以作为准备，帮助我们看到在社会场景中什么才可能是重要的研究。它能让我们对**概念敏感化**（Bowen，2006；Glaser & Strauss，1967）：这是为我们即将在该领域面临的现象的相关特征做铺垫的概念工具。之后，概念工具可以用于预示我们即将在该场域内面临现象的相关特征。之后，概念可以帮助我们处理复杂或令人费解的发现的意义。这里，理论化和现场工作是携手并进的，"因为［质性研究的］整个观点是对由自然态度组成的平凡现实提出新的见解，并且这样做是为了找到其中的新的东西"（Alasuutari，1996，p.373）。在这个阶段，我们提出以下问题：理论（或概念）是否帮助我掌握这个场景中的成员的行为和思考方式？它对理解这种仪式有用吗？它是否有助于我找到一个组织的信念与组织的社会行动之间的联系？我们甚至可以使用"多样化，甚至矛盾的理论来推进论点"，从一种理论"盗猎"到另一种理论（Anderson，1996a，p.7）。

换句话说，我们可以灵活、富有创意和务实地使用来自理论框架及其相关文献的知识。与此同时，我们没有获得授权来做与任何给定理论相关的事情。理论存在的原因之一是它们能够以严谨的方式来思考社会现实（Jensen，2002），另一个原因是它们经常具有解释力。也就是说，一个理论的术语和命题，当应用于实际案例时，可以产生对底层机制的肯定解释。当然，如果一种理论模糊了我们对局部意义结构的理解，或者使我们偏离了这种结构，或者我们试图强行

【78】

做出一种显然与之不相符的解释，那么这种理论就毫无用处。

通常，在项目开始的时候，有经验的调查员"知道他／她不知道什么"（Lincoln & Guba，1985，p.209）。这个隐晦的短语是什么意思呢？这意味着，通过在研究专业和研究分支中与时俱进的良好阅读，研究者可以学到重要的未解问题、最紧迫的问题，以及该分支领域的知识中最明显的空白之处。所以，相关的研究文献必须要阅读——当然不是一次一次的阅读，甚至可能不是在一个学期内阅读。相反，我们需要做出承诺，努力掌握与主题相关的理论以及实证工作的广度和深度，以便我们可以自信地说，我们知道我们不知道什么。这样做的回报在于：我们对我们所不知道的东西越了解，我们越能够预见最新的知识可能在哪里。例如，吉布森和帕帕（Gibson & Papa，2000）注意到在不同学科对蓝领工人的关注点是不一致的，"除了几个明显的例外，"作者写道，"学者们没有专注于蓝领工人的实质性沟通行为。从学术角度看，需要更多的研究来发现什么样的传播实践在蓝领工人中是独一无二的"（p.69）。蓝领工人在制造厂的组织文化中被同化，这是他们研究交际手段的理由之一。

[79]

有时，对文献的回顾将会使得研究者明白，所有以前的理论和研究活动可能都没有厘清一个领域。为了证明有关电视观众对现实主义判断，霍尔（Hall，2003）发现了许多不同的和不可调和的"媒体现实主义"概念。这一分析为她自己的研究提供了理论依据："现实主义概念的对比使研究结果难以在不同的研究中进行比较，并提出了研究人员对现实主义的理解是否与受众成员的理解一致的问题。"（p.625）

有时候，研究人员也会用一个成熟的理论来解释一种传播现象。例如，卡堡、拜瑞和诺米卡里-拜瑞运用元交际实践理论研究了芬兰文化中沉默的密码（Carbaugh，Berry，& Nurmikari-Berry，2006）。他们的民族志致力于解决与这次活动表现相关的问题："人们在一起说话的时候，大概在做什么活动？它给社会场景带来什么样的偏好或义务？反过来，类似地，当人们一起沉默的时候，大概会做什么活动？什么样的偏好被编织成这样的场景？"（p.204–205）。

除了提供理论指导之外，文献综述可以为你提供有关主题的背景信息，类似于自己的研究范例，以及对研究策略、手段和技巧的领悟（Helmericks，Nelsen，& Unnithan，1991；Rubin，Rubin，& Piele，1999）。文献综述也可以促进对主题的反身性思考（McGhee，Marland，& Atkinson，2007）。也就是说，它可以激发对你自己的假设和思维习惯的批判性看法。研究文献主要发表在同行评议期刊上，表3.1显示了许多以质性研究为特色的传播学和相关学科的主要期刊。除了期刊，最先进的论文和综述发表在研究手册、编辑卷和百科全书上。这些资料可以提供关于当前激烈争论的问题的大量信息，或者最新的发现如何与更长的思想史相适应。

你的文献搜索也可以扩大到非学术材料：报纸、流行杂志、商业出版社、替代期刊、博客等。这种开放、折中的方法可以帮助你理解你希望研究的现象在各种不同的场合是如何被描述和赋予社会价值的。

另一个探索思想的活跃竞技场是学术协会的会议，在那里，最好的和最聪明的人（和其他人）聚集在一起展示原创研究。高级学者往往在这些聚会上引起很多关注，但是这个领域的新人，通常是"突破"新类型的研究、提出有争议性的论点和前沿问题的主角。

[80]

表 3.1　刊出质性研究专题的学术期刊

传播学

《传播与批判／文化研究》Communication and Critical/Cultural Studies

《传播、文化与批评》Communication，Culture & Critique

《传播教育》Communication Education

《传播评论》Communication Review

《传播理论：媒体与文化研究杂志》Communication Theory: Journal of Media and Cultural Studies

《媒介传播中的批判研究》Critical Studies in Media Communication

《话语与沟通》Discourse & Communication

《欧洲传播学报》European Journal of Communication

《霍华德传播学报》Howard Journal of Communication

《信息社会》The Information Society

《应用传播研究学报》Journal of Applied Communication Research

《传播调查学报》Journal of Communication Inquiry

《计算机中介传播学报》Journal of Computer-Mediated Communication

《国际传播与跨文化传播学报》Journal of International and Intercultural Communication

《万花筒：质性传播研究研究生学报》Kaleidoscope: A Graduate Journal of Qualitative Communication Research

《管理传播季刊》Management Communication Quarterly

《媒体、文化与社会》Media，Culture & Society

《新媒体与社会》New Media and Society

《流行传播》Popular Communication

《传播学中质性研究报告》Qualitative Research Reports in Communication

《语言与社会互动研究》Research on Language and Social Interaction

《视觉传播研究》Studies in Visual Communication

《电视和新媒体》Television & New Media

《文本与表演季刊》Text and Performance Quarterly

《西方传播学学报》Western Journal of Communication

《书面交流》Written Communication

人类学

《美国人类学家》American Anthropologist

《美国民族学家》American Ethnologist

《人类学季刊》Anthropological Quarterly

《文化人类学》Cultural Anthropology

《当代人类学》Current Anthropology

《民族学》Ethnology

消费者研究

《消费、市场与文化》Consumption，Markets & Culture

《消费文化杂志》Journal of Consumer Culture

《消费者研究杂志》Journal of Consumer Research

《休闲研究》Leisure Studies

《质性市场研究》Qualitative Market Research

文化研究

《文化研究》Cultural Studies

《文化研究 <=> 批判方法》Cultural Studies <=> Critical Methodologies

《欧洲文化研究杂志》European Journal of Cultural Studies

《国际文化研究杂志》International Journal of Cultural Studies

【81】

续表

教育学
《人类学与教育季刊》*Anthropology and Education Quarterly* 《话语：教育学文化政治研究》*Discourse: Studies in the Cultural Politics of Education* 《国际教育学质性研究杂志》*International Journal of Qualitative Studies in Education*
语言与社会互动
《批评话语研究》*Critical Discourse Studies* 《话语过程》*Discourse Processes* 《话语与社会》*Discourse and Society* 《国际语言社会学杂志》*International Journal of the Sociology of Language* 《多元文化话语杂志》*Journal of Multicultural Discourses* 《社会语言》*Language in Society*
质性研究（多学科）
《民族志》*Ethnography* 《田野研究方法》*Field Methods* 《论坛：质性社会研究》*Forum: Qualitative Social Research* 《国际质性方法杂志》*International Journal of Qualitative Methods* 《当代民族志学报》*Journal of Contemporary Ethnography* 《质性调查》*Qualitative Inquiry* 《质性研究》*Qualitative Research* 《质性方法研究》*Studies in Qualitative Methodology*
组织研究
《管理学会学报》*Academy of Management Journal* 《文化与组织》*Culture and Organization* 《管理研究杂志》*Journal of Management Studies* 《组织研究》*Organization Studies*
社会学
《质性社会学》*Qualitative Sociology* 《社会学季刊》*Sociological Quarterly* 《符号互动》*Symbolic Interaction*
其他
《家庭过程》*Family Process* 《人类研究》*Human Studies* 《公共文化》*Public Culture* 《质性健康研究》*Qualitative Health Research* 《质性社会工作》*Qualitative Social Work* 《符号学》*Semiotica* 《符号》*Signs* 《理论与社会》*Theory and Society* 《妇女研究国际论坛》*Women's Studies International Forum*

【82】　注：与此列表相关期刊的常规更新，请参阅相关网站。

　　重要的是要认识到，文献没有提出统一的议程。虽然对某一研究分支的现状或最有价值的学术研究是什么，可能存在强烈和广泛的意见，但每个人都有权发表自己的观点。事实上，每一个引用"文献"的人都可能读过一组不同的作品，并且用不同的批判"触角"来操作。然而，这种自由带来了一种责任：任何想要将自己观点添加到学术对话中的人都必须准备捍卫自己的观点。

这种文献中所包含的知识也在不断发展，每一篇新发表的研究以某种微小的方式改变着整体。此外，一项研究在独特的微观世界中包含了社会正在思考和谈论的内容——通过引用论文、文章和书籍中论证规范的综述及其赞成或反对他人立场的论据。文献中充斥着作者之间不断进行的对话，这种对话除了编辑评论（不可避免地存在缺陷）的精英主义之外，没有任何进入的壁垒。

3.3.3　公共问题

所有社会科学学科领域内的质性探究都有着考察公共问题的悠久历史。早在 20 世纪初，社会学芝加哥学派的许多开拓性研究集中于城市议题——特别是种族关系和犯罪（Kurtz，1984）。后来的经典作品，如欧文·戈夫曼的《收容所》（Erving Goffman，1961），艾略特·李勃的《泰利的街角》（Elliott Liebow，1967）和保罗·威利斯的《学习做劳工》（Paul Willis，1977），描绘了为尊严和自主而斗争的人们——精神病院的囚犯、黑人底层和工人阶级男孩儿——的生活。一般而言，民族志适合"从下层"开始研究社会生活。通过深入挖掘穷人、被剥夺权利的人、被误解的人和被遗弃的人的经历，质性研究可能为被忽视或被沉默的群体带来光明。这一传统的最近一例民族志是阿德尔曼和弗雷的《脆弱的社会》（Adelman & Frey，1996），研究了艾滋病患者以及他们彼此支持、共同面对即将到来的死亡。

正如我们在第 1 章中提到的，质性方法用于解决应用型传播问题，例如与健康相关的传播的主体性和文化含义（Kreps，2008）。显然，质性的研究思想可以在许多"生活质量"议题中发现（Segrin，2009）。例如，帕韦利奥、卡罗尔、阿布谢和诺顿（Paveglio，Carroll，Absher，& Norton，2009）研究了荒地和城市分界区域的居民如何感知美国林务局的火灾风险管理。企业外展策略在构建社区自我意识中的作用，这是爱德华兹和克雷歇尔（Edwards & Kreshel，2008）研究雅芳冠名乳腺癌 3 天步行活动的主题。通过一系列的焦点小组和深度访谈，罗杰斯、辛格哈尔和汤布雷（Rogers，Singhal，& Thombre，2004）辨析出了印度观众对肥皂剧《勇士与佳人》中蕴含的艾滋病毒 / 艾滋病信息的解读。 【83】

公共问题还以冲突的形式存在：法律争议、政治和社会运动、媒体丑闻、组织危机等。冲突涉及两个或更多群体——关于他们的目标、地位、权力和资源——的斗争，通常是一种非对称斗争（一方拥有比另一方更多的权力）。举一个例子，堕胎问题涉及反堕胎和堕胎倡导者之间的激烈竞争。在这场冲突中，诸如生命定义、妇女权利、胎儿权利、州和联邦立法以及医疗服务的可用性等问题，界线十分明确。在这种冲突背后有许多问题。它们怎样发生？为什么发生？面临什么结果？争论各方表达了什么观点？语言和其他符号的使用怎样告知冲突应该被理解的方式？例如，普雷斯和柯尔（Press & Cole，1995）对反堕胎女性进行了焦点小组访谈，以了解她们如何理解与堕胎相关的媒体内容，并阐明"科学事实"。

新闻媒体是公共问题报道的便利来源，而这些报道大多被包装成冲突。我们最好记住关于这个来源的几件事情。首先，新闻覆盖的程度可能与事件对人们生活的影响几乎没有关系——除非覆盖本身产生影响。（没有什么比 2009 年迈克尔·杰克逊去世时铺天盖地的电视和网络报道覆盖更深了。）其次，媒体常常高度关注事件的奇特性，而牺牲围绕事件的更大的社会、政治和历史力量（例如，"911"恐怖袭击）。然后，一些重大问题几乎完全被忽略（例如，穷人和无家可归者）。最后，媒体的议程几乎总是一个滞后的指标。也就是说，在媒体识别到问题（并且这样给它贴标签）的时候，这个问题已经存在一段时间。

3.3.4　资助的优先性

学术机构，特别是研究型大学，在满足联邦和州政府以及非营利基金会的知识需求方面发挥着关键作用。每年，大量的经费都会分配给愿意并能够满足这些需求的学者。（私营部门的公司有时聘请质性研究人员，但这通常是商务合同而非拨款）。由于大学越来越不能承受内部支持研究的成本，所以吸引校外资金的目标变得越来越重要。

【84】

基金拨款给质性研究人员带来许多奖励和机会。田野考察非常耗时，而基金通常能让调查员从教学和其他义务中解脱出来。一项资助也用于支付到研究地点的旅费，雇用数据采集人员或抄录人员的费用，以及其他费用。基金本身就是一种荣誉成就，它能提高学者和大学的声誉。院长们和系主任们很欣赏这些回到他们部门的"间接成本"，而且他们经常会因为这些意外收获而奖励那些拿到资助的人。此外，基金为研究者提供了解决"现实世界"问题的机会，并且在某些情况下，研究者与变革行动者合作来寻找这些问题的解决方案。这对于那些希望他们的研究产生可见的积极影响的人来说，可能是一个极大满足感的来源。

不幸的是，在资助者发布的项目申请计划（RFPs）中，质性研究常常被忽视。一个原因是质性项目在特定时间、地点和人群方面高度情境化，因此这些研究结果不容易推广。另一个原因与质性研究的性质有关。其灵活、开放的过程通常意味着完成的时间可能相当长，并且非常难以准确估计。此外，它产生的结果是复杂、微妙的，并依赖于研究者的写作技巧。另一方面，量化研究在研究代表性样本的短期行为或态度变化方面优势明显，这些代表性样本可以推广到更多的人口中——这是所有从事关于传播宣传活动、社会营销、社区干预等调查的研究者获得大量资金的主要原因。

尽管存在这些障碍，一些质性研究人员还是设法获得了研究经费。成功的关键之一是要对申请资助的过程进行培训，并与成功的资助获得者建立"联络"。书写基金提案的一个很好的指南是保罗·G. 查平（Paul G.Chapin, 2004）的《研究项目和研究计划：科学家寻求资金指南》。虽然许多质性学者（包括那些为批判性、女权主义和后现代主义传统工作的质性学者）不能（或不愿意）将他们的专业知识用来适应这类提案申请的方式，但其他人找到了使他们的研究议程与资助者的优先项目保持一致的方法。一些资助机构最近对质性调查可提供有关文化的详细知识种类感兴趣。例如，国家科学基金会（the National Science Foundation）赞助了一次关于质性调查的认识论、严格标准和潜在应用的工作坊（Ragin, Nagel, & White, 2004）。虽然质性调查者的资金前景是否会因此改善仍有待观察，但这是一个鼓舞人心的发展。

【85】

3.4　迈向承诺

头脑里冒出一个想法——甚至一个非常有价值的想法——不一定意味着这个项目非做不可。

近年来，布莱恩和汤姆一直在考虑许多想法，但那只是停留于纸面甚至脑海中，坦率地讲，这些想法中的大多数也就止步于此。促使我们止步于此的原因，通常无关其好坏。也许我们还没有准备好践行访谈或田野考察这样劳神费力的计划；也有可能是其他项目耗费了我们的注意力；也有可能仅仅是因为我们对此想法缺乏足够的热情。我们需要问的第一个问题是——**于我而言，此时是不是实施这个研究项目的最佳时刻？**——我们可以分两步来讨论该问题。

我可以长期保持对这个项目的兴趣吗？ 一个质性项目通常是一次冒险旅行，有新的洞见真的会令人亢奋不已。然而，我们不应对其有过于理想化的预期。和其他研究一样，田野调查会给我们带来疑惑、不安，对其价值产生怀疑。我们一直在指导一些失败的项目，因为学生对他们开始研究的东西失去了兴趣。有些学生不能容忍他们正在研究的东西看似乏味。当然，这不仅仅是对学生而言。资深的调查员也应该知道，在旷日持久地实施一个项目的时候，他们面对的不仅有高光时刻，也需要忍受糟糕和无聊的阶段。（除了对未知的忍耐，成功的质性研究者必须具备的另一个特质是，在看似毫无价值中去寻找意义。）没错，这就是所谓的工作。但是为了逐渐精进，一个入门研究者应该具备或快速汲取好奇心、毅力、警觉，以及从各色人身上学习多样东西的能力。

此项目的成果是否能够有助于我的专业目标达成呢？ 对于很多人来说，以从事质性研究为爱好——将日常工作弃之不顾来做此事——过于奢侈，所以询问最终结果是否值得花费所有的时间和精力，是可以理解的。对于基金资助的项目，最终报告（或通常称为"应交付的成果"）有其截止日期。因此，上述问题对于那些没有相关资助也不用对外部负责的研究者来说更显重要（尽管滴答作响的"终身时钟"可以是自我强加期限的强有力执行者）。在"黄金标准"之下的大部分学术成果，就是通过同行评议的期刊论文。特别需要鼓励那些未拿到终身教职的大学教师和研究生，在期刊发表方面不遗余力。考虑到项目完成所需的时间、期刊编辑做出决定的时间，质性研究者处在充满压力、不发表就出局的风险环境中。因此，通常的做法就是在立项之初就规划多篇论文。通常可以将数据"分配"给多篇论文，或者运用不同理论来对数据进行多次分析。还可以撰写关于本领域中遇到的方法问题的文章；撰写研究提出的理论问题的文章；以及撰写研究的伦理、教学、实践或政策含义的文章。

【86】

终身职位的学者更容易拿到复杂或开放的项目，当在职业生涯到达这个阶段时，书籍和专著成为更可选的研究产出形式。在第 8 章中，我们将更多地讨论写作质性文本的策略和观点。可以说，一个好主意不应该只是承诺对知识的贡献，它也应该引导作者努力地获得金钱价值的回报。

3.5 评估场景

原则上，没有什么是不能研究的。一个聪明、训练有素的质性研究人员应该能够像一个智能的"归巢装置"（Lincoln & Guba，1985）或一个文化"侦探"（Goodall，2000）那样发挥作用，他可以加入任何团体，融入任何社会空间，成为任何人的最新朋友，学习任何当地习语，遵守任何部落规则。然而，布莱恩和汤姆都从未见过这种超级英雄。事实是，在现实生活中没有完美角色。在这之前也没有见过任何具备表演以上列出的文化帽子戏法的研究者。不可避免地，我们的研究目标将（在获取、时间、视角、信任等方面）以某种方式降格以求，但只要这些妥协不会过分有损大局，它们实际上可以转化为优势。

牢记这点忠告，你应该能够提出并清晰地回答一系列相关问题：在有限资源的基础上，这个场景可以研究吗？我可以确信，对这个场景予以时间、资源和努力的重大投资将获得可预见的研究回报吗？

【87】

首先，我们需要区分这三个重要的相关概念：**场域**（field）、**场所**（site）和**场景**（scene）。场域是指研究执行的主题和领域的广泛交集。它是研究人员成为专家的理论上相关事件的广泛集合。例如，布莱恩所谓的场域，指的是其成员谈论核武器的任何组织；而汤姆的场域，是媒介文本社会性构建和解释的情境。研究人员在职业生涯中通常会在不止一个场域中工作。场域有别于**场所**（或**环境**，setting）的概念。第二个术语是指研究者和社会行动者共处的一个具体的、本地的、物理意义上的地方。例如，布莱恩研究了坐落于洛斯阿拉莫斯（新墨西哥）的国家实验室所属的布拉德伯里科学博物馆展品所引起的争论。汤姆研究了在环球影业（加利福尼亚州）、电影院和许多其他场地围绕电影《基督最后的诱惑》（*The Last Temptation of Christ*）发生的争议。前面提到的两个术语有别于接下来的第三个，也就是**场景**。其所指涉是指行动者自我界定的社会行动范围。场景是由参与者塑造和协调他们直接成果框架的一种结构。作为一种特定的、反复出现的社会行为发生的情境，其内涵是丰富的。就这一层面而言，布莱恩研究了"正统"和"进步"组织在历史叙事形式和内容上的斗争；汤姆研究了电影工业专业人士、宗教活动家和其他社会行为者之间有关电影文本的龃龉。

在区别这几个概念的时候，我们可以知道场域可以由许多场所组成，但不是所有场所对于研究构成特定群体的社会现实场景具有同样的价值。然后，研究者必须评估他们是否选择了这样的场所，包含能够生成回应那些与其田野工作相关的研究问题的数据的场景。这个过程通常被称为"场景踩点"，涉及访问潜在场所，用以评估居住其中的人，他们在那里进行的社交活动，以及他们被研究的整体适合度。实际上，研究者希望回答这个问题：即这些场所是否会为研究场景提供有用的案例？

3.5.1 场景踩点

与场域工作流程类似，场景踩点要求研究者承担一个对其中成员有意义的角色。如果那是一个公共场所，研究者可以简单地作为成员在那里"晃悠"：包括客户、公民、访客、观众、

【88】

巴士乘客。当然，如果只是成员并不意味着你融入其中。承认不成文的行为规则以有效地扮演公共身份，这往往是明智的做法。例如，想象一下，在拉斯维加斯的脱衣舞酒吧，在爱荷华州的市议会会议，美国阿灵顿小镇的小联盟比赛中，以某种行为来获得"正常"的肯定。临时访客也可以通过搜索引擎或超链接分析工具（Thelwall，2004）以及像 Touch Graph 谷歌这样的可视化工具浏览到网络景观。后一类工具，例如，允许一个人考察分享关键字和 / 或被第三方网站链接这样的网络场所，"（这）意味着，从一个民族志学者的观点，我们可以把它们看成是由参与到一个场域里生产网站评论的足够多的人而组合在一起的，不论出于什么原因"（Hine，

2007，p.292）。你可以"潜伏"在该场所的公共区域内，以探索其视觉特性、论坛交流和其他值得注意的方面。潜伏者（一个观察但不参与的互联网用户）的角色在大多数在线社区可能不受重视，但也不被积极劝阻。

例如私人住宅、工厂、诊所等不对公众开放的场所，必须通过其他方式进入，而不仅仅是在外围打转。成为把关人或赞助者的朋友，是评估此类受限制场所的一种方法。（参见第 4 章中的"协商访问"一节，了解如何接近把关人。）一旦进入其中，有背后支持的入场使得你可以近距离观看场景，甚至有机会询问其中的主人。除此之外，让一个或多个成员混迹于他们的日常也是一种不错的进入方式。混迹其中不仅可以成为在入场之前评估一个场所的方式；它也可以在后期用作数据采集技术（Lowrey，Otnes，& McGrath，2005；Meunier & Vasquez，2008）。虽然一次参观常常由主人引导，以达到其把场景置于最佳状态的目的，但是混迹其中可以获得更多的内部观点，因为确切地说，你可以深入研究那些日常生活惯例所包围的人们。在任何情况下，场景的踩点需要研究者扮演内部成员所能习惯接受的角色。例如，作为家庭电视观看的参与观察者，乔登（Jordan，2006）发现研究的参与者——父母和儿童——在现场工作开始时就赋予了她相应的角色：研究者作为学生，研究者作为人，研究者作为客户，研究者作为负面中介。她认为，这些"为我们进入该领域时所扮演的许多不断变化的角色提供了一种探索方法"（p.181）。

其他可以参与的场景，例如俱乐部、协会、志愿者团体、学校和在线社交媒体，都可以一个真正的成员角色进行踩点。成为这样的成员可能只需要注册，获得用户名和密码，支付象征性费用，或只是表达兴趣。在某些情况下，你可以利用已有的经验或信用。例如，在"靠近实践"研究中，作为护理行业的（非）积极分子的研究者发现他们可以更容易地进入护理场景（Lykkeslet & Gjengedal，2007）。在其他情况下，可能需要改变生活方式或就业状况（如前所述，莎拉·桑顿的职业生涯变化）。这显然要比我们许多人愿意支付的入场费付出更高昂的代价；对于其他人来说，进入一个令人垂涎的场景的特权是公平的市场价值。【89】

如果你已经是场景的内部成员，完成踩点的做法就截然不同了。在这里，你转而叩问自己：我的合作者会接受我在研究中的角色吗？他们会让我做这个新的"工作"吗？我能否将自己从场景中现有的意识形态、专业和其他关系中悬置出来？从事研究的需求是否会干扰我正在扮演的角色所需要做的工作？或者反之亦然？这些双重角色定位为我恰如其分地推进研究带来了严重的但并非不可逾越的挑战。

场景踩点的过程经常会修正你的研究思路。在汤姆的早期质性研究中，汤姆聚焦于监狱囚犯的媒体使用情况。研究的理由是，长期监禁情况下的人以独特的方式卷入媒体内容和技术。显然，这个理由排除了监狱和拘留中心作为潜在的研究场所。汤姆也知道他想要有一个媒体政策相对自由的地方——无论**这**意味着什么。这实际上是一个抽象概念，直到他开始寻找可能的场所。最终，他选择了一个中等安全的监狱，该监狱允许囚犯使用有线电视、杂志甚至个人电脑。在一次步行游览监狱的途中，他得知警官已研发了一些技术，其中一些涉及媒体使用情况，以试图避免囚犯之间的种族冲突。基于这些信息，他研究重点集中到了监狱生活的多元文化方面。

3.5.2 评估可行性

场景踩点的过程也有助于回答**可行性**问题。可行性是一种决策空间，在此有两套共存的宽泛要求——其一与场所相关，其二与研究者相关。正如沙茨曼和施特劳斯（Schatzman & Strauss，1973）所言，研究者通过"针对他（她）自己的时间、流动性、技能，以及其他任何完成这项工作所需的资源"来评估"某些［场所］呈现的属性（规模、人口、复杂性、空间分布等）"，以确定研究是否可行（p.19）。

【90】 让我们简要考虑一下质性研究者面临的一些可行性挑战：

· 我们可以收集、阅读和概念性地掌握虚拟粉丝社区生成的数千条信息吗？（Menon，2007）
· 我们可以进入到苹果 iPod 用户体验的私人 / 公共世界吗？（Bull，2005）
· 我们可以研究高压工作环境下的人际困境和纠葛吗？比如 911 紧急呼叫中心。（Tracy & Tracy，1998）
· 我们能够想象在一个高物理风险和厌恶风险的环境下工作吗？例如，航空母舰飞行机组人员，工作是什么样的吗？（Weick & Roberts，1993）

你可能沉迷于这些场景中的幸存者偏差。然而，正如我们之前所指出的那样，不要错误地认为任何人都可以研究任何场景。失败的项目几乎从不公布或甚至公开讨论（虽然肯定有许多"沉船"）。根据滑动的标尺来思考可行性问题，也许会有帮助：随着场所呈现属性——在规模、人口、空间分散、复杂性方面——的要求提高，人们掌控**所有**行动的能力普遍降低。那么问题就会变成：我能研究多少？我必须规避什么？另一方面，如果一个场所的需求相对较轻并且不扩大的话，研究人员应该能够管理研究的重点。

时间是一种重要资源。时间短缺限制了我们对实践和展现的掌控。如果场景复杂而遥远——例如，全球化对媒体观众的影响——那么这个问题就会变得糟糕。在高压场景中，田野调查会对你收集数据的能力提出更高的要求。它还偷走了写作田野笔记、研究笔记和项目其他义务的时间。因此，该想法可能必须缩减。不要试图研究全球化的所有复杂面向，也许研究一个文化场景和单一形式的全球化媒体内容就能提供一个适度，但仍然重要的人类学框架（Rao，2007）。研究者越来越多地通过在较长时间内，以点状方式进行田野调查来处理这些规模性和复杂性的挑战（Hannerz，2003），或是通过使用媒介技术（如手机、电子邮件和会议）与遥远的局内人取得联系。

需要指出的是，场景复杂性不仅体现在物理特性上，也包括社会、文化、或意识形态。例如，汤姆教过的一位学生克里斯蒂娜·蒂加斯（Tigas，2006）在神论教会研究异教徒的【91】 身份。异教徒占教会总会员的一小部分，但是将异教徒确认为一种连贯的意义系统——在这种系统里信仰的表达充当了一种表征道具——的任务被证明是非常具有挑战性的，正如克里斯蒂娜写道：

罗斯玛丽是这个团体中最活跃的成员之一，她是"古道教堂"（Church of Ancient

Paths）的一名被任命的牧师。"古道教堂"是一个泛神论的异教教堂，倾向于巫术崇拜。有一对夫妇是德鲁伊和凯尔特人。肖娜将自己定义为"希腊罗马人"，这是一条崇拜古希腊和罗马诸神的道路。一位上了年纪的妇女是"Orisha"的实践者，这是一种来自西非的传统，它崇拜 Olorun 神的一个或多个化身，并把关键的重要性放在祖先和文化英雄身上……一位对我的研究特别感兴趣的老人自称是"亚瑟王园丁"。当我告诉他我从未听说过这条路，并问他这条路有多少成员时，他说有两个人——他和他的老师。他的道路是基于亚瑟王传奇和现代巫术崇拜创始人杰拉德·加德纳的遗产的信仰体系的结合。

显然，"异教徒"的概念又存在许多变种。但是，通过在神论教会关于精神"道路"的修辞语境中阅读这些话，她开始把握住那些使得异教成为一种连贯的身份标志的共同线索。

评估场景的社会节奏也很重要。大多数场景是在预期之内的——之所以如此，因为衡量是否和什么时候可以做研究是一件简单的事情。汤姆教过的学生之一布鲁斯·伯格（Bruce Berger，1998）想研究"同步赛车和投注的世界，（赌徒）是谁，为什么他们在这里，在他们生活的其他地方的语境中，这里的意义是什么"（p.2）。幸运的是，一个联赛赛季已经在列克星敦红哩径赛道上揭幕了。因此，布鲁斯很容易为 20 个夜晚观察一群特定赌徒制订计划。

然而，有些事件发生频率很低且不可预测，因此建立完备的研究计划不太可行。另一个汤姆教过的学生想研究西班牙裔妇女如何将她们的健康问题述说给英文医疗保健提供者。结果发现，拉美裔人去诊所的次数比其他人少得多。由于缺乏可预测的西语裔妇女在诊所的流动，该学生把她的重点转向研究卫生保健提供者和他们对西语裔妇女沟通问题的看法。

另一个关键的呈现属性是识别场景中内嵌的文化代码。文化代码是在场景中执行角色的一组关联知识。代码构成和为不同的行为顺序提供规范，例如职业（如技术代码）、公共人际关系（如礼貌代码）、私人人际关系（如关系代码）和媒体相关行为（如解释性代码），等等。有些代码是默会的，广为人知的——即"每个人"应该知道什么。例如，几乎每个人都知道如何在互联网上浏览。而其他形式的编码知识的共享程度较低。较少的人知道如何利用互联网在股票市场进行日间交易，或如何评估互联网空间的谣言可信度。 【92】

因此，研究者应该尝试评估场景中存在的编码知识的类型或层次。一些代码遵循一定的层次结构组织。例如，学院院长可能凭借他（或她）与学生、教师、管理人员、专业人士等不同的互动关系，拥有比教师更丰富的文化资本。（术语"文化资本"是指人们可以获得的编码知识的使用价值。）然而，地位并不总是与文化资本相匹配。可能某些低级职业的人（例如，教科书买家、建筑物看门人）会看到他人很少见到的教师生活的一面。有些人不愿意谈论那些指导他们行为的准则，通常是出于对他们当地情况有意义的原因。布鲁斯·伯格发现，在直播比赛现场，欺骗行为猖獗。但是，试图解释赌徒如何相互撒谎是一件微妙的事情，因为谎言是他们用来获得优势战略的一部分。他们认为披露这方面的知识等于失去了文化资本。

编码知识也可以在群组中产生和发展。以年轻人为例，他们属于音乐亚文化——他们使用的语言，他们练习的媒体技能，他们穿的衣服，他们培养的音乐品位，他们建造的社会媒体网络（例如，Bloustien，2007）。许多婴儿潮一代的研究人员可能会在破译这些代码之初即遇到麻烦。

稀缺的文化资本是跨代（或跨种族、跨性别等）研究可能具有挑战性的一个原因。使用研究团队——其中项目中的成员角色因年龄、性别、种族或其他特征而异——是管理这些研究者—场景差异的一种解决方案。

3.5.3 咨询同事、导师和专家

评估研究场所和文化场景也需要与同事、导师和专家的协商来辅助，尤其是我们在所需的反馈依赖于深度交流的时候。例如，学术会议为我们和同行讨论我们、他们或共同从事的项目提供了机会。借助互联网，我们可以通过电子邮件、短信或查询发布在诸如美国全国传播协会（National Communication Association）民族志分会列表上的帖子，与学者们随时保持联系。同行们可以产生共鸣或者予以支持（Ely，Anzul，Friedman，Garner，& Steinmetz，1991）。你可能在一个同事那里咨询方法论的问题，而在另一个同事那里得到伦理问题的答案。基于磋商的精神，应自由地提出意见并开放采纳（或根本不采纳）。

做指导是整理研究议题的另一个绝好的方式。研究生工作的学徒制度是师徒关系的原型。指导也可以在许多其他类型的关系中进行。对于交流学习、接受鼓励并反思田野工作中令人烦恼的身份问题而言，基于受保护的亲密关系指导无疑是一种很好的选择（Chawla & Rawlins，2004）。

当然你也可以求助于专家获取建议。具有研究场景中专业知识的人已经不止一次地帮助本书作者——为了这种慷慨的援助，我们心存感激。关于监狱囚犯媒体使用情况的研究，汤姆与他的两位大学教师进行了磋商。其中一位定期花时间到监狱服务，能够口头描画那里的亲密生活。另一位是刑事司法教授，能够为获取监狱官员的接近途径提供建设性意见。在其对《基督的最后诱惑》（*The Last Temptation of Christ*）研究中，汤姆和那些与电影没有直接联系，但能够提供关键情境的人建立了对话，例如一位米拉麦克斯电影擅长营销争议性电影的行政人员，一位好莱坞的基督教媒体部成员和几个前政治激进人物。这样的对话可以缩短你在某些领域的学习曲线，并激发研究主题的新思考。

3.5.4 发展主位和客位视角

当你继续对一个场景进行评估时，你会发现，你对你在研究中所获知的社会生活发生了可感知的变化。你开始通过**主位**和**客位**分析镜头来捕捉它。佩尔托和佩尔托（Pelto & Pelto，1978）通过"本地人的行为分类是唯一正确的"这样一条禁令来描绘主位分析的特性（p.56）。在这个意义上，"对"意味着，那种场景下的对错，对于文化成员来说才具有参考价值。当我们具备一种**主位**能力时，通过他们赋予自己的文化和传播以意义，我们能够描述演员的世界。

例如，我们不仅穿着他们的鞋子散步，我们也要明白这鞋子对他们意味着什么。例如，在汤姆的政治进步团队研究中，他经常问的问题，什么是"良好的进步"？他的第一批线人之一这样回应：

> 一个良好进步的人就像毛巾上的一只小猎犬。你知道当你来回移动毛巾时，它不会放

手吗？一个良好进步的人就非常像这样。他们紧紧抓住一个项目，无论它是什么，他们以各种可能的方式扭动它，一边看着它，一边试图找出如何使它更好的办法，试图找出一切可能出现的问题，试图找出如何提前解决这个问题的方法。

"毛巾上的小猎犬"这个比喻不只是一个生动的例证——尽管它的确就是如此。它还揭示了何为"良好的进步"的一种"天然分类系统"。作为这个含义丰富的隐喻的结果，汤姆获得一丝主位能力的微光。

当采用一个场景的客位分析视野时，通过我们的学科知识和理论支撑的概念类别，我们可以对它们进行评估。当汤姆第一次采用客位方法来处理"良好的进步"议题时，他意识到涉及这个问题的文献积累是有限的。然后，他回顾了与之密切关联的工作系统相关文献，如危机管理、救灾队和后现代咨询。他发现其存在共通之处：厌恶风险、与形式理性相对而言的协商偏好和特设性解决方案、对本地主义的信任。这项分析被证明有助于起草研究计划，提出采访指南，并构建与其采访对象的对话。

把握人的主体性内容和结构是一个耗时的事情。这就是为什么主位能力需要一个过程逐步发展（尽管一个项目的旅程通常被突然清晰的"阿—哈"时刻所勾勒）。客位视野与场所即领域的视角密切相关，而主位视野则偏好场所即场景的视角。事实上，他们是相同存在的。结合使用主位和客位概念镜头产生的双角度——才能获取多维的文化视野（Lindlof，2008a），并帮助研究者建立与场景的长期联系。

3.6　总　结

一个好的研究想法有其多样性的基础，包括多层次的知识、智识议题和对最紧迫问题的讨论。进一步推进研究的因素还包括当前的社会议题和资助机构的优先级。但促使其走向成熟的却有赖于我们的个人投入意识。需要我们投入精力的想法太多了，以至于我们在同一时间段只能有所取舍，所选的必然是引起我们专业热情和对获取知识欲望的议题。在确定某一想法可行之后，我们必须对研究付出百分之百的努力。接下来，我们会探讨研究设计的下一个环节，也就是研究项目的实施。

3.7　练　习

1.研究想法的一个重要来源是我们个人的经验。研究者经常从个人的记忆、议题、困境和当前环境开始，来展开他们的研究课题，甚至是经年累月的一个项目。可以回想一下，某一次基于你个人经验而形成的一个质性传播研究项目。

· 它对你有什么意义？
· 你为什么认为它是一个性质的潜在研究课题？

- 还有谁（同类型的人）可能有类似的经历？其有什么特点？
- 这种想法会催生什么样的"研究问题"？有没有研究文献——抑或其他来源（包括小说、传记、诗歌、电影等）——助益你进一步了解这种经验吗？

2. 在本章中，我们区分了场域、场所和场景的概念。当开始搜集一个潜在研究的信息时，你可以尝试着更为确切地界定与此研究有关的场域、场所和场景。设想这个场景内的个体是否认同你所做出的描述？主位与客位能力，是如何帮助你概念化所研究社会舞台关联的场景或场所的功能？

【96】

第4章 设计Ⅱ：实施研究项目

4.1 引 言

　　如今，我们不再能确定，任何一个研究领域或集合领域，是否包含我们想要研究的行为（Gupta & Ferguson，1997；Hine，2007；Marcus，1995；Markowitz，2001）。通信技术的爆发性增长、人口的跨国流动，以及品牌形象和资本的全球性流动，共同创造了一个相互竞争并且身份重叠的世界。人际关系越来越多地出现数字格式化现象——从最亲密的关系，到专业人士工作的交往方式，再到消费者和公民的生活方式。但在所有这些技术变革里，人类还是靠信任产生面对面的友谊关系作为一切行动的基础。

　　建立在信任基础之上的质性传播研究，从研究者开始踏足（无论是字面意思抑或是寓意）某个场景之日起，直到研究结果公布之时，信任始终必不可少。再也不是"你为主，我为客"的信任关系，而是沿着这样的信任关系转变，即"我们到这里来有着不同的原因，但大家始终都在一起"。这种观点改变了研究项目的责任分工，使项目双方承担的责任更加均衡和公平。在项目开头几天或几周内做出的许多决定，是研究人员和参与者对于这种绑定信任关系的理解和尊重的反映。此外，自反性作为一种哲学指导思想，确保我们的发现之路拥有明智和可靠的指向。

　　在测试过了一个新生想法的价值及其可行性后，研究者已经准备好实施该项目了。最初，这一过程给一线人员带来一系列新问题：该联系谁来访问？该如何介绍自己和研究目的？该如何获得参与者的合作？之后，一系列探索性的方法被引入——地图、视觉媒体、日记、简短采访，这些有助于引向研究领域的物理和社会层面。然后，我们再把目光投向目的抽样的基础理论，审查质性研究中常用的抽样策略。下一节考察人类主体的权利和具体的保护措施，以确保我们的研究将立足于道德层面。本章最后讨论如何撰写研究计划书。

4.2 协商进入

　　早在研究过程中，也许随着这个想法本身被突显出来，我们必须就研究实施地点的进入问题进行协商。典型的进入议题包括：该项目要花费多长时间，研究者应该担任怎样的角色，有哪些可供研究的领域，以及研究者该如何进入和退出现场。那么，来帮助解决这些议题的人就被称作"**把关人**"和支援者。

4.2.1 把关人

我们都知道，"把关人"并非任何一个组织中的正式职位。更确切地说，这一术语指的是有权批准研究进行的个人或群体。实际上，他们就是我们希望进入的"门"的守门员。首要目标是要找出谁是守门员。一些机构，如公立学校的所在地区存在定期审查研究者的要求，并会制定政策以确定被允许的研究类型。他们甚至可以有一个常设委员会来处理这些事务。在这种情况下，你应该提交一个正式的研究方案，附有你的简历（或身体特征报告）和机构审查委员会（IRB）的批准证明。

对于很少收到研究请求的群体，该过程可以是短暂的、非正式的，甚至是临时特设的。负责人可能会做出仓促的判断，或者会突然拉来一位低层雇员充当"把关人"。在某些情况下，研究者会被告知直接放手去干，并请求那些有待被研究的人同意。劳拉·贝丝·道斯（Laura Beth Daws）在有关婚礼网站的博士论文中，遵守了互联网研究者协会的道德准则。该准则指出，当使用留言板或聊天室招募参与者时，研究者应坚持遵守本网站的服务和/或法规部分条款中规定的规则（ESS & the AOIR Ethics Working Committee，2002）。因此，道斯主动接近最近几种流行的与婚礼相关的博客博主和留言板版主，他们很快同意了发文帮忙征求志愿受试者（Daws，2009）。

有时候，一项研究很难让人信服。组织或团体可能会抵制为其认为无关紧要、麻烦甚至威胁到自身利益的研究活动创造空间。如果一个特定的环境是不可或缺的，这只会增加施展说服吸引把关人的技巧的压力。以下因素可能有助于增加您获得访问权限的机会，并且是最好的情况下，依据你所寻求的条件。

· **研究该群体或组织并制订尽可能符合其利益的要求**。通过熟悉该群体的历史、使命和需求，你可以从把关人的角度开始（通常是一种管理的角度），令人信服地谈论更多有关项目的实用价值，为良好的合作关系奠定基础。然而，除非你是从事行为研究或是构建传播模型，否则，提出该项目将直接解决该组织问题的建议绝非什么好主意。顾问角色与雇佣顾问和独立研究者角色，最好不要过于混合。

· **在介绍自己和提案时，要有应有的审慎**。请求成功与否，常常取决于把关人是否有信心来信任要求进入的人。你应该展现出自己是一个有能力、有条理、值得被信任的人，你会尊重当地的文化，会用一种公平、彻底的方式进行研究。你应该准备好去遵循该群体的时间表和工作节奏。然而，一个好的把关人也会询问你需要满足的任何截止期限，并会尽量适应它们。双方的坦诚和善意有助于避免为完成该项研究所导致的误解。可能不足为奇的是，把关人常常对接待一个可能会向公众揭示该组织问题的项目缺乏热情。由于这个原因，那些打算对群体或组织的目标、思想或实践进行批判（如许多传播研究者的项目那样）的研究者们应该考虑换个方式来实现目标。这里，"换个方式"并不意味着"欺骗"。如果评判是你的议程，藏匿匕首并不能使最后的结果有所改变。绝大多数"批评性"研究目标与"对抗性"目标并不是同义的，它们往往被重新表述为"寻求全方位的意见"或"寻找替代性的解决方案"。

【99】

- **愿意向所研究的群体或组织中的其他人咨询或请求他们的许可**。像瓦纳特（Wanat，2008）所记录的，"研究者通常会与研究场所多个入口点上有影响力的把关人协商进入问题"（p.192）。即使一个人有权授予访问权限，其他人也可能会以某种方式被带入这个决定。例如，卡恩和曼（Kahn & Mann，1969）发展出一套程序步骤，称为"有条件地接受决定"，在此程序中，许可线会向下滑动，直到所有人同意参加。他们指出，"这种方法所暗示的是，如果研究者可以接连被较低层所接受的话，权力结构的较高层就不会否决这个研究"（pp.48-49）。这样的方法有两个好处，既可拓宽利益相关者的领域，又能确保你的研究没有与权力联系得太紧密。然而，即使这样，情况也可能不会很好。较低层的"非正式"守门人可能会因要保护自己的利益而试图阻碍研究的进行（Wanat，2008）。哈林顿（Harrington，2003）认为，能适应他们所面对的"受众"的研究者，在寻求进入时成功率更大：

    一个人身份涉及的面向越多重，站在他这边的人就会越多。例如，在对一个复杂组织进行研究时，"本土人类学者"可能利用她身份上"本土"的一面（也许在性别上）来接近秘书职员，却通过"研究员"（职业资格证书）这一身份面向与高管结交。（p.598）

    从这个讨论引出的关键点是，这种准入并不能减缓你建立信任的需要。从项目开始到所有事情结束，为你的目标寻求广泛支持是一个应该追求和改善的过程。

- **不要过多承诺**。你应该克制为了获得准入而在别人面前承诺太多的冲动。那些授予进入权限的人往往会密切监视项目的进程，并可能会担心你的目标是否会在中途从根本上转变，或者研究不能按时完成。要求时间开放，尽管不总是很现实，却是一种阻止潜在问题的方法。过量估计项目完成所需的时间则是另一种方法。即使把关人拒绝了你给的估计时间，你总可以减少时间吧。幸运的是，在协商准入的游戏中最终很少发生拒绝这种事。只要你在应对症结上展现一定的灵活性，把关人通常愿意配合你的工作来找到一个解决方案。

4.2.2 支援者

大多数把关人在批准研究项目时，不会将自己大量的政治资本搭进来。他们通常会对此敬而远之，除非他们从这项研究中能看到一些利己的潜在好处。与之相反，支援者则以作为一种项目"助推器"的身份而存在。支援者是那些围绕在你身边并亲自引介你、保证你的研究、帮助你获得进入权限的人。在研究一家养老院的情绪化劳动表现时，萨斯（Sass，2000）首先跟志愿者协调员进行了一番讨论。不久，该协调员"为我与管理员和护理主任安排了一个会议。根据与以前学生研究员和我对项目解释的经验，他们对我在养老院进行的研究非常感兴趣"（p.335）。

【100】

支援者是许多研究中的关键人物。帕特里克·墨菲（Murphy，1999b）讲述了他个人找到一位支援者的经历，他叫埃拉迪奥，是墨西哥克雷塔罗市圣·弗朗西斯基多行政区的一位贝壳舞舞蹈组的组长。墨菲自己承认，他对墨西哥家庭使用电视的民族志研究一直不顺利。他在努力宣传他的研究时，已经有了一些志愿者。然而，与埃拉迪奥在宗教节日上的一次偶遇，以及埃拉迪奥对墨菲在旅行开销上的"投入"的令人惊奇的回应，促成了他们的友谊。"［埃拉迪奥］决定以希望他的舞蹈得到的所有严肃和尊重来支持我的研究。此外，随着我与埃拉迪奥及其家人相处的时间的增加，许多克雷塔罗人越来越多地把我同圣·弗朗西斯基多**邻里**（el barrio）联系在一起"（p.487）。

墨菲的故事说明，一个支援者的适时出现往往能使研究者成为盟友和该领域的重要成员。研究者也会被支援者的支持者认同——结果可能会也可能不会给这项研究带来风险。

4.2.3　讲述研究故事

获得一个把关人或支援者的支持并不能保证进驻的成功。研究者还必须去争取在现场居住或工作的那些人的赞同——是指有自己利益需要关照的那些人。在成员的地盘上，研究者必须考虑这些已经存在的利益。通常是通过告诉他们一个非正式的（但精心制作的）有关该项目的故事以及他们参与的重要性来完成。这个关于研究的故事预期效果很直接：创造项目的"良好氛围"，鼓励人们理解研究者，并最终获得他们的支持。

有很多方法来讲述一个好的研究故事。研究者经常围绕他们所认为"有利社会"的项目来塑造故事，强调更多了解传播的某些方面是多么重要。有些人确实"得到"做传播基础研究的点子，甚至是旨在批判一些机构及其做法的研究。然而，如果"社会福祉"的故事让受众想起关于所谓的岛国、自恋或学术研究项目像"象牙塔研究"或"为知识而知识"一类无用性质的常见词语，那它可能不会获得读者的多少支持。

解释项目与实践的联系，经常有助于讲"社会福祉"的故事。也就是说，研究者可以讨论研究结果如何帮助人们成为更熟练的传播者，研究结果如何促进健康信息传递的改善，或研究结果如何让年轻人了解传媒在民主中的关键作用。这种论证对那些欣赏社会科学所带来的好处的受众最为有效。但是，如果要肯定地说，并且以通俗易懂的语言来讲的话，这种"社会福祉"的音调就不会被认为是高人一等的了。

这个主题的另一个变化是说，你的研究旨在聚焦于参与者自己的群体、组织或社区的利益问题上。最棒的是，调查结果可能会带来提高他们福祉的政策或其他结果。该研究故事把研究合理性移向更加接近于受众兴趣。例如，韦尔曼（Wellman，1994）在描述自己的一个码头工会研究时说，他最初是受到后工业时代工人阶级意识变化理论问题的激励。渐渐地，韦尔曼意识到研究申诉程序的价值——因此，他把项目立足于资本利益和有组织劳工之间的斗争。这一目标，反过来使码头工人可以理解和欣赏这个研究故事。以下是韦尔曼的"故事"是如何被接受的：

> 所列出的研究工会的理由与码头工人产生共鸣。他们当中许多人对申诉制度很愤怒，对此提出了批评。因此，我的存在被解释为给他们的观点提供合法性，即使不是支持，实

际上他们是欢迎我上船的。

"我非常高兴你这样做，"一个码头乘务员在得知我列席工会会议的理由后说，"像地狱一样该死的申诉机构肯定需要调查。如果我有时间和知识，我自己一定会这么干。"

于是，我的第一个发现就是许多码头工人希望我待在那里。我本以为会遭到阻力和不情愿，也准备好了辩护和辩解。相反地，我却获得了他们的鼓励。（p.571-572）

在有力提升一项研究的潜在好处与夸大这些好处之间有时会存在一条界线。这是一条不应该被跨越的线。

质性研究者经常研究一个群体，以了解成员的专长、世界观，或者他们有趣的文化特质。[102] 在这种情况下，研究可以一个有同情心的局外人——那些想了解一些重要真相的人公开谈论的契机来设计（准确地说，我们来添加）。实际上，他们被告知，"这项研究是关于你的——你的故事、你的信仰、你的生活方式。"这样的故事会非常有说服力，尤其是当该群体成员感到被忽视或被误解时。这也是缩小研究中权力和地位差异的一种方式。

在与之相关的脉络中，人们有时会对被邀请参加感到荣幸。在对政治进步工作的研究中，汤姆发现某些知名政客引荐的人对他要接洽访谈的其他人有着几乎神奇的影响效果。他们似乎很高兴，能与这些受人尊敬的同事的名字同时被提及。这些推荐也赋予了该项目合法性——有些类似于先进亚文化中的"认可印章"。作为一种选择，研究者自己的证件和成就对那些被接触的人来说，是有效的象征符号。在研究中期收到了一些联邦资金后，布莱恩在洛斯·阿拉莫斯核实验室员工中的地位急剧上升。作为研究经费的经常性竞争对手，他们知道只有主题合法的研究才有资格得到这样的资金。在这些积极的回应中，一些成员甚至可能会向研究者透露他们的生活中没有和配偶、其他亲密的亲戚或朋友分享过的方方面面。

然而，这里要警告一下：有一些人可能会抓住这个项目的机会来夸大自己的地位或推进个人议程。研究者要小心，不要鼓励任何自我服务的动机，否则这最终可能会对数据还有研究者在团体中的地位产生负面影响。

与一些人产生共鸣的另一个研究故事是项目仅仅是一个人工作的一部分。毕竟，我们都有自己的工作要做。如果要实现目标，这项工作——这项研究——必须**现在**，在**这里**和这个**群体**完成。当这种呼吁来自学生时，通常会更好地被接受，这些学生确实要按课程（或学位）的要求做一个项目，而他们拥有的资源却不如他们的教授。一个人还需要准备好去为研究该主题的理由和价值——实用的、智识的和 / 或制度的——辩护。

最后，可以通过互惠的方式来实现合作。利用任何像友谊这样的人际关系纽带来获取共同利益、感情和信任，还有时间、精力和服务的交换（或捐赠），都是很自然的。在质性研究中发展出的关系没有太大差别。要与消息提供者友好相处或被某一场景的成员接纳，得知道给予和得到什么，还有什么时候给予和得到。研究者历来知道带参与者开车兜风、给他们买些食物 [103] 饮料或帮助做些家务。一位**媒介受众**民族志的先驱杰姆斯·勒尔（Lull，1985）在中西部农村进行了他的第一次研究。勒尔指出："研究奶牛场家庭的民族志学者应该准备好去帮助挤牛奶、做家务、协助作业、帮忙带小孩。这些行为有助于观察者被群体中的每个成员所接受……这些共享劳动的时刻也被证明是有用的，通过非正式提问的方法能收集到额外的信息"（p.83）。事实上，一个项目的成功可能取决于一位亲切而有礼貌的研究者的行为。

互惠的一个特殊情况涉及提供高价值的奖励：金钱、课程的额外学分，等等。特别是当人们对话题少有内在兴趣的时候，当他们真的需要钱的时候，或者当研究者需要高效合作的时候，现金支付往往就会起作用了。支付的金额往往直接与人员招募的难易程度相关（例如，职业地位高的人）。焦点小组项目通常用现金奖励的方法，因为参与者在访谈时，必须花费时间和精力保证自己投入到这个领域中去。比起量化研究，在质性研究中现金支付不那么常见，部分原因是由于资助项目的数量较少。质性研究者也对这种诉诸"付费游戏"的人际关系影响持谨慎态度。在此观点下，如果钱是工作基础的话，一项研究会容易受操纵，变得不诚实。

4.2.4　澄清参与的一些问题

许多人都非常有兴趣知道还有多少次田野访问或访谈要进行，以及还要花费多少时间。他们中的许多人——在不充当受试者时很忙碌——想尽量减少必须投入到项目的时间。另一方面，研究者希望他们的参与是开放式的，或可供"调用"的，而不是字面上的"待命"。达成一致的基础通常是在这些不同利益之间的某处。

如果研究者已经以最令人信服**和**现实（不是个小任务）的方式描绘了这个项目的话，参与者就应该准备好了。那么，第一次面谈就聚焦于这个人要如何展开参与。你可能会说："我想让我们在第一次访谈时先讨论话题 A 和 B。在第二次访谈中，我们就会切入到话题 C 和 D。如果到时候没有完成所有的事情，我们可以讨论一下是否要来第三次访谈。"你不应该漫不经心地对他们的参与给出一个准确的估计，因为如果人们发现他们自己在第二次访谈时仍然在讨论话题 A 和 B，他们可能会感到沮丧并退出你的项目。一般来说，人们如果认为这与他们的利益有关，他们和研究者之间的关系会随着时间的推移变得更加个人化，并在感知地位上感到更加平等，于是他们会更愿意和这个项目继续合作（Thornton，Freedman，& Camburn，1982）。

另一个要澄清的议题是要在什么时候以及在哪里收集数据。粗心的人可能认为研究只要在明确划出的时间和地点进行就够了。毫无疑问的是，许多研究者不会介意他们的参与者对此方面保持喜悦的天真。例如，人类学家的民间知识认为，在参与者相信访谈已经结束后做出评论，一个人应该特别留意这些评论，因为他们可能仍然是不满的、冲动的，并且可能误以为要引入更多的披露。

然而，最合乎伦理的方法是，各方要就研究活动是"发生"在他们共同生活的世界达成一致。这有几种可能的安排。你和你的参与者可能会一致认为，任何接触和所有接触都可能会产生有用的数据。换句话说，任何情况下的共处都是一个研究事件。另一种方案是，只有当你和参与者在指定的现场范围时，数据才会被记录。所以，如果你们在慢跑并停下来说话时看到对方，研究项目在那一刻是不"进行"的。然而，在另一种一致方案中，数据只有当磁带录音机在滚动时才会被创建。其他评论只有当主体给予许可时，才可以被使用。

一般来说，在定义研究领域时，越简单的方法越好。复杂的规则在使用上可能会导致错误，并可能导致信任的丧失。如果参与者对某一领域的待遇到满意，他们可能会相信你在其他领域"做正确的事情"。这种讨论只是伦理议题的冰册一角。在本章的最后，我们将讨论规范定性研究设计和实施的受试者保护机制。在后面的章节中，我们将讨论在研究过程中出现的其他伦理决策和困境。

4.3　探索方法

研究者经常使用探索性的方法来决定相关研究设计，特别是关于抽样和现场进入。其中一些方法——如视觉媒体和知情人访谈——可以在前期田野工作之后使用。

地图是描绘人类空间使用的一种方式：社会行动者是如何聚集、坐、站、动以及彼此定位【105】
的。邓金（Denzin，1978）指出，地图"给了研究者一个被研究的人或社会组织的时间、仪式和常规特征的工作范本。再现性的地图也是很生动的。它们形象地展示了所研究的社会世界的复发性和稳质性的特点。这些生动的地图通常会描述具体社会环境的生态和物理布局"（p.95-96）。这些地图起草时不需要技术技能。他们不需要绘制得多有规模，在很多情况下，能呈现工作现场的草图就行。然而，我们中的一些人喜欢把我们的草图带回办公室好好研究，在计算机上弄一个更清晰、看起来更专业的版本。像地理信息系统（GIS）软件这些新的绘图技术，还提供给人类学家先进的工具，让知情人参与当地社区"精神测绘"（mental mapping）的训练（Brennan-Horley，Luckman，Gibson，& Willoughby- Smith，2010）。

图 4.1 描绘了勒妮·休曼创制的用来显示乘车人位置的城市公交布局图。注意一下示意图右侧注写田野笔记的空间，以及在地图的右下角代表性别、种族和乘车站点的关键点（key）。

地图的价值不仅是在其具有代表性的价值上，还在其设计和构建可能成为研究关系的一部分。例如，布莱恩的核实验室研究就产生于该设施的博物馆里。虽然他的研究是由博物馆专业人员赞助的，他却没有合法角色接触到在博物馆工作的年长的、爱国的（最初不信任他的）解说员。为了打破僵局，通过编制一张详细的地图和博物馆许多展品的记录账户，他开始了他的实地考察。布莱恩的观察、绘画、写作活动需要向讲解员询问展品的功能、历史以及地图的准确性。这种为了与这个群体建立工作关系的相互交流，被证明是非常有价值的。

视觉媒体，像运动图片、视频和静止摄影，在人类学中 作为常用工具已有超过 80 年的历史了。社会学家也用摄像机公开（或者在某些情况下隐蔽地）观察公共行为，记录口头叙述，以及使用于对社会互动的微人类学研究。就我们这里的目标而言，相机在项目的第一天是非常有用的装置（Prosser & Schwartz，1998）。照片和视频记录帮助我们记录"地形走向"——不仅是物理特征，还有在自然环境中的人类和文物。一些研究者鼓励参与者自己给他们认为【106】
对自己所在的行动领域有意义的事情拍照（Ginsburg，1995）。之后，参与者可能会碰头讨论拍照对象的选择，该对象对于他们意味着什么，等等。这种"照片之声"的方法让群体成员分享从他们拍摄的照片中产生的文化或人际关系的主题思想（Fielding，2007；McIntyre，2003；Newbury & Hoskins，2008；Packard，2008）。数字媒介平台使多种模式的表达（文本、语音、视频、图形）整合在一起，还提供了令人振奋的讲故事的新途径（Alexandra，2008；Hughes，2008）。

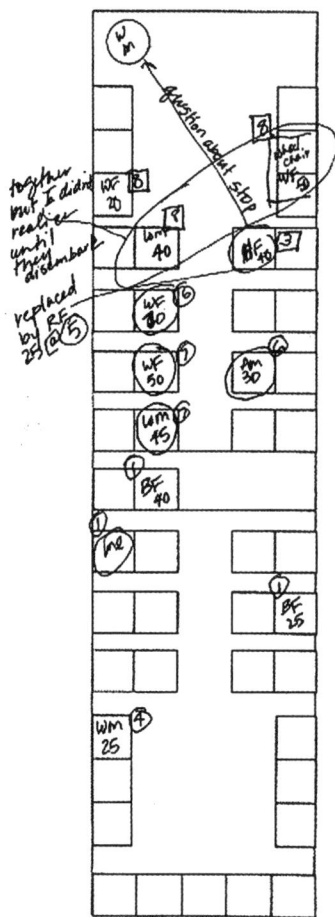

图 4.1　城市公共汽车内部地图

来源：由勒妮·休曼提供。

【107】　　　　质性研究者把微妙的视觉感与社会敏感性结合起来，往往会产生最好的图片（Ball，1998）或有让参与者创造性地参与媒体工作的最好经验（Alexandra，2008）。然而，任何使用该方法的人都应该小心相机的侵入性影响，尤其融洽关系是这个阶段一个极为重要的问题。私人或非法的摄影捕捉行为要求特殊的伦理关怀（Joanou，2009）。可以说无处不在的数码相机、手机和其他设备——以及"YouTube"文化的崛起——已经降低了人们一旦感觉被拍摄时产生的自我意识。数码相机鼓励打破研究者和参与者的传统分离，创建一个相机可以在任何方向上转动的"流体壁"（fluid wall）（Shrum，Duque，& Brown，2005）。重要的是，这些设备为远距离的亲密关系启用了新模式。维利（Villi，2007）认为，移动人际摄影传播——例如，使用手机拍摄和发送图像——"代表了……一种可以在个人的同龄群体和个人的关系纽带中应用的新的传媒资源"（p.57）。因此，在田野考察开始的几个星期里，相机不仅可以作为一种记录行为的方法，而且可以作为建立融洽关系，了解社会网络、观点以及参与者生活中情感质量的方式。

有些活动自然发生或是很少发生，因此尝试去观察它们将是无效的。感兴趣的活动也可能是秘密的或孤立的。一个捕捉这种活动的方法是**研究日记**（Zimmerman & Wieder，1977）。通常情况下，日记是记录参与者一段时间的一份样本，比如一周的样本。参与者可能会被要求要注意某些类型事件的发生——如祈祷（McKinney & McKinney，1999）——包括什么时间、在哪里、如何发生以及与谁发生等细节。从日记中所得信息可以帮助研究者事先知道什么时候去观察——例如，感兴趣的事件似乎以最大规律性发生的那些时候。访谈者可以利用由日记产生的数据，询问他们的受访者所记录的事件是怎样和为什么发生的。日记也被用来诱出丰富的个人信息。无论是文件还是电子邮件格式（例如，Hessler，Downing，Beltz，Pelliccio，Powell，& Vale，2003），写日记的人可以在特定情况下以某种自由的叙事方式记录他们的想法，所以他们充当自己生活中的"知情者"。

问卷调查可能是一种有价值的探索性方法，因为他们能够捕捉到对社会单元的全面审视。在一个质性项目语境中，一个问卷调查可以满足好几个目的。第一，一个问卷调查——哪怕是通过电子邮件迅速管理完成的——对关键变量的基线评估都可能会返回足够的答复。例如，如果你想知道教会传教士成员经常看电视节目的概率，做调查是最有效的发现手段。第二，调查可以用来进一步确定质性研究的人选。通过对某些项目的评分分布（或通过查看分类数据交叉表），你可以确定符合目标样本标准的受访者——例如，90% 的教会成员会看电视福音传道者节目。第三，调查和质性技术可用于多级设计，你可以在一个阶段把某些类型的数据传送到下一个阶段（Mason，1994）。【108】

最后，**访谈简报会**可以提供来自深入了解事件的关键知情者对场景的整体概述。这些访谈"教育"研究者熟悉有关群体（或组织的）的目标、任务、人员、最近的历史，等等。好的知情者不仅会对提出的问题给出清晰而详细的回答，他（或她）还可能会指出研究者没有预料到的问题或主题。简报会也可以用来讨论和批判研究的方法——包括在此场景中使用某些方法是否实际（或者不切实际）。在第 6 章中，会指导如何对知情人进行有效访谈。

4.4　抽　样

质性项目并不能捕捉事件展开的每一个方面。我们无法在一个地方集合足够数目的观察员，或放置足够的摄像机来记录发生的一切。即使有可能这样做——抛开棘手的认识论问题，我们怎么知道所有这些图像构成了"现实"的场景——所产生的数据量会让一大群分析师忙碌很长一段时间。

如果"全领域覆盖"是一种幻想，那么随机抽样通常就是一个错误的努力方向。持这种观点的理由指向质性研究的核心原则。随机抽样要求人口中的每个成员都有一个平等和独立的机会被选择。这样做才能把调查结果推广到总体中。然而，质性研究者很少有兴趣将他们的研究结果推至整个总体。质性研究的主要价值在于在特定的语境中实现对社会现实的深入理解。然而，如果说质性研究人员不关心某件事发生的频率，那就错了。例如，如果我们在工作场所的谈话中反复听到性别平等主义的主题，这可能意味着一些重要的事情。我们可以把这看作在本组织【109】

中表现出强烈文化价值的证据。

　　质性研究抽样中最常见的问题之一是报告太多错误的细节——如对性别、年龄、收入水平、婚姻状况、种族、宗教、儿童数量、健康状况等的描述。这里加入《质性健康研究》杂志编辑珍妮丝·莫尔斯说的一句话："这份名单是无止境的。事实上，我唯一从未见过的描述是'最喜欢的颜色'。"（Morse，2008，p.299）莫尔斯继续就如下观察写道：

　　　　[质性研究者]可能会呈现样本的人口描述列表，但不给我们提供关于他们的理论样本性质变化的信息，包括为什么某些群体被选择了（有什么特殊原因），研究者怎样确定何时达到研究饱和，以及如果必要的话，他们怎样验证他们的调查结果。**更重要的是，我们忽略了把样本与理论发展的阶段关联起来，我们经常把样本描述成一个在文章方法部分的开头使用定量描述符的静态组。**（p.299；黑体字为本书作者自加）

　　尽管这么说，但抽样在质性研究中强调的并非是一个"什么都行"的工作。大多数质性研究者选择有意义（或有目的）的采样。也就是说，他们对要观察的事物或接受访谈的人做出了明智的判断。施万特（Schwandt，1997）对该原理这样描述道："所选择的领域或案例是因为有充分的理由可以相信，'在那儿发生了什么'是为了理解一些过程或概念，或是为了测试或阐述一些既定理论的关键。"（p.128）

4.4.1　抽样单位

　　一项研究往往从确定最重要的抽样单位开始——场所、环境、人员、活动、事件或时间。场所和环境对人来说是有社会和文化意义的地理（或虚拟）空间。一个田野场所，例如一个主题公园，是由不同的设置（例如，绳线、广场、人行道、游乐设施、场馆特许商品零售点）组成。在网络世界里，一个场所可以被视为一个目的地（例如，一个网站）或一个身临其境的环境（例如，一个游戏），其中的每一个都包含大量为用户读取、导航或操纵的设置。当个人想研究人们怎样与自然或所建立的环境（传播社会生态）互动，或者想研究传播行为在其发生地表现出的变化时，场所和环境是很重要的。在第7章提到的物质文化的研究里，场所和环境的符号是非常重要的，应该要注意选择好适合这种研究的范例。多案例研究越来越多地用于传播和其他学科（Hannerz，2003；Small，2009）。多案例研究把行为和话语的比较抽样置于设计中心。

　　个体作为一个采样单元的价值在采访中最能体现——虽然民族志学者也对确定观测目的的个人很感兴趣。或因他们对我们的研究问题有至关重要的经验，或因他们拥有特定的知识，或因他们要讲的故事，所以我们要招募特定的人进行采访。例如，焦点小组访谈经常把已经从事社会实践（例如，使用Facebook）或有共同社会地位或状况（例如，癌症患者）的人聚集在一起。通常，一个人在一个组织、群体或社会中所占的结构位置决定了他们的选择。例如，纳入非洲裔美国人往往是必要的，以此确保一种独特的"声音"是不容忽视的。这种推理并不能证明所有非洲裔美国人都会有同样的感受或想法。然而必须承认，非洲裔美国人的意识是由传统的压迫以及目前的种族关系所导致的。因此，有人可能期望非洲裔美国人能通过不同于美国白人的方式表达他们各方面的经验。

活动和**事件**可以一起处理，因为两者是相互关联的抽样单位。活动是在特定的设置和时间段制定的个人或团体的扩展性能。例如，"击球练习"是一种活动——彩排活动——活动中棒球选手为比赛作准备。事件是在活动中获得意义的社会协调行为或言语的片段。1973 年，沙兹曼和斯特劳斯确定了三种类型的事件：日常事件、特殊事件和不良事件（或紧急事件）（Schatzman & Strauss，1973）。回到我们的案例，在大多数情况下的打击练习中，一个投手将球投给一个击球手，是一种"日常事件"。然而，例如一位非团队的成员——一位名人——在击球练习中来一把，则是一种"特殊事件"。一位名人被球砸到，则显然是一种"不良事件"。通常情况下，质性研究的概念重点在活动上。然而，研究人员有时会对各种各样的活动进行抽样，以获得某一类型的事件。这是一种合乎逻辑的进行方式，因为事件总是嵌入在一个活动中的。

就本身而言，**时间**不是一个特别有意义的抽样单位。然而，当它与场所、环境、人员、活动或事件相交时，时间就会变得突出。例如，民族志学者没有什么理由去研究时间流逝和时间本身。然而，在早晨的时间工作或休闲意味着什么样的跨文化差异可能是相当重要的研究。像日记的方法可以用来绘制一个活动的时间轮廓，从而为制订访谈问题奠定了基础。在访谈研究中，时间往往决定要抽样的受访者年龄或访谈他们的顺序。于访谈而言，时间是一个构建对话的概念——从回顾整个生命跨度的关键事件到叙述关系的阶段。【111】

4.4.2　抽样策略

一旦确定抽样单位，就要开始制订一个策略来选择案例或场所。其策略应该从场景独特性以及研究目标中逻辑地产生。与质性研究中的其他设计和执行一样，一个样本容量并不适合所有案例。

1）标准抽样

研究者可能会基于明确说明的标准来选择人员——或者活动、事件、场所和设置。虽然一些研究者也陈述了要从样本中排除某些元素的标准，但是标准通常以包容性的术语来定义。在研究文献中所看到的标准样本通常是两种：一种标准是由对案例的一种理论定义而来，另一种标准是来自对该案例的通常理解的定义。这两种情况的例子在前面引用过的吉普森和帕帕（Gibson & Papa，2000）的研究中都可找到，该研究关注的是蓝领工人群体：

> 在这项研究中，一个工作**群体**包含了那些目前在工厂一起工作的员工，有一定能力和/或在组织外通过社会化和生活接近性彼此扩展他们的关系网络。这些群体符合普特南和斯托尔的……"有诚意的"群体的定义，或者由流动而重叠的边界并依赖于当下语境而自然产生的定义……一共有 51 名工人接受了半结构化形式的访谈。这些参与者被选择，特别是由于他们蓝领职业的地位。根据定义，员工可以被认为是排除了白领或办公室人员以外的人。（p.73；原引文是斜体）

"蓝领"工人的标准似乎是基于一个普遍理解的定义：现场发现的工作描述是怎样就是怎

样。然而，吉布森和帕帕在其文章的前面引用学术文献辨析蓝领工作的特点，得出的结论是，"蓝领工作通常意味着一个职业，一个人从事某种体力劳动是按时计酬而不是固定工资"（p.68）。

研究者界定了大多数的标准样本。但是在诺伊曼和伊森（Neumann & Eason，1990）对休闲赌徒的研究中，却允许参与者以自身的标准来给案例定论：

> 我们是通过在盐湖城三家报纸上刊登的一则广告认识他们的。这是广告的部分节选："基于研究目的，招聘赌博者。谈谈你的赌博经历。我们绝对为您保密。"16 名来自不同职业和教育背景的人联系了我们。在这项研究中，他们是"赌徒"，因为他们就是这样描述自己的，而不是因为他们符合我们的任何标准。（p.45）

让人们自我确定为赌徒，这被作者认为是可以接受的，因为这些赌徒不关心叙述的真假，只在乎"赌博经历如何在讲述中被赋予了结构和意义"（p.45）。

2）最大变异抽样

最大变异抽样是质性研究中的一个普遍策略，它利用正在研究中的有关现象的一系列特质、属性、情境或事件。其宗旨是"（保证）在一种给定的情况下探索数据的许多不同变异性"（Higginbottom，2004，p.16）。

格罗丁（Grodin，1991）在对自助读书者的研究中，通过个人经验和文献调阅得知，自助读书者来自各行各业。因此，她试图把对 11 名妇女的访谈样本多样化，以了解有关自助阅读的情况和经验的范围：

> 接受访谈的参与者从 22 岁到 55 岁不等。其中有 10 个受访者是白人，1 个是黑人……她们的职业从秘书到大学管理者，从社区组织者到计算机系统分析师。其中有 4 名女性（年龄都在 20 多岁或 30 岁出头）未婚。在这个群体中，有 1 个和她的男性伴侣一起生活，还有 1 个是女同性恋者。有 3 名妇女目前已婚，其中 1 个是寡妇，其余的已离婚，现在属于单身。（p.408）

虽然，格罗丁的小样本没有达到所有自助读者人口统计的丰富程度，但它确实包括了一些关键特征。

这一策略更严格的系统版本已经在其他领域开发了，特别是在应用人类学上。阿库里和匡特（Arcury & Quandt，1999）设计了一种基于现场的方法，以获得"大规模社区研究中质性研究的代表性或分层样本"（p.129）。他们的程序开始于指定所需的样本特征，并生成一份地点列表（教堂、社会俱乐部、诊所、社区中心等），"根据对研究重要的特征来选择最大程度的覆盖程度"（p.129）。接下来的步骤包括估测每个场所的客户，联系有助于招募场所会员的把关人。样本的建立以一种动态方式发展，通过利用电子表格来呈现在所关心的关键"格"里的变化模式（参见 Trost，1986）。卡尔森、王、西戈、法尔克和郭（Carlson, Wang, Siegal, Falck, and Guo，1994）把目标抽样（对从知情人访谈和其他指标中获得的药物使用数据进行三角测量）、滚雪球抽样、按比例配额抽样结合起来，以获得进入到注射毒品和可卡因用户的社区网络中。虽然他们仍然是目标（非随机）样本，但是这些方法产生的样本比较接近于总体的代表性人群。

3）滚雪球抽样

滚雪球抽样的方法"通过在与他人有相同或了解他人具有某些研究兴趣的特征的人中进行引荐，产生一个研究样本（Biernacki & Waldorf，1981，p.141）。滚雪球抽样非常适用于研究社交网络、亚文化或那些具有某些共同属性的人。有时候，这也是获取难找到、难以招募的人的最佳途径。

当研究者所找到的人愿意成为既是访谈对象又是寻找潜在新对象的向导这样的双重角色时，滚雪球抽样就开始了。接受访谈后，这个人就会动员（或将研究者介绍给）他（或她）的熟人圈里符合研究样本标准的人。第二组的一些人将把研究者介绍给即将组成第三组受访者的其他人。这些连锁介绍创建了一个不断增长的受访者群体——随着时间的推移，"雪球"越滚越大。颜乐埃斯皮里图（Yen Le Espiritu，2001）在菲律宾裔美国人的种族性别结构研究中，使用多重"雪球"构建了一个具有不同背景和观点的受访群体。她最后的样本是近一百名均匀分布在第一代移民和那些已经在美国出生或长大的菲律宾人。他们的社会经济背景从"勉强维持生活的贫困工薪阶层移民［到］在市郊的中上层社区茁壮成长起来的受过教育的专业人士"不等（p.418）。 **【114】**

虽然听起来创建很简单，但滚雪球样本并不总是滚动到一个令人满意的结果。寻找社会低知名度的人（例如，非法吸毒者）并训练他们去招募受访者，会是一种耗时又不能确定的工作。雪球会击中一个死胡同（"冻结"）或"融化"过早，这并不罕见。另一方面，一个雪球可以成长得如此之快，以至于产生了未转录磁带的积压问题，或者未及时发现忽视了访谈质量的问题（Biernacki & Waldorf，1981）。如果研究者在抽样过程中付出足够的努力密切监测，并偶尔适当调整一下，这些问题可以避免。

也有人声称，滚雪球样本的使用由于介绍人倾向在社交网络中传播这一事实，导致了数据中的"偏见"。然而，这种批评可能只是反映了对此方法的一种误解。像斯莫尔（Small，2009）所指出的，"深度访谈者和三打受访者面临的不是一个'偏见'的问题，而是一组有特定特征的案例，应该要理解、发展并融入到她对手头案例的了解中，而不是'有控制地避开'"（p.14）。

4）典型案例抽样

典型案例抽样是质性研究中的一种流行策略。这一策略试图捕捉现象的典型（或规范）形式。例如，列米什（Lemish，1982）研究了在公共场所（酒吧、学生休息室、零售店等）人们观看电视的社会规则。她选择了人们在这些场所通常看电视的时间去观察："酒吧是在晚上研究，特别是在体育赛事进行电视转播时的现场情况；学生休息室是在电视肥皂剧播放时研究；餐厅是在午餐时间研究；购物区是在周末的时候研究；等等。"（p.760）

这一策略发展了这样一个也许会（或不会）明确指出的论点，即案例抓住了正在研究的场所、设置、人员、活动或事件的"典型性"。这一论点似乎是在偷偷宣称一种普遍化的主张。但是，正如希金博特姆（Higginbottom，2004）指出的，"典型性与量化研究中的代表性相似但不相同，典型性能更准确地以研究发现的扩展和应用去描述与最初的研究样本类似的其他群体，而不是整个总体"（p.15）。典型案例策略的目标是"不要对所有参与者的经验作一般性陈述。该样本是说明性的，而不是决定性的"（Patton，1990，p.173）。

【115】

5）非典型案例抽样

质性研究者还研究罕见的、异国情调的、过度的、非凡的和/或有争议的案例——换句话说，是统计学"异常值"的质性版本。例如，费里斯（Ferris，2001）研究了"活跃粉丝"遇到偶像时的情况。费里斯将积极的粉丝定义为生活方式和媒体使用都围绕着他们所追求的目标的人。她研究中的受试者虽然不是社会孤立者，但他们"在许多方面都很超常，他们是电视观众中惹人注目的成员"（p.29）。

深入了解非典型案例往往是此类研究的重点，它们为文化图书馆添加了一本更引人入胜的书。此外，非典型案例可以强调人类经验的普遍性，其方式是通过展示看似不寻常或非理性行为背后的基本逻辑类似于一个较为传统的行为准则。它们还能够将洞见引入到"边缘"群体或想法对主流文化可以发挥的影响上。重要的是，非典型不需要被定义为一种文化病理学。我们还可以研究高效或有价值的行动——例如，工作领域中的"最佳实践"。

6）便利抽样

一个便利样本是由最容易找到的人组成——基本上，是你可以找到的愿意合作的任何人。这个样本看起来不伦不类：它既不是一个概率样本，也不是一个目的样本。大多数时候，一个便利样本将不会为质性项目工作，这些项目往往侧重于一个非常具体的文化形式、背景或人员。尽管如此，在某些情况下便利抽样是一种防御性策略。霍尔（Hall，2003）在媒体现实主义的判断研究中，招募了"来自美国中西部地区一个州立大学的传播学初级班的总共47名参与者"（p.627）。通过指出大学生的电视收视习惯明显不同于总体中的其他人，一个人可以对这个样本提出争议。但霍尔是这么来解释这个研究问题的，他认为不需要特定的群体；没有任何令人信服的理由将大学生——他们为了获得"额外学分"而可靠地回答问题——从人类受试者的可用人群中排除出去。然而，对于大多数的质性研究来说，一个样本如果没有比所谓便利之外更加令人信服的理由的话，是不会被认为是充足的。

4.4.3 样本容量

我们用新人经常问的关于质性调查的一个问题作为此部分的结论：样本应该是多大容量？

【116】在量化研究中，样本容量的决定与用来分析数据的统计分析类型密切相关。特别是在假设检验的研究中，要求达到实现所需的统计功效水平的受试者数量，可以用很高的精度来计算。在质性研究中，从没有这样的精度存在。研究者通常从符合这项研究要求的几个实例（人员、地点、活动等）开始。从那里以系列方式抽样所得——也就是说，增加的新实例"取决于谁和之前干过什么，因此，正在进行的抽样支持新兴的理论"（Tuckett，2004，p.49）。这个过程结束时，新数据不再对已发展出的概念增加太多意义。

除了我们将在第8章详细讨论的抽样/分析的迭代过程之外，没有优先规则。因此，数据来源的数量因研究而异。N=1的样本量并不是未知的——例如，奥斯卡·刘易斯1961年对一个墨西哥家庭进行的题为《桑切斯的孩子》（*The Children of sanchez*）的 499 页的研究。另一个极端是，一些研究人员从数百人中收集数据，或者从互联网留言板上提取数千行话语。这个连续体的任一端，本质上都不比另一端更好或更坏。

因缺乏严格而快速的规则，更倾向于用经验法则去指导实践。要考虑的主要因素是项目范围、所研究场景的复杂性以及研究者的时间和资源。在关于联系紧密的文化的民族志中，样本和总体通常是一样的。例如，在贝特里奇（Betteridge's，1997）对爱尔兰海岸惠迪岛上电话的社会角色进行民族志研究时，调查研究了岛上所有的 40 位居民。选择对场景采用密集的"向下钻取"方法的项目将需要相对较多的数据源，要求有一个相对大数量的数据源。研究一个持续时间短暂的事件，或依赖于使用很难找到（或很难招募）的人群作为参与者的项目，较小的样本量可能会更合理。深入文化历史或涉及广泛复杂问题的项目，一般需要访问许多人员、地方和材料。要说明的是，汤姆的《基督的最后诱惑》项目演变成对这部电影本身、电影工作室、新闻媒体和宗教团体的话语竞争，以及在国家和全球范围内爆发的公众抗议的 15 年生产历史的研究。如果汤姆居住在加利福尼亚的话，这就理想了，但他没有——所以，到西海岸的五次旅行、打过的许多电话、对互联网和馆际互借服务资源的利用，必须足够。他最终访谈了近 80 人，收集了超过 4 000 页的主要文件，并考察了约 70 小时的音频和视频记录。

实践的必要性有时会迫使研究者必须要这么做。如果研究的时间或资金用完，或者研究人员死于一场严重的疾病，或者被研究的群体在人们眼前散去，那么这项研究可能不得不在它的理想终点到来之前结束。尽管在这种情况下研究计划可能会被打乱，但往往有足够的研究结果剩下，产生一个合理的良好分析。【117】

4.5 受试者保护

在提交研究计划之前，研究者必须考虑研究的伦理问题。最重要的问题是关注如何对待**受试者**，他们被定义为"研究者通过干预或与个人互动来获取关于其个体或可识别的私人信息数据的生命个体"（Chapin，2004，p.100）。

对人类研究的伦理要求的发展，在历史渊源上其实还相当近代。在第二次世界大战之前，尊重受试者的权利、尊严和安全的规则是由建制化的专业人员非正式地传给新一代学者的。该准则的精神是从希波克拉底誓言捕获的格言："不要伤害"。然而，第二次世界大战后，纳粹医生对战俘犯下的暴行的揭露导致联合国决定采用《纽伦堡法典》（*Nuremberg Code*）。《纽伦堡法典》设立了两个原则：对受试者给予自愿同意的必要；科学有效的研究设计要求产生对社会有利的丰硕成果（*Guidelines for the Conduct of Research*，2004）。在战后的几年里，一些不端的科学行为促使美国政府在生物、医学和社会科学研究领域中定义并实施保护人权的标准。这些标准在 1981 年被编入作为"共同准则"。社会与科学的伦理行为利害攸关，这个观点如今已经深入人心。事实上，研究方案如果不能被机构审查委员会（IRB）认证，则不能获得联邦资金。几乎所有高校都要求对受试者开展研究的学生和教师——不论是否被赞助——必须接受 IRB 的伦理审查。

IRB 审查的主要目的是确保受试者的权益得到应有的尊重，并且研究的程序或结果不会将他们置于过度的身体、心理、社会或经济的风险中。因为大多数人都无法判断一项研究是否遵循适当的做法，所以这些都是重要的考虑因素。调查人员可能不会承认所有的潜在风险。因此，IRB 的审查则作为一项研究的伦理合理性的第三方担保人。IRB 委员会成员是从教师队伍中选拔的，通常是普遍进行受试者研究的那些学科。凡提交 IRB 审查的研究方案必须先通过一个基于网络的培训课程，显示其已了解受试者规定、批准的程序以及程序的具体应用。

【118】

一些质性研究者在 IRB 的审查要求下感到恼火。他们可能认为 IRB 的判决太随意，IRB 不理解质性研究，或者说"我的研究没有什么风险"。有时，这些抱怨是有道理的——尤其是 IRB 倾向于过高估计参与观察和深入访谈的风险（例如，Lincoln & Tierney，2004；Nelson，2004）。虽然一般来说，IRB 的审查功能可作为对一项研究的伦理性批判解读。

而且，重要的是要知道，在个人声称由参与一项研究而需要损害赔偿并因此引发法律诉讼时，IRB 认证会给研究者提供保护。没有 IRB 批准，调查人员就选择继续研究，如果出现问题，学校的律师将不会为其辩护。

质性研究的伦理问题在大多数方面与其他社会科学方法没有什么不同。然而，由于质性研究通常发生的语境，以及研究者和参与者之间的互动关系行为，质性研究的确带来了一些特殊的挑战。下列主题考察了 IRB 审查解决的主要领域。

4.5.1 知情同意

贝尔蒙特报告（Belmont Report）"对人尊重"的原则肯定了"人的尊严和自主权"，并"要求给予参与研究的受试者知情同意权"（*Guidelines for the Conduct of Research*，2004）。任何一个参加研究的人都应该

- 在自愿的基础上参与研究；
- 能够理解研究将对他或她的要求；
- 能够了解参与研究的潜在风险和利益；
- 有给予同意权的法律能力。

在讨论这些问题时，研究者应该放弃外行都可以轻易理解的技术性解释语言，即官方化语言。潜在的受试者应该有机会询问与该项目和他们参与有关的问题，并能得到满意的回答。受试者也应该被告知，他们可以随时退出这项研究，任何时候都不受处罚。任何类型的强制性或压迫性策略都不会被使用。个人应该给出口头和书面同意（研究中会存在特例，研究者不是与受试者面对面，如电话和在线访谈。）。表 4.1 展示了由肯塔基大学 IRB 批准的学生知情同意书的例子。

【119】

表 4.1 知情同意书格式

参加研究的同意书：列克星敦骑行社

你为什么被邀请参加这个研究？

你被邀请参加这个调查肯塔基列克星敦骑行社的研究。因为你有特别专长或对列克星敦的骑行社有一个或多个方面的认识。如果你选择参加这项研究，你将是 30 到 50 位的个体被访者之一。

这项研究是谁做的？

我，米奇·施瓦兹（Mitch Schwartz）。我是肯塔基大学传播与信息研究学院的一名研究生。我的研究是由肯塔基大学的托马斯·林德尔夫（Thomas Lindlof）博士指导。

这项研究的目的是什么？

我正在进行的这项研究，是要为构成我的硕士论文的研究提供信息。本研究的目的是：（1）描述列克星敦骑行社的目标和结构；（2）评估列克星敦社区对骑行社的评价；（3）评估骑行社在传递列克星敦社区理念和目标方面的成功。我希望此研究有助于骑行社更好地协调其成员和活动安排，更有效地实现其目标。

你会被要求做什么？

你在这项研究中的参与主要包括一个面对面的访谈，将包括 10 到 15 个开放式的问题，并将持续 30 到 60 分钟。访谈将用数字录音机来记录，以帮助该研究的准确性。

有哪些可能的风险和不适？

所有的访谈问题都涉及这个骑行社和你在这个社的参与度。因此，在访谈中所涵盖的材料是不会引起包括心理、情感、法律或其他方面的任何风险。

你必须参加这项研究吗？

所有参与是完全自愿的，你不必回答任何你觉得不舒服的问题。此外，你可以选择在任何时间以任何理由结束采访。

你参加这个研究要花费什么吗？

参与这项研究不会花费你任何成本。

你参加这项研究会得到什么回报吗？

参与本研究虽没有什么有形的报酬，然而，我们会非常感谢你为此付出的时间和辛劳。

谁会看到你所提供的信息？

为了给研究提供更多的可信性和实用性，我会要求你允许我们在随后的报告中使用你的真实姓名以及和你相关的明确特征。这些报告可能会用于各类项目，包括作为我硕士论文的一部分，在各种学术期刊上发表，和 / 或作为骑行宣传工作的一部分发表。如果你同意我使用你的真实姓名和其他识别信息，请在下面签上你名字的首写字母以表明你的同意：

如果你希望隐藏或改变在随后报告中的识别信息，我将为所有能确定你身份的研究记录保密。然而，我可能需要向核实我已经正确完成研究的人显示识别你的信息，这些将是来自像肯塔基大学这样的组织的人。

你还需要知道什么？

除了最初的访谈，随着研究展开而出现的后续问题和 / 或所关切的事情，我希望与你联系。再次强调，你参与这种后续的努力是完全自愿的，你可以用你觉得舒适的身份作出回应。如果你同意，我可以在未来后续问题 / 所关切的事情时与你联系，请在下面初步注明你的同意：

如果你还有什么问题、建议、顾虑或投诉，该怎么办？

在决定是否参加这项研究之前，请询问你现在能想到的任何问题和 / 或分享你的任何顾虑。以后，如果你对此研究有任何问题、建议、顾虑或投诉，你可以通过电子邮箱：Mitchael.Schwartz@gmail.com 联系我。你还可以联系肯塔基大学的诚信研究办公室（电话是 8592579428 或拨打免费电话 18664009428）询问你在这项研究中作为一名志愿者的权利问题。你可以保留这份同意书的副本以供日后参考。

如上文所述，请注明你同意参加这项研究，并签署如下：

_____   日期   _____
同意参加研究的人的签名

_____
同意参加研究的人的打印名

_____   日期   _____
知情同意的授权者姓名

来源：由米歇尔·施瓦兹提供。

在收集资料前，须先取得同意。在征得同意前记录谈话或行为违反了知情同意的精神和政策。（同样，有时也有例外；例如，如果为课堂作业完成的民族志后来变成了一个完整的项目，学生可以请求 IRB 允许使用早期试点研究的数据。）尽早获得知情同意有很好的实际理由。因为这些项目会是冗长的、紧急的事务，人们在开始时决定不合作比中途退出研究要好得多。在我们的经验中，一旦我们讨论了质性调查的基本需要，人们通常就会理解为什么我们不能准确地预测项目将如何展开。他们甚至可能会感激参与的"好处"。当然，他们可能仍然选择不同意。

许多人类学家认为"同意书可能会使他们产生本想减轻的焦虑"（Nelson，2004，p.215）。像一份婚前协议，恰恰是一份知情同意书可能会提醒潜在的受试者这个研究可能会出什么差错，因此会破坏研究者正试图创造的"浪漫"。然而，这很大程度上还是要取决于它是如何提出的。通过公开谈论该项目和受试者的权利，一个研究者可以赢得被招募人员的尊重和善意，反过来随着研究的进行，这有助于建立融洽关系。在一个动态的社会语境中尝试获得同意的确是很棘手。如果一个新来的人确实能成为重要的社会行动者，以后要求他（或她）的合作通常不会很难。

豁免 IRB 审查通常是授予给对类似商场这样的公共场所开展的研究，那里研究者的身份可以被隐藏。然而，许多公共场所涉及敏感问题的开放讨论。匿名戒酒者协会的会议、在线癌症幸存者群体、同性恋学生群体都可以向任何走来的人敞开大门。但对于没有表示其意图的研究者，这是否意味着是公平游戏呢？作为研究人员，我们在行使我们的权力进行记录和报告的行为之前，必须考虑成员对保密性和隐私性的期望。

特别是互联网给了研究者与文化场景之间一种前所未有的移动自如的能力——从潜伏在聊天室到匆忙翻找信息档案，再到在多人模拟游戏中成为"阿凡达"。互联网也是一个身份可以不确定或故意歪曲的集合地点，私人的和公共的展示之间的区别往往纠缠在一起（Garcia et al.，2009）。

某些伦理准则已在互联网研究界被广泛接受。第一，大量存在于网上的公共话语不需要知情同意。正如瓦尔特（Walther，2002）指出的那样，**"任何在互联网上使用公开可用的传播系统的人都必须意识到，在他们的基础上并通过定义，这些系统是存储、传输和检索评论的机制。**而一些参与者有对隐私的预期，这是非常错误的……如果研究者不记录信息发布者的身份，可以合法和方便地访问这样的档案，那么对网络档案的分析就不是对受试者的研究"（原文黑体）。这包括那些本质上是个人的信息。例如，博客是"公开的，不仅在可公开访问的意义上，而且也在于他们是如何被用户定义的。写博客是一种为隐性受众写作的公共行为。这个例外证明了一个规则：博客被博主作为'私人的'而解释成'仅供朋友'。因此，可访问的博客可能是个人的却不是私人的"（Hookway，2008，p.105）。

第二，研究显然是私人性的互联网传播——像在密码保护的网站上的信息——要求告知受试者他们的权利并请求获得许可。同意是指由受试者点击网页上的"接受"按钮或发送电子邮件回复来确认。通过"昵称"与一个受试者互动并不会阻止这个过程，只要这个昵称与引用一致。

至于欺诈，这种可能性存在于所有的社会研究中。互联网研究中的身份误述与调查对象填错收入、宗教信仰、性别等信息略有不同。虽然，欺诈被认为是互联网上比较普遍又独特的一种现象，但是瓦尔特（Walther，2002）指出，"就**为什么**互联网会产生个人性别作假的问题，很少有人能提出任何令人信服的理由……甚至没有人会暗示在**研究**设置中的性别作假能有什么

[122]

影响……即使一个回访者这样做了，也难说这种假象是否会使有关填答人态度或行为的报告产生偏向"（Walther，2002；黑体为原文强调）。如果我们为自己的受试者提供了匿名的托词，那么真实回应的验证将永远是困难的。

也许更多关于欺诈问题的想法是像洛茨和罗斯（Lotz and Ross，2004）说的那样，"在赛博空间，所说**即**所做——我们要补充一点，**未说**也即将要做"（p.510）。研究者对"**未说**"或将网上信息泄漏到离线情境的问题要负责到什么程度，都是尚未解决的问题。

4.5.2 测量工具

研究人员通常被要示将他们使用的工具——访谈指南、问卷等——提交 IRB 审核。在参与观察的情况下，研究者是工具。受试者可能不得不在他们的社会空间中适应研究人员，但除此之外，他们只是在做"自然而然"的事情。对如何记录，现场记录的描述通常就足够了。隐蔽观察确实需要特殊的理由，因为研究结束后，通常无法对受试者进行询问。IRB 会想知道为什么有必要使用隐蔽的方法，以及是否有人会因此受到负面影响。【123】

访谈研究往往以其低风险的原因而被豁免审查。然而，IRB 将以任何方式考察访谈指南，还可能检查"飘红旗"的问题，涉及探究非法（或定罪）活动、个人隐私问题（如性行为），或导致心理创伤的过往事件（如强奸事件）等。即使从 IRB 的立场看来没有问题，仍应注意如何进行访谈。受试者可能会披露情绪性高度亢奋的信息，即使它不在预期或要求中（LaRossa，Bennett，& Gelles，1981）。在对已知有心理问题的人进行访谈时，研究者应该"不断观察注意其痛苦的迹象……而不是直接或间接地以回应的方式给他们压力"（Hadjistavropoulos & Smythe，2001，p.167）。当然，使用那些注定会给人造成痛苦的策略是不道德的。

4.5.3 弱势群体

某些类别的人员被认为是"易受伤害的"：儿童、无家可归的人、治疗的病人、监狱因犯、身体或精神上有残疾或患有急性疾病的人。其中一些人可能无法理解参与研究意味着什么。他们中大多数人生活在明显被剥夺权利或依赖他人的情况之下，被剥削的潜在可能始终存在。在这种情况下，研究者不应强制获得同意，也不能让别人代表他（或她）来强迫别人同意。在涉及未成年人的情况下，研究者必须在研究中寻求父母（或其他照顾者）的许可，包括他们的孩子。至少，IRB 想知道为什么项目需要研究一个弱势群体，以及受试者的权利和尊严将如何被保护。

IRB 对研究弱势群体的规定有时会让研究者觉得奇怪或有偏见——这也许反映了 IRB 害怕发生"最坏的情景"。例如，一些机构要求同性恋访问者提供信息来源，以便受访者可以在证明其受到创伤的有关他们性取向的讨论事件中获得咨询服务。尽管 IRB 真正关心保护民众——还保护大学免于潜在的诉讼，这样的规定可能会发送复杂的信号，反映出多种不同的动机。在这种情况下，这些规则可能承担恐同的污名，就是说"出柜"同性恋的心理健康不稳定。【124】

4.5.4　数据安全

用田野笔记、磁带、转录口述或其他数据的形式来收集大量个人信息，是不同寻常的。即使大多数信息从来没有见到出版的"天日"，研究者仍要负责确保这一信息不与任何未经授权的人共享。这可用一种普遍的方式向参与者解释："我和我的研究助理是唯一可以接触到访谈和田野笔记的人。"IRB 可能想知道一些细节：数据保存地（例如，存储在一个安全的地方，像大学办公室），数据保存形式（或介质），能够接触数据的人，以及将被保存的时间。除了受试者给予他们的同意之外，数据用于任何目的都是不道德的。

4.5.5　文字表述

不像量化研究——受试者的回应是被汇总的"数据点"，一份质性研究报告包括人的实际语言和行动。这份报告可能只有每个人一两句话，且不附姓名。但质性研究有时会将个人的全部构成向公众视野公开，包括他们的信念、习惯、生活方式、人际关系等细节。这些细节的引用取决于作者的风格，也许一个参与者的身份会被知识渊博的读者很容易地识别出来。此外，作者经常给自己以许可，来呈现"对经验的权威再解读"（Hadjistavropoulos & Smythe，2001，p.165）。也就是说，研究者会把社会行动者的言行作为一种情绪状态（"愤怒"）的证据或是一种人格类型（"控制"）来描述，或者在一种理论框架下来赋予行动者以特征（例如，一个"精英"或"底层"的成员）。

事实上，一些受试者很享受这种披露。作为研究项目的一部分，他们可能会感到自豪，或感受到公开播出他们情绪的赋权。然而，对于作者如何呈现他们的行为，其他一些人可能并不感到荣幸或钦佩。当然，一份质性研究报告有可能揭示一些秘密和"让人不舒服的现实"，或将受试者以一种不那么正面的方式投射出来。阅读这些材料可能会导致难堪的体验，引发读者一系列充满激烈情绪的感觉，从震惊、尴尬和羞愧，到愤怒和背叛。

有人可能会想知道为什么人们会惊讶于研究者在他们在场时选择说什么或做什么。毕竟，

【125】

他们"同意了"研究者的在场，不是吗？实际情况是，直到它被置于一个远离我们控制的解释性框架时，我们的很多行为似乎相当无辜。毫不客气地说，研究者和受试者对于项目性质很少共享相同的观点，因为他们持有不同的价值观，并且对不同领域的人负责（Becker，1964）。一般来说，研究者追求精辟的解释，而受试者则希望得到同情，虽然他们都有一大堆其他的兴趣在发挥作用。

IRB 可能会（或不会）对这些问题有深刻认识，但它的动力往往是通过通知研究者改变受试者的姓名和其他信息，来简化可能会暴露受试者的伦理难题。无论研究者还是受试者都选择假名作为典型的选项。此外，研究者往往用化名代表他们在人口统计方面的受试者（例如，"一个 25 岁的非洲裔美国女性"）。社会环境——研究进行的地方——通常也不会通过名称被识别。通过仔细（或创意）的文字处理，环境可以在没有泄露的情况下被准确地描述出来。

在出版物中使用对象名称有时是必要的。在个案研究的历史中，如果它们在叙事中的意义要完全实现的话，特定的人员、组织或事件必须要能确定。例如，汤姆对《基督的最后诱惑》的研究需要采访电影艺术家和高管，其中许多人无论在好莱坞还是在公众眼中都是知名人物

（Lindlof，2008b）。汤姆想引用他们"谈话记录"，最后大部分人同意了，但少数人要求他们发表的评论"不可有归属"（也就是说可以引用，但叫不上名字）——他尊重了他们的意愿。如果受试者要求使用自己的名字，研究者可能会决定尊重这些意愿，但也只有在通知他们质性叙述的详细实质之后。

在其他因素中，是否可能需要允许引用在网络论坛中对话人的名字，这取决于网站的公开性程度，以及引用材料的数量。还有一个伦理问题，暴露别人导致可能的尴尬、耻辱或声誉损害。海因（Hine，2007）在研究在线"电子科学"列表归档的贡献者时，考虑了对这些贡献者在他们各自学科中的声誉造成的披露风险：

> 解决从我整个研究获取的列表中引用材料的伦理问题的路径，是由对该列表意味着什么这一理解而获悉。在逐渐意识到列表被视为一个公共论坛、帖子，被视为对声誉具有重要性之后，我请求允许使用我想引用的材料，特别是本文所涉及的档案材料，我可能会不恰当地还原那些宁愿被忘记的过去。在实践中，我发现总是会获得授权许可，该方法往往能获得更多的见解和讨论。伦理承诺开始作为一种义务，然后变成了一种有趣的和有用的参与。（p.289）

如果实际的名称或其他个人识别信息被使用，就要采取措施以缓解出版后的影响。一些研究者给参与者预先观看描述他们的部分甚至整个手稿。其他一些研究者则是通过让参与者涉入到报告写作中，来邀请参与者承担该研究的叙事"共同所有权"（由此对展示出来的作品共同负责任）。在第 9 章中，我们仔细考察这些路径和其他方式。

4.6　研究提案

在实施项目的过程中，一个正式的提案往往需要提交给一个或者多个受众过目——硕士或博士毕业论文委员会、资助机构、机构审查委员会或在研究现场的把关人。"脚本"的各个方面都可以突出显示、扩大或缩减，以解决特定群体的利益问题。

无论受众是谁，研究提案的目标基本上是相同的。首先，它的目的是告知他人自己研究的目标、原理、步骤和预期结果。如果研究被描述为听起来是合理的和按部就班的，那你更可能在这个目标上取得成功。提案也旨在说服他人。阅读你提案的人通常负责对此采取某种形式的行动。毕业论文委员会将决定是否批准它，而资金机构将决定是否提供补助金支持它。如果研究的益处——以及研究人员实施研究计划的能力——已传达且令人信服，那么你获得积极结果的机会也将增加。

提案还有另一个关键目的。它"明确"了一项研究直到某个时候都可能被视为暂定的那些要素。当你研究的目标、理论和程序最终聚集在一起时，就是揭晓真相的时刻。研究提案是我们许多人致力于项目的一种方式。

【126】

4.6.1 标　题

一个好的提案标题能抓住这项研究的本质。汤姆给他的政治推进研究定的提案题目是"推进团队在政治竞选运动形象管理中的作用"。诚然，这不花哨，但达到了目的。一些提案采用主标题、副标题结构。使用这种结构的惯例有所不同，但主标题往往要抓住读者的注意力（要有诗意的、讽刺的或可爱的双关语），而副标题要更实际地指向研究的背景、理论方法、研究方式。通常提案的标题比出版物的标题更直截了当，从研究问题上来看更具描述性。

4.6.2 摘要或实施概要

接下来，作者提出一个项目的概述，将读者引导至提案其余部分的关键点：将要研究什么，如何进行研究，以及预期的结果如何。这一部分通常是半页或一整页长。受众的性质决定了格式——例如，摘要、实施概要或介绍性段落。通常，这些是在提案其余部分已完成后再写。

4.6.3 理论基础

致力于研究的理论基础部分应该回答读者头脑中的一个问题：为什么现在需要研究这个呢？如果理论基础似乎漫无目的、夸张或者天真，那么这个提案就失去说服力了。因此，作者应该为这一问题的研究提出清晰有力的论据。在质性研究提案中发现的某些类型的理论基础包括以下内容：

- 某些社会部门——例如，媒体、教育、劳动、宗教——的趋势揭示出还没有被理解的潜在议题。
- 传播现象还没有被有效地解释。
- 传播现象的文化差异到目前为止并没有得到很好的记录或解释。
- 在特定的文化、群体或机构中的传播行为的语境意义没有被广泛研究——或研究中没有一种特定的概念方法。
- 需要对理论或结构上的含糊之处、弱点、潜在可能进行检查。
- 一种理论或结构尚未得到验证与深入研究。

如果知道受众对质性方法持怀疑态度或不了解，这可能就是论证研究合理性的下手点。

4.6.4 概念化

大多数读者期待了解该项研究的概念基础。例如，毕业论文委员会或资助审查小组想要看到提案中的研究是如何在其相关学术领域的既有工作中被定位的。（把关人对知道这个的兴趣一般较少。）读者想要确定的是，实际上有一条路是研究人员打算走的——一条至少有几个可辨认的陆地标记的路。这是来自汤姆研究政治进步提案的一些摘录，以此作为一个例子：

1. 如果今天的政治竞选活动是一系列戏剧性事件，那么推进团队就是他们的场景设计师、舞美师、灯光师。据一位担任 20 世纪 80 年代加里·哈特和杰西·杰克逊活动的推进导演的知情人透露，如果这项工作做得好，"无论这些情况是真实的还是创造的，（因为）到最后，它们都是真的……"那么，推进团队是伪事件出现的关键劳动力（Boorstin，1961），他们会产生许多精彩场面和现实模拟（Baudrillard，1983）跨越我们的媒介化文化。

2. 虽然政治推进人员通过宣传活动手册和"魅力学校"部分实现了社会化（McGaw，1998），但在许多集体学习的周期中似乎出现了提高工作业绩的良好表现（Mintzberg & McHugh，1985），而且随着每个成员将他（或她）的任务映射到其他人的关系中，错误也在减少。通过这种"密切相关"的模式（Weick & Roberts，1993；Weick，Sutcliffe，& Obstfeld，1999），先进人员快速阅读并根据低容忍失败的新情况采取行动。总之，政治推进似乎更像是一种社区实践，而非一种正式的学科或专业（Duguid，2005）。

我们看到汤姆正在尝试完成两个单独的任务。在第一段，他试图通过一个核心原因让读者了解推进团队的存在。汤姆认为这不仅有助于把几个著名的作品运用到现实建构上，而且还有助于引用一位从业者的经验来支持先进的观点。这种概念化的概念是很重要的，因为他想强调的是政治事件的真实性是问题的根本。在第二段，汤姆解决了研究的另一个方面：推进作为一种特别有趣的工作过程。大多立足于组织学习文献，这种概念化的目的是支持分析推进团队作为组织实体的目标。

这一部分应该表明你是文献的指挥：承担你研究问题的开创性作品、重要作品和 / 或最新作品。有时，作者能确定对研究框架不太有用的部分文献。这可以是一种说服读者的有效途径，你非常了解这种文献，所以这种材料都可以被排除在外。然而，如果你被发现不知道研究重点，或者如果一些与你的观点竞争（或相反）的研究被忽略了，一个熟悉情况的读者可能会怀疑拟议中的研究的价值或怀疑你自身的资格。

【129】

4.6.5　研究问题

正式假设在质性研究中是罕见的条目。这是因为质性研究关注的是对其意义的解释和批判性分析，而不是变量的因果解释。相反，研究问题倒是更常用。研究问题是阐明研究预期的开放式问题（或陈述）。正如有许多条路可以跨越一条河流，但却只有一条可以选择；有许多方法来实施一项研究，但却只有几种（最多）可以被选择。在书写研究问题时，我们转述提案的理论基础并概念化为广泛的经验目标。

在研究政治推进的提案里，汤姆写下这两个研究问题："历史上的推进实践和组织形式是如何演变的？选择、筹划和评价政治事件的视觉和听觉元素的决策过程是什么？"

关于第一个问题，汤姆还不知道他要在回顾历史方面走多远。关于第二个问题，他不能确定这个决策过程的边界。但从出发的目的看，问题是有意义的，并似乎是一项可行的研究。它们牢固地扎根于文献之中。说不定这些问题能提出一个新的政治、文化和传播的观点。

4.6.6　方法、方案和后勤

提案的下一部分介绍研究者计划用于解决研究问题的方法和程序。因为质性研究往往会采用多种方法，提案人应说明每种方法相对于其他方法的操作相关性。抽样策略也被归纳在提案的这一部分。一般情况下，对一个场景的描述——包括它的历史、文化成员、内部组织——也是讨论的一部分。总体而言，这一部分应该清楚地表明，项目目标与现场策略的联系，尤其是使用方法的类型和序列。

方案（protocol）指的是研究策略将得到实施的明确的具体途径——例如，如何实现对现场的访问，人们如何被征求采访、如何处理知情同意程序、如何被安排参观现场（或参与者的采访）等。从本质上讲，方案标题之下的大多数活动，包括扮演研究角色的各种准备。当你进入现场时，这个方案的某些方面将改变，但通过在提案中的描述，你可以提前思考解决潜在问题的方法。

【130】**后勤**（logistics）是指资源管理，如计算机、记录技术、人员、旅行费用等。如果田野调查已接近完成或相对简单，成本可能是如此之少，以至于不值得努力去跟踪研究的支出。如果你申请了补助金，你会发现有必要提出拟定资源的预算（也许包括调查员的时间），以及用于管理账户的系统。

4.6.7　分　析

研究提案的读者可能想要知道你打算如何分析和解释在田野调查过程中产生的数据。他们可能还想知道你对特定编码系统的使用（这可能包括质性数据分析软件），也许还有你会如何评估研究的信度和效度。对质性材料的分析和解释的指导方针将在第 8 章中讨论。第 9 章从写作研究文本的角度出发，考虑研究主张的发展。

4.6.8　进度表

大多数提案包括一个项目计划的进度表——也许还会作为主要文本的附录。进度表是由这样的主要步骤组成，包括提案审批，IRB 批准，田野调查的开始日期，在此期间的数据采集和数据分析（通常与数据采集有所重叠），报告的第一稿（或个别章节），在此期间的修改，以及最终拟稿。提案受众的本质可能会要求添加特殊组件。例如，学位论文的进度表通常包括属于研究生院要求的日期，比如答辩的时间。

正如我们已经指出的，相比其他类型的研究，质性研究往往是不可预测的。田野调查的变迁，或作者时间段里出现一两段小插曲，都可能会导致精心制作的进度表延误。一种避免自己为错过最后期限而焦虑的方法是，要预留出更多的时间来完成项目的每一个阶段。另一种方法是试试多次完成质性研究。实践永不完美。但实践会让你更聪明、更智慧，并对你做好事情的能力更加自信。

4.7 总 结

在第 3 章和第 4 章中，我们已经介绍了一些准备开始一项研究的方法。当然，每一种文化场景都是不同的，每一种都有自己独特的挑战。调查人员也有自己的人际风格和方法论的偏好以满足这些挑战。但如果你意识到了一些开始研究的重大选择——从创建研究思路，到评估场 【131】 景，与把关人或支援者谈判，建立与参与者的关系，保护受试者的权利，撰写研究提案——那么这些章节就已经达到了它们的目的。这些活动使我们更接近现场，准备进入一个冒险的领域。第 5 章和第 6 章的重点是质性方法论的两种主要的配合方法——分别是观察和访谈——直接让我们接触传播的表演和实践。

4.8 练 习

1. 在接触把关人之前，草拟一个包含有关你研究的谈话纪要的"脚本"是很有帮助的。这是一种把合作原因形成一个简洁表述形式的练习，不仅很好读，而且"很好说"。就你在研究什么以及个人（把关人）如何能帮助他人，写一两段以提炼出精华。这个脚本应该以受众为中心并用会话风格写成。

- 和同事尝试一下，就你所写的东西听起来如何自然和有说服力接受下反馈信息。
- 考虑一下有关这项研究你打算接近的人员会如何回应。他（或她）可能会问什么问题？你会如何回应？

2. 这是一个对潜在的研究场所进行视觉化的练习，有两个选项。你选择的场景应该是一个公共场所，人们聚集在一起但不一定有熟悉的关系。例如零售店（如购物中心）、非零售场所（如机场候机楼）和户外空间（如足球场）。

选项 1 ：在没有去过的情况下，写一个对此场所的描述。重点在于创建一个视觉描述——仅仅通过文字——描述人员、物体、装饰、空间尺寸等。

选项 2 ：带上相机访问那个场所。在场景中花费有限的时间，同时捕捉你认为重要的元素的静止图片或视频。（当然，这个选项只针对那些允许拍摄图片的场所。）

完成任务后，问自己这些问题：

- 你的视角——体位的和社会的——如何影响了你对视觉化的选择？你如何描述你的视角？
- 你选择的场景中哪些部分用来进行最详细的描述——为什么？你选择忽略或不那么重视的是什么部分——为什么？
- 场景（包括参与者）有没有某些方面，你觉得无法接近或以某种方式封闭了你实现视觉化的努力？
- 你能通过视觉化来讲述一个在这个场所中发生的社会行动故事吗？ 【132】

第 5 章　数据生成 I：参与、观察和记录社会行动

对于走近一个群体的陌生人而言，该群体的文化模式不是一个庇护所，而是一个冒险之地……

——舒茨（Schutz，1944，p.506）

因为我们只能通过交流进入他人的世界，我们要依靠民族志对话来创造一个共享的主体间性的世界，并抵达对两个世界之差异的理解。

——特德洛克（Tedlock，1991，p.70）

5.1　引言：田野调查、民族志和参与式观察

在前面有关研究设计的讨论的基础上，我们在这一章要探讨的是，运用质性方法来记录传播活动，并且为分析准备好"数据"。本章开头的两个段落引出了质性方法的一般理念。第一段话来自阿尔弗雷德·舒茨，表达了人们努力进入、理解另一种文化并生活其中时感受到的转位（dislocation）和兴奋。在第二段话里，人类学家巴巴拉·特德洛克（Barbara Tedlock）提醒我们，陌生人是通过**交流**——通过问问题、协商理解和形成联系——来认识其他人的。这种情况对质性研究者尤为如此，他们在某种程度上算是"职业陌生人"（professional strangers）（Agar，1996）。也就是说，社会过程不只是**研究者**从他人处探求到的东西。社会过程还是**研究者个人体验到的东西，由此他们能够更好地理解他人的体验。**

[133]

质性研究者用来达成上述目标的方式被称为"田野调查"（fieldwork）。这个术语来源于人类学和社会学传统，引导质性研究者去到一个不熟悉的研究场地，与当地居民建立起关系、参与能产生重要信息的活动，并记录下这种互动以供研究的后续阶段所需。

田野调查这个定义的内在模式可以解读为：**不知怎的**（somehow）。也就是说，现实的田野调查呈现出一些挑战，检验研究者应对不确定、适应变动和临时计划，并充分地反思他们在共同创造社会世界中扮演的角色的能力。田野调查要求研究者刻意放弃他们的确定性和专业知识，这有点令人不安。他们不依赖想当然的假设和先决规则，而是对意料之外的东西持好奇和开放的态度——一种认识论上的弱点，让人受挫、谦逊（McCall，1984；Wolcott，1999）。田

野调查还要求研究者对社会行动的常规特征抱有耐心和集中的注意力。这项工作有时候颇让人耗费精力。我们提及这些挑战**不是**要阻止你们参与田野调查。相反，我们想让你们安心，如此反应是正常的、不可避免的，也是暂时的。我们会看到，它们也是**有价值**的。

在这一章，我们聚焦和参与、观察、记录传播有关的一些田野调查方法。我们首先讨论**民族志**，它是与这些田野调查方法关联最紧密的质性研究类型（genre）。从技术上来说，民族志不是使用单一的质性方法。实际上，一些民族志学者（尤其是后实证主义）还使用量化方法，用调查和数据程序来分析模式，确定何人或何物应纳入样本，以及对结果进行对比（例如，Silverman，1985）。尽管如此，民族志学者通常共享一个特有的目标：在一个**具体的文化情境**的"第一手经验和探究"的基础上，对**意义系统**和**社会实践**之间**可观察的关系**进行**描述**和**诠释**（Atkinson，Coffey，Delamont，Lofland，& Lofland，2001，p.4）。这种努力被嵌入到该术语的词根里：**人种**（ethno-）（人）和**书写**（-graphy）（描述）。民族志在人类学传统下开展，它为一种文化的物质存在和意义系统提供全面描述，并且描绘文化成员如何获得、维持和改变他们的身份。民族志的另一个重要特征是"厚描"——即**社会实践对实践者的情境意义**（Geertz，1973）。在这一视角下，一个民族志描述中有更多同情理解的细节，我们的理解也会更丰富，对读者来说这个解释也会更有价值。 【134】

回顾民族志在当代西方社会学术科目中丰富而又充满争议的历史，会超出我们本章的范围。可以这样说，19 世纪和 20 世纪的实践者们描绘了一幅异国风情图景，研究者"长期居住到一个（他们）已经掌握其语言的原著社区中"（Wax，1972，p.7）。所以，人类学民族志的规范包括了对一种异域文化的深入参与，最终写出一个长篇幅的作品，解释观察记录的理论意义。而在社会学中，民族志则表现为研究者对本土社区、亚文化和社会运动的成员进行的更为频繁、简短的接触（参考 Hammersley & Atkinson，1983；Sanday，1983；Vidch & Lyman，2000）。

但是，对这两种传统而言，民族志的过程和结果是紧密相连的。民族志对社会行动的解释具有很强的偶然性，这种解释也被研究者呈现和记录其研究活动的"软"技术（具身习惯和专业技能）和"硬"技术（器械和电子设备）中介化（参见 Weick，1985）。因此，民族志解释中包括哪些、丢弃哪些，呈现了谁的观点，社会生活的场景被如何描述，这些对于如何评判它们的"诗性与政治性"而言都是非常重要的（Clifford & Marcus，1986）。

从上述讨论出发，我们可以得出一幅有关**参与式观察**（participant observation）的图景，即作为在社会情境中体验和记录事件的手艺（Gans，1999）。尽管这个术语有时被误用，用来描绘质性研究的**完形**（gestalt）特征，但它实际上指的是具体的实践。在这些实践中，研究者在一个持续进行的基础上与他人共同在场，他们的身份是一个目击者和一个共同参与者，加入到他人生活的重要部分中（Emerson，Fretz，& Shaw，2001）。这里的动机是个人好奇心：

> ［参与式观察者］需要去发现"他们的"人相信什么；他们在工作和闲暇时间做些什么；什么东西让他们大笑、哭泣和愤怒；他们爱谁、恨谁、怕谁；他们如何选择朋友并维持他们的关系。（Delamont，2004，p.206）

【135】

在任何一个具体的质性研究中，参与式观察可能或可能不与其他方法相结合，比如访谈和文献分析（document analysis）。参与式观察的使用让研究者理解参与者如何看待社会世界——主要是通过持续而有心的互动引出他们用来建构、关联意义的现象的诠释图式（Liberman，1999）。如前所述，参与式观察主要涉及言语（speech）和写作（writing）等话语实践。这对传播学者来说尤为重要：在田野调查中，**我们研究的东西（传播）和我们研究它的方式（通过传播）融为一体**。由于要与所选场地中的其他成员进行互动，参与观察者要运用他们自己的经验和知识，去想象成员们做出特定行为的动机是什么。最终，他们对这些互动进行描述记录。这些记录载有多种多样的实践和建构：参与者如何解释具体场合中彼此在场，他们如何评价彼此相关的表现，等等。由此，观察的成功取决于观察者从参与中**学到了**什么，以及他们如何利用那知识。

5.2 成功的参与式观察

参与式观察的价值源于研究者曾**一直在场并完成参与观察**。观察和参与通常彼此互补，尽管这种互补关系不是无缝对接。参与式观察在一项研究中的使用通常是沿着两条并行的路线：（1）研究者日益娴熟地使用其他群体成员尊重的方式来呈现日常实践，以及（2）研究者对这种经验给予日益精确、生动、详细和具有理论意义的解释。无法保证在这个发展曲线中幸免于难，但是，传统上田野调查者会在最终的出版物中淡化他们在开始时不可避免的错误、失败和倒退。（不知道有多少研究沉没得无影无踪。）然而，我们仍然可以发展一些特质和技巧，增加我们在田野调查中取得成功的机会。以下是我们认为尤其重要的四个方面。

5.2.1 对边缘的容忍

【136】在研究场地中，参与式观察者通常占据**阈限**（liminal）位置，处于不同的社会群体、心理状态和研究目标之间。这种体验可能充满矛盾，穿行于这些矛盾中会极大地影响一项研究的结果（Eastland，1993）。

在一个研究场地的边缘处展开工作不一定是一件坏事，它会为关键事件提供一个宏大的视角，并且为参与这些事件提供诸多合理要求。在这些情况中，研究者是相对次要的参与者，他们周期性地到一个场地开展简短的田野工作就回到家里、课堂或工作中。有时，研究者在他们所选的群体中也会扮演更为中心的角色，这会影响那些必须要细心观察和记录的事件。甚至当研究者占据显著地位时，他们在一个场地中的成员身份可能只是短暂的。最后，因为研究者在一个场地的中心和边缘之间移动，他们投入于群体目标的本质也会相应地变化（稍后会进一步讨论）。要研究者对群体意识形态表达保留意见则更加困难，比如，当所有当事人似乎都从他们的关系（不论平等与否）中获利时（Adams，1999）。

研究者也能内在地感受到他们的边缘性。在一项研究中，他们会体验身份冲突，既要努力尊重他们的职业承诺，又要尊重所选研究群体的规范。这种张力有时会产生显著的身份变化（例如，Robbins，Anthony，& Curtis，1973）。下面，我们会讨论这些问题如何依赖于一个参与式观察者在他或她选择的场地中扮演的角色。在几乎每一个质性研究中，研究者要在一个他们称之为"家"与他们采纳的、暂时性的"田野"之间协调信念。尽管这些场地之间划定的边界是任意的、不稳定的（Taylor，1997b），但是田野在其需求上独具自私性。因为研究者在田野中经常遭遇专业挑战，田野可能会折磨他们的思想和情感，哪怕他们在物理上"远离"了田野。因此，参与式观察者必须学会容忍因其边缘身份而产生的失望和不适，并且将它当成一个理解群体发展、管理成员身份的一个机会。

5.2.2　具身化

对**视觉**（vision）的一种现代主义偏好遍布于田野调查实践和与它相关的方法论论著中。我们用来描述田野调查的术语——比如**观察**和**观看**（Schatzman & Strauss，1973）——意味着研究者主要是看和注视。一些参与式观察者甚至模仿摄影机的行为，好像这样做会清除人类意识对结果的不利中介。这种视觉论话语因其与脱离肉体、无所不知这种知识的男性幻想（女性主义哲学家多纳·哈拉维 ［Donna Haraway，1991］ 称之为"上帝的诡计"）相关联，已经遭到了彻底的批判。后殖民主义者也谴责了西方的视觉客观化实践，因为它促成了一段令人厌恶的殖民压迫历史（Rusted，1995）。【137】

这些说法都很重要，但是视觉论的主要方法论问题在于它抑制了一系列可用于田野调查的其他知觉模式。比如，传播学者丹尼尔·马卡贡（Daniel Makagon）和马克·纽曼（Mark Neumann）（2009）近来提倡**声音记录**（audio documentary），作为一种**记录文化**（recording culture）的模式，它激发听众思考其独有的听觉特征，并且在书写民族志这一传统形式之外提供了一种替代形式。当我们思考这些替代形式时，我们也被提醒，质性研究者是**田野中的身体**（Conquergood，1991）。

上述洞见的意义超越了我们在自己的田野调查中强调何种媒介渠道这一议题。在更为宏观的层面上，笛卡儿哲学的遗产鼓励我们将自己的感官、本能和情绪体验从（被认为是理性的）认知中分离出来。该学术遗产认为，后者比前者在知识生产方面更有价值，但是这个观点至多是让人半信半疑的。反对这个观点，不意味着我们应该把我们体验到的每一个胃部发出的咯咯声纳入最终报告中。相反，我们应该理解，研究者在多种多样的文化机构中经历了社会化，他们的身体会以偏好的方式来行动。这些卫生制度通常会使我们忽略或贬低那些看起来"肮脏""吵闹"和"难闻"的现象。这些符号通常是种族主义、性别歧视和阶级歧视的具体体现。所以，我们应该小心地审视感官偏见如何塑造了我们对事件的感知和诠释。比如，著名的社会学家帕特里夏·阿德勒（Patricia Adler）要求做田野调查的学生完成一项"没有声音的观看"任务，他们记录一个场景中能够**观察**但不能**听到**的所有细节。第二个"没有观看的声音"练习则颠倒上述条件。后来，学生们反映可获得的信息渠道（而不是其他的）如何塑造了他们对场景中正在发生的事情的推断。这种学习经验非常有力，它也暗示了我们生产知识的规范是如何排斥那些有残障的田野工作者。

结果，独特的具身体验也许**正是**田野工作者在记录场景时应该珍视的东西。在一项经典研究中，人类学家巴巴拉·迈尔霍夫（Barbara Myerhoff，1987）在加利福尼亚威尼斯海滩的一个社区中心开展研究时，她深深地被老年人的虚弱所感动，以至于她亲自试验想要获得更大的同感。

她戴上厚厚的眼镜以扭曲视力，戴上耳塞以减弱听力，增加体重使身姿弯曲，穿上笨重的整形
鞋使步态迟缓。结果是，她的写作受到一种伦理意识的启发，即虚弱如何影响了她与老年人的

【138】 互动。一个更近的传播研究案例，是蒂尔曼（Tillmann，2009）对与进食障碍抗争的女性在健身
房里如何认识并与彼此互动的记述。

田野调查中的视觉偏好往往让我们相信，我们所见能够揭示有关一个场景如何组织的客
观真相。结果，粗心的研究者可能会忽略我们通常选择如何去看一个事件，而这个选择会影
响我们对事件的解释。这里至少有两个开展成功研究的启示。第一个是，田野工作者应该打
开他们的感官，去体验和记录所选场地中审美的、非话语的纹理，包括味道、气味、颜色、
光线、形状、音调、音量和节奏（Stoller，1989）。好的观察者成为行家，能够鉴别为研究
群体内成员所珍视的具体感知的结合。比如在美国，参加马拉松赛事的年轻男性通常喜欢人
造光、头戴式耳机、鲜亮的图形、宽松和休闲的衣服、弓起的身姿、因中途挫折和最终成功
而不断感叹、含有咖啡因的饮料，以及外卖披萨。第二个启示是，田野工作者的身体是重要
的研究工具，应该被小心维护（比如，通过充分的休息、健康的饮食和定期运动），好让其
敏感度不打折扣。

5.2.3　自发决策

成功的田野调查者发展出的才能不仅是为了观察事物，还为了要注意到它们是**某种事物**
（比如，一种特殊模式）的**迹象**。这些判断是复杂的，也是直觉式的。例如，我们的一位导师
曾经告诉布赖恩，只有在他学会在犯规发生**之间**"看见"它，并且当它**正在发生时**吹哨，他才
把自己视为一个好的足球裁判。这种迅速判断的能力需要持续不断的好奇和反思才能形成。最后，
研究者用快速判断来为他们观察到的内容给出最好的解释——尽管这样做会挑战他们最初的假
设。当研究者体验、反思正在发生的事件时，这个过程就开始了。参与式观察者面对的一个挑战是，
这些事件是转瞬即逝的。只有等它们消失了，迅速被其他事件取代了，我们才能判断它们的关联。
观察者从不可能有机会去观察一个具体事件两次。因此，为了实际有效，你必须有能力自发地
决定什么是重要的，什么是不重要的。在这个过程中，你会运用尚不清晰的标准。但是，通过
这种定期检验，这些标准应该会最终成形。

5.2.4　做一个有伦理的人

就像医疗专业人士那样，田野调查者应该致力于做到"第一，无伤害"。但是，做起来
【139】 比听起来难。田野调查通常涉及研究者和参与者之间事关特定时刻谁的利益更为重要的冲突。
这种紧张关系是持续的，但是它不一定具有破坏性。它也可能是细微的、偶尔发生的，甚至有
利于我们与研究场地内成员之间的关系。不管它以何种形式出现，田野调查的冲突会产生价值、
规范等**伦理**供我们使用，以化解紧张关系。卡内拉和林肯（Canella & Lincoln，2007，p.316）
列出了几个问题，暗示批判研究伦理的视野。

这是谁的知识？为什么我（作为一个研究者）选择去建构这个问题？我的研究活动隐藏了

怎样的假设？当我遭遇到那些意料之外的排斥时，我该怎么办？在这项研究中，我的特权（或权力位置）是什么？

正视这些问题是极具挑战的。比如，廷尼（Tinney，2008）在关于澳大利亚疗养院的民族志中，叙述了她不断努力去发展一个研究者角色，在帮助孤立的居民和过度劳累的工作人员的愿望与保护自己免于利用和情绪倦怠之间保持平衡。当田野调查者协调这些冲突时，他们会遇到有关伦理的**专业迷思**（professional myths）与**具体实践**之间的鸿沟（Clark & Sharf，2007；Fine，1993；Murphy & Dingwall，2001；Rambo，2007；Ryen，2004）。前者是指田野调查者遵循多种多样的文化理想和组织规范，比如理性计划、普遍的知会同意、不引人注目的观察、自始至终的同感、诚实的披露、准确的报告，保护参与者的隐私并对其匿名。然而，后者产生的是这样一幅图景：田野调查者及其研究参与者致力于不那么高尚（但更加有趣）的追求，包括临时的同意、相互厌恶和利用、策略性地挑逗和欺骗、创造性改造、有意塑造（甚至表演）事件，以及对参与者身份的"意外"暴露。前者是一个条理清楚的世界，后者则是模糊的。与遵守伦理相关的风险不在于对理想的膜拜，而是假设实现这些理想是容易的、必然的。

为了帮助田野调查者预料到伦理挑战，庞奇（Punch，1986）列出了他们通常会面对的种种诱惑。这些诱惑包括：（1）宣称他们目击了一个事件，事实上他们没有；（2）宣称他们观察了或参与了一个事件，实则相反；（3）宣称掌握了一手知识，实际上知识是间接获得的；（4）描述人为的事件，好像它们是自然发生的一样；（5）呈现蓄意安排的行为，好像它们是真实的一样。此外，舒尔曼（Shulman，1994，p.249）提到了"灰色"伦理事件，比如用模糊来创造一种想要的印象，并且避免难的问题，"偶然地"看到和听到有限的信息，用"其他人说过……"来刺激被调查者作出回应。【140】

庞奇（Punch，1986）承认，出于自我保护，所有的田野调查者不可避免地会有**一些**欺骗，尽管类型、程度和频率有所差别。他总结道，更加重要的是田野调查者**不断地反思**他们这么做的动机，小心地检视他们给参与者带来的结果、他们的良知和研究的目标。当某一个选择很可能会伤害参与者，或者剥夺后续研究者探究某个场地的机会，田野调查者应该**总**是做最积极慎重的选择。在田野调查中，我们往往是宾客，我们的目标不能证明我们对主人慷慨和脆弱的利用是正当的（Angrosino & Mays de Peréz，2000）。如果不能通过这种检验，我们会对自己的声誉、职业生涯、赞助者、受聘的学院和机构，以及传播学学科本身带来深刻而长久的影响（参见 Allen，1997）。

一般而言，田野调查者能够以一种开放、热情和谦逊的方式来避免（或至少最大程度减少）这些困境。做一个有伦理的人意味着，姑且相信他们、相安无事，不要过多的争论（Fine，1993）。这些都是历史悠久的策略，以创造相互之间的信任和友好。它们可能会鼓励研究场地内的成员更多地把我们纳入到他们的活动中去，形成互利关系。从这个意义上来说，"友情"是田野调查伦理的一个有效模式，因为它珍视包容、情感、对话、合作和责任（Brooks，2006）。

5.2.5　重视差异

　　研究者的文化身份对开展田野调查的影响已成为质性研究中的一个热门话题（De Andrade，2000；Stanfield & Dennis，1993；Veroff & DiStefano，2002；Warren，1988）。在这里，**身份**（identity）这个术语指的是多元的、同时存在的、相互竞争的文化范畴，它们将田野调查者建构为特定类型的人。这些范畴或明或暗地产生于田野调查者与参与者之间的互动。它们赋予田野调查者价值和地位，具体体现为他们的种族和民族、社会性别、阶级、年龄、性倾向、宗教归属，等等。新近有关这种状况的学术讨论大多都受到批判理论和文化理论的启发，不把身份视为一种稳定的"个体"本质，而是一个过程，是互动的产物。在该视角下，身份是田野调查参与者运用可获得的证据和文化传统对自身和他人的属性做出判断时的符号性建构。问题不在于这些属性是否客观准确，而在于**它们是建构的，它们会影响参与者**。不管是好还是坏，它们帮助田野调查者和参与者化解情境的模糊性，并且稳定了他们之间的关系。

[141]

　　因此，把田野调查当作一个过程是有益的，其中研究者和参与者将多种多样的身份构成部分投入到互动中，标示出其地位，并让其他人注意到并将其纳入活动中。在这个过程中，身份的意义是需要勾连的。有些互动是对研究者偏好的身份的确认，其他互动会挑战、颠覆这些偏好。这个过程也不是在运用伦理和政治这个层面进行。相反，它充满了政治关系，有些群体早已形成，以保证其社会、政治和经济利益高于他人的方式强制推行其身份。这些情形应该引发**所有**研究者对他们的知识论断如何受到历史和文化条件的塑造（比如，特权和权利）做出解释。由此，一个一元的、独特的、"个体"研究者的幻想就被丢弃了。身份的另一个意象在此升起，它把田野调查者和参与者用来理解和应对彼此的属性置于前景位置。这些身份是偶然的，通常也是冲突的；它们产生的知识有偏向——但不是无益的。

　　田野调查者在这种情境下应该如何作为？第一，你应该保存好你的身体特征（比如，身高、肤色、发型、体态）、社会属性（比如，教育、个人网络）和"文化资本"（比如，群体意义和实践的内在知识）带来的利弊并存的馈赠。从这一串品质和特征出发，你应该考虑它们如何对应于和你正在研究的群体成员相关的文化范畴。由此，田野调查者和参与者把彼此当作文本来阅读。当他们互动时，他们的诠释彼此接触、质疑并转化。比如，"属于"（being）一个特定的年龄、性别或民族可能会决定你平等地**进入**一个场景的可能性。尽管文化权力不是一个单一现象，但不可否认的是，白种、富裕和男性气概这些力量早被用来保护精英群体免于审视——尤其是当研究由"他者"群体成员开展时（Hertz & Imber，1995）。悲哀的是，不只是精英们会排外；边缘的、被压迫的群体可能也有很好的理由来密切监视、守卫他们的边界。

　　一个田野调查者的身份可能会为他与那些有相同属性的人创造交往的条件。这种可能常常让学者考虑去研究那些他们熟悉的群体和主题（以及相反，避免非常不熟悉的）。沿着这个逻辑，女性应该研究女性议题，伊斯兰研究者应该研究以穆斯林为主的场景，等等。研究者与研究场地如此配对，可使入场顺利、增加同感，以及提升记录数据的质量。如果研究者愿意通过反思使场景浮现，那么他们有关一个场景的详细、原初知识会使其受益，帮助他们预料到相关的机会和挑战。

[142]

　　然而，出于多个方面的原因，相似性不是成功的保证。首先，我们应该记住，文化群体内部的差异与文化群体之间的差异一样多。实际上，田野调查可能会要求我们同时应对这两种差异。例如，雅各布（Jacob，2006）试图在 2002 年北美原住民运动会[1]（North American Indian Games）开展一项公共健康调查时，发现她的"印第安人身份"（Indianness）遭遇了挑战，原住民怀疑她的研究动机，白人认为自己慷慨同情地参与调查，有资格参加相关的奖品抽奖活动。第二，我们身份的某些构成部分对我们选择的群体成员的重要性通常要比其他人大——我们可能有，也可能没有相似性。第三，研究者与群体成员在身份的任何一个组成部分（比如，种族）上的明显相似性，能够引发关于该成分如何或应该怎样与身份的其他成分（比如，政治意识形态）相关联。甚至在你被接受为一个群体成员之后，你也应该预先想到你要怎样回应研究场地中成员提出的如下问题："你是**哪种类型的成员**？""你是我这一类型的成员吗？"你应该把这些时刻当作描绘群体认同内部复杂性的机会，这种复杂性常常被官方修辞掩盖。

此外，田野调查者应该把一个群体身份的明显区别当作一组只要被给予学习的机会，他们就**能**够学习的技能和认识。比如，由文化局外人开展的研究能够对一种文化里想当然的因素产生独特的（和可能更好的）认识，这在民族志中是老生常谈。从这个意义上来看，田野调查者与群体成员之间的**一些**差异形式是不可避免的，要成为一个局外人有许多不同（和有效）的方式。事实上，研究者通常选择一个特定位置，因为他们对身份、边界和双重效忠（比如，在离开最初的家乡，后来回来研究这些场地的文化成员中）这些主题感兴趣。

概括起来，田野调查中的身份认同政治就像它在其他社会情境中一样变化无常。在此，我们没有包治百病的药方可提供。质性研究者应该像包围一项潜在研究的场景那样包围自己。你应该小心翼翼地考虑你文化上所属的身份对田野调查过程和结果带来的可能影响。这种反思的一个案例是舍曼（Sherman，2002）对一个犹太白人男性研究者访谈非裔美国女性管理者所作的解释，访谈的话题是组织机构的玻璃天花板[2]。

【143】

5.3　适应角色

当田野调查者被卷入到所选群体的日常生活中，他们试图以对其他成员有意义的方式来扮演他们的角色。他们留意正在发生的事情、它看起来意味着什么，并且努力作为负责任、起作用的成员加入群体。有时，研究者进入场地，认为他们应该是谚语中墙上的苍蝇那样：他们计划去看、去听，但不会被其他人看到、听到。这样的研究者以礼貌性疏忽的方式"混入"公共事件，或者可以在一个忙碌场景中保持被动。这些计划反映出实证主义者持续存在的忧虑，即观察事件会影响事件。但是，我们认为，这种忧虑是不准确的，并且妨碍了田野调查的成功。即便墙上的苍蝇会影响一个社会场景的整体生态，新手和无知者也会影响，他们不可避免地碰巧撞见了其他人，在试图混入的过程中逐渐**被注意到**。

这里，我们强调参与式观察是**一种经过协商和扮演的角色**，这是它的核心。我们这样说，是指参与式观察作为一系列相关的策略实践具有**通用**和**半脚本化**（semiscripted）的特征。它涉

1　北美原住民运动会是一个庆祝加拿大原住民、阿拉斯加原住民和美国印第安原住民的运动和文化节日，始于 1990 年，一般在夏季举办。——校译者注

2　玻璃天花板，是指女性在组织机构中升迁面临的无形障碍。——校译者注。

及与其他人建立**标准**（typical）关系，这些关系一贯受到义务、许可和禁令的制约。参与式观察的这种角色还具有一种特有的**情境性**、**临时性**特征，是指特定的人以特定的方式来理解、回应彼此。作为参与式观察者，我们通常以所选场合中可获得的角色开始观察，或者为了我们自身的意图调整这些角色（Olesen & Whittaker，1967）。有些时候，我们所选群体的成员会为我们创造一种全新的角色。但是，在任何情况下，角色调整都不应该与虚假行为相混淆。相反，只有通过**扮演这个角色**——也就是说，活在其中，承担相关的责任，解决相关的困境——我们才能**完成**自己的观察和参与。让我们看看区分研究者角色的两种典型方案，这幅图景可能会更加清晰。

5.3.1　基于参与程度的角色分类

我们的第一种类型学是基于研究者积极介入所选场景的程度。例如，施瓦茨和施瓦茨（Schwartz & Schwartz，1955）区分了"消极的"参与式观察者与"积极的"参与式观察者。前者尽可能以匿名和不引人注意的方式来行动，后者试图尽可能多地——也是公开地——和参与者互动。这两种角色对我们出现在场景中的本质和结果有不同的假设。在相关辩论的一方，消极观察者认为高度的参与会激发参与者"不自然的反应"，这本应避免或最小化。而另一方，积极观察者承认有些反应是不可避免的，但是消极观察和其他观察一样也是一种人为的、会产生影响的行为风格。这类田野调查者相信，通过减少他们与参与者在身份和行为上的差异，他们可以对正在发生的事情有一个更好的理解。另一种与此相关且更加完善的类型学由戈尔德（Gold，1958）建立，他提出了四种"专家角色"（master roles）。

[144]

戈尔德分类中的第一种角色是在伪装（也可能是欺骗）下运作的**完全参与者**（complete participants）。他们完全被视为是场景中的成员，做出成员的行为，但其研究者身份不被其他人知晓。他们的角色没有公开的意图，而是其他参与者首先认识到的那个角色。在传播学中，有关这种角色的一个典型案例来自本森（Benson，1981）的一项研究，他受一位先前学生之邀，作为一名非正式顾问加入一个拍摄政治竞选广告的摄制组。当本森抵达桑贝尔特城（Sunbelt City），他开始与那些可能要一起工作的人见面。然而，当被问及一些私人问题时，他本能地用模糊、通用的答案来回应，保持匿名并掩盖其研究动机。因为其他参与者没有进一步追问，他选择保持这种伪装。

完全参与者角色将我们置于能够使用同感和意会能力的位置，理解社会行为好似其在一个场景里"自然地"发生。如此，它阐明了主观经验的性质，后者是有意义的交流之所需。采纳这种角色可能也是我们进入、被纳入那些以高度怀疑和敌对为标志的研究场所的唯一方式。

在任何事件中，只要完全参与者进入"局内"，他们通常会被卷入一些局外人无法触及的情境。研究者和参与者可能会向彼此袒露个人信息，因为后者**假定**他们进入了一段私人关系。但是，值得注意的是，完全参与者**确实**影响场景里将要发生的事情：他们的匿名不是无足轻重的。在场景里对他们做出回应的其他参与者仅仅是作为一个同伴，而不是带有一个研究议程的人。

出于四个方面的原因，当代田野调查者不接受完全参与者角色。第一，它限制了我们在一个场地的活动自由，也限制了我们与其他成员协商自定义关系的能力。我们**只能**去其他成员经常去的地方，**只能**做他们经常做的事情，以及何时做、如何做。我们不能公开地与其他成员访谈，或者询问他们对我们研究假设的反馈。第二，这个角色所需的区分是一件困难、危险的事。完全参与者要时时担心不能暴露。他们必须退到群体之外来克服挫败和分心。即便是训练有素的田野调查者，相关的压力也可能削减他们关注和理解事件的能力。从这个意义上讲，完全参与实际上引发了——对研究者的——回应。第三，完全参与者被剥夺了广泛、协同反思的机会，可能会失去分析的客观性。这种情况的极端形式就是著名的"本土化"（going native）。它的征兆包括：过度认同一个群体的意识形态；无反思地参与到群体仪式中；无批判性地维护群体利益；不能记录正在发生的事情；以及（在极少的情况下）选择不返回"家园"。最后，完全参与会产生在如今的规范气候下不太可能被原谅的伦理"问题"，这应该是明显的。尽管田野调查者在开展隐蔽研究的必要性和恰当性方面存在持续的争论（Punch，1986），隐蔽研究还是越来越被视为对正式研究伦理的违背，并且给赞助机构带来不可接受的诉讼风险。虽然研究者会继续诉诸情境性伦理（比如，当群体成员说出秘密、借口、谎言，以及/或者直接的敌意时），以证明其使用伪装的正当性（Douglas，1976；Fielding，2004），但合理性的空间却缩小了（Anderson，1987；Dingwall，1980）。可以说，田野调查者考虑采纳这种角色，首先应该彻底地思考他们的动机，权衡伪装带来的潜在利益和后果。然后，他们应该向可信赖的顾问、同事和组织评审委员会（insititutional review boards）中有意愿的成员征求第二种意见。【145】

戈尔德分类中的第二种专家角色，是向场地内成员公开承认他或她职业动机的**观察参与者**（participant-as-observer）。因此，这类田野调查者可以在成员身份内的一个或多个位置上，从优势视角来研究一个场景。顾名思义，在这类角色中，**观察**随着**参与流动**。研究者完成第 4 章所概括的田野调查前的准备活动，找出可获得的位置，决定哪些位置能够为他们提供最佳的文化视野。与完全参与相反，扮演这个角色回馈给我们的是扩展、深化在研究场地的卷入。与这类研究者互动的每一个人都知道要与其进入利益磋商。这种持续的磋商能潜在地加深、维持我们在该场景的合理性。另一个区别是，观察参与者无须假装完全融入到群体的仪式和诠释性建构中。他们磋商的"交易"通常涉及他们要假定的某种特殊地位的类型——比如，作为一个业余的、暂时的成员，自愿者，以及/或学徒。所以，他们没有义务达到完全的、稳定的成员身份所需的严格标准。他们有更多犯错误和从中吸取教训的自由（Gold，1958，p.221）。【146】

对采纳这一角色的研究者来说，他们与其他成员的状况会影响参与。这种状况通常是一种任意自主权与轻度监管的结合物。在正式场合，群体成员可能不会愉快地忍受我们"愚蠢"的参与。但是这些规则不适用于观察参与者。这个角色允许我们表现得像个幼稚的观光客和无能的新手（Weick，1985，p.585）。这种表现（它不一定是假装的）在一项研究的初期尤为有用，因为它让其他成员教导我们"这里的事情如何运作"。但是，这张牌最好不要打太久：群体成员可能会决定一个无可救药的笨拙的研究者是不能委以重要信息或任务的。相反，随着时间的推移，我们应该努力让自己对群体越来越有用处。如果我们成功了，他们的回馈是我们对其共享生活的复杂而有趣的领域的更大准入。如果学习的曲线太陡峭，或者现实生活的责任在召唤，观察参与者可以行使他们后退、离开和平复下来的权利。

对采纳这一角色的田野调查者而言，成为一个局内人就会变得复杂。这里，我们不断地被要求去评估我们与群体成员不断变化的关系，根据需要去调整参与的数量和质量。发生这些变化时，群体成员应该被告知我们变化的身份。如果他们感到不快和惊讶，他们可能不太愿意相信我们，并准许我们观察受到保护的、核心的场景。

总结起来，观察参与者角色的特征使研究者与群体成员之间的知晓互惠程度提高。质性研究者越来越青睐这种角色，部分原因是它能够促进真实和责任（Angrosino & Mays de Peréz，2000；Tedlock，1991）。在反对有关客观性的传统迷思之后，我们现在在很大程度上接受了沉入、纳入所选场地带来的实际利益。从这个角度来看，参与有助于——不是破坏——我们对有用数据的记录。

第三种专家角色是**参与观察者**（observer-as-participant），它主要是观察群体成员，但是也可能临时、偶尔、间接地和他们互动。这个角色有时被认为是研究者的客观与熟悉参与者这两个竞争目标之间的一个可接受的妥协（Angrosino & Mays de Peréz，2000）。但是，它也有缺点：和这个角色关联的互动是简短的、肤浅的，它可能导致我们过高地评价自己的感知（Gold，1958，p.221）。对这类田野调查者而言，取得与群体成员的理解不止是结果，更是一种方式；它允许田野调查者进入场景、形成友好关系，并证实他们提出的解释。参与观察者与场地的守门人之间的磋商不同于观察参与者。他们通常提前描述自己正在寻找的信息类型，需要获得的资源。守门人也能相对自信，确保这些研究者的进入不会给群体生活带来过度的破坏，他们的研究项目不会走入预料之外的领域。

【147】

由于参与观察者事先已经决定好什么才能算作研究数据，所以他们通常青睐**访谈**这种方法。他们能用一个清晰的意图来有效地管理他们的问题，也能相对容易地消除误解。与我们前面两种角色相比，采纳这种角色的研究者往往能够选取更多的事件、更长的时间段、更多的个体和群体作为样本。在后面的数据分析阶段，他们运用这些可观察的交流模式的发现去回答他们的问题。

尽管如此，如前所述，这些益处也会打折扣。例如，参与观察者不能亲近地、长时间地研究一种文化。这个角色为我们的实践和反思带来的限制会产生一种风险，即我们会毫无反思地把自己的观念加入我们看到的事物中。

戈尔德类型学的最后一种专家角色可以概括为棒球天才约吉·贝拉（Yogi Berra）的一句名言："仅仅通过看你就能观察到许多。"这句名言的核心暗示出**完全观察者**（complete observers）如何从这种角色走向其逻辑结论；也就是说，他们远远地观察社会行动者却不出现在他们面前，或者不被他们知晓。这里，研究参与者不仅没有识别完全观察者的研究者身份，他们也**完全**没有意识到自己是研究场地的一部分。这是当代质性研究者最不会青睐的角色，因为它与有关责任的主流伦理背道而驰。它极少被使用还有其他原因。一个原因是，它要求我们俯下身子、保持低调：缺乏与参与者的有意义的互动，使其没有机会影响我们变化着的诠释。与"本土化"相反，扮演这种角色带来的风险是走向**唯我论**（solipsistic）。

在鼓励匿名、进出自由的场合，完全观察者运作最佳。拥挤的场景和公共网站为他们的活动提供了极好的机会，没有暴露——或者，不必解释——他们的意图的风险（比如，Lang & Lang，1953）。图像、视频、音频和计算机等技术能够让他们远远地感知、记录事件，仅有一丝探查的机会（参见Knuf，1989-1990）。在这些情境中，完全观察者没有**参与**者能清楚意识到的身份。所以，他们鲜有动机去反思如何诠释观察到的行动，或者出版研究发现会有怎样的潜在后果。

5.3.2　基于社会功能的角色分类

戈尔德的类型学影响了超过一代的质性研究者，这部分地归功于其简洁性。但是，它也遭到了批评，认为它没有在田野调查者的参与类型和参与程度之间做出更准确的区分。比如，阿德勒和阿德勒（Adler & Adler，1987）认为，区分出"公开"和"隐藏"研究并不像看起来那么有用。这是因为，它随意地把研究者的活动划分成**参与者**角色与**观察者**角色，前者涉及与成员的互动，后者关心的是"收集"数据。相反，两位阿德勒认为，我们应该根据田野调查者**效忠成员身份**（committed membership）的不同程度来对其在场景中的卷入进行分类。本质上，他们的方案把戈尔德的两种角色——完全参与者和观察参与者——重塑成三种新的角色：**完全成员**（complete member）、**积极成员**（active member）和**边缘成员**（peripheral member）。这些新角色是根据研究者参与的事件类型、参与的模式，以及参与对事件结果的影响来划分的：

> **边缘成员研究者**（peripheral-member-researcher）像局内人那样参与到他们所研究的群体的活动中，但是他们避免参与到最为核心的活动中……［积极成员］**研究者**（［active-member-］researchers）以和成员们几乎一致的方式参与到核心活动中，但是他们不让自己秉持成员的目标和价值……**完全成员研究者**（complete-member-researchers）从完全成员的视角来研究其主体，他们要么选择那些他们先前就具备成员身份的群体来研究，要么转变成这些群体的成员身份（Adler & Adler，1987，p.35，黑体强调）。

我们可以看到，这个分类方案里的角色通过**成员定位**（member positioning）这一中心逻辑来关联彼此。这个逻辑让我们看到，在一项研究的进程中，一个研究者的角色如何从一个位置变化到另一个位置。因为这个方案强调的是通过田野调查角色呈现的**社会功能**，它可以引导研究者"当他们进入一个田野场景后如何推进"（Snow，Benford，& Anderson，1986，p.378）。定位于田野调查角色发挥的功能这一实践倾向，有助于研究者实现他们的目标。比如，安德森（Anderson，1987，pp.315-317）描述了几种通用的策略，田野调查者可以用来认识群体成员的活动：当一个学徒，在活动中"表演"，选择一条路线，用过去的经验或现在的卷入来反思参与活动所需的条件。田野调查者也可以调整功能角色去满足一个特定田野场地的要求——比如，热烈拥抱所选群体的官方意识形态，或者怀疑地疏远它（Snow et al.，1986）。认为研究角色具有现实功能，那么我们就能更好地预测这些角色将生成的信息类型和经验形式。

最近，后现代主义者对这些类型学进行了批判，认为它们预设了一个位置固定的单一的观察者主体，并且给予效率和分析效度等研究者的目标以特权（Angrosino，2005）。正如在第 2 章所讨论的那样，这些批判把主体性视为一种关系的产物，它是偶然的、流动的、破碎的，以及多声部的。因此，他们把**对话**不仅仅当作一种观察的伦理，而且是观察的**本体论**。在这种视角下，"数据"不是我们通过参与式观察"收集"的客体，我们不应该试图把它们组装成一种对永恒的文化真理的完整解释。相反，在该视角下，文化群体的**所有**知识都是局部的、暂时的和竞争的，它产生于冲突的、未完成的主体之间的一次重大相遇。对诸多当代民族志学者而言，对研究者角色进行分类的后实证主义研究已经被对田野调查经历中的伦理和政治进行充分叙述的批判研究取代。

5.4 策略性观察

到目前为止，你应该做好了开始观察的准备。尽管这种体验感觉起来像是从起跑器上冲出来，但是一种更加准确的比喻是跑出了接力赛的一步。也就是说，当你查看了研究场景、选择完初始角色，你就已经开始走近相关的交流活动。为了开始观察，你现在借助扮演你所选的角色创造出的机会，让这股动力带你**进入**那个场景。如前所述，你选定角色的逻辑会影响你参与和观察的可能性。

你将回忆起我们在第 3 章的讨论，最开始的观察包括要理解你的田野于何时、何处发生，区分相关的场地和场景。通常，研究者在开始时会对一个特定的场地有本能的偏好，但是对它的场景及其运作方式感知不够。另一方面，研究者对他们自己的场景非常熟悉，但是他们往往不能意识到（并且不关心）研究者如何把这些场景看作一个学术场地的组成部分。随着时间的推移，研究者和参与者会努力弥补理解上的鸿沟。然而，理解通常是从后者到前者的单向流动。尽管质性研究者试图增加他们的透明度和合作，他们也会发现参与者不想或者不能从有关他们变化着的理解的持续讨论中获益（Ceglowski，2000）。

【150】

辨识相关现象、追踪它们之间的关系这个过程富有挑战性，但这个过程是负责任的参与式观察的核心。因此，观察的第一项任务，就是注意到尽可能多的、在一个场地中"正在发生"的人、物和事。努力以一种不作评判的方式去观察这些现象。避免过早地断言存在一个模式，反对用理论去解释事件如此发生的方式或原因。在这个初期阶段，你应该拥抱新奇带来的兴奋和迷惘。要有耐心，而不是聪明（Schatzman & Strauss，1973，p.54）。

当你从选定的角色位置形成了一个观察场地的视角，有礼貌地寻求其他群体成员的指导。他们会明显或含蓄地告诉你坐在哪里、站在哪里、移到哪里。他们也会给你示范谈话和倾听的时间、方式和对象。对你起初有耐心地扮演所采纳的角色，群体成员可能会准许你扮演更为多样的、自然产生的、高级的角色以作为回报。

为了观察到一个场地中所有的人、物和事，你应该尝试用场地内成员的视角来看什么是有意义的、如何有意义。也就是说，**你应该注意其他成员如何观察事物**。我们在第 4 章回顾的抽样策略在这里能够帮助你，通过辨识可能会发生重要事件的时间和地点。这个阶段，你应该试着回答两个问题，包括"这里正在发生什么？"和"它如何发生？"因为这个场景对你来说是新的，这些疑问自然会冒出来。挑战在于，从观察事物到成功地描述它（Spradley，1980）。以下六个问题可以帮助你实现这个目标。

5.4.1 谁是行动者?

你应该从认识所选场景中不同行动者的地位开始。他们叫什么名字？他们所在位置的头衔是什么？这些位置头衔的**正式**责任是什么？该场景中的其他人如何回应这些责任？这些互动暗示出哪些**非正式、非官方**的角色维度？这些问题对描绘出从工作组织到家庭等多种场景的交流动态大有帮助。通过回答它们，你应该可以开始揭示所选场景的结构。由此，你也会学到更多，什么东西是参与者认为他们应该做的，如何看待他们组合在一起的行为。尽管先前进入过这个场地的赞助者会给你提供这方面的信息，你还应该有自己独立的解释，并且把它与官方解释相比较。举个例子，大型的正式组织中，绝大多数的成员都知道官方图表在描绘他们的位置、汇报结构时就像他们所阐明的一样遮遮掩掩（比如，被置于边缘位置的信息源的公开秘密）。这意味着，了解一个人物的地位，对完全理解个体实际上如何扮演一个角色、他或她扮演此角色的体验、如何为他人所接受等，是必要的，但也是不充分的。形成这类知识需要我们更加密切地观察特定的规范、期待、规则和禁忌是如何影响这些角色扮演。那么，你应该通过关注所选场景中以下方面呈现的显著差异来开始观察：（a）成员的正式角色地位，（b）扮演那些角色的人对交流行为的主要期待，以及（c）他们如何**切实**交流。 【151】

5.4.2 场景如何建立?

在观察你选定的场景时，你可以关注参与者如何选择和呈现不同的器物来表示他们认为重要的东西、希望他人如何看待它们。一个典型的研究场地是居住者对组织工作空间的定制（Goodall，1991，pp.91-92）。例如，布赖恩曾经在一所位于得克萨斯的大学工作，传闻在教工抗议的那段时间里，这所大学的一位校长在开会的时候随意地把一把手枪放在桌上。如此，观察一个特定场景里的装饰和家具有助于你理解场景中行动者之间的关系。你会发现，特定事件和行为的发生需要特定的道具。在这里，你应该关注谁负责保管和使用这些道具，它们是如何使用以完成正在探究的事件（Webb，Campbell，Schwartz，& Sechrest，1966）。我们会在第7章更加充分地讨论与"物质文化"相关的方面。

5.4.3 初始互动如何开始?

观察人们的第一次互动（比如，使用网上约会服务的人在咖啡店会面），可以看出他们认为何种规范与当下场景相关（比如，握手或拥抱，但不亲吻）。当这些互动发生在正式的群体和组织中，我们可以认识它们如何被用来教化新成员、监督边界、总体上推行其偏好的交流风格。这里，你应该关注参与者如何组织可获得的资源来管理这些重要时刻。**谁**先说话，对谁说？他们**怎样**说（比如，他们用什么样的语调、速度、音量和词汇类型）？他们那样说**实现了什么**（比如，问候、质疑和警告）？互动的**时间有多长**？参与者如何**确定互动已经结束了**（Ellis，1980）？ 【152】

在这个过程中，你不可能只观察别人。作为所选场地的一个新的研究者，你首先会遇见许多人。这些迷你剧是你建立自身研究者角色的机会。你也可以把这些邂逅（其中有汗涔涔的握手、真诚的热情、厌烦的冷漠，以及消极—攻击的言辞）当作文本来诠释。它们代表着机会，让你去生产有关场地内成员的背景信息，让你去建立那些被证明是有价值的额外的关系。比如，当墨菲（Murphy，1999a）在墨西哥混血儿家中对他们的电视观看行为进行访谈时，他发现其他家庭成员会插嘴，并且与访谈对象争论他们对访谈问题的回答。这些"干扰"帮助他更好地理解那些回答，也更好地理解家庭里媒介使用的社会语境。

5.4.4 行动者如何解释关注的东西？

如此前的趣闻所示，群体里的老成员往往是对彼此的习惯、言谈举止习性和信仰在行的专家。因此，他们一般不需要对支撑其关系的核心假设做明确的反思。相反，他们的交流通常是高度符号化和微妙的。你不应该假设那些看起来是常规的东西就不重要。相反，你应该明白，你所选场景中的成员有一个内化的脚本来规定他们的责任划分。所以，你应该关注他们如何生产、传播、接收信息。举个例子，他们如何决定什么时候信息被整个群体视为相关，而与一个次级群体相背离？这些次级群体如何通过接收、处理和分享信息而获益？

这些问题让你看到一个更大的主题，场地内的成员如何解释彼此关注的东西。为什么有些话题能够引发他们的争论和讨论，而其他话题却被忽略、遗忘？通常情况下，有影响的信息如何在成员的网络中产生、传播？成员们如何使用、诠释、回应这些信息？他们如何知道要注意什么、何时注意？一旦群体成员认定某些事情值得他们关注，他们如何维持、结束关注？他们如何确定对问题的回应，并作出评价？

此处，你应该小心观察那些对你来说是困惑的、对别人来说**似乎**是清晰的事件（后来你可能会发现他们和你一样困惑）。你应该关注群体成员如何用不同的词汇、程序和非语言行为来界定问题、回应问题。必要的时候，你应该让他们告诉你特定术语的意义。如果他们的回应没有立即产生效用，你也不用担心；你可以在事后续上不完整的、模糊的和另类的解释。

【153】

5.4.5 行动者于何时何地互动？

为了理解发生在场地中的交流，你应该注意谁在什么条件下、与谁交往。群体成员以何种方式聚合、展开交流，然后散开，这应该是你观察中一个反复出现的主题。你应该注意到这个过程的时间和空间模式：参与者借助如跳舞般的走动和节奏来表达、协调其身体（Leed-Hurwitz，1989；Meyer，Traudt，& Anderson，1980）。

形成另一个主题可能会花费你更多时间：参与者如何协调其行动来达到具体目的（比如，调情、工作面试、保释听证会，等等）。此处非常重要的是，你要注意特定成员之间于何地、何时发生特定类型的互动。你大可以假定，绝大多数互动都不会随机发生。它们的地点和时间给你提供证据，理解它们是如何作为传播来运作的。它们可观察的方面也能告诉你参与者之间的关系。这里有两个重要的概念，包括**标记**（markers）和**关系符号**（tie signs），可用来识别公开的关系（Petronio & Bourhis，1987）。**标记**是用身体来指示特定关系类型的互动行为。比如，在北美主流文化中，"家庭成员"主要通过牵手、挽手、拥抱、某些形式的亲吻和独有的身体靠近来表示他们的身份。不同的是，**关系符号**是指示关系类型的物质符号和人造物品。"家庭"的关系符号包括订婚和婚戒、小孩（尤其是他们控制着在场成人的注意力时）、育儿工具（如婴儿车、尿布包或玩具），以及对昵称或亲密用语（"外婆！"）（"Meemaw！"）的使用。当然，这些概念的假设是，参与者行为的方式允许你作出有效的推断（相反，比如，共事的人对其他人的欺骗，试图隐瞒他们之间的恋爱关系）。因此，你需要明白群体成员用符号来表露、隐藏和改变其关系状态的可能的细微方式。你可能受诱惑去依赖有关场景的间接解释，这些场景你没有亲眼目睹（"你应该**看到**她当时穿戴的东西！"）。如果是这样，你应该记住，这样的解释通常会反映你消息来源的褊狭视角。

【154】

5.4.6　哪些事件是重要的？

此处，你应该关注的是如何界定构成你所选场景的交流事件。不同的场景可以——往往是同时——容纳多种多样的事件（比如，酒吧可以被当地人用作聚会场所，也可以被出行的商人用作临时的工作空间）。你要认识到，重要的事件需要你去确定它们是否、如何**算作是**你研究中一个重要概念（比如，"公共空间的使用"）的事例。久而久之，你会形成对动机、解释、感觉和行为的记录，你可以用来描述事件的属性。这些属性包括：事件如何开始和结束，它们如何唤起群体成员身份范畴，说话人如何按顺序获取话轮，以及他们如何使用会话工具来发起、维持和改变话题（Speier，1973）。观察就是注意到这些事件的形式和内容，满足把它们当作数据来记录的意图。

作为一个观察者，随着时间的推移，你也会学会通过以对其他参与者有意义的方式来呈现事件，从而意识到它们的重要性。你会认识到，这些事件如何通过呈现偏好的风格、文化信念等，表达相关场景的社会现实。最后，在记录观察的时候，你将学会**叙述**（narrate）你先前没有意识到或语焉不详的交流过程。现在，我们转向这一相关活动。

5.5　写作田野笔记

开展田野调查，形成了我们所选社会生活场景的详细知识。这种知识是基于我们对社会行动的观察、对一个参与者可能会是怎样的反思。这些活动为后面的分析观点创造了基础。为了获得论据，参与式观察首先必须被研究者记录——传统上是把它们简要记录（或详细记录，以任何你喜欢的方式）成与其相关的体验。在民族志研究中，这个过程产生的文本制品被称为**田野笔记**（fieldnotes）。我们在这里使用"文本"一语是出于两个原因。首先，田野笔记是对作为社会行动的交流的符号（如文本）特征的**描述**和**诠释**。其次，当田野笔记被研究者作为重要现象的证据来"阅读"、被批判学者用以审视其意识形态印记时，它呈现出来的是文本性（textuality）。我们现在转向这个数据形成的第一阶段，要注意的是，正式的数据分析过程会在第 8 章讨论。

【155】

5.5.1　手札和批注

田野调查者在他们参与式观察的过程中或结束之后不久会写下**手札**（scratch notes）（Sanjek，

1990b，pp.95-99）。这些笔记通常是在即兴的私人空间（比如，储藏室、浴室和停泊的汽车）里匆忙、隐秘地记录下来。它们包括有关行动、陈述、对话、物体的简洁的符号，或者是研究者后面会详述的印象。手札的实际写作变化多样。有些研究者会携带小的记事本，在上面用速记法和其他符号来写。这里通常会用的是首字母缩略、记忆技巧、缩写和关键词。如果所选研究群体的规范许可的话，你可以公开地记录这些笔记。另一个选择是等到一段田野调查结束后，在第一时间里写作手札。

在某些研究场地中，由于参与者敏感、考虑欠缺，做手札在物理层面是不可能的。在这种情况下，**批注**（headnotes）可能就够了（Emerson，Fretz，& Shaw，2001，p.356）。这个术语描述了田野调查者如何能够果断地把注意力集中在具体的事件及其引发的关联上。然后，他们通过意志来记忆这些印象。有些研究者有印象记忆，不需要做太多的手札。其他研究者依赖于批注和手札的结合，但手札做的也就是锚定（anchor）存在于我们记忆中的、有关田野调查事件的大量材料。对两种形式的笔记都至关重要的是，你尽快地重建你的体验，以稳定、拓展它们的特征。你不应期待一次就把批注"下载"完。相反，你应该在一段田野调查后尽快地着手记录它们。尽管如此，让你所有剩余的批注浮现出来可能得需要好几天。有些印象甚至会以隐喻、寓言的形式回到你的梦里。不可避免的是，仍有些漏掉的意象和印象是无法恢复的。不必为此伤脑筋——只要尽你所能做到最好。

5.5.2　田野笔记

虽然我们不能夸大田野笔记对使用参与式观察的研究的重要性，但是没有它们，调查会从你的记忆里淡去，并且不能作为你最终论断的有效的证据来源。什么是田野笔记？它们有多种多样的界定方式，包括："对发生在田野中的事件、观察和会话的快速重构"（Van Maanen，1988，p.123）；"一篇描述，按照时间顺序来认识和记录"（Sanjek，1990b，p.99）；"在研究场地观察和参与的结果，在办公室里深思熟虑的反思"（Anderson，1987，p.341）。为什么没有一个官方的定义？琼·E. 杰克逊（Jean E. Jackson，1990）在一项透露内情的研究中采访了人类学家在记录田野笔记方面的体验。出乎意外的是，她发现这些质性研究者在写作田野笔记上少有一致性，矛盾性却很强。田野笔记应该何时写，采用什么形式，囊括什么类型的话题和主题，是需要进一步发展的"原始"数据还是初步观察的"成熟"分析，他们在这些方面都有差异（pp.6-7）。

质性研究者在田野笔记应该记录和（至少在最开始）诠释参与式观察的体验上有一个模糊的共识。除此之外，田野笔记应该包括什么、做什么，则不甚清晰。传统上，围绕着田野调查的神秘感，缺乏分享田野笔记的正式机制，以及研究者附着在笔记上的浓厚的个人感觉，这些都遮蔽了我们对这一至关重要的活动的理解（J. E. Jackson，1990）。但是，近期有几个评论者尝试着归纳出写作、组织田野笔记的具体流程（Anderson，1987；Ellen，1984；Emerson，Fretz，& Shaw，2001；Sanjek，1990a；Spradley，1980）。总体而言，这些作者同意田野笔记包括了一个永久的记录，它证实了事实上确已发生、研究者也做出陈述的田野事件。然而，这种记录功能不像它听起来那样直白。这是因为田野笔记客观化和诠释的事件是情境性的、模糊的、稍纵即逝的。我们可以在任何时间做笔记，只要我们喜欢也可以做很多次。但是，我们不能将一个真实的事件倒带回去，擦掉我们原来的印象，并**马上**重新体验它。所以，田野笔记倾向于假定其记录的事件是有气氛的，因为它们允许研究者重临和重构一种相关的体验。现在，体验会长久地被田野调查者记录观察时习惯使用的话语（比如，书写）和非话语符号系统（比如，相机的角度）所中介化。此外，出于对研究参与者隐私的承诺，原始的田野笔记除了研究者外其他人都不能获得。因此，这些笔记也很少被看到、被批评。这种偶然性和特权所构成的整体状况，意味着我们极其小心、负责任地写作田野笔记。

在这里，有几个原则可以引导你走向成功。第一，如同我们已经提到的那样，在每一段田野调查之后，你应该尽快地写田野笔记。距离观察的时间越久，你的记忆越有可能会冲淡、扭曲你解释的精确性。如果你不尽快使用它们的话，哪怕是手札也会失去其意义（再也没有什么体验比这些笔记"过期"之后再去破解它们更让人沮丧了）。所以，你应该在田野调查之后定期地安排出一段时间来写你的田野笔记。有些研究者喜欢有个过渡期，让他们自己和田野笔记都可以"松口气"，但是这种延迟不应超过 24 小时。你也要考虑——除非你参与的是团体田野调查，哪怕是如此——不与任何人讨论你的田野调查，直到写下了相关的田野笔记。这样做使你不会在你对事件的来之不易的个人理解上妥协。 【157】

第二，在长度方面，一个标准的经验法则是一个小时的田野观察要写两倍行距 10 页纸的笔记。尽管听起来很多，但是那些接受描述挑战的田野笔记写作者很快就会跳过这道心理障碍，写到他们感觉已经写完为止，有些时候他们甚至会享受这个过程！

第三，田野笔记应该产生一个你参与场景的**时序**记录。它们应该记录所有研究阶段的重要细节，从最初与守门人的尴尬协商到满含眼泪的道别（Pacanowsky，1988a）。参与者对你来到一个场景、不断呈现出的研究者角色如何反应，都是你反思所选群体如何同化一个外来人、如何容忍外部对其运作的好奇的机会。遵循事件顺序可以保证你的田野调查记录能反映在你和参与者的生活里发生的具体变化，以及这些变化如何影响你的决策。

第四，田野笔记应该展现一种**保存**被观察的交流的情境特征的努力。在研究的头几天和头几个星期里，你会发现自己在回想先前已经产生的观察偏好和观察议程。某些情况下，这还包括具体交流行为和事件的详细清单。尽管如此，你应该忍住这种欲望，不把那些清单应用到你观察的东西里。你的第一要务是**归纳**出有关所选场景的关键要素的可行性理解：关键参与者的身份，他们如何组织活动，关键器物的位置和功能，开展重要活动时的体验，以及文化知识的隐性代码。在这个过程中，你将学会如何像一个成员那样行动。

第五，由于初期体验在一项研究中只出现一次，你把它们记录到你的田野笔记中也就至关重要。在描述你初期的认识曲线时，你应该具体地记录相关场景里的**所有**重要细节。尽管这份清单无穷无尽，在本章中我们已经提出了几个问题供你使用以达到这一目的。这里的目标不是去寻找某个正确的问题，回答它就能够神奇地解开研究场地的所有秘密。相反，不断地产生问题、问问题以激励田野笔记的写作，才是关键所在。写作的过程中，你很快就能决定哪些问题值得保存，以供后续使用。 【158】

第六，你的田野笔记应该呈现出对外观和行为的**大量**（如果不能穷尽的话）**描述**。起初，你不应试图写下所选场地中一个新手、学徒和观光客等角色之外的体验。避免提出"为什么"

的问题，这些解释可以放到后面。相反，你应该使用"谁？""什么？""何时？""何地？"——尤其是"如何？"——这些可靠的工具去开始你对一个场景的观察。你应该避免用表面、模糊、夸大或老生常谈的术语和短语来描述事件。你应该把事件切分成相关的几个部分，再看它们是如何互动而产生那些事件的。最开始，你关注和记录的东西不应太细碎或太明显。我们不可能完全地复制：此处的目标是提供你所观察的交流的**丰富、具体的细节**。正如本章之前提到的，你要特别关注交流的感官纹理：急切的声音、刺鼻的气味、艳丽的颜色、苦涩的味道、轻柔的触摸，等等。

最后，我们给你的田野笔记的形式和风格提供几种惯例。比如，你应该在田野笔记页面的左手和/或右手边留出大量空白。在即将到来的数据分析阶段，这个特征允许你做必要的注释和符号标记。至于田野笔记的内容，你应该尽可能逐字逐句地记录参与者的言辞和会话。你不能把被描述的言语放入引号中，除非你确定如实地捕捉到了它的语法形式。相反，你应该对交流进行改写以描述它的**语义**（一句话的意思是什么）和**语用**（在关联的片段中它发挥了怎样的功能）维度。由于它强迫你指出实施行为的主体，所以你应该在田野笔记中尽可能多地使用主动语态（active voice）。

它可能有助于你把这种写作当作**教导**那些对所选场地不熟悉的人的一种努力，告诉他们如何理解场地中的一个独特事件，以及如何顺利地参与进去。因此，你应该用清晰、简单的语言来写田野笔记（尤其是初期的田野笔记）。在这个过程中，你应该形成一种分离意识的有效形式。有些民族志传统把田野笔记视为一种私密语言的个体表达。顾名思义，这种私密语言是他人无法理解的。我们反对这种看法。相反，我们视田野笔记为研究者发展两种重要的主体间性形式的方式。这两种主体间性形式有：（1）对参与者体验的同情理解；（2）成功地把那种理解呈现给其他人。所以，把你自己当作田野笔记的作者和第一个读者是有益处的。书写他们的过程中，你正努力给自己解释事情。你也是你所写故事的读者，在故事中你还是一个中心人物。你会想它将如何全部实现……

【159】

最后，你应该试验用不同的语言使用风格去扩展、完善你对场景的理解（注意：好的田野笔记作者会表现出一种对语言的爱）。比如，在描述所观察的交流的细微差别时，你应该小心地选择你要用的形容词和副词。它们对你的用处就像旋律对一个作曲家、颜色对一个油画家的用处。此外，田野笔记的形式也有好几种选择：你可以通过叙述具体意象（就像一种言语图像）来速写一个场景。你可以从开头到中间再到结尾，详细地叙述一个典型的互动**片段**。你可以试着假设不同的**视角**（比如，第一人称、第二人称或第三人称；有限的或全知全能的），每一种视角都独特地限定了你描绘想法、感觉和动机的可能范围（Emerson，Fretz，& Shaw，2001）。不论你如何操作，写作田野笔记的训练——为训练本身而完成，日复一日——会增强你观察、识别和如实回想重要交流细节的能力。你的回报是一叠厚实、充满事实的档案，你稍后可以用它来为你的解释打基础。

写作田野笔记也要捕捉你学习如何融入这一过程的个体情绪反应。尽管这些反应可以用其他的体裁和媒介（比如日志和日记，简单来说）来记录，但是你应该写下你的困惑、洞见、误解等真实的体验。这类自省能够帮助你的受众理解一个特定的事件在特定的时刻对其作者而言的真相。但是，总体上你的田野笔记应该呈现人们与**其他人**进行社会互动的**立场**或潜在的倾向（Emerson，Fretz，& Shaw，2001）。在这个意义上，我们喜欢在田野笔记中用第一人称，因为它相对直接、可以问责。但这也不意味着田野笔记只是（甚或主要是）关于**作者**的体验。

5.5.3　田野调查和田野笔记：一个示范

让我们来看一个展示，看我们之前讨论的议题如何在实践层面实现。基里·米勒（Kiri Miller）是布朗大学（Brown University）人种音乐学的一位教授。她也是一位对《摇滚乐队》（*Rock Band*）感兴趣的民族志学者。《摇滚乐队》是一款视频游戏，它允许玩家通过操作类似于乐器的外部控制设备，来模仿流行乐队的表演。不论《摇滚乐队》的玩家在何时表演，程序会根据他们跟随向屏幕下方滚动的乐谱的能力及与原唱歌手在音高上相匹配的能力来打分。近来，米勒教授（Miller，2009）把她研究的田野笔记张贴在《流电视》（*FlowTV*）上，这是一个关注电视和媒介研究的网络期刊。在田野笔记中，米勒记录了她到达位于马萨诸塞州波斯顿的一个大学酒吧，以及她与当地一个摇滚乐队游戏之夜的组织者的第一次会面。在一个夏季的夜晚，她到达时还早，酒吧比较空，所以米勒有机会去评判这个事件的设置：　【160】

> ［它］不是我预期的那样。我之前假设玩家会面对一群观众，就像在卡拉 OK 之夜一样——甚至可能是站在某种舞台上，有一个投影屏幕横穿房间，他们可以在上面看到游戏的乐谱。相反，乐器仅仅是电视上的几个韵脚；玩家要背对酒吧观众，望向电视的方向。

这种联想促使米勒去询问组织者，问他对卡拉 OK 和摇滚乐队之夜的不同之处的感觉。他回答说，后一种事件类型吸引的参与者年龄跨度很大，并且它的受众也更加容易受到自然表演的影响：

> 我们在他们的右边，并排着，他们在观看。他们闲坐着，就好像，哦，那不是我的事。然后，他们看到每个人都陷入其中是多么有趣，甚至他们最终也会参与，然后有一种奇妙的感受。

在对表演者的自我意识、组织者减轻受众拘谨的策略作了进一步的讨论之后，组织者和米勒就各做各的事了。米勒要做的事是选取场景的一些独特性。但是，她首先必须打破她认为该场景的成员可能是求胜的专业歌手这一考虑。在要了一种模仿乐器之后，她就愉快地加入了这个组，而不是加入由其他玩家组成的一个低音组。当她的组和其他组表演时，她也对行为作了一个详细的记录：

> 那些等着去表演的人在聊天、喝酒，但是他们对游戏投注了足够的注意力，不时地大声鼓励，并在每首歌曲结束时鼓掌。其他顾客完全忽略这个游戏，把它当作一台台球桌或弹珠机——尽管音乐调得很大，迫使（to required，原文如此）谈话近乎喊叫。轮到玩家表演时，他们眼睛盯着屏幕，但身体却投入到表演中。吉他手站着表演，跟着音乐，鼓

手通常快速旋转他们的棍子或在歌曲开始时打出拍子。这些不是炫耀壮观的表演，像在 YouTube 上流传的表演那样，但是他们的身体和音乐都很投入。

之后米勒对两位常驻玩家进行访谈，关注他们之前的音乐经验及其在塑造其与多媒体程序互动中扮演的角色。她总结道，在这个场景中发现的"开放、社群的感觉和合作创造音乐的激情"是更让人忆起参与式、随意到访的表演群体［比如，美国"神圣竖琴"（Sacred Harp）[1] 的歌唱传统］，而不是通常与摇滚乐表演联系在一起的商业场景。

我们会讨论这份田野笔记的几个特征，而其中四个方面看起来尤为有趣。第一个要注意的是米勒组织这段田野调查的方式：田野笔记按照时间顺序叙述了她的入场（也暗示了她的离场）。但是，就记录而言，参与者对事件时间点的感知不是偶然的，比如本地规范（和组织者的规则），它们规定了每一个表演者或团体占据舞台的合理时间，或者观众和表演者角色轮换的周期，参与者应该在听众整夜呼喊之前就上台表演。第二个要注意的是，对在场者呈现事件的不同立场，以及任何团体（游戏玩家）和次级团体（吉他手）的成员呈现的一系列表演方式，米勒都给予了细心观察。第三，田野笔记呈现的不仅是民族志学者在参与者和观察者之间的角色变化，还有每一个角色涉及的多种责任。也就是说，米勒在这里是作为一个游戏玩家来"参与"的，但她也在游戏活动和自发与其他在场的人对话（我们认为是一种非正式访谈）之间（相当轻松地）转换。最后一个要素（会进一步简要地讨论）是田野笔记的恰当形式，即对一个多媒体事件的记录。也就是说，尽管田野笔记中的印刷元素在讨论中得到了强调，但是张贴在《流电视》上的笔记还包括了图像（比如，酒吧里游戏玩家面向大显屏幕的图像）和指向其他视频、音频和书面文本的超链接（比如，指向酒吧的网站、访谈对象提到的贴在 YouTube 上的一首歌，以及米勒其他已出版的研究）。此外，流媒体网站的格式部分地解决了我们提到的关于田野笔记的隐秘性问题，它允许帖子的读者进行评论和提问。截至 2010 年 5 月，米勒这份田野笔记的回应者们已经探究过她的观察对有关游戏和酒吧的其他研究的意义，并细化了歌手在摇滚乐队表演语境中的独特位置。

现在，让我们收起对田野笔记的讨论。随着时间的推移，由于熟悉感的增加，田野调查中让你惊讶的事件越来越少。你的田野笔记会记录不断重复的模式，群体成员如何观察、理解你所观察的事件。慢慢地，你会把注意力聚集在那些无法解释的情景上，以及你应该如何对它们做出回应。你的田野笔记将会成为固定的问题与逐渐显现的答案之间的一场持续的对话。管理这场对话会成为你田野调查体验中一个熟悉的——也是令人快乐的——部分。你在最初的田野笔记中提供的极为详细的细节将不再需要了。相反，你在写作中会**更有选择性、更为集中**。现在你可以开始问"为什么？"的问题，并充分地在事件之间建立起表面联系。如果你在场地中进入另一种研究角色，或者进入一个新的场景，你的记录和田野笔记写作应该重新强调初步的、广泛的描述。但是不久之后，我们讨论过的这个过程又会重复：模式和主题会变得更加熟悉，你会调整自己的焦点去关注那些最有趣、最重要的东西。

---

1 神圣竖琴是一种传统的宗教赞美诗音乐，起源于美国南部。神圣竖琴通常由一群人在没有乐器伴奏的情况下演唱，演唱者按女高音、女中音、男高音和男中音分成四个部分，按四方形排列。——译者注

最后，你的田野笔记应该被小心地组织和保存。质性研究者通常会做很多份田野笔记的纸质复印件和电子复印件。如此，任何一个复印件丢失了，田野笔记仍能得到保存。但要注意的是，这也会增加零散的复印件落入未被授权的人手中，影响你所珍视的关系的风险。所以，保证你田野笔记档案的安全应当是一个持续的优先事项。你应该用文件夹和活页夹来整理纸质复印件，它们能反映时间顺序或主题类型。在你的研究结束之后，这个文档可能会变得非常庞大、笨重。如果这样的话，你应该建立一个索引，它根据地点、日期、场景、事件和 / 或主题等相关的范畴来罗列你的笔记。

5.5.4　日志和日记

田野调查者往往需要同伴，尽管有时候周围并没有可以吐露心声的同伴。日志（journals）和日记（diaries）正好满足这种需求。如桑杰克（Sanjek，1990b）所说，"按照时间顺序创建的日志提供了一个打开田野笔记和记录中的信息的钥匙，日记记录了民族志学者的个人反应、挫折和对田野中生活和工作的评价"（p.108）。除了这种看似清晰的区分，田野笔记写作体裁**内**也有多样性，它们**之间**的边界也是模糊的（Janesick，1999）。写**日志**是一件非常实用的事：通过记录田野调查中的日期、见过和访谈过的人的名字等，它可以帮助你管理一大波数据。此外，它可以给你提供一种反思你所遇到的问题的方法，以及解决它们的途径。潜在地，你可以通过写日志来促进你与参与者之间的协作：你们可以**一起**写一个日志，创造一种关于目标、程序和浮现的研究发现的一种非正式对话（和有用的"成员检查"）（member checks）。不同的是，写**日记**为你创造了一个表达不安情绪、怀疑、个人歧视和其他中介类型的出口。然而，独自一人并不是写日记的唯一原因。日记也是你发泄与田野中建立起的关系相关的情绪的一个地方，在田野中你通常必须克制一些冲动反应。

在实践这些附加的写作形式时，你可以创造一个培养自己独特"声音"的庇护所。久而久之，写作不再是一种陌生的、义务的和机械的任务，而更多地是一个让你进行生动、优雅和引人入胜的自我表达的机会。如此，日记和日志在历史上是质性研究的诺斯替福音（gnostic gospel）[1]，转而成为出于专业形象的利益而被压制的异端叙事。偶然出版的日志和日记展示了民族志面具后的有缺陷的、复杂的人类，这引发了争议（Lévi-Strauss，1955/1974；Malinowski，1967）。然而，正如我们在第 9 章中将要探讨的那样，质性研究中"个人"（personal）与"专业"（professional）声音之间的边界越来越不清晰、不稳定。

【163】

1　诺斯替派，又称为"真知派""灵智派"，是基督教发展早期的一个教派。当基督教的"正典"《圣经》编撰形成后，诺斯替派及其福音经卷就成为"正统"之外的"异端"。作者用这个比喻来说明日志和日记在质性研究中的关系：日志相当于"正统"，呈现研究者的专业形象，能够出现在最终发表的研究成果上；日记相当于"异端"，它记载了研究者出于专业需求而压制的情绪反应。一个典型事例是著名人类学家布罗尼斯拉夫·马林诺夫斯基，他在巴布亚新几内亚和特罗布里恩岛对土著居民展开考察，出版的《西太平洋上的航海者》奠定了田野调查方法的典范。1967 年，马林诺夫斯基生前日记出版，里面记载了他在研究中对土著居民的鄙夷和痛恨，怀疑自己研究的意义，以及在情感和健康上遭受的困扰，这与《西太平洋上的航海者》中呈现的态度和形象大相径庭，由此引发争议。读者可以参阅布罗尼斯拉夫·马林诺夫斯基著，张云江译，《西太平洋上的航海者》，中国社会科学出版社，2009 年；布罗尼斯拉夫·马林诺夫斯基著，卞思梅，何源远，余昕译，《一本严格意义上的日记》，广西师范大学出版社，2015 年。——校译者注

5.6　新媒介与参与式观察

说田野调查不同往昔，我们相信许多质性研究者都会同意。也就是说，人类传播**总是**中介化的（Chesebro & Bertelsen，1996），媒介系统也是传播研究长久以来的一个焦点，现在的场地充斥着"新"技术。像 iPhone、Facebook、YouTube 和 Twitter 这样的"Web 2.0"产品已经改造、取代了最早的网络媒体，如电话调制解调器、文本聊天和静态网页（Lindlof & Taylor，2002，pp.247-278）。早期技术的基本要素仍然存在（比如，超文本），但是当代的技术形式是以不断增加的多媒体内容的丰富性、用户互动和协作的即时性、宽带和无线网络的传输容量和速度、融合媒体平台上设备和程序的通用性为标志。这些发展对人类传播的影响开启了持续争论，但是我们这里仅仅关注它对田野调查开展产生的两大影响。

第一个影响是，**多媒体设备越来越多地被用来记录田野调查活动**。这里我们要强调的是，这种使用并不新奇：早期的民族志学者没有局限于书写，也用图像、地图和图画来记录重要的人、物和事件。在 20 世纪，首先是模拟记录技术，后来是数字记录技术不断增加的便捷性和保真度，让田野调查者在数据"收集"中使用相关设备。作为一个整体，这些音频、视频和计算技术有诸多吸引人的形式：它们唤起了书写和印刷等理性形式的替代物；它们看起来能够客观地记录文化活动；它们有助于数据的储存、组织和检索；以及它们允许田野调查者去记录参与者没有意识到的事件的即时印象（Gravlee，Zenk，Woods，Rowe，& Schulz，2006；Makagon & Neumann，2009；Patton，1990，pp.248-249）。虽然质性研究者仍在争论这些可供性（affordance）的价值，但他们也在不断地培养对技术的使用，以保证他们的方法能够与其遇见的传播的复杂性相匹配（Dicks，Mason，Coffey，& Atkinson，2005）。

【164】

关于使用这些记录设备的实践层面的决定，在逻辑上遵循有关研究田野及相关场地、场景的理论层面的决定。产生于这些语境的传播越来越分散、网络化、流动和多模态（Murthy，2008，p.849）。作为质性研究者，我们使用新媒介是为了跟随我们所选的群体成员，因为他们正是在上述语境内部、之间展开其私人和职业生活。在这个过程中，我们必须选定对我们的研究目标最为重要的媒介渠道、使用语境、内容体裁和实践形式。在做这些选择时，作为有清晰边界的空间而被抽选出的"场景"（scenes）这个传统概念，必须修订为容纳同时发生的媒介化和虚拟语境的空间。同样地，这里的关注点最好是为你的选择发展出一个合理的说法，而不是假定存在一个正确的选择。没有人可以记录发生在一个场地里所有场景中（不论其如何被媒介化）、或构成一个田野的所有场地中的所有传播活动。所以，你应该关注的是，怎样用有限的资源去增加一项研究的胜算，你可以怎样向受这些选择影响的人证明其合理性。

当我们选择研究何种语境时，我们必须考虑视频、音频和计算技术的使用如何**建构它要记录的事件**。就是说，我们这里反对实证主义者对数据"收集"的想象，即传播现象是横躺在周围、等待着被发现和被收获的固定客体。相反，我们选择、使用记录设备的每一个抉择都反映了我们（受到文化上影响的）对特定媒介符号（比如相机的角度和亮度）的偏向，并塑造了作为社会行动表征（不是一面镜子）的符号产物的等级。这里有一些问题会导向那些选择：我认为该事件的最重要的传播模态（比如，手势、声音、颜色）是什么，由此这个设备似乎适合用来记录该事件的发生（Dicks et al.，2005）？设备和参与者处于场景中的哪个位置？设备的传感器

将指向哪里？场景中的参与者如何适应该设备的使用，与其他人成为记录事件的元事件（meta-
event）的共同执行者。什么东西会被最简化或被遮蔽？这些"缺失"的特征（以及该事件被其
参与者感觉到的重要性）如何可以通过其他方式被记录？这种记录形式如何有助于、限制后面
的"数据"分析？

【165】

　　关于最后一个问题，我们尤其受到一些争论的冲击，作为数据的音频和视频记录与书写记
录全然不同（Dicks et al.，2005，p.123）。除了之前认为田野笔记**可以**假定其记录的事件的气氛，
我们并没有假定这些笔记可以**直接**捕捉事件（在技术上说服后结构主义者，说它们象征着事件
的存在）。相反，田野笔记被不断地重新书写（如范例所示），并且它们通常在最终的研究出
版物中（比如，没有引号的对话）隶属于其他"更高级的"分析写作形式。不同的是，视频和
音频记录的格式对它们在分析和表征中的运用有更大的限制。这些记录**正是**被假定为能直接记
录事件现实，尽管它们的基本单位（如视频框架）能以多种方式结合（通过编辑），但是它们
不能被轻易地拆分或重新编码（并且，未确认的音频和视频数据操作会产生显而易见的伦理问
题）。最后，这些记录给研究者产生了一个伦理挑战：记录的真实性要求用额外的工作来保护
所描绘的参与者的匿名性。出于上述种种原因，我们在田野调查中只有通过仔细的计划和不断
的反思才能使用记录设备。

　　第二大影响是**在线上场景中开展参与式观察**。在这本书之前的版本里，我们提出了田野调
查在早期互联网语境中的四个特点。第一，研究者希望去记录的交流活动有便利的客体（比如，
网站上的讨论跟帖）。更棒的是，研究者通过运用日志程序可以相对轻松地记录所呈现出来的
交流。第二，公共网站上的传播相对地与实体分离、具有匿名性，且更容易进入。这些属性给
田野调查者提供了通过"潜伏"（以及本章之前讨论过的困境）来进行隐性观察的机会。第三，
互联网研究者面临的一个特有的责任是对"线上"与"线下"传播之间的关系进行反思性的概念化，
以此引导其研究。问题不是哪一种传播更"真"，而是参与者如何把产生于一种语境的传播意
义与产生于另一种语境的传播关联起来。比如，想一想那些没有回复小团体头头的短信的高中
生，他们在之后群体成员间的面对面交流中会体验到嘲弄和冷落。最后，我们注意到研究者通
过"化身"代理身份形式开展互联网研究带来的实践和伦理问题，尤其是对参与者真实性的确

【166】

认。这里的启示是，不论如何，互联网用户在特定"新"媒介可获得的形式和符号中只能管理
相互间的印象。所以，建议研究者不断反思他们有关传播是什么、传播如何完成的自然化的信
念（Markham，2004，p.114）。

　　在多年的介入中，随着质性研究者进一步发展出更深厚的认识和最佳实践操作，并回应
了媒介和技术的快速更新，上述议题也得到了再界定（Beaulieu，2004；Broad & Joos，2004；
Garcia et al.，2009；Markham & Baym，2009）。这里，我们可以辨识出三个对田野调查者尤为
有用的主张。第一，由于线上和线下活动变得更加同步和彼此依赖，认为它们发生在分离的、
不同的领域将不再有效。相反，我们应该把研究场地概念化为中介化传播的动态环境，关注其
整体、多模态和多场点等属性（Hine，2009）。尽管我们想提前把这些"粗暴混杂"（Bakardjieva，
2009，p.58）的时空边界打断，但重要的是**富有包容性地**把这些边界看成是参与者不断推进的、
实践的结果（Kendall，2009）。由此，问题就变成如下这个样子：我们应该如何概念化线上与
线下传播之间的关系，以达到我们研究的目标（Orgad，2009）？

第二个，提出了只熟悉口头和书面话语的传播研究者所面临的局限。一种可靠的线上角色日益要求我们首先要掌握多媒体数据的**非**话语符号，后者是我们所选场地的特征；还要掌握参与者生产、传播和诠释相关文本（比如，视频集锦）的不同实践。

第三，在这个过程中，传统的田野笔记变成另外一回事：即一个研究者利用书写表达的益处来补充、扩展、解释自动生成的互动记录的机会（比如，为参与提供反思性和经验性解释）（Markham，2009）。新媒介的电子和数码性使这种书写能够以多种多样的方式与"捕捉到的"数据关联起来（比如，合并为一个单独的多媒体文本；建立超链接成为一个独立的文本）。同时，如我们之前在讨论基里·米勒的田野笔记中看到的那样，博客等新媒介运用允许研究者在线上对记录的数据进行归档和呈现。但毫无疑问的是，研究者在限制公众接近这些记录，并与其互动方面会有差异。

【167】

5.7 总 结

我们在这一章中覆盖的范围很广，也希望它帮助你减轻了对开展田野调查的困惑和不安。参与式观察和田野笔记写作像科学一样是一门艺术，但是这不意味着它们的操作是随意而为的——远不是如此。它们是规范的活动，要运用观察、想象和理解等人类特有的能力。如果你忠实地、系统地操作，你产生的数据将有助于你更好地理解交流之于其主体的意义。如果你负责任地接受它，可以安心的是——不论你田野调查中的事情会变得多么混乱——你已经兑现了这份职业契约的目标。

下一章，我们将转向田野调查中生产数据的第二个过程。这种方法被称为访谈（interviewing），它是通过和他人进行策略性会话来诱导出他们的重要体验。如同我们将会看到的那样，访谈既可以是单独成立的一种研究方法，也可以是参与式观察的补充。

5.8 练 习

1. 像我们在这一章中讨论过的那样，田野调查者不断受到诱惑，以不同于他们与群体成员和机构监管人订立的官方契约的方式来行事。描述一种你遇到过的伦理困境，涉及模糊、欺骗、歪曲、逃避和／或隐蔽。这个困境是如何产生的？你如何回应？结果是什么？你的故事告诉我们在质性研究伦理的专业"迷思"与其现实操作之间有什么差别？

2. 开展本章描述过的"只看不听"和"只听不看"练习。和一群同学去往一个公开场所。选择一个场景或事件，其中一个组可以观察成员参与的互动，但不能听相关的谈话和其他类型的声音。把成员放到第二个组，他们可以听到会话的声音，但是受到限制而不能在视觉上观察互动。之后，两组可以对照笔记。每组的推断如何相似？它们又如何相异？关于视觉和听觉在参与式观察中扮演的角色，这告诉了你什么？

【168】

3. 如果你正在进行田野调查（或者还没有这么做），保持做一个星期的日志。你可以做日志而不是写田野笔记，或者在田野笔记之外还写日志。要让这个日志中至少有三条记录。它们随你所愿，可短可长。从下面这个列表中选择话题：

列出一份你想要在田野调查结束之前回答的问题清单：

· 描绘该场景下尤为有趣或重要的一个关键行动者。关注这个人的外貌、风格和习惯。

· 想象你是研究群体内的一个成员，这个成员正在观察你开展的田野调查。叙述这个人可能会对你产生的印象。

· 给参与你田野调查的某个人写一封信，可以是直接参与者（比如，研究群体的一个成员）或间接参与者（比如，一位老师或顾问）。关注你与这个人的关系中你想保持的部分，以及你想看到改变的部分（**不要发出这封信**）。

· 想象你的身体可以显示出它如何受到田野调查中的情绪体验的影响。关注不同的位置、感觉和行为，它们暗示出你的身体如何产生、处理和"保存"这些情绪（比如，呼吸短促、肌肉痉挛、疲劳、咬指甲）。试着准确地回想这些"症候"在你的田野调查中在何时、何处出现。什么事件在引发这些情绪？被引发的情绪有哪些？当你继续田野调查时，你会如何使用这一信息？【169】

第6章 数据生成Ⅱ：质性访谈

世界上任何事物皆可由封闭、沉默的存在转变为有声状态，并为社会所公用，因为没有任何自然或其他法规禁止谈论事物。

——巴尔泰斯（Barthes，1957/1972，p.109）

6.1 引 言

毫不夸张地说，我们生活在访谈社会，"访谈是一项进行自我公共建设的社会技能"（Kvale & Brinkmann，2009，p.12）。在这个社会中，我们自己学着成为访谈对象也是成长的一部分。我们当中有谁没有参加过求职面试，或接受过民意调查人、营销人员、保险理算员、治疗师或医疗服务人员之类的人的提问？我们也视访谈为娱乐或信息来源。每年有多少次，我们因脱口秀（或真人秀）中的自白而感到愉悦、入迷、气愤或无聊（Kvale，2006，p.493）？又有多少次，我们阅读或浏览每日新闻时，却忽视了其中大部分是源于传统的访谈——可追溯到150多年前美国新闻业的传统（Schudson，1994）。

【170】　　　生活在访谈社会中，我们认为实际上并没有什么可访谈的，这种想法可以理解。看着媒体专业人员和其他人进行访谈，我们可能会想，这只不过是用一组正确的问题来解锁别人的个人信息或观点。但是，这种普遍观念却没有抓住学术访谈的核心意义。这一术语本身便解释了其含义。关于访谈，布伦纳（Brenner，1985）写道，"顾名思义，即发展出人与人之间（**彼此**）对某事的看法"（p.148，黑体为原文）。换言之，研究性访谈实际上展示了社会进程。访谈是有组织的，邓金曾写道（Denzin，1978），"为的是赋予一个人（研究者）对另一人（受访者）以更大的控制权。这（通常）是为他人利益设计的谈话"（p.113）。同时，研究者通常交还部分控制权于受访者以鼓励后者全面叙述其信仰、兴趣和经历。理想情况下，访谈应表现丰富的观点，这无法通过个人单独完成。

这种研究方法适用于各类情况和环境。访谈可在任何适合两人进行相对私密谈话的地点完成，如研究实验室、海滩散步途中、餐馆一角的餐桌或青少年的卧室。访谈主题无限制，既可详述个人私事，也可关注公众政治性问题。在（非）正式与否方面，访谈差异很大。访谈通常是重大社会事件，前期做了大量准备，但也可即兴发生。一次访谈可在几分钟内迅速完成，也可慢悠悠地花上几个小时。虽然访谈通常是面对面进行，但通过手机、电脑等科技，研究者和参与者即使相隔千里也可实现访谈。

本方法也借助于各种人际交往技能或专业技术。若访谈是社会科学的"挖掘工具"，则娴熟的研究者应有效自然地提问。若某些访谈意在揭露秘密或隐藏现实，则研究者应是可信赖的朋友。若访谈是半交谈形式，则研究者应该是一个有趣甚至有魅力的健谈者。若访谈旨在学习，那么研究者应是虚心求教的学生。若访谈涉及跨文化交流，研究者应能熟练使用当地语言并对各国文化十分敏感。研究者可能无法总是很好地扮演这些角色。无论我们试图掌握何种技能，都无法保证获得好的结果或不犯错误。但如果准备充分，犯错通常是可以原谅的。

质性研究者经常会模仿朋友之间谈话的形式和感觉。访谈作为一次亲密交谈，当进展顺利时，它确实提供了某种相同的享受和联系。然而，对于所有这些相似点，质性访谈是一种别样的谈话。这是一场"有目的的谈话"（Bingham & Moore，1959）。研究者为将要进行的面试确定原因和目标，然后找出最适合于完成这些目标的人。访谈过程也激发不同的定调。为了使一场访谈充分发挥其潜力，往往需要时间——两个或两个以上的人齐心协力地工作。它要求研究者耐心地倾听受试者力图想言说的，时刻留心出现的微妙的、转瞬即逝的含义。有时，它需要一个人在采取下一步之前，回过头（或从侧面）去反思一个话题，去发掘一句评论的影响，在心理上修改引导访谈的方法。已故的玛丽安·佩吉特充分说明了这种反思方法（Paget，1983）： 【171】

> 深度访谈的区别在于，得到的答案不断地影响谈话的展开。因此，知识在多轮谈话中聚集。它包含故事、旁白、犹豫、表达的感情、自发联想……这一特定的个人访谈，这个"我"即我是，个人化地影响了访谈内容的生成，因为当我们的交谈出现困惑时，我会跟进我自己的困惑。（p.78）

佩吉特的话与你的作者产生共鸣，使他们回忆起他们曾和他们的访谈对象一起游历的路线，活跃、曲折，但最终令人欣慰。质性访谈作为卓越方法之一，以其深入和广泛进入主观现实的能力，在传播学赢得了一席之地。事实上，几乎所有的质性研究项目都采用了某种访谈。这一事实本身强调研究其形式、实践和局限性的重要性。访谈是一种艺术，也是一门科学。我们在本章中所提出的大部分是系统的、"科学"的一面。但希望，在超越这个章节之外的世界——你的访谈经验——将激发你自身进行询问、倾听和讲述的艺术方式。

6.2　质性访谈的目的

在最基本的层面上，一个访谈有一个**所指**（referential）目的（Briggs，1986）。我们期望访谈话语将指涉访谈语境之外的人、环境、事件和行为。此外，我们希望它是"一种特殊环境下发生事情见证信息的**可靠**来源"（Hammersley & Gomm，2008，p.89）。换言之，访谈应该与经验事实相关、真实，并且可靠。考虑一下另一种情况。如果我们认为访谈至多能阐明被访 【172】

谈的情况，那么，其中大部分谈话的研究都是毫无价值的，或是不可靠的。

然而，这种所指就其本身而言，是不充分的。因为人们并不是其所见信息的可靠来源。人们经常忘记所见所闻的某些方面；他们会夸大、弱化或说错自身的经历；他们还会说谎。即使将这些人性方面不可靠、自大等问题考虑在内，语言所指还有一个更大的问题：人们不会以中立态度叙述自身经历。相反，人们在访谈中叙述的内容——所有"故事、私语、犹豫、情感表达和自发联想"，如佩吉特所描述的，都是从自身角度出发。因为不管他们是否意识到这一点，他们才是其所述故事的作者。与其他作者一样，他们会自然地偏向自身价值观和利益（若不是真正爱上自己的声音）。人类是显著的文化动物。因此，他们天生具备文化代码，这些代码影响着他们在特殊场合选择其所要言说的结构和内容。

因此，人们表达知识的方式很重要，尤其是叙述的"方式""时间"和"对象"将影响其言说"什么"。研究者理应全面收集受访者信息并以此设计可能的最佳访谈。牢记这一点前提——访谈中的谈话是社会情景化的言说者的修辞——我们才可讨论质性访谈的主要目的：

- 通过故事、叙述和解释来了解社会行动者的经历和观点；
- 探出社会行动者使用的语言形式；
- 收集其他方式无法有效获取的事物或过程信息；
- 探究历史；
- 证实、确认或评论通过其他途径获取的信息；
- 高效收集数据。

【173】　访谈特别适合于理解社会行动者的经历、知识和世界观。研究者通常会选择在所研究的问题的某些方面有着重要经历的人进行访谈。可能因为他们有某种技术或学科的专业技能，或因为他们在某种情境或重大事件中的角色创造了独特的知识。拥有某种社会地位或社会属性的人——如流浪汉、中产阶级青少年、行业女性领袖，也可能因为他们的生活状况、所面临的挑战或具备（缺乏）的能力而被选作访谈对象。研究者通常期望受访者因个人经历的性质说出一些只有曾经（或现在）有类似经历的人才会说的话。访谈也是进入个人世界观或思想的港口。

知识、经历和／或世界观可通过故事、叙述和解释等三种访谈形式之一得出。认知命题模式倾向于抽象和概括，与之相反，故事通过人物、动机、背景和行为（Baumeister & Newman，1994）等使人类经历具体化。讲故事大概是普遍的象征性实践。虽然故事内容和叙述方式存在文化差异，但所有人都有叙述的天赋（冲动）。因此，会话学者沃尔特·费希尔将人类这一物种授予著名的"叙事人"称号（Fisher，1987）。质性访谈在讲故事领域最为出类拔萃。这是人们以自身认为合适的方式讲述故事的机会，以此在塑造自身理解方面实现某种连贯性。甚至儿童都能自然地按故事结构讲述熟悉的活动——比如生日宴会（Otnes & McGrath，1994）。在本章接下来的内容中，我们将看到如何通过"叙事访谈"分析一系列会话现象。

人们可在访谈中对自身行为作出解释，斯科特和莱曼（Scott and Lyman，1968）将其定义为社会行为的借口或辩护。比如，亨特和曼宁（Hunt and Manning，1991）在一次长达18个月的研究中访谈了警察，主题是关于警察撒谎的社会背景。例子表明，警察对同事和在法庭上撒谎有着各种各样的目的：挽回面子、报复无礼嫌疑人、弥补无效的司法体制、避免不必要的文书工作、保护同事。作者总结道，"学会撒谎是成为（警察）成员的关键"（p.54）。

另外，质性访谈可成为探索人们**解释**的工具。我们可能会好奇，一群人如何创建某种哲学或文化逻辑；他们如何将这一框架运用于不同的情境、议题或困境中；他们又如何根据自己所信奉的哲学理论解读文本，等等。例如，爱基维斯特（Ahlkvist，2001）促使商业广播程序员说出各自工作的优先顺序和基本原理，以此探索"编程哲学"。根据访谈，爱基维斯特将程序员所述内容分入了四类知识框架："音乐学家"哲学，"代理消费者"哲学、"职业程序员"哲学和"管道"哲学。 【174】

质性研究者也可通过访谈**引导出社会行动者所使用的语言形式**。在社会生活的任何领域，我们适应新文化都需要学习语言、词汇和俗语，以此处理事务、建立能力、形成群体价值观、成为群体一员。诺伊曼和辛普森（Neumann & Simpson，1997）在非法录制音乐的研究中发现了一类词汇——包括"百科全书""档案保管员""图书馆"等——自我描述成"磁带头"，用来命名其文化活动领域中的对象。作者认为，这些术语表明"对文字修养的虔诚明显体现于许多走私者对其惯例的看法中"（p.331）。

访谈可帮助研究者**收集通过其他方式无法有效获取的事物或过程信息**。访谈，如克莱门及其同事（Kleinman et. al.，1994）所注，是"学习不受物理限制的社会现实……（以及）跨越、独立于或超越环境的身份与意义的好方法"（p.43）。这类访谈促使受访者成为"观察者的观察者"（Zelditch，1962）。

与此类似，研究者通过访谈**探究过去**。一个人或一个社区的生命历程中的重大事件并不总是能从口述史、官方记录或其他人工制品中得到。如果官方历史确实存在，也通常反映了掌权者的利益。访谈可以收集范围广泛的声音与记忆以写出对过去更为细致的理解。

访谈经常用于证实、确认或评论通过其他途径获取的信息。在许多情况下，访谈能从考察笔记、调查或其他访谈中探索出其中意义。即使某事以某种形式记录了下来，我们可能仍需要咨询当事人查明实情——例如，小组成员内部政策如何影响会议所述内容。研究快结束时，关键人物的"成员验证"**可验证由田野发展而来的假设**；这类访谈将在第 8 章进行讨论。

最后，访谈可能**实现高效收集数据**。涉及许多深度访谈的项目通常比同一群体民族志所用的"接触时间"更少。然而，这种效率指标只适用于田野上花的时间。访谈数据的转录与分析时间与田野笔记的写作和分析时间一样（或更多）。选择研究方法应主要考虑哪一种能最好地解决研究问题。 【175】

6.3　传播研究中的访谈类型

大多数质性访谈都是相对非正式的半结构化事件。研究者会为一段时期的访谈做计划——通常是准备一系列问题——在某种程度上按计划进行，但也能灵活应对访谈中的突发事件。除了这些共性特征外，社会科学中还发展出了几种特殊的质性访谈类型。我们在本章中讨论的是传播学中最常用的几种类型。它们在以下方面都有所不同：话题深度和广度；发生背景；个人谈话内容；每位受访人访谈的时长和次数；访谈的关系质量。首先，我们讨论一种不能由一人独立完成的访谈：民族志访谈。

6.3.1　民族志访谈

民族志访谈——又名**非正式会话访谈**（Patton，1990）、**情景式会话**（Schatzman & Strauss，1973），或者**行进式访谈**（Kusenbach，2003）——是最不正式的自发性访谈。当调查员与被研究的人一起闲逛时，民族志访谈便通常在某种文化场景中进行。不经意的观点交换或行动的暂停都表明这是提出"研究"问题的正确时机。就其本身而言，民族志访谈一般在其他社会行动中进行，时间上通常是研究者和受访者对诱发问题的所见所闻仍记忆犹新时。

在对生活于圣安东尼奥的墨西哥裔美国青年女孩的民族志中，梅耶（Mayer，2003）对她们的"媒体谈话"做了田野笔记。媒体谈话实例包括"明确提到电视肥皂剧和闲聊的讨论，在此过程中对一个电视肥皂剧的间接提及可能是嵌入在一个更大范畴的话题，比如学校或家庭中。这些短暂的提及往往能提供最有趣的线索，引导研究者对田野对象提问"（p.484）。以下是梅耶的民族志访谈田野笔记的一例：

> 我载着安娜和萨拉（上述三位表妹中的两位）参加录制项目。萨拉问我，在这座城市的北边，人们会不会在门前摆放祭坛。我说不，但接着思考了一阵该用什么词来形容北方居民，他们一般是中产阶级墨西哥裔美国人。我没有回头，继续问这两个女孩她们是称呼自己为西班牙人、奇卡诺人，还是墨西哥裔美国人……"奇卡诺人？"萨拉笑着问道。她们从来没有听过这个词。安娜和萨拉说她们更倾向于"墨西哥裔美国人"这个词，虽然当人们称她们为"西班牙人"或"墨西哥人"时，她们也能够接受并不觉得冒犯。安娜向我解释，"西班牙人似乎是官方说法，而我们来自墨西哥。我只是不喜欢莫哈多（非法入境墨西哥劳工）这种说法，因为这是说我们不属于这里的一种恶意称呼。"萨拉补充道："我们都是美国人，只不过我们来自墨西哥。"（p.489）

【176】

这并不是个"媒体谈话"的实例，但它确实帮助梅耶通过澄清他们的种族认同感来理解青少年的媒体使用。民族志访谈的这种随意非正式性，掩饰了"发现"和利用这类时刻所需的技巧。民族志者需时刻留意显示提问恰当时机的社会信号。正如伯纳德（Bernard，2002）所建议的，"你必须记住很多事情，必须时不时地躲进私人角落（把记住的事情写下来），还必须隐瞒自己的目的（防止人们知道你实际上在工作，在研究他们）。非正式访谈有时非常累"（p.204）。

6.3.2　知情者访谈

在研究过程中，研究者可能会遇见能为完成研究目标提供重要信息的人。这些人被称作信息提供者，因为他们能给研究者提供有关场景的信息——该场景的历史、习俗和仪式；当地"行话"；主要人物的身份和行动；等等。很多质性研究——尤其是但不限于民族志研究——严重依赖知情者访谈获取的信息。

优秀的信息提供者通常表现出以下一种或多种特征：

· 他们是该场景的老手，通常"按级别而提升上来"，可提供有关制度性记忆的可靠信息。
· 他们扮演过多种角色，并能颇有见识地谈论该场景的社会组成部分及其如何协同工作。
· 他们受到成员的广泛尊重，可连接一个或多个关键的社交网。 【177】
· 他们是当地语言的熟练使用者并拥有其他形式的文化资本。

简言之，最好的信息提供者应是八面玲珑的社会行动者。把关人或赞助人有时可填补这一角色，充当研究者即将进入的世界的向导。多克是民族志文献中最著名的人物之一，是威廉·福特·怀特的民族志著作《街角社会》（*Street Corner Society*）（Whyte，1943）中的关键知情者。他们第一次见面时，多克便同意为怀特做向导，带他在波士顿附近的工人阶级聚集区"科纳维尔"转转：

> 任意夜晚，无论你想看什么，我都可以带你四处转转。我可以带你去夜总会——赌博夜总会。我也能带你去街角看看。只需记住你是我的朋友。这也是他们仅需知道的。在这些地方，如果我告诉他们你是我的朋友，没人会找我麻烦。你只需要告诉我你想知道什么，我就会给你安排……如果你需要一些信息，我会去打探，你来听。如果你想知道他们的生活哲学，我会设法让他们讨论，以帮助你了解。（p.72）

有时，处于边缘地位的人——包括那些类似于独立经营者的也可能提供有用信息，他们可能更适应于并且更愿意讨论同事的勾心斗角，或者其他人宁可无视或"忘记"的无能、怯懦、贪婪和虚荣等这样的插曲。另一方面，研究者应注意不可与被人疏远、名声不佳的社会行动者走得过近，也绝对不能完全相信他或她说的任何事情。

一个有趣、可信赖、求知欲强的研究者通常能找到自愿提供信息的人。例如，在研究年轻人使用假身份证进入夜店的方法时，舍贝尔（Scheibel，1992）"和夜店门卫成了朋友。之后，门卫在和顾客交流时，他们便允许我站在旁边。有时后半夜，门卫会给我展示他们前半夜从客人那里没收的假身份证，并且解释他们如何看出这些身份证是假的"（p.161）。其他关于学生、顾客和以前员工的访谈帮助作者了解使用假身份证的原因和后果。由于他们角色不同，这些信息提供者对夜店场景的看法也不同。

至于准确度问题，认知研究表明信息提供者通常能记起稳定、长期的模式，但也可能对特殊事件细节产生"错误记忆"（Bernard，Killworth，Kronenfeld，& Sailer，1984；Freeman，Romney，& Freeman，1987）。但是，在一项关于爱尔兰共和军（IRA）激进分子的研究中，怀特（White，2007）在间隔 10 多年后对同一批人进行访谈，发现他们对于"高调事件"（诸如他们当初如何加入爱尔兰共和军）的报告与此前的报告非常一致。因此，准确度可能取决于某些事件对信息提供者的显著程度。 【178】

6.3.3 应答式访谈

一如其名，应答式访谈（respondent interviews）旨在获取开放式回答。60多年前，保罗·拉扎斯菲尔德（Lazarsfeld，1944）描述这类访谈的一般目标有：（1）明确通用概念和观点的含义；（2）区分所表达观点的决定性要素；（3）确定影响一个人形成观点或以某种方式行动的因素；（4）对复杂态度模式进行分类；（5）理解人们对他们的行动动机所作的诠释。如今，将他们的访谈对象看成"应答者"的质性研究者通常会至少采纳这五个目标中的一个。

与信息提供者（他们提供的是对其周围世界的观察和看法）形成对比的是，应答者只为自身而谈，也只谈论其自身。对他们所说内容的准确性——关于一个案例的"事实"——通常不太关心。或者说，应答式访谈旨在了解人们如何表达自身观点、解释自身行为、理解生活世界等。简言之，我们希望他们透露自身的主观观点。例如，布鲁德和于乔克（Bruder & Ucok，2000）曾研究过美术馆参观者关于画作的讨论，主要是"参观者与艺术作品的交流特征"（p.338）。访谈在他们可以选择希望讨论的画作的公共画廊中进行。访谈持续5~30分钟（平均约10分钟），并且没有事先收集背景资料（以达到随机访问的效果）。除统一向所有人提出的问题——"你认为呢？"——研究者只提出了"旨在探究清晰度和更深的解读深度"的问题（pp.340–341）。这项研究——以及其他采用应答式访谈的研究——蕴含了一个源自现象学的前提，就是人们通过个人的意向性和经验的"典型化"（或共享构念）与其生活世界关联起来（Gubrium & Holstein，2000）。

在传统模式中，应答式访谈就像是一个聚焦于心理自我的镜头。访谈是个人视角坚定可靠的代表。然而最近，研究者采用了一种服务于女性主义理论、后结构主义和/或文化研究旨趣的不同的应答式访谈模式。在这类研究中，访谈性质的谈话被视为社会中广泛传播的话语构成的当地表现——例如社会性别、种族和政治话语。受访者被视为言说主体，他们利用这些话语展现他们的身份并理解其在社会结构中的位置。通常，受访者的言说被断定是多重而矛盾的、迅速变异的话语特征，而这些话语则被视为整体社会中相互竞争的意识形态的指示器。

[179]

克拉克、德蒙 - 海因里希和韦伯（Clark，Demont-Heinrich & Webber，2004）对电脑用户和非电脑用户所表述的数字鸿沟"话语结构"展开的研究，就是一个这种应答式访谈模式的例子。作者将"话语"定义为"参照既存的权力体系，通过诸如种族、性别或社会经济地位等文化范畴运作，在公共和私人谈话中体现出的叙事模式"（p.532）。这种定义话语的方式，使作者能够在受访者关于电脑和数字鸿沟的言说与公共领域中有关信息科技的使用和可能性的既有主题（如个人主义、技术决定论）之间建立起联系。

在一项田野调查中，应答式访谈通常单独进行而非与其他方法相结合。虽然所问问题因人而异，但很多应答式访谈研究遵循一套标准程序，如此可以在样本间比较回答。即使问题未标准化，规则的其他方面也可以定义明确且形式化。

6.3.4 叙述访谈

叙述访谈（narrative interview）的思想提出了某种"分类问题"。毕竟其他类型的访谈也涉及故事、传说、轶事、笑话和其他叙述类型。那么，为什么我们需要将叙述访谈作为一个单独的类型呢？答案很简单，因为叙述访谈具有双重性，既是实证方法，又是本体范式。换言之，叙述访谈不仅是"捕捉"故事的方法，同时假设人们在一定程度上通过日常叙述理解了他们自己是谁。因此，叙述访谈中讲故事的行为与故事内容同样重要。

　　叙述访谈与其他访谈还有一个主要差别。叙述探究关注整个故事，而其他研究，例如知情者访谈和应答式访谈通常为了分析目标从故事中抽取特定材料——如观点、主题和人物地点参考。

　　关于叙述的不同特性，尤其是与访谈相关的，蔡斯（Chase，2008）的解释很有帮助：【180】

　　　　叙述研究者认为叙述——包括口头和书面形式——是独特的语篇形式。叙述是回溯性的意义建构——对过往经历的塑造或排序……不像编年学，虽也是报告历时事件，但叙述传达了讲述者的观点，包括该叙述值得讲述的初始原因。因此，除描述发生事件外，叙述还表达人们的情感、思想和见解。（pp.66-65）

　　蔡斯还指出，"叙述者的故事灵活、多变，并在部分程度上塑形于受众的互动"（p.65）。这后一点对传播学学者尤为重要。通过其再现模式（戏剧形式、情节、场景、人物等），讲故事可以使人们彼此理解各自的经历。因此，叙述从社会生活的最深层次对人类欲望——还有人类的恐惧和焦虑——进行编码。成为任何团体的一员都意味着需要分享这类故事。这也正是杰罗姆·布鲁纳（Bruner，1987）写下以下这段话时的所指，"可以说，生活故事必须融入社会历史，讲述者和听众须共享'生活'本质的'深层结构'，因为如果讲述生活的规则完全是随意的，那么讲者和听众必然会因无法理解他人所说或他/她认为自己所听到的内容而感到疏离"（p.21）。

　　叙述访谈是已知最早的深度访谈形式。从 20 世纪初印第安人生活的人类学记叙、20 年代芝加哥学派社会学家开始，出现了生活史方法（Langness & Frank，1981）。生活史记录了一个人生活的所有主要轮廓，像棱镜或者象征般帮助理解文化或历史主题。近来，生活史采取了新的形式，包括作为"身份认同作品"的一个主题而聚焦于分离状态的形式，创造了由吸引人的个人议题和危机而来的自传性叙述以及混合体裁（Chambon，1995；Heyl，2001；Plummer，2001；Vande Berg & Trujillo，2008）。

　　传播学里出现了两类叙述访谈：**个人**叙述和**组织**叙述。基于口语文化传统，个人叙述避免一个人唱独角戏，而更倾向于会话互动（Langellier，1989）。个人叙述"在自我与他人之间［创造了］一种动态相互作用"（Corey，1996，p.57）。所述故事通常涉及关于种族、阶级、社会性别和其他政治化身份的文化话语。女性主义学术研究在这方面一直具有重大影响，因其探索性别化言语，并将访谈的对话质量理论化（Graham，1984；Reinharz，1992）。近期个人叙述研究工作包括作为策略资源的故事（Corey，1996）、用于理解道德与灵性的故【181】事（Wittenberg-Lyles，2006）以及作为自传探索的故事（Leonard & Ellen，2008；Ronai，1995）。

　　组织叙述与个人叙述区别不大，主要不同在于组织成员讲述的故事构成一个集体现实网。此外，组织本身就是故事来源，它们会嵌入到成员的行动中——或者在与成员行动相关时成为问题。博杰（Boje，1991）将讲故事的组织定义为"一个集体性讲故事的体系，其中故事的表演是系统成员意义建构的一个关键部分，也是让他们以制度性记忆来补充个人记忆的一种手段"（p.106）。从这种观点看，一个组织在很大程度上存在于且因为从多层次和通过多种象征形式讲述的故事而存在。也正是因为叙述，组织才能在为其运转而形塑有利环境的持续努力中接触到外部客户与支持者。在其他主题中，近期研究一直关注冲突话语的故事（Ashcraft & Pacanowsky，1996）、健康干预的故事（Petraglia，2007）和企业创始人商品化寓言的故事（Boje，1995）。

叙述访谈方法通常依赖与受访者的长期亲密关系。如果他们互不认识，研究者与受访者可能会花一些时间互相熟悉各自的背景，并培养平等观念（见本章"访谈实践"）。叙述访谈也是所有访谈中结构化程度最低的，其目的在于找寻最适合人们讲述故事的舒适环境。这意味着研究者最注重的是促进谈话的进行，而不是控制或管理谈话流。

6.3.5　焦点小组访谈

正如我们目前所看到的，质性研究通常是研究者和一位受访者之间的双人交流。然而，有些研究问题需要同时访问多人。在众多小组访谈方法中（例如，德尔斐小组、头脑风暴小组、户外非正式小组访谈），焦点小组访谈无疑是最受欢迎的形式（Frey & Fontana，1991）。数十年前，焦点小组访谈形式便开始用于社会科学（Lunt & Livingstone，1996；Morrison，1998），民意调查员与商业营销员以焦点小组为工具，深入了解人们的政治信仰、媒体信息回应及对商标和零售的看法（Calder，1977）。焦点小组还用于混合法设计，作为问卷设计初始阶段发展假设和问卷题项的探索工具，或者作为补充个人访谈、参与式观察或量化方法的三角测量策略的一部分。更重要的是，焦点小组访谈已经成为自成一体的独立研究方法，是研究话题观点差异、意义构建合作过程及传播文化表现的实用社会实验室（Hollander，2004）。

【182】

焦点小组历来被定义为"具有某种特质的一小组人被召集起来对一个特定话题进行集中讨论"（Hollander，2004，p.606），这样可以快速收集多人关于某一话题的观点，这也是使用这种方法的基本原理。在脱离对话背景单独分析焦点小组成员的回答时，这一原理也时刻发挥着作用。然而这种方法同样存在问题，因为小组交流不等同于集体意见。

采用焦点小组访谈法的最令人信服的理由是利用"群体效应"（Carey，1994）。在日常会话和导向性的讨论中，人们可利用大量的共同经历，这种方法便利用了这一点。在这种背景下会产生一种"连锁"或"串联"效应，即会话中每个人的谈话轮次与之前出现的话题和表达相联结，或者由此突然明白。摩根（Morgan，1988）解释道，"明确利用小组互动［产生］在一个没有互动的小组中较少获得的数据和见解"（p.12）。这种动力，如果有的话，也极少出现于一对一的访谈中。

群体效应差异很大，但通常分为两大类。一些研究者致力于**互补性互动交流**（complementary interactions）。这种模式中，小组成员通过讨论达成共识并继续加入自身观点和细微意思差别。这类互补相互作用的宝贵之处还在于它们往往能揭示受访者表达的当地形式——方言、笑话、轶事、歌曲、出格行为等。不拘礼节且组织良好的焦点小组通常能引出这些言说与行动的形式

（Kitzinger，1994）。焦点小组可能非常热闹——有时甚至达到吵闹或失控的程度，这并不奇怪。然而，有些小组适当安静和严肃。在优秀的主持人帮助下，小组间能产生互相支持的亲密联系，人们可以自由讨论敏感话题。

【183】

　　焦点小组还促使人们互相比较、对比和评论各自对某一话题的看法。在这种**辩论性互动交流**（argumentative interactions）模式中，主持人关于某些话题的详尽介绍——同时细心挑选小组成员——可导致意见不合或世界观的碰撞，产生关于"人们如何从理论上阐明自身观点……包括其他方面及如何将理论用于'实践'"的见解（Kitzinger，1994，p.113）。简言之，其目的是以焦点小组为背景分析不同或对立观点。这需要有经验的主持人帮助人们自由讨论各自不同点，关键在于要让人们比他们平时在"混合群体"中发言更直率坦白，不能出现过大的情绪波动、互相针对、因观点不同冒犯其他成员或退回防御状态等情况。但总有人不按常理出牌，一些受访者在焦点小组中极少发言，却能达到"说"了很多的效果。例如，霍兰德（Hollander，2004）探索了小组中"有问题的沉默"（即参与者保留自身观点）和"有问题的发言"（参与者的陈述并不代表其隐含的信仰或经历）的实例。

　　有关焦点小组访谈的规则至今已充分建立起来。一个小组的最佳规模是 6~12 人。6 人以下的小组可能导致有价值的评论种类不多（且易快速耗尽）；12 人以上的小组有谈论话题过广的风险，也可能无法听到每一个人的发言。访谈时长一般为 30 分钟至 2 小时，这取决于小组规模和讨论主题复杂度。访谈通常在"中立"场所进行，比如会议室，但也出现过在小组成员或研究者家中进行的情况。使用多个麦克风有利于录音，通常是将声音记录在不同轨道上以帮助转录混乱的对话。有些研究者会对访谈过程录像——将摄像机架在访谈背景上或放置于隔壁房间的单向镜面后——以捕捉面部表情、手势和其他非言语行为。

　　焦点小组的自由特质既是其优点也是潜在困难。习惯平稳有序的个人访谈的研究者可能会不太适应。沃尔（Warr，2005）指出，"小组讨论结构更易形成'故事讲述'的局部模式……这类数据通常比一对一访谈更难驾驭，因为参与者会互相打断、争论，或跑题"（p.203）。换句话说，这种访谈有利有弊，比如出现零碎的想法、一次性评论、前后不连贯之类。

【184】

　　研究者或**主持人**（moderator）对焦点小组访谈的成功起着关键作用。在互相自我介绍后，主持人通常会以一两个"破冰"问题开场，然后展示一两种刺激物（如一张照片、一首歌、一段视频、一道填空题）将小组引向主题并推动讨论。之后，主持人通过一系列问题和探究对讨论稍作引导。协调焦点小组是一项具有挑战性的工作。因为在鼓励每一位成员发言和提升积极的小组氛围之间，在促进热烈讨论和稍微控制某位强势的小组成员之间，在确保提出所有关键问题和避免个人过多强制介入讨论之间，都需要把握细微界限。

　　帕克、盖巴顿和彻宁（Park，Gabbadon，& Chernin，2006）对种族刻板印象的观众接收情况的研究，就是一个将焦点小组访谈原理付诸实践的好例子。作者希望探究好莱坞电影制作喜剧元素是如何影响种族特征解读的。选作例子的喜剧为《尖峰时刻 2》（*Rush Hour 2*），主要人物有一位美国黑人警探（克里斯·塔克饰），一位香港警探（成龙饰），一伙亚洲人饰演的反派角色和几位戏份不多但是重要"证人"的白人角色。为了"（创造）参与者对敏感话题如种族主义进行讨论的舒适氛围"（p.165），也为了对比分析种族群体的观点，研究者招募了 40 名黑种人、亚洲人和美国白人大学生，并按种族分组，共组成了 8 个小组，每组 3~8 人。各焦点小组首先完整观看了《尖峰时刻2》，然后主持人组织了一场30~60分钟的讨论，内容是他们对电影中角色的看法和对电影体现的人物刻画和种族成见的大致感受。主持人通过一系列问题保持讨论不跑题。同时，"半结构化讨论较轻松且不那么正式，因此分享的大多数信息是从自然交流中产生的"（p.166）。

小组构成和访谈问题选择是设计焦点小组的关键。陌生人组成的小组通常更利于探索公共问题。另外，成员互不熟悉的小组通常更留心主持人的问题（而不会跑题）。使用已有小组的明显优势是组员有共同历史，更易开展并维持讨论，研究者也可以从发展方面研究小组动态影响（Barbour，2008）。另一方面，已有小组通常带有根深蒂固的人际交往风格的烙印——有时会阻碍发现新的或不同的观点。

【185】

焦点小组的差异或同一程度是另一重要因素。混合小组（如男性和女性；共和党、民主党和独立派）在互动中可能会发生争论。另一方面，混合小组成员——不希望互相冒犯——可能会更注意自身观点的表达方式。帕克等人（Park et al.，2006）的研究表明，同类小组通常更愿意公开发言。另外，主持人需留心同类小组中的"群体思维"倾向。

关于访谈问题，摩根（Morgan，1996）指出，使用更多的问题通常意味着更大的讨论结构（或更少的自由讨论）。提问**类型**的影响较不明显。焦点小组互动的话语分析研究表明，与参与者自身想法相比，主持人议程通常决定讨论方向（Agar & MacDonald，1995；Saferstein，1995）。进展迅速的焦点小组讨论中，这种影响可能容易忽视。因此，主持人应偶尔对参与者在焦点小组的角色做些"行动后"的研究，并尽力更正任何可能终止或误导小组成员讨论的习惯。

6.4　访谈实践

多数质性访谈都是两种需求的张力场。一方面，驱动项目的概念议题，如拉普莱（Rapley，2001）所说，加强了"就某一话题收集超出当地数据的需求"（p.310）。研究者通常将此当作获取能解决项目研究问题的正确数据的需要。另一方面，与此相竞争的一种需要来自访谈本身。这种情况下，研究者必须快速反应，并对"要在互动谈话中且通过这些互动谈话来收集数据的一个于此时此地互动交流的事件"持有敏感性（p.310）。这不仅仅是实现令人满意的互动碰撞的需要，虽然那也很重要，但这更是出于用心倾听并让会话引向新发现的责任。在试图解决一种需求（如项目目标的"超出当地需求"）的过程中，研究者通常发现他们自己与最适合于生成一次好的访谈（"此时此地互动交流事件"）渐行渐远，或者甚至是与之不和。不管怎样，研究者必须找到一种方式来协调这些需求或至少将不可避免的矛盾向有利于研究的方面引导。

【186】

若将访谈设计为研究者与参与者相互投资的项目，则这一目标更有可能实现。但如何创造这种相互投资感呢？我们建议研究者打造类似**正剧**（serious play）的框架，在剧中搁置社会互动的常规（Bateson，1972）。引用本尼和休斯关于社会学访谈的这篇经典论文（Benney & Hughes，1970）：

通过提供讨论方案并保证所提供的信息不会受到质疑或抵制，自我表达可达到超乎寻常的内在满意度。从这层意义来说，访谈是双方间的理解，即在于作为允许研究者引导交流的回报，需保证信息提供者不会遇到拒绝、矛盾、抵触或其他困扰。和所有的契约关系一样，平等假设或约定必须居于主导地位。（pp.194-195）

这种构建互动的方法——作为一种"平等假设或约定"——只有当受访者能真正无所顾虑地说出心中所想时才能认真对待。研究者的工作是帮助受访者"扩大这种情形的定义……将访谈视作有趣且满意的谈话，一次表达他［或她］的厌恶、不满和想法的机会"（Brenner，1978，p.130）。对访谈的控制是这一进程的关键。虽然研究者会为访谈建立大概日程，但是参与者仍可以如下方式实施作用：重新设计问题，以问题来回答问题，故意简洁（或冗长），保持沉默，对他们所愿意谈论的进行限定，以及——采取自由意志的终极行为——终止访谈（Kauffman，1992；Knapik，2006）。多数人不会采取以上所有或大部分策略，但仅仅是意识到他们可以这样做，就是创造正剧精神的重要一步。并且，他们越是"买进"这样一种开放、客观对话的观念，他们就越会激发起"把它做对"的兴趣——提供协助研究者探寻的信息、故事和叙述。在接下来的几页里，我们将讨论共同创建这种框架的几种方法。

6.4.1　访谈语境

完成好的访谈，时间和地点是非常重要的。最佳访谈时间因人和情境而异，但一般来说，研究者应尽力找到一个**受保护时间**（protected time），受访者不那么忙，或是他不那么觉得要急着处理他日程表中的下一个事项。最好的结果是受访者比较放松，既不高度活跃也不是特别疲劳。当然，研究者很少去猜测受访者的情绪或是日程安排。如果有人带着忙碌的心态或者恐慌的心情来赴约，那么最好还是让他们"脱身"，建议重新约访谈时间。 【187】

选择在何处进行访谈也是如此。一般来说，这意味着要找到一个**受保护场所**（protected place），能够满足舒适和保密的需求。在理想情况下，它应该是一个不会被打断，或出现可能听到访谈的第三者的地方。大学校园里有许多地方能满足这个要求，比如教师办公室或会议室，不过参与者来这些地方可能不太方便，也不好停车。（会议室的布置会比较单调，这点会令有些人反感。）颇有讽刺意味的是，许多公共场所——公园里的野餐桌、咖啡店的小隔间——就像个人的家一样相当有私密性。

公共场所的一大弊端是太容易受到身边噪声的干扰——这可能会给研究者带来紧张时刻。例如，2008 年 8 月汤姆在芝加哥与奥巴马总统竞选推进活动负责人的一次访谈。他们在午餐时间碰面，在一个可以俯瞰密歇根大道的露台上，有许多人坐在周围餐桌边，吃饭、谈话。这不是汤姆的理想场所，但对于这个受访者——他的日程非常紧张，甚至在访谈的时候不停地查看黑莓手机——这是最接近总部的地方了。汤姆没得选择，只能继续。他按下录音按钮，放到了受访者面前，很希望这次访谈能圆满完成。幸运的是，后来回放录音时，他们两个人的声音都非常清晰。

通过这个例子我们发现，研究者常常需要按照受访者的喜好来作出选择。大多数人会选择在自己的地盘上接受访谈，比如自己家或办公室。他们在研究者面前扮演主人公角色的时候，可能会感到比较放松（这非常有助于引出"正剧"框架）。这种情境具有附加益处，可以让研究者深入到受访者自己的生活环境，在此可以观察人为产物，发现独特的举止，或者与访谈故事和叙述里提到的人物相遇。举个例子，布莱恩认识的一个研究生在当地的一家咖啡店里访谈了几名下了班的狱警。她很快发现这些人从来不会背对着门坐着，而且他们仍然对已出狱的囚犯和目前在狱囚犯的家人朋友保持高度警惕。这可以帮助她更好地去了解狱警们在下了班之后与囚犯的关系。一般情况下，研究者应该察觉出在某场所——无论是公共的还是私人的——开展研究所蕴含的社会意义（Herzog，2005）。

【188】

在一定程度上，电话访谈能减少地点的影响。以前，拨打电话时，人们可以互相知道对方的所在位置（"家用电话"或"办公室电话"），由于有这样的陆上线路的紧密连接，研究者和受访者可以在他们各自的私密区域进行交谈。今天，随着手机的普及，人们协商打电话的社会和肢体情境的变动，成为此类访谈必须要考虑的一个复杂因素。当得知一个人在处理多重任务又同时表面上在参与深度访谈时，这一点就足以让任何一位质性研究者暂停访谈。汤姆非常熟悉这种微微的不安感，他曾经对《基督最后的诱惑》（*The Last Temptation of Christ*）里面的一名演员进行过一次难忘的电话访谈，这名演员在缅因州的度假屋前，一边给草坪浇水一边接受访谈。还有，电话访谈的确有着这样的优势，可以在远距离的访谈双方都方便时将他们联系起来。

从逻辑上来讲，电话访谈需要使用一个具有特殊电路的录音机，用来输入打进电话的音频。在美国的大多数州，法律上不要求呼叫者告知另一方会话将被录音。当然，这在学术研究中并不是一种选择。和其他研究遇到的问题一样，研究者应根据协议中受试者保护条例引导受访者，并在进行下一步环节前对获得其同意进行录音。在这方面，有一点值得注意的是深度电话访谈少有"冷不防电话"的。研究者通常是通过电子邮件或信件（或亲自预约，都没关系）进行初始联系，并大致描述一下研究目的。如果对方的回应积极，研究者就可以在随后的电话或电子邮件中进行跟进，并商讨电话访谈的细节。

人们经常指责电话访谈缺少人情味，是面对面访谈感知性互动的糟糕的替代品。视觉线索比如面部表情、手势和身体姿势等，确实很难从电话访谈中获得，由此消除了回应者"散发出"的有价值的信息。还有效度考虑，就是仅在电话上"会面"的两个人之间的坦诚和信任程度。（正如网上交流一样，在电话里更容易卷入骗局，而且后果很严重。）然而，一些基于电话的研究经验告诉我们一个不同的情况，至少有一项研究发现，电话访谈和面对面进行访谈会产生高度

【189】

可比的结果（Sturges & Hanrahan，2004）。此外，正如汤姆在《基督最后的诱惑》研究中所发现的（尽管有度假演员这一插曲），电话访谈可以既亲密又引人入胜，并且最终好到可以获得充分的访谈回应。电话访谈甚至可以令人联想到"在夜色下路过的陌生人"这一幕，在这种情况下，参与者更愿意透露个人的信息，因为他们不指望再遇到研究者。视觉线索的缺席，还可以用于一个实用的目的，即减少受访者对文化符号、研究者身体姿势或者访谈录音设备的反应。（关于深度电话访谈的优质讨论参见 Bird，1995，以及 Sunderland，1999。）如果所有选择都同等可取的话，面对面访谈通常会是首选，但是电话访谈这种方式不应该马上被摒弃为次等选择。有些研究目的，电话访谈可以做得同样好，如果不是更好的话。

互联网提供了一系列的计算机中介传播（computer-mediated communication，CMC）工具和话语竞技场，许多质性研究者都在访谈活动中予以采用。正如我们刚刚讨论的电话，任何技术中介都会限制一个"标准"访谈的某些方面，留下其他方面未作改变，却又将其他潜力释放出来。就此而论，一些研究者认为 CMC 同步形式（例如，互联网多线交谈或"聊天室"）或者接近同步的形式（例如，发短信）都非常适合非标准化（例如人类学）的访谈（Mann & Stewart，2000，p.76）。这种实时互动的亲密性能让受访者高效地提出问题和回答问题，还能营造出一种亲密的氛围，在此氛围中小心发展和达成理解。另一方面，互联网的全球影响力意味着"来自"不同时区的老用户可以在聊天室里接受访谈。一位研究者下午三点的任务可能是给一位受访者治疗失眠症。这种情况，与参与者的注意力、反应速度和忍耐力的各种差异结合起来（Lyman & Wakeford，1999，p.365），意味着有些人会比其他人更好地适应同步 CMC 访谈的要求。对他们来说，研究者必须利用有限的信息时时决定信息形式和内容的意义（和含义）。他们必须时刻准备去发现、提醒、诱使并且——在必要时——哄骗他们的对话者，不仅要把对话推进到一个富有成效的方向上，而且要在双方联系终止时重新建立联系，以澄清含糊不清之处。

异步 CMC（比如，电子邮件）由于其信息传递的交错和时间延迟形式，无法达到和同步 CMC 相同的啮合水平。电子邮件访谈所面对的最显著的问题是要决定在单次邮件里需要发送多少访谈指南。在基于文本格式的邮件中，发送一个完整的问题列表可以有效地将面试变成一项调查。另一种方案——一次分配一个问题或两个问题——提出一种挑战，即需要管理连续接收到的小块数据。此外，这还增加了受访者对访谈感到厌倦的风险，他们会把注意力转向其他地方。然而，最近关于电子邮件与传统方式的访谈形式对比的研究显示，人们通常喜欢给予深思熟虑的答案，喜欢更加灵活的回复时间以获得更多的谈话主动权（James & Busher，2006；McCoyd & Kerson，2006）。此外，正如詹姆士和布希尔（James & Busher，2006）指出的那样，"电子邮件访谈每次来回的连续可见的记录能使受访者重温事件，即使他们已经忘记了这些事情，也没有关系，因为电子邮件能让他们回到当时的情境"（p.416）。这些发现的要点是受访者在提交答案前会通过一系列文本进行仔细的考虑（邮件、回复、再回复等），这些能使访谈进行得更顺利。【190】

无论是同步模式还是异步模式，CMC 访谈已是一种书写好了的文本，可以减少转录的时间和成本。受访者也可以在上面添加一些标点符号、文本格式、缩写词、速记语法和符号（例如，"表情符号"）来展示他们的心情、态度等一些细微的含义。此外，正如麦卡尔德和科尔森（McCoyd & Kerson，2006）所说，"受访者可以对自己的信息进行'整理'，因此研究者就不需要修改这些言论，比如去掉不合章法的语句等，研究者可以直接得到一个只需要修改拼写错误的答复"（p.397）。受访者还可以在他们的回复里附上视频、照片或一些文件，再加上高速的宽带和"网络摄像机"，视频聊天也是一种类型的访谈模式。

在结束这个话题之前，我们必须注意使用互联网访谈的一些特殊问题——一些预防措施可以防止这些问题变成麻烦（McCoyd & Kerson，2006，p.394）。在许多机构，包括一些学术机构，员工的电子邮件在法律上要受到管理者的监管。出于这个原因，我们不应该把受访者的电子邮件信息放在信箱中太久。新的电子邮件应当除去识别性信息（使用一种代码号来取代受访者的名字和电子邮件地址），放在一个计算机文件中，不久之后，电子邮件将会被删除（然后再从【191】

回收站里面再次删除）。一些研究者会把他们所有的项目数据存储在一个离线的计算机上，以防止黑客入侵和病毒、恶意软件的攻击。应该告知受访者，他们的电子邮件和其他数据不会被第三方转发或共享。一般情况下，如果我们的保密措施合理、公正和透明，人们在网上接受访谈就会更有安全感。

6.4.2　记录访谈

一些研究者能够非常详细地回顾谈话内容。例如，《冷血杀手》（*Cold Blood*）的作者杜鲁门·卡波特（Truman Capote）在写这本书的时候几乎全部靠逐字逐句的回忆而成。然而，我们大多数人都不是记忆专家。受访者的讲话通常必须以有形的形式记录下来，而且必须是双重选择：笔记和录音。笔记的主要优点是它可以在任何地方进行，不需要依靠容易出故障的设备。此外，笔记还可以防止研究者游离和分心，它能迫使研究者专心实时倾听受访者所说的话。

然而，记笔记也有其局限性。我们也许会记录下访谈的要点——对话的总结，也许是一些精确的短语——但是大量的访谈内容就永远消失了。如果研究者没有选择记笔记的方式，那么第 5 章中给出的关于把字迹潦草的笔记快速转变为田野笔记的建议就十分适用了。

另一方面，录音是一种最方便的方式，它能够记录和保存所有的访谈内容。它不需要研究者去盲目地记录谈话内容，研究者可以坐下来（或微微前倾）认真地倾听对话。这一过程的结果——一盒磁带或一个数据文件——使用一个按钮或点击下鼠标就能获得。我们可以关注谈话内容及受访者的语言特征——比如口音、方言、笑声、叹息声、停顿、强调等。当磁带转录完成后，研究者就有了一份逐字逐句用于所有意图和目的的文本。此后，这份文本可以导入到数据分析软件，或者各单独部分可以"剪切粘贴"至一个分类方案中。

近些年来，数字录音机在便捷性、成本和存储容量上都超过了磁带录音。现在，将音频文件保存在 PC 上（并将其备份到 CD、U 盘或其他媒体上）是一个简单的过程，一度在访谈项目中积累起成堆的磁带这样的情况已成为过去。

毫无疑问，录音机在为研究者的工作服务中是强大而多面向的工具。然而，即使再小的录音机也是容易被人发现的，它会使受访者不能轻松自如地接受访谈。可以肯定的是，一些受访者不会对录音机反感——就像一位政治进步人士，他充分知晓其名字可能被引用在某一出版物中，依然在汤姆面前直言总统小布什是"战争罪犯"。其他受访者表现出不同的态度，我们可以通过他们的目光和拘谨的姿势知道他们对录音机存在的态度。这种自我意识的影响是微妙的，但也很普遍。正如怀特（Whyte，1982）指出的那样，"知情者'为了记录'在录音机面前可能会谈论更多，即使他们已经知道研究者事后会写下访谈内容"（p.118）。因此，他们的言论会略显正式。他们可能会"自我审查"自己的言论（研究者不确定哪些部分已经被删减或修改）。如果他们愿意说一些有争议的话，他们可能会要求关闭录音机。这些现场协商会中断谈话，更不用说使数据质量受限了。

在一定程度上，这些问题可以通过遵守一些简单的规则来避免。首先，所有的技术准备工作——包括选择一个合适的麦克风，检查音频效果，确保电池电量充足等——这些工作都要在到达现场之前准备好。（关于特定访谈状况下使用不同模式麦克风的讨论见 Maloney &

Paolisso，2001。）随身配备电池和磁带，甚至携带一个备用录音机都是很好的预防措施。受访者往往通过研究者态度透露的蛛丝马迹来揣摩录音机的重要性，如果研究者用平淡的语气讨论这个问题，他们就知道这没什么大不了的。在访谈过程中，研究者应避免提及录音机或注视着它。对设备的任何明显的担心都会加深受访者的焦虑，而停下来去摆弄设备也许会造成更严重的后果。当访谈结束时，你可能会考虑寄一份访谈文本复印件给受访者以表示善意。有些研究者会邀请受访者一起审核访谈文本中的错误或不准确的地方，然后会把正确的文本寄给对方。综上所述，如果访谈只需根据事实进行，或者受访者对录音感到敏感，笔记记录也许是一个最好的选择。但是，为了满足准确性和完整性的要求，录音机是第一选择。

6.4.3　建立融洽关系

由于双方初次见面时都不认识对方，所以研究者必须要尽量让受访者放松。他们应该预计一下受访者来见面时会提供什么图片和问题："这个人想知道我什么？这个'传播学学生/教师'会怎么想我如何说话、我住哪里、我的兴趣是什么？我能说出我真正的感受和信仰吗？这个研究的价值究竟是什么？谁将从中受益？"这些都是合情合理的问题。也许很少有人会当着我们的面说出来。然而，你应该试着换位思考，并做好应付各种受访者的关于研究、访谈、专业和其本人的问题的准备。 【193】

在互动的这个初始阶段，我们应试图跟我们的受访者达成**融洽**（rapport）关系。融洽意味着我们可能不会总是同意对方的观点，但我们的观点依然值得被尊重。融洽也意味着我们毫无保留地同意访谈的交流规则，比如轮流问答，在对方说完之前不要打断，以及我们可以自由使用各种形式来表达观点（除了贬低别人的言语）。

重要的是，融洽是一种交流的素养，而不仅仅是一种关系。斯普拉德利（Spradley，1979）指出："正如尊重可以在彼此不是特别喜欢的两个人之间发展起来一样，融洽同样可以在没有喜爱和感情的情况下存在"（p.78）。融洽也不应该与"中立"相混淆，即使它有可能是中立的。帕顿（Patton，1990）如此来做区分：

> 融洽是一种面对受访者的姿态，而中立则是一种面对此人所说内容的姿态。融洽意味着我尊重受访者，为的是他们的言说恰因为是谁在言说而重要……然而，我不会评判他们说给我听的内容。（p.317）

由于研究者必须在有限的时间内完成访谈，因此迅速建立起这种融洽感是非常重要的。按理说，这种鼓励建立融洽关系的观点同样也是在为研究者需求服务（Jorgenson，1992）。显然，没有哪一方能单独"享有"融洽。融洽的本质是一种社会成就。当然，研究者应该为实现双方满意的交流基础迈出第一步。

融洽同样也是出自研究者明确的访谈目标。研究者应清楚而坦诚地告知受访者，为什么他们被招募过来，项目的目标是什么，以及将如何进行访谈。这种修辞的某些要素几乎是质性访谈的"样板"。以某种方式告知受访者："我想知道你（或者你群体中的其他人）对这些话题 【194】

有什么看法。"他们会被告知这里"没有对与错的回答",而且,重要的是"用你自己的话语来表达你的观点"。受访者也许受到鼓励"尽己所需慢慢来","提出相关的问题或议题,也许这些问题我根本不知道呢"。而且,你也应该让他们知道"我有许多问题需要在今天的访谈时间里提出"。

焦点小组访谈通常会根据一项特殊的协议来介绍研究课题,创建融洽氛围。表 6.1 显示了这样的一个"脚本"。主持人一开始会强调所有的小组谈话必须保持自信——一些关于变化的谚语:"维加斯发生的事就在维加斯。"这个脚本的特点是使用幽默和富有想象力的方式,主持人在其中解释了平等意见的含义。重要的是要在房间里介绍,不仅是为了打破沉默,而且这种谈话可以很好地进行转录。

表 6.1 焦点小组脚本

I. 主持人介绍
【注意:访谈时使用一种能让人们放松的氛围会使受访者更乐意去分享他们的内心想法。主持人可以很自然地想起和传递这部分的内容。】
你们好!我叫_____,我在_____工作。我们之所以邀请你们来是因为倾听你们这些年轻人的想法是很重要的。然而,你们不要担心我们组以外的人会知道你们所说的内容。当我们采用你们的言论时,你们的名字肯定不会出现。此外,我们希望你们能够尊重小组当中其他成员的隐私,不要随便讨论其他人的谈话。因此,我们都同意我们的谈话将是保密的吧?【这个时候一定要与现场的每个人做短暂的目光接触。】
让我们想象一下,你走出这座楼,问某一个人:"现在这个地方的温度是多少?"正确的答案应该是你要拿温度计量一下。然而,我们今晚讨论的是你或你们的朋友对事情的看法,也许这个房间里面的每个人观点都不同。你猜怎么着?这些人的看法全都是正确的!请记住,我们来这儿不是为了说服任何人或改变任何人的想法。我们来这儿的目的是讨论事情并且倾听你们的想法。
有时,你会发现这间屋子里的许多人跟你想法一样,但在其他时候,也许没人跟你的想法一样。重要的是我们要了解所有人的想法,因为即使你是这间屋子里唯一一个拥有这个想法的人,在我们国家就有可能有成百上千的人会跟你一样有此想法。最重要的是,每一种意见都很重要,所以请随时分享你的想法。
也许你们会注意到精心隐藏的磁带录音机。【这是一个笑话!】我会认真录下我们的谈话,因为我们希望能记起你们分享的一切,认真倾听你们的谈话而不是花时间记涂鸦笔记。磁带录音机确实有一个问题,当不止一个人在说话的时候,声音很难听清。所以我要求你们一个一个发言。
如果你需要离开一会儿,请随意。但我希望你能尽快回来。所以坐下来放轻松。我知道你会发现下面的 90 分钟是非常有趣和开心的。
II. 受访者介绍
首先,请把你们的名片转过来,这样我就可以看到每个人的名字。谢谢!我想先了解一下你们最喜欢的电视节目。
【注意:这是一个训练讨论的练习。你可以叫他们的名字,问一些关于他们所说的问题。接下来你可以认真倾听受访者的想法和鼓励他们再多说一点。这将帮助你得到更多的信息。最好的办法是按照一种随机的顺序来叫受访者,而不是按照桌子的顺序,因为随机性更接近焦点小组的风格。按桌子的顺序会制造出一种不同的风格,并会导致人们在旁边人发表观点的时候组织自己的看法。】

来源:《苏珊娜·阿拉德的礼貌》。

一种吸引受访者的兴趣并为未来有意义的谈话作铺垫的好方法就是研究者首先进行自我披露。你可以告诉别人你是谁——也许包括你做这项研究的原因——你可以建立这种平等的关系。在接下来的访谈中如果你讲述一些简短的个人故事或趣闻,一种友善的互惠氛围将会出现。

或者,你可能会要求受访者进行自我披露——比如,询问他们的家乡、家人、工作或其他生活方面的内容。这样做的目的之一就是帮助受访者在谈论自己时感到舒服。而对于你来讲,

【195】

这样的时刻既不无聊也不散漫：受访者的语言模式、讲述故事的方式以及愿意进行分享的心态将会默默替你指出调整访谈的策略。虽然也许不用说出来（但无论如何我们都会这么说）的一点就是，受访者的自我披露应该是一种积极的体验，或者至少是一种无害的体验。例如询问下岗人员的工作情况就不是一个很好的开端。显然，如果你的问题会给受访者带来负面情绪，那么就会影响融洽的建立。【196】

研究者的风度和外观也会影响受访者对你和访谈的评价。根据第 5 章中作者的立场，你会产生一种积极的、无偏见的、渴望学习的心态。同时，还会随时根据话题和场景氛围对自己进行调整。比如，研究者在访谈一名刚动过前列腺手术的患者时，需要机智地抓住既不特别欢乐又不非常严肃的中间话题来进行访谈。在访谈孩子们最喜欢的电视节目的时候，又必须表现得更为活跃。不管人们对于研究者的着装是何想法，你都应该穿着适合场合的服装。有时也会需要穿商务装，但是，休闲装也需要经常穿。

最后，值得注意的是，想要创建融洽氛围也许会是一个相当大的挑战。在一些研究中，研究者和受访者之间的巨大差异——比如在社会地位、文化资本或交际风格方面——是会从一开始就存在的。例如，人类学家杰姆斯·沃尔德伦（Waldron，2007）阐述了他是如何对监狱里的性犯罪者进行访谈的——这是一群通常被人们认为是"社会上最低贱的人"（p.964）。犯人们并没有在意人类学家在做什么，也没有在第一时间紧紧抓住他问为什么要听他们讲述自己的故事。沃尔德伦尊重他们，并把访谈的主动权交给他们，因此赢得了这些人的信任。正如他所说："我们没有权利去主宰他们，也没有理由去伤害他们，我只是想要了解他们的生活而已。"（p.966）他说服了这些人，让他们知道他们的故事对别人也是有用的。

融洽有的时候也会被受访者的某些行为干扰，并且很难去修复。例如，当一位女研究者与一名男性嘉宾进行访谈，尤其是关于两性关系和性行为的话题，一些男性会试图用自己的性别优势去控制谈话的主动权，诋毁女性，询问女研究者一些私密性的问题，这种行为可以认为是一种性骚扰（Arendell，1997；Green，Barbour，Barnard，& Kitzinger，1993）。这样的事情不仅威胁到他们之间的融洽关系，甚至还会导致研究者的自信和安全感减少。如果你事先知道会遇到这种问题，请做好使用谈话策略以减少紧张感的准备，或者在受访者变得不愉快或很暴躁的情况下直接终止访谈（Arendell，1997；Green et al.，1993）。【197】

研究者还必须在现场作出微妙的决定，来回应受访者的意见。格拉泽（Glaser，1996）讲述了他与一个白人竞选官员在一起的情形，这个官员讲了一个种族主义笑话。他写道，现场"**需要一种回应**。一片沉寂，也许在其他场合被解释为赞成，而在这儿却是反对"（p.536）。格拉泽立刻回应说"那非常糟糕"，似乎在说那个笑话本身很低劣。他模棱两可的回应符合道德准绳，避免了可能会破坏他们融洽关系的一场冲突。尽管如此，作者承认，"这不是我生命中最诚实的一刻"（p.536）。这个例子再一次提醒我们，即使我们不同意另一方的道德观、价值观或行为，融洽依然存在。但想要做到这一点，我们就需要控制自己的脾气，不要像往常一样随口说出来。

6.4.4　倾　听

倾听是访谈开始后建立融洽关系的关键——可能**最**关键——方法。在最基本的层面，倾听意味着"重视"。因为仅靠语言有时会显得不真诚，关注讲话者是表示尊重和希望听到更多内容的最佳信号。一个好的倾听者通常能使对方说得更多，甚至获取更好的故事和信息。相反，倾听时不专心——向下看、看向别处或玩弄铅笔——是打击他人或阻止对方继续说下去的最好方法。

专心听是一种消极倾听方式，人们通过积极倾听以听到对方说的重要信息。这可能是你在访谈中最困难也是最重要的"工作"。对话展开时，你要调整自己的理解，尽量符合对方可能表达的意思。安静时，你会问："我正在学习什么？我还应该学什么？这个故事和我以前听过的故事有什么联系？我该如何帮助这个人更清楚完整地表达自身想法？"在积极倾听中，据科特尔（Coutlet，1973）所说，人们实际上在不断"监督自己，保持自觉意识"（p.351）。

积极倾听中的思维训练可帮助你判断哪些是急需讨论的重要问题，尤其是判断这是否能让紧急事宜浮出水面或得到满意的解决方案。你在这一点提出的这个问题可以告诉受访者你确实在倾听，而不只是一个拿着录音机的人。这类时刻可将讨论推入激动人心的新领域并且拉近两人的距离。

【198】

但是，你必须注意提问的时间和方式，不能太突兀。问太多问题可能表示你没有专心听——或对受访者耐心不足。如果你问了一个已经回答过的问题，这就足以证明你完全没有在听。

积极倾听包含头部倾斜、点头、微笑、关注的神情，以及"是""嗯""我知道了"之类的行为词以维持交流。这些表达并不仅仅是访谈中采取的机械"策略"。如果另一个人真正对我们感兴趣，我们大多数人可以识别这一信号，并且我们通常会友好地回应。与对方建立良好关系和积极倾听之间相互促进。倾听是所有优秀访谈的重要连接组织。

6.5 问题设计与运用

提问是研究者最常用的手段。在一项研究开始进行的时候，你的访谈对象对此研究的最终目标并不清楚，但后来提出的问题会很快让他们领会调研人员的真正目的。要让一段对话沿着一定轨迹发展或接着转换轨迹，提问是一种有效的工具。通过提问可以打开性格内向者的心扉，或者说服话语冗长者做到言简意赅。好的提问甚至有助于受访者以新的思维方式来思考自己熟悉的话题。相反地，措辞含糊的提问容易造成受访者的困惑，扰乱他们的思维，或者使他们确信这项研究平庸且不靠谱。

期刊文章中不常出现访谈提问，但在一段访谈中几乎每一个阶段，提问都是受关注的部分。本节包括访谈问题设计及运用中的几个主要方面。

6.5.1 访谈程序和访谈指导

许多研究者在访谈前都会准备两种访谈工具，即访谈程序（interview schedules）和访谈指导（interview guides）。"访谈程序"较为规范。当项目要求问题的措辞与排序统一时，访谈程序就必不可少。总而言之，访谈程序的中心目标就是确保案例中的每一个人能以同样的方式听到相同的提问（尽管针对不同受访者有不同的问卷，这也取决于受访者如何回答某些"限定式"

问题。）

访谈程序主要运用于这类研究：要求给诸如受访对象提供一个更具结构性的方法进入访谈，并且聚焦于小组研究。固定的提问模式可以区分整个案例中受访者沿着一定维度所产生的主观认识。同时，访谈程序也有助于不同研究者在研究一个项目时提高质性数据的可靠性和可信性。

"访谈指导"则提供了更加非正式、更加灵活的途径。一项访谈指导包含针对不同受访者所制订的一系列话题和问题，并以不同的方式询问。也许提问时有一个优先次序，但访谈指导本身并没有按这个次序来执行，相反地，研究者从问题库中随机抽取一些问题，或者添加一些自选问题，又或者即兴借鉴其他问题。特别是遇到那些经验丰富、技能过硬的受访者，研究者常常会重新安排话题与提问，以找到最个性化的访谈内容。表 6.2 列出了汤姆访谈政治推进者时访谈指导的部分内容。

表 6.2　访谈指导

1. 最开始你是怎样参与到政治推进工作中的，其中完成了哪些重要的推进任务？（追问：哪些选举活动？）
2. 什么样的特性、品质和技能要求能够造就一个优秀的推进者？在"学习曲线"过程中——包括个人经验，最大的挑战是什么？
3. 什么样的人不擅长（或者不愿意）做推进工作？
4. 在选举周期中你负责做什么？
5. 为什么推进者社团如此紧密团结？对于那些离开社团又重新回归的人说它有什么吸引人之处？
6. 和我交谈过的一些人将政治推进事业视为一种艺术和科学行为，你怎么看待？
7. 我觉得许多事件都有一个"主题"或者目的，那么政治推进的主题是怎么来的呢？
8. 推进者如何努力配合通信部门的工作？事件主题如何交代给推进者团队？
9. 可以告诉我这个"事件"的相关内容吗？如何使这个主题形象化？哪些暂存元素需要考虑？
10. 一个伟大事件的整体局面是什么样子的？请举一个例子。
11. 一个考虑不周的局面，原因何在？（注意：不同于执行层面的原因）请举一个例子来形容一下这种局面。
12. 你最值得自豪的推进过的活动是哪一次（哪几次）？（补充：就你战胜过的挑战和其带来的积极的影响而言。）
13. 另一方面，你帮助推进的活动中，哪些最终是出了问题的？
14. 在决定事件类型、发生地点和事件象征意义时，主导者的品质是如何起作用的？（追问：在"市政厅"事件中，什么样的候选人才会鹤立鸡群？）
15. 通常情况下，主导者在竞选活动计划中参与度如何？
16. 和你一起工作过的哪一位候选人或者当选官员最精通也最欣赏推进工作？
17. 发起一场成功的活动会遇到哪些主要的威胁？
18. 你能告诉我一件在开始发生和推进过程中本身就成为一个故事的事件吗？（补充：2003 年 5 月 1 日乔治·布什总统在林肯航空母舰上发表演讲。）
19. 你如何与报道事件的新闻媒体进行互动？
20. 新闻媒体运营手段——报道大众关心的和满足大众心理需求的——有哪些？
21. 你一般会按照新闻制作人所倾向的方式来组织一场活动吗？你能列举任意一次不合媒体胃口举行的活动吗？
22. 一次事件过后，你会去回看杂志、报纸、电视或者网上的相关报道吗？
23. 你会保存对你参与过的事件进行报道的图片、录像等吗？你会批评自己吗？

访谈指导没有必要对"如何"提问进行指导。研究者也许会修改问题的措辞，以适应受访者的语言风格和表达能力——比如，儿童就适合简短的语句。研究者所处的语境和社会动态环

境也要求用各种方法改述或者自定义问题，这样才能得到预期的效果。有时候，一个访谈研究开始时，它的访谈指导会出现不同版本的解释。在其他时候，面对刚坐下的受访者，研究者必须迅速决定怎样合理使用访谈指导。

这两种不同的工具可以这样定义："访谈程序强调获取信息的方式，（然而）访谈指导强调了访谈的'目标'，而这个目标是基于有待探讨的话题、有关和适当的回应标准的"（Gorden，1969，pp.264-265）。换言之，访谈指导有很多种方式来实现一项研究的目标，但是访谈程序重点关注在执行任务中访谈工具与访谈协议的规范化。

【201】

在选择访谈程序或者访谈指导之前，你应该用符合讨论过程逻辑发展与流程的正确方式，来为问题排序。例如，赫马诺威（Hermanowicz，2002）就提倡访谈提问的三步走策略："第一个阶段的问题通常是介绍性问题，容易回答，而且没有强迫性质。如果研究者准备了困难的或者强迫性的问题，那么这些问题应该被设定在访谈的中间阶段。这时研究者进入倾听受访者的状态，然后开始提出更有难度的问题。一段访谈通常应该以积极乐观的话语收尾。研究者应该帮助受访者缓和气氛、镇定心态"（p.488）。

赫马诺威还说，一次时长 60~90 分钟的访谈中会出现 20~30 个问题，尽管这个规则——正如其他经验得出的规则一样——并非适用于所有访谈。大体上来说，要符合访谈的预期时长及其复杂性。研究者的风格——比如你会更偏向"自由形式"的访谈方法，凭感觉访谈，或者有条不紊地访谈——同样会影响你提前准备好的问题的数量。

6.5.2 非指导性问题

作为访谈研究者，我们最不愿意接受的就是听到受访者告诉我们他们自认为研究者想听到的东西。我们只想他们陈述事实——正如他们已经知道的事实一样真实。因此，非指导性问题——一种允许受访者自由地定义他（她）的答案的范围和条件的问题——在访谈开始阶段和之后的许多方面都是非常有用的。常见的一种非指导性问题是**游览性问题**（tour questions），也被称为**宏观游览问题**（grand tour questions）。这类问题通常运用于激发受访者说出他们生活中的某些具体场景或者经历——一次活动、一场大事件、友善的关系、职业经历——是如何发生的。我们经常会问一些事大概是如何发生的，但一次具体事件是如何发生的也是很有用的试验。这类问题通常（但不总是）会被置于一个时间框架中。或者，我们可能想要一种替代的方式，来间接地考察某个物理或地理上的地带。

在这样的游览过程中，受访者通过指出关键信息——日常生活、宗教礼仪、程序规定、手工制作、活动周期、社会变化等，"教会"了研究者一些东西。这些信息有可能用一些偶发事件、历史故事和人物缩影来润色。一个游览性问题往往会得出长篇大论的答复。事实上，访谈中的一个或者多个阶段需要受访者们完成游览性问题。

【202】

游览性提问应当在受访者作为导游的能力和经历范围内。如果只是受访者自己日常生活的行程，那这个访谈是毫无意义的。但是如果受访者在讨论一个场所、进程或者事件时，我们应该注意将更多的话语权转移到受访者身上。受访者可能更喜欢一路上具体且可考证的指示牌，甚至一些丰富的细节描述，但是我们之所以开始这一游览，主要原因是要了解受访者是如何去描述它的。但是从实际来看，通过询问许多受访者同一个游览性问题，到最后我们可能会听到大致相同的故事，这也证明了这些答案有着共通性。

微型游览性问题（minitour questions），另一种说法是**纪念性游览问题**，也用于探索宏观游览问题的深层次部分。受访者会被问到一次"最难忘"的经历——比如，某人第一次做某事，某人职业生涯中的一个转折点，或者学到的人生重要一课。有时候一个游览性问题包含了许多方面，正如表 6.3 所描述的。汤姆在对 SK 的访谈中，一开始就问他是如何开启他的政治推进工作的（纪念性游览），接着又问他后来的事业发展轨迹（宏观游览）。表中的摘录部分仅仅是SK30 分钟回答中的开端部分。虽然回答很冗长，但也仅仅是略微概括了他的职业生涯，后面还有更多的细节阐述。

表 6.3　游览性问题及追问

TL：你能大概描述一下你是怎样投身于政治推进事业中，以及这些年是怎样跻身于不同职位的吗？
SK：在 1984 年的竞选活动中，我开始加入推进工作团队。在爱荷华大学读书期间，我休学了一学期，一个月之内分别去苏联和中国旅行。1983 年 10 月底返回学校，那个时候爱荷华市蒙代尔的办公室刚刚开放。大学的最后一学期我没待在学校，当时我也对美国总统罗纳德·里根的表现大失所望。我心里的美国是一个在许多方面都更慷慨、更包容的美国，是一个切实关照贫苦人民、推动公民权利的美国，而罗纳德·里根却让我们走上落后之路。我想参与 1984 年的竞选活动。所以我开始从事民情调查工作，也做了许多琐碎的志愿工作。我也经常处理邮件，给银行打电话交流，但是每次推进团队过来时，都会从竞选办事处吸取许多资源。作为年轻的积极分子，我被推进工作深深吸引。之后，当蒙代尔来看望我们时，我加入了推进团队，后来当我们开始发展推进事业时，我最终得到了协助竞选团体的报酬。每次蒙代尔或者费拉罗指导我们的工作时，他们通常会安排我来负责指导协助竞选运动和推进工作的配合工作。费拉罗来到镇上，然后邀请我登上他的飞机以亲自感谢我。我觉得那一刻像礼物一样珍贵。1988 年我在竞选活动中并没有做太多事情，因为那时我并不看好杜卡基斯。
TL：我能再问一个问题吗？你刚才提到，在 1984 年的选举时你迷恋于推进运动，那么你印象最深刻的推进工作是什么呢？
SK：主要是推进任务的短期性质——一场竞选运动中的推进团队会进行四天或者五天的斗争。当你从一无所有到有所建树，那种收获是实实在在的。这些运动让人兴奋无比，也是政治斗争中最具人性化的一面，是展示参与者风采的一面。同时你也能在一天结束之时，和电视里出现过的选民以及发起运动的人们真正地接触。

【203】

如果受访者故事讲得太快或者含糊不清，研究者可以通过"追问"来了解更多的细节。伯纳德（Bernard，2002，pp.210-216）已经将这个技巧分成不同种类，包括：**告诉我更多内容**（即"告诉我**那**是如何发生的"）、**回声追问**（轻言细语地重复研究者说过的一段话）、**沉默式追问**（静静地停顿片刻，直到受访者意识到你期待更多的答复）、**阶段性断言**或**诱饵式追问**（"我打赌，你听到她说**那**时很意外"），以及**啊哈式追问**（自我解释性的）。有时候，追问只需要一个字——比如"怎样？"或者"为什么？"。**本地语引导**是使用受访者自己的语言，或者陈述受访者刚说过的话的逻辑蕴含，这种追问方式可以激发受访者摆脱浅层次回答，开始更全面的叙述。当然，研究者可以事先写好提示性语言，并把它们放入访谈程序或者指导中（表 6.3）。斯泰利亚诺（Stylianou，2008）已表明追问可以像实验控制变量一样，更精确地探索受访者的态度和动机。

此外，大多数人在受访过程中会观察研究者的面部表情，看看他们的回答是否被认可。经验丰富的研究者知道，访谈中双方相互传递表情的状态其实已经建立了彼此间亲密的谈话，除了公开的口头谈话（但其实也与之息息相关）。约翰·肖特尔（John Shotter）曾描述过这种现

【204】

象："当我和另外一个人有面部表情的交流时，我感觉得到他们也用某种固定的表情看着我（正如他们也看到我以同样的方式看着他们），一个伦理和政治上的世界就在我们之间产生了"（转引自 Knapik，2006，p.4）。当这个小世界越来越广阔，访谈双方就越来越熟练于抓住对方的暗示点。眉毛上扬，再微笑点头，表明了"是的，我懂——我也有过类似的经历"。眉毛微微抬起能够"告诉"受访者讲的东西挺新颖有趣——这是一种表示认可并且暗示受访者顺着这个话题多说一点的信号。皱眉头则是对受访者说的话表示困惑，提醒他们应立即解释清楚。使用追问的关键在于礼貌地、含蓄地开始，并且及时以适当的方式提出，因为访谈中有太多的追问，无论口头的还是非口头的，都容易扰乱一段对话。

在表 6.3 中，汤姆提出的第二个问题就是"告诉我更多"的追问式问题，也是在 SK 回答问题的中途突然问的。汤姆想知道为什么 SK 在初次接触推进工作时就迷恋上它。在 SK 继续谈论之前问这个问题是非常有必要的。这个问题本可以之后再问，但是如果放在后面问就不是追问了——而且不会应景，所以之后问就毫无意义了。

宏观游览性问题通常是临时出现的，但有一种更加关注探索某一方面问题的提问方式叫**时间线问题**（time-line questions）（Shields & Dervin，1993）。受访者从过去某一时间点到离现在最近的某一时间点开始谈论一些事件。（比如："从你第一次从事这个工作，到你第一次负责策划一场活动，你学到的最重要的技能是什么？"）这种提问方式适用于研究受访者的自传或者社团集体的发展历史。

举例提问（example questions）和**经验提问**（experience questions）（Spradley，1980，p.80）也是非指导性提问方法，可以深入了解受访者的世界。显而易见，举例提问就是以某些事或者一件重要的事作为例子来提问。访谈指导问题 10 中较好的回答来自白宫上一任的媒体指导人。在表 6.4 缩略形式中所展示的这个人的回答中，他重新回顾了一个典型的总统竞选事件，包括他的动机和为维持"良好局面"所采取的行动。研究者必须有选择性地询问例子，因为任何回复都有可能被人们嘲笑。同时，受访者也通常不会花太多时间在一个例子上进行详细描述——这也是另外一个谨慎选择举例问题的原因。

【205】

表 6.4　经验提问的回答

JK：在北爱尔兰贝尔法斯特，总统在谈论和平，他站在台上演讲。演讲之前，我交代一个五岁的天主教男孩和一个四岁的新教女孩轮流介绍总统出场。我知道，一旦他们的介绍结束，总统就会上来拥抱亲吻他们，那时我会检查好镜头，然后把那一刻照下来，这样一来不管总统说了什么，不管他如何向人们讲述北爱尔兰和平冲突的历史，《贝尔法斯特先驱报》《泰晤士报》《纽约时报》和《华盛顿邮报》的头条都是总统拥抱亲吻那个天主教男孩和新教女孩的场景，满满的都是爱与微笑。

如果我们让受访者举一个例子，他们一般会告诉我们一个具有概括性和本质性的例子。除此之外，举例提问常常会引出一个源自民间传说或者道听途说的信息。这时候研究者可以要求受访者描述一件他们亲身经历的事情。在回答经验问题时，受访者一般会以高度个人化的口吻和第一人称来讲述一个故事。他们也很有可能反思自己在这个故事中所扮演的角色和带来的影响。用一种特别的方式来设计这个问题也是很有效的——例如，询问受访者某次精彩难忘的经历，或者最深受影响的事件，又或者最难以克服的一段过去。这样一来，受访者更容易集中注

意力思考问题，并且有条不紊地表达他们的想法。

　　受访者阐明自己动机的方式是许多访谈研究的核心问题。从受访者的谈话中可以总结出他们的动机——他们自发地为故事中提到的人物的行为做出证明或者解释。但是，如果他们并非出于自愿，研究者可能会问"为什么"的问题（"你想要取得什么成就？""你觉得她为什么会这样说呢？"），特别是如果有必要将这些问题考虑在内的时候。受访者在回答动机问题的时候可能会暗含责怪或者揣测，所以研究者应以合适的方式小心提问。

　　提出构想也是提问技巧的一种（Schatzman & Strauss，1973），研究者提出事件的假设情况——"将意识过程或作用推向符合逻辑或内心需求的一个极端"（p.81）——并且询问受访者如何看待这种假设。接下来，研究者也许会让他们自己来想象。在某种程度上，这比其他非指导性问题更有组织性，但是给受访者创造了定义他们自己想法的独立空间。 【206】

　　最后，本地语问题（Spradley，1980，pp.89-90）是要求受访者探讨他们日常用语的形式。比较优秀的研究者都想了解地方语术语，了解它们的意思、使用对象和使用环境。比如，政治推进专家们都会说一些少为人知的术语。在和 SK 的访谈中，汤姆让他解释"OTR"（未记录）（"off the record"的缩写）事件。SK 回答道，OTRs"通常是一些无人知道（了解）的事件。我们知道它们即将发生，我们做好计划，进行演练，并派出匿名推进者和匿名特工暗地里运作，但候选人仍继续做他们该做的工作"。

6.5.3　指导性问题

　　不同于那些帮助人们以受限制的方式来交谈的问题，指导性问题鼓励人们依据固有思维或者确切参数来进行思考。例如，结构式问题（Spradley，1980）是用来揭示"信息提供者如何组织他们的知识"（p.60）。在表 6.5 中，汤姆让 SK 描述他遇到过的不同种类（或者类别）的抗议者。SK 的描述引起了汤姆的兴趣，但是抗议者分类的具体方案仍需由 SK 作最终决定。他本可以用其他方式来描述他们，比如以人口学和人格类型为依据，但 SK 却选择了描述抗议者不同的抗议方式。通过询问许多人同一个结构式问题，汤姆希望最终能深入了解那些负责阻止（或减少、控制、约束）抗议活动的人的观点。

　　对比 - 对照问题（compare-contrast question）则鼓励受访者有比较性地（对照性地）思考一个话题。这个问题的构建方法有两分法（比如：最好—最坏、最聪明—最愚蠢）、连续法（比如：从有效到无效），或者根据不同的语境来构建。例如，汤姆对一些推进工作者提出对比—对照问题："从事竞选活动的推进工作和非竞选政治活动的推进工作，如开幕仪式或者 G-20 峰会，有哪些不同？"诸如此类的问题并不是假设被对比/对照的两个事物是"真实"或者客观存在的，而是受访者深入挖掘受访者自身对真假的判断。

　　浮现出一个**新想法**（emergent idea）是另一个可以直观受访者所处世界的指导性技巧。在表6.6 中，我们将看到汤姆猛然浮出一个见解：某些事件都有一种表演性，尽管看起来真实可靠。这还算不上是一个真正的问题。汤姆实际上只是说"这只是我的想法——此时此刻，你是怎样想的呢？"这样的问题就呈现在受访者面前了。 【207】

表 6.5　结构式问题

TL:	有不同类型的抗议者吗？他们分别是不同的人群吗？
SK:	是的，没错！有许多不同类型的抗议者。人群中冒出反对布什的标牌，突然站出一个人愤慨地发起质问，一群人朝候选人乱扔东西、乱吼乱叫，费力驱赶摄影师，从这些现象就可以看出抗议者的确有不同类型。你也知道，将标语放在人群中并对着枪口方向，和放在正确的位置（如果他们知道自己在做什么）是两种完全不同的性质。和那些站在塔楼上，展开横幅，吸引无数摄像机注意力的行为相比，前者人群中举标牌的做法是相当被动的。还有一些人只是想扰乱现场秩序。我不知道给你提过这件事没，就是 1992 年在圣路易斯的一个辩论集会上，当希拉里准备发表演说时，一群人发出鸭子般的叫声。（比尔）克林顿在讲台上声音都嘶哑了。我们让亨利·温克尔来介绍希拉里·克林顿，不一会儿她上台来开始演讲。下面有一群人就开始不停地发出鸭子叫的声音，他们就站在媒体面前，用尽最大力气来干扰这个集会，他们组织得非常有序。你提出了不同类型的抗议者，让我想起 1996 年奥克兰杰奎琳广场的一个案例，绿色和平组织聚集在一起，举起横幅标语，向人群散发一堆又一堆的传单，那阵势简直可以把地狱都抬起来！我们报了警，但他们镇压的方式只是坐在旁边，边拽他们边观看。所以抗议组织的水平也是参差不齐的，有的也只是浑水摸鱼罢了。抗议组织可以是一个人，也可以是几个人一起为其他朋友所做的事。

这个浮现出的想法可以是来自外界，也可以是研究者（访谈者）自己想出来的。受访者会同意或者不同意这个想法，并澄清或者阐述他们自己的观点。即使受访者确信他们接受这个观点并且感同身受，但还是会发掘这个观点的核心部分。在这个选段中，我们看到 SK 听了汤姆简短的提示"拥挤的人群前发表的演讲"（只是在一个宽泛的问题中不经意间提出的对比—对照问题）后，就开始描述排在头条中的竞选活动有哪些特征。当受访者使用突然提出的观点，他们有可能会在分析这个观点时明白事物的正确与否——是从个人的角度判别对错。

表 6.6　突发观点问题

TL:	谈到好的局面应该是怎么样的，我想举克里竞选的例子。我想知道你对于此有何专业的见解。还记得那年夏天竞选活动期间的前廊事件吗？克里和爱德华兹都拜访了俄亥俄州的住所，还坐在他们的门廊前。这件事是一个经典桥段，是典型的有意为之但真实发生的场景，和在人群前发表演讲是完全不同的。我想知道你觉得那样做有用吗？
SK:	如果你想让别人看到一个真实的你出现在他们的小镇上、房门前，我认为这种做法是有用的。坦白说，不同候选人情况不一样。比尔·克林顿在大选期间就常出现在房屋前、门廊前，尽管那时候他并没有子女，而且也挺有钱的。人们对候选人的经历并不了解。（1992 年）大选之后，大多数人在知道克林顿其实家境贫穷后都为之一惊，毕竟他们之前并不关注他的背景。所以这种做法很好地揭露了（候选人的）一些故事。拜访居民很好地表明你是个亲民的候选人，不像现在的布什只是安排一些人做做样子。你邀请邻居在门廊前一起交流，你就站在门廊前。我觉得这很好地表明了你身在何地。学会如何掌控激动热烈和不可避免的场面是集会的重点。你和群众面对面交流比直接说你在哪里更具说服力，我们和你一样也在聆听群众的倾诉。1992 年，克林顿第一次在他的民众会议中接受奥普拉的访谈，许多政客也曾接受过她的访谈。"我与你同在，我在倾听，我能体会到你的痛苦，我知道你需要什么"，这就是"门廊事件"表达的内容，只是为民众会议锦上添花的。

另外一个鼓励受访者谈论他们的信念与假设的方式就是**魔鬼代言人式提问**（devil's-advcate question）——访谈过程中研究者提出问题，对受访者的自我定义或者知识评价表示怀疑，或者提出一个非大众的、不真实的、有违常规的观点。比如，汤姆就问了一些推进者这个问题："有的人认为，美其名曰为推进工作者，却只不过是'事件的协调员'——或者'公关'，对此你

有何看法？"他们并没有感到意外，而且还理解这一说法。但是他们也会认真对待这个问题。他们明白这一说法来自"门外汉"，所以会竭尽全力解释这种描述的虚假之处。魔鬼代言人式问题很明显会带来一丝丝挑衅的气息，但是一旦访谈创造了融洽氛围，受访者会有所收敛和妥协，也不会表现出愤怒和攻击性。遵循类似的原则，克沃勒（Kvale，2006）展示一个吸引人的案例，将更具挑战性、冲突性或对抗性的提问方式运用到深度访谈中。

最后，质性研究者为了增加指导性问题，开始使用越来越多的文字和图像技巧。**照片引出法**（photo-elicitation methods）（Harper，2002）就利用了视觉材料即一些典型的照片，来引导受访者对一个场景不同方面的解说。在照片引出法中，两类提问比较有效：①描述性问题。照片中的物体（或人物）的名称，展示他们的目的是什么，等等。②以照片作为出发点，询问图片中没有用文字呈现出来的内容，比如过程、活动、动机等（Caldarola，1985）。照片引出法是和受访者交流时的一种有效且充满乐趣的提问方法。例如，道斯（Daws，2009）深入访谈了女性受访者，她们坐在笔记本电脑面前讨论婚礼网站有何重要意义。这些受访者"讨论"了她们可以选择婚礼网站的互动功能、表格、图片、文本等，不用靠自己费力回忆婚礼举行地址。 【209】

小插曲（vignettes）可作为独立的技巧，也可以和其他访谈提问方法相配合（Barter & Arnold，2000；Spalding & Phillips，2007）。小插曲是"有关特定情景中的假想人物的简短故事，受访者应邀对其处境作出回答"（Finch，1987，p.105）。如果受访者接受将小插曲作为反映他们现实生活的片段，那么这有助于开始对文化规范、价值体系和交际行为进行讨论。

6.5.4　结　束

敏感问题通常会在访谈的最后阶段提出来，因为在提出一个有争议或者隐秘的话题之前，首先得建立受访者对你的信任，这才是聪明的做法；加之研究者在决定提出敏感问题之前，也想要先花时间了解受访者的知识储量或者心态。但是如果访谈一开始双方就知道他们迟早会踏入敏感问题，那么这个"规矩"也可有可无。另一方面，赫马诺威（Hermanowicz，2002）认为敏感或者刁难的问题应该放在一段访谈的中间阶段提出来，以作为深度访谈部分自然的节奏。如果交流比较和谐——比如女性访谈女性（Finch，1984），敏感问题可以在更早阶段提出来。

访谈接近结尾的时候，优秀的研究者会问一些**未知问题**（loose-ends questions）。这类问题所关照的话题在访谈初期阶段并没有提出来，但为了不打断研究者自然冒出的谈话或议题，为之后的探索做上"书签标记"。研究者在提出未知问题之前通常会这样说："现在我想问一下你之前提到过的一些问题'或者'我刚才一直没机会问，但你说了之后我还是很惊讶的，因为你说了一句……"研究者有时也会请受访者问问题或者指出他们自己的疑惑之处："有没有我们错过而且对我比较重要的信息呢？"这样一来，在研究者离开之前，受访者便有机会证明（或者阐释）观点、提出建议或者"弄清问题"。但是如果要花很长时间来讨论未知问题，那么研究者可以安排下次访谈或者在电话、邮箱里继续讨论，然后结束此次访谈。 【210】

理想的情况是，这些技巧可以促成一段完整成功的访谈。然而，我们仍然需要留意的是，许多质性研究人员都有这样一个普遍的观点：有些访谈的结尾常常令人惊讶且发人深省。不止一个研究者发现了一些受访者在接受访谈时，并不以"官方"的方式结束访谈。在一些研究案例中，有的研究者没有安排清晰明了的结尾，或者受访者并没有读懂访谈中的线索暗示。但是在大多数案例中，是因为受访者和研究者互动时太兴奋了，希望能继续交谈下去，或者想占上风，强调自己的观点。

因此，即使研究者在收拾他们的录音设备开始退场时，也应该时刻留心受访者道别时的评论和叙述，不管他们的话有多无伤大雅或者多老套。回过头来看，这些访谈可以帮助研究者了解访谈的过程，或者揭示一些发生过的（或正在发生）的事背后的道理。通过这种方式，质性研究者——和治疗师一起——就能总结出著名的访谈中的棒球智慧："不到结束不能算结束。"

6.6 录制访谈

接下来的步骤就是对访谈录音的转录，这在一个访谈周期转变过程中是非常重要的一步。因为一旦一段访谈被转录，大多数人就无法听到访谈现场的原音了。在这一阶段，转录**变成**访谈。就是出于这个理由，一些后现代研究者高度怀疑似乎由转录而强制带来的固定化、封闭化和去情境化（Denzin，1997；Fusco，2008）。事实上，我们很难否认将充满人情味的访谈转录成"生硬的录制演说"而产生的那种疏离感（Denzin，1997，p.41）。

也就是在此——当转录开始时——现场工作开始让位于数据的生产和处理。在本小节中，随着我们之后的讨论，我们会决定如何根据数据编码和分析，并最终为了我们研究的读者，来系统化访谈的视觉"呈现"。而且这些决定应该尽可能地清醒有意识、成文化并正当合理。转录"（暗含了）访谈的意义，而这种意义也会影响访谈中一些观点的解释"（Bird，2005，p.228）。换句话说，访谈的转录有助于我们在对话中以更独立的视角看待问题，给我们更多的机会去回想和揣摩刚说过的话。有了转录，我们可以从无数故事和受访者中抽离出重要信息。

【211】

转录访谈有几种不同的技巧。传统的转录方法仅需要合理操作控制磁带录音，转录每一段录音的时候，都必须有人重复不断地按下按钮（播放、暂停、回放）——这一过程枯燥乏味，也长期考验着相关工作人员。

磁带转录机器大大提高了转录的易操作性。这些机器的主要特点是安置了一个脚踏板，可以反复移动录音磁带，进而避免用手敲键盘的烦恼。机器协助下的转录有效地提高了效率，并减少了操控的枯燥性，但仍然会耗费大量时间。转录的效率也取决操作者的技术水平和录音的质量，一段 60 分钟的访谈多多少少都会花 2 ~ 5 个小时的转录时间。

访谈研究者还采用了最新发明的新型设备，即数字计算机。还是得使用脚踏板，但软件部分包括了一些方便操作的功能，比如时间标记、书签和转录文件排列。

尽管有了转录设备，工作人员也要集中注意力，以防出错。比如，一个简单易懂的中等长度的句子需要两次扫描，才能完整精确地录制下来，而且许多对话更长更复杂，有的甚至还不清晰。访谈中的嘉宾说话可能说得太快，声音太小，咳嗽声太大，或者有时背靠椅子，离话筒太远。两个或者几个人同时说话（在小组讨论中很常见）就容易出现刺耳嘈杂的"串音"现象。一些研究者根据经验总结出了一段访谈重播的次数，对布莱恩和汤姆来说，通常是最多五次。另外一个技巧就是学会研究听不到的片段的语义和句法内容，尽力猜测匹配的单词或者短语。

遗憾的是，我们有时候也不得不放弃这么做（在"听不见的片段"的转录中提到过）。

研究者要面对的后勤决策就是：是通过研究者自己来转录，还是找专业人士来做这项工作。研究者自己做的一个优势就是，他们已经很熟悉受访者了，所以更容易识别受访者的说话方式、参考人物、地点等，也更容易用研究的方式来听对话。同时研究者可以回顾那些震撼人心、启迪智慧的时刻和富含深意的话语，这些在实时访谈中可能没发现的东西也有助于提高研究者的访谈技巧。

【212】

另一方面，为了节约大量时间和避免麻烦，研究者可以将转录的工作外包给别人做。如果访谈量大，也许更实际的选择就是让专业人士来做转录。（除了询问价格，研究者也许还会请教转录人员一些相关的经验和建议。）大多数专业转录者都有娴熟的工作能力，但是研究者仍需仔细检查录音质量，特别是人名、专业术语等。当专业人士承包了转录的工作后，研究者几乎参与不到录制过程，他们将其视为一个不熟悉的劳动力产品，而非他们自己参与过的熟悉的录音。这里，我们的要点并不是马克思主义的，而是实用主义的[1]：效率方面的增加是以失去私密的理解来平衡的，而这种理解只有靠倾听——和敲击文字——声音才能获取的。

如果请专业的转录人员，成本会比较高，所以可以针对需求来控制成本，比如，有时候之所以请专业人员是因为有的声音必须全部录制，但有的情况下研究者可能会只想录制部分内容，或者写下磁带里讨论的部分话题的总结。

研究项目还包括：一些访谈需要和转录者签好清晰明了、合乎常理的协议。一段访谈极其有价值，绝不能冒险经受不准确、前后矛盾或者不严密的转录。以下内容来自默根瑟勒和斯丁森（Mergenthaler & Stinson，1992），以及麦克莱伦、麦奎因、奈德格（McLellan，MacQueen，& Neideg，2003）的作品，他们确定了转录者需遵守的七条原则（p65）：

1. **保持转录形态的自然性**。保持词汇的形式、评论的形式，尽量保持标点符号的停顿与语言表达相统一，和书面文本相协调。
2. **保持录制结构的自然性**。研究者谈话的文本必须结构清晰（也就是说像印刷版的喜剧或者电影剧本一样）。
3. **转录应该是十分精确的访谈回放**。逐字逐句安排，不要过早地介绍文本。
4. **转录规则应该是通用的**。转录规则应当既适合人（研究者），又适合计算机。
5. **转录规则应该是完整的**。转录人员应当只根据这些规则来准备录制。理应要求的是日常语言而不是具体知识（比如语言学理论）方面的能力。
6. **转录规则应当具有独立性**。转录的标准应该和转录人员相独立，同时也让研究者或者第三方可以理解并拿来运用。
7. **转录规则应当理智且优雅**。数量上应有所节制，录制内容应该简单易懂。

【213】

规则手册有助于避免转录中的各种问题，特别是两人或者多人访谈。每一个细节都不可忽视。

1　马克思主义把实践这个出发点看作人类改造世界的客观物质活动，它不仅克服了旧唯物主义的直观的客观性原则，还坚持了实践的客观性原则，坚持从物质实践出发来解释观念的东西，说明一切哲学理论问题，所以我们说马克思主义是实践唯物主义哲学。与之不同的是，实用主义把实践这个出发点理解为主体人所采取的任何活动，是可以脱离客观世界创造一切的活动。实用主义坚持的是实践的主观性原则，坚持从经验出发来解释世界、解释生活，所以我们说实用主义是实践唯心主义哲学。——校译者注

即使是最微不足道的标点符号都能导致意思上的巨大差别。例如，这句话——"你知道我恨你。我确实恨你。"（I hate it，you know. I do）如果标点符号有所变动，可能会变成完全不同的意思"我恨你。你知道我恨你"（I hate it，you know. I do）（Kvale & Brinkmann，2009，p.185）。根据访谈的性质（研究者的定义）、标题信息、文本结构、字体大小、磁带（或文件）数量等，应该用统一的方式来进行录制。

最重要的是，转录出来的细节水平应该适合播出来的访谈水平。大多数资深研究者虽然是谈话分析师，但在访谈交流中并没有必要精确地描述访谈内容的结构特征，他们最关心的只是说话内容的准确性。然而，大多数人持传统观念，认为只需了解访谈上下文信息。以下是博杰（Boje，1991，p.112）使用的一些记号：

　// 　从头到尾重复谈论，直至结束

　…… 　一句话中停顿一秒，或者更短

　（2.0）　一句话或者话轮之间停顿不止一秒，数字表明停顿的时长。

　*** 　删除

　［ 　］　插入解释

　黑体 　说话人强调的词或部分

研究者必须决定什么样的编辑水平才适合录制，许多资深研究者对此意见不一（DeVault，1990）。大多数研究者参与到一些编辑工作中来，因为每天的访谈如果逐字逐句录制，会很难让人读懂。但是"逐字逐句"其实是一种模糊的概念，比如"逐字逐句"可以表示转录"所有内容"，包括非正式谈话的一些混乱不清的细节：零散的开始阶段、重复的语言和被卡住的节点、叹气、感慨和笑声，等等。"逐字逐句"也可以表示"清扫"了许多无用的语言，只有受访者的内容才被清晰地展示出来。

【214】

决定什么样的编辑水平不仅仅只是为了让人读懂。编辑一些访谈是为了纠正其语法错误，或者可以说是为了讨好观众，给他们留下好的印象。例如，如果受访者说："我要睡了"，就这样编辑也算是保留了原汁原味的话，我们还可以这样写："我准备睡觉了。"第一种方法，也许人们会猜想受访者是没受过教育或者没有教养（又或者其他有损形象的品质）。但是第二种说法也无可争议地揭示了受访者的说话方式和文化底蕴。同样的，如果我们对美国中产阶级青少年的方言进行打磨加工——去掉他们的习惯语"like""you know"或者修饰他们的俚语——也不会改变他们表达的文化意义吗？对这类编辑方式最善意的解释就是：我们在努力改善受访者的说话内容，使其更为人接受。我们在受访者身上进行了未经授权的手术，这样做虽然少了一点仁慈，但却更真实。

抓取独特的讲话风格是大多数资深研究者的主要目标之一，同时也是一种道德和政治上的艺术。转录那些语法错误和无关内容被"清扫"过的访谈，转录那些不同水平和保持个性完整的访谈，在现实中不一定都能面面俱到。我们提出的总体方针是：尽最大努力既维护受访者的尊严，抓住他们的兴趣，又保证录制出来的信息有价值。

6.7　总　结

访谈是一种特别的经历，这不是因为访谈罕见，实际上，访谈无时不在。访谈之所以特别，是因为人们可以为了一个他们几乎不认识的人表达自己的真实想法和感受。这与通常牵绊我们所有人的地位、等级和义务无关。这是促进对话的时机和场所。这场对话通过两人（或更多）参与分享内心看法的"正剧"而实现。研究者的角色可能和观察员相对于书本分章的角色差不多。通过"受访者自我"，研究者可与另一人建立真实的联系。研究者学习倾听新的语言形式，其中有些是访谈情景固有的语言，有些是从其他生活经历中记住的语言。研究者还通过项目目标决定提问内容、回答方式和倾听时间；通过"观察性自我"，研究者能在更大程度上与口语语篇建立理论联系。 【215】

6.8　练　习

1.访谈一位你研究中的参与者，然后，就以下问题写一份反应分析：

· 访谈类型是什么（民族志、知情者、调查对象、叙述或焦点小组）——你为什么选择这种方法？
· 以下因素对访谈有何影响——时间、背景、记录仪器方法；和受访者的关系；介绍自己的方式；研究目标？
· 对话或整个访谈的哪些方面尤其有趣？
· 访谈中哪些方面你希望换一种方式完成？

2.看访谈记录（或听磁带）和反思自己作为研究者的表现可给人以启发。以下问题在进行自我批评时可能会有用——旨在改进未来的访谈：

· 你的访谈风格是怎样的？主动或被动？肯定或批判？开放或封闭？诸如此类。
· 你是否鼓励受访者拓展其想法、故事和描述？
· 有没有哪些方面是后续问题中应该问却没有问的？
· 你是否给受访者机会完成他 / 她正在讲述的内容？ 【216】
· 若受访者对你表示出兴趣，你是怎么回应的？

第 7 章　数据生成Ⅲ：分析物质文化和文献

7.1　引　言

　　这一章向你介绍的是质性传播研究中对物质文化和文献的研究。根据霍德（Hodder，2000），物质文化和文献是"沉默的证据"，因为它们不能直接回答研究者的提问，不像我们带入访谈和观察情境中那些会说话的对象。此外，当问及人们获取或运用物质性东西的原因时，他们"说不清，真是奇怪"（p.703），关于其阅读文献的原因和方式，他们大概也只能说出一点点。这些说法的确是对的，但如果我们循着信息源和其他社会行动者活生生的声音去阅读文本、物体和空间的话，它们其实是有很多东西可"说"的。同时，除了内省，人们也通过其他方式来表露他们对物质世界的理解和感受，比如，通过手势、姿势、面部表情、故事和解说、笑话、讽刺的旁白、告解，甚至是沉默。

　　足智多谋的质性研究者必须准备好去密切关注人们与事物和文本互动的所有方式。文化和传播中的一些最为重要的方面仍然在我们的理解范围之外，除非我们能够收集到物质世界产生意义的证据（Mehan，2001；Schudson，1989）。这种方法的典型行为就是**收集、阅读**和**诠释**。我们收集物质实体和文献的样本（或者对这些样本进行言语/视觉/听觉呈现）；我们阅读它们的外表，并详细描述，我们根据理论、历史和其他情境证据来诠释它们。在本章的第一部分，将呈现对物质文化——空间、物体和供给——的研究，还有如何从一个传播视角出发来完成物质文化研究的范例。在第二部分，我们考察文献在田野调查中的角色，同样也会用范例来解释其应用。

【217】

7.2　物质文化

　　事物流动不居。在其自然历史中，它们被制造、改变、购入、售出、交易和偷窃，当作礼物赠人，被视为遗产，作为仪式要素"被表演"，在协商私人关系中被操控，不断变化其形式而被呈现为本土和/或全球重要身份的象征。作为参与互动过程的工具，物体"规矩行事"（和"行事不当"）。当时间或行动改变它们时，或者当那些使用它们的人通过惯例或意向对它们做出不同的诠释和"理解"时，它们就会变化……在这个过程中，我们用来围绕自身的事物可能会且通常会被刻入多个意义价，每一层意义会修正其他意义。（Musello，1992，p.37）。

　　物质文化（material culture）一度被定义为"任何人类生产的制品"（Tilly，2001，p.258），"由人类建构的物质的、有形的物体"（O'Toole & Were，2008，p.617），以及"被理解为有意义的、强大的社会现实的物质表现"（Leeds-Hurwitz，1993，pp.77-78）。正如克里斯托弗·穆塞罗（Christopher Musello）在前面段落里提出的，物质文化呈现出一种复杂的生命二元性。一方面，"事物"（things）的存在有一个人类的源头（即便没有，它们也是被人类活动塑造或改变的——比如，某个人剪下玫瑰花茎用以审美，或者秋天的树叶扫成堆丢掉或用作肥料）。之后，为了人类特定的意图，它们被购入、售出、收集、展览、把玩、操作，也被操控。事实上，我们这个物种有时被称为**"工匠人"**（homo faber）（Leeds-Hurwitz，1993，p.127），指的是人类总是与制造事物有关，他们这样做能够维持对物质世界的一定支配。

　　另一方面，物体不是**工匠人**手中消极的、柔韧的"黏土"。它们也有一定的能动性。不要过于拟人化，但是物体一旦出现就能使其影响被感觉到，这样说也是公平的。它的实现途径多种多样。物品可以是人类信念、欲望或冲突的一个具象；它为那些不可表达和难以用词语表达的东西赋予一种物质的、可感知的形式。它往往会破坏既定的传播模式，强制推行事物可接受使用的新界定，或者找到对其人类主人的私人和公共领域进行殖民的新的、意想不到的方式。比如，兰登·温纳（Langdon Winner，1980）在其经典论文《物品有政治性吗？》（*Do Artifacts Have Politics?*）中提出，技术物品不仅在部分程度上是官僚政治和利益团体政治的产物，它们还会改变地理区域中的经济、交通和传播轮廓，而它们在这些地理区域中存在了多年或数十年。物体也拥有权力，主要得益于其物质恒久性，它们将人与遥远历史中的传统和神话重新连接起来，也充当后代的意义生产工具。它们甚至可以促进"品牌社区"的形成，就是人们结成松散的群体，他们对品牌产品的热衷类似于一个面对面社群中相互间的深入交流（比如，Muniz & O'Guinn，2001）。【218】

　　概言之，引入一个物质实体会影响既定的社会秩序，尽管人们是（往往不被意识到的）同谋，他们使用、照料物体，讲述它的故事，或者把物体融入生活中。这种生命的二元性——物体是既被作用也作用于我们的东西——正是研究物体的动态"生命"所具有的意义。

7.2.1　质性研究中的物质文化

　　对物质文化的探究有一个漫长的历史（Tilley，Keane，Kuchler，Rowlands，& Spyer，2006）。几乎所有的人文学科对物质文化有些兴趣，其中几个学科把它当作一个重点研究领域。在考古学中，发掘出的物品和居所通常是一段消逝的历史仅有的残留，所以它们是重建整个生活方式的关键证据。出于多种多样的认识需要，社会人类学家把物质文化当作重要数据：作为群体经济系统和政治组织的有形架构；作为社会规则和等级的标识；作为仪式（如礼物交换）的基本要素；作为群体神话和精神秩序的具体表现。一些人类学关键人物，比如克劳德·列维－斯特劳斯（Claude Lévi-Strauss，1983）和玛丽·道格拉斯（Mary Douglas）（Douglas & Isherwood，1979）在我们理解物质文化的方式上做出了重要的理论贡献。近来，人类学家将其注意力从有地方边界的社会转向至世界范围的商品生产、流通和评价等实践，尤其是在加速【219】

的全球化潮流这一语境中。物质文化与多学科领域的民俗研究几乎是密不可分的。民俗学家研究——有时也扮演"收藏家"的角色——本土的艺术、物品、工具，建立亚文化的环境。社会学将其绝大多数领地划分为符号互动论者和后结构主义者，前者把物体当作社会互动中的重要符号来探究，对后者来说物质文化是权力关系和身份区分的一个复杂领域。消费者行为领域，这一研究范围的一个新成员，已经在消费者行为和叙事方面产出了许多有趣的质性研究。

传播也是物质文化研究中的一个后来者。之前对物质文化的忽略，可能部分源于传播研究者倾向于把物体和被建构的环境当作言语行为的一个背景或"前台区域"。这也可能源于物体被感知到的本质。质性传播研究者通常被有关动态行为、言语和行为符号的意义的问题所吸引，尽管物质文化可能"令人印象深刻"，但是不能用和口头语言相同的方式形成一个复杂的观念。此外，对有些传播学学者而言，物质文化中的物体、物品和地点可能看起来太稳固、太平凡，也缺乏意向性。比如，建筑容易被传播研究者（但不是建筑师、环境心理学家、人类学家和其他社会科学学者）忽视，因为它似乎与传播的过程视角无关（Jackson，2006）。然而，这是思考物质文化及其在传播中的角色的错误方式。再次回到穆塞罗（Musello，1992）。

> 作为事物的拥有者，我们往往十分珍惜它们，因为我们把它们视为我们环境的稳定、定向特征。作为学者，我们也常常被吸引去探究物质文化，把它们当作最难以捉摸、稍纵即逝的人类行为和经验的幸存物。我们的目标是"阅读"物体的外观和稳定特征，作为那些经验或有关那些经验的经久不衰的表达……在这种视角下，物体不"是"传播，而是传播"中"的要素。

换言之，我们关注物体不是把它当作传播的实体，而是传播过程中的一个要素——一种资源、一个指示对象、一个非言语符号。这种看待物质文化的方式没有降低它在宏大的事物版图中的高度。实际上，它引发了对物质性事物在我们生活中产生意义的深刻、通常也是神秘方式的极大理解。20 世纪 80 年代及之后，对民族志和质性方法的兴趣高涨（参见第 1 章），对作为传播"中"要素的物质形式的研究兴趣也随之增长。

【220】

下面是从以传播为焦点的物质文化研究中选取的主题样本：

- 家庭空间中媒体的位置、居所和使用，包括作为家庭系统中一个物品的电视（如 Shklovski & Mainwaring，2005；Ureta，2006）和青少年生活中的媒体产品（Brown，Dykers，Steele，& White，1994）
- 媒介技术在公共空间中的传播和社会适应，包括移动媒体设备（Barendregt，2008；Bull，2005）
- 博物馆陈列品的选择、展览和诠释，包括文化记忆的保护、政治的历史性表征、竞争意象的协商等议题（Leonard，2007；Noy，2008；Perrin，2002；Taylor，1997a）
- 对公共艺术和文本的建构和阅读，包括街头艺术（Schachter，2008）和涂鸦（Rodriguez & Clair，1999）
- 私人"人工修饰制品"的创造、布置和诠释，包括剪贴簿（Katriel & Farrell，1991）和家庭制作的影像（Chalfen，1998；Musello，1980）

· **亚文化中物品和建构环境**的表达属性和认同，包括移民社群（Lull & Wallis，1992；Shankar，2006）和都市青年文化（Simpson，2000）

除了物质文化在这些情景和其他社会生活领域的重要性，它们通常被社会行动者——在某种程度上，也被研究者——忽视或贬低。下一个部分会探讨地点和事物"不可见性"的原因，并呈现一些策略，让它们成为更加容易看见和更有效的数据。

7.2.2 使物质文化可见

当我们思考什么东西对人类最为重要时，为什么我们很少考虑"物质文化"的多种体现——物体、物品、商品、供给、空间和地点。可能这是因为，无生命的东西不能告诉我们是被爱的，或者不能表达我们作为个体的情感和关爱。其他原因的根源则可能在于人类历史以及我们与物质世界持续的关系。第一，从古代到今天，多种多样的思想流派都有一种**反物质**（antimateriality）的特征。从基督教、佛教和其他智识传统对超越躯体的信仰，到启蒙哲学对理性的抬高，再到最近对资本主义社会中"物质至上"（materialistic）价值和肆意横行的消费主义的批判，身体和其他物质性实体处在一个非本质的、肮脏的、低俗的，甚至虚假的地位这一主题一直广为盛行。米勒（Miller，2008）指出，今天"对物质的相同的憎恶明显存在于一系列思想形式和实践形式中，后者继续从与物质的低俗性相反的方向去界定人性和它更高级（这个词用得非常谨慎）的追求"（p.272）。

【221】

这种憎恶并不存在于所有的领域。比如，爱国主义展览、神圣遗迹、国家博物馆和历史圣地显然是作为抽象理念的具象被予以尊重。更确切地说，反物质者的憎恶更是与不依赖于物质形式的"更高级的追求"本身——道德、灵性、精神生活等——相关。举个例子，设计特定的结构和道具是为了帮助教员与学生彼此间的互动，但是教育过程通常不是从物质的角度来界定。同样地，很难想象宗教可以没有特定的形象物体而存在，但是绝大多数的信徒不愿意承认物质器件绝对是实践其信仰之必须。此外，人们一般会对这样一个观点感到舒适，即商品和其他物品服务于人类自身界定的利益。比如，我们会把一些让自己有安全感的物品——一个喜爱的枕头，从儿童时期就有的动物娃娃——放在身边，因为它们满足了一种需求。人们的利益由他们消耗的东西来界定，或者说物品创造了他们对安全的需求，人们通常对这一观点感到不那么自在。

第二，社会行动者时常忽略物质文化，是因为它无时无刻地围绕着他们。我们生活在一个由地点和物品——房间、家具、家电、收藏品、衣服、食物、汽车、媒介等——构成的熟悉环境中，它们的风格和功能都遵循惯例规则。多数物质文化不诉诸语言来吸引我们的注意力，因而它很少把注意力引向自身。所以，人们容易把事物的物理特征视为理所当然，并且空间本身"也单单被看成人们做事的一个场所"（O'Toole & Were，2008，p.616）。这一特性就是米勒（Miller，2008）所说的"物的谦卑性"——这个概念指出"物体丝毫不会因其清晰、可见而重要，是因为它们充当了互动和行为的框架，我们很少直接关注它们，它们却决定了我们对环境的分类和评估而不被察觉"（p.277）。换言之，过度熟悉场景中的具体要素往往会降低对其存在和修辞效果的敏感度。

这种"谦卑性"的结果是，物质文化通过掩饰，唤起我们对日久积累的话语和文化联想作
用于我们。如麦克拉肯（McCracken，1988）所说，这种**不显眼**的特性"成为表现文化本质的一
种巧妙、隐晦的工具。它允许文化将其信念和假设带入日常生活结构中，在那里被欣赏而不是
被观察。在这一程度上，物质文化在创造一个意义世界方面有着巨大的宣传价值。此外，物质
文化信息的这种不显眼也能让它们携带一些不能被清楚表达的意义，且不会有争论、抗争和排
斥的危险"（pp，68-69）。电视屏幕在公共空间的扩散（McCarthy，2001）是这方面的一个例子。
这种现象"断言"——当然不会直接这样说——人们愿意忍受，甚至是享受这一物品在他们没
有选择的时间和地点闯入、使人分心，并播放广告。

第三，人们通常会因为物体适用于某个项目而使用它。这种见解在吉布森（Gibson，
1977）的可供性心理理论（psychological theory of affordances）中得到了很好的表达。根据这个
理论，一个物体在其设计中建立了一系列"行动可能性"（action possibilities），它们使物体与
人类行动者的特定互动成为可能（也限制或排除了其他可能）。比如，当我需要一支笔在文件
上签名时，我与这个物体有了互动，考虑它是否适合当前的用途、手握时的触感、表面的装饰，
以及它在纸面上滑动时的感觉。在我需要它的这一刻，笔这个物体的意向浮现在意识中，我对
现实物体的使用与它表面上的用途，以及它如何能够有效地让我开始、继续、完成写作这个动
作是相一致的。我**不会**考虑的是，为什么我选择一支笔而不是一块厚厚的粉笔——因为后者的
行动可能性并不包括在纸上书写。我还可能对笔引发共鸣的特性感兴趣，会（有意识或无意识
地）问，通过某种偏好的社会互动这支笔能够提供什么。这使可供性这个概念从感知心理学拓
展到社会分析领域。我们可以说，我们与物体相关的互动是"形式遵循意图"，以取代设计"形
式遵循功能"这句老话。

当物质性物品发生故障、遗失、在交谈中被挑选出来，或者在社会关系中出现了问题，它
们自身确是变得明晰、可见。对研究者来说，这样的时刻成了一个在常态的面纱下进行观察的
好时机。多种多样的访谈策略也能够帮助人们"唤醒"他们对环境的心照不宣的认识和感觉，
或者揭开有关物体在场景中的位置和使用的更多的符号性（不是纯粹的功能性）内容。有些
策略在第 6 章里讨论过了。此外，就像我们在第 5 章学到的，参与式观察者会密切观察场景里
的空间、物体和工具，尤其是在田野调查最开始的几天。比如，当奥图尔和沃尔（O'Toole &
Were，2008）对澳大利亚一家技术公司的研发部门进行调查研究时，他们发现，"人们往往并
不知道他们为什么要展示某些物体，或者只有一个模糊的想法"（p.626）。一个特别有趣的方
面是接待员的桌子，这个布置充当进入公司"后台"职能的入口。作者关注的是接待员珍妮在
这个公共场景中创造一个私人权力和自治权的庇护所的物质方式：

> 尽管对来访者而言，前台是专业而整洁的，但是绕过台子走到珍妮的空间则呈现出另
> 一种图景。珍妮以一种看起来杂乱无章的方式摆出许许多多的小摆设，还有她的狗狗和伴
> 侣的照片。当我问起这些物品的时候，她笑着摇头。她说："它就是那样的。"

关于这些物品是怎样登上前台的，尽管珍妮不能解释太多；但是，作者认为，这些私人物
件的存在（以及他们"杂乱无章"的摆放）构成了一个微小但却重要的方式，珍妮用它来解决

因其工作的社会地位低而减少的个体隐私。

使物质文化在分析中可见，第一步是辨识出一个或多个用于研究的物品。一个普遍的策略是选择一个在特定情境中符号价值高的物品。利兹-赫维茨写道，"即使是最平凡的物品，也能成为通往意义系统的一条道路"（Leeds-Hurwitz，1993，p.138）。有些地点和物体——如媒介设备、标牌、艺术等——"主要是设计用来传播和表征的"（Hodder，2000，p.706）。其他物体可能已经"嵌入在一系列实践和重现中——通过形成网络、相互联结，以及物质与非物质之间的相互意指"（p.708），比如衣服、食物、工具、家具和私人物品。

本质上，研究者是通过对一个物体的物理和符号属性进行深描来施行这一策略，然后"向外"探究更广阔的历史、文化语境，或者人际间的意义。研究者应该通过观察、照片、视频和 / 或访谈录音，努力捕捉到物体的所有重要细节。这种描述可能包括看（颜色、亮度等）、触（纹理、柔软度等）、闻、听和尝等基本的感官特征，以及大小、重量、维度、便携性、模块化、组合的方法、公开可见的程度、包装等其他特征（Tilley，2001）。这些特征划分在实践上无穷无尽，但是在场景中传递意义、引导人们的行为方面，有些特征比其他特征更为重要。

此外，一项物质文化研究还可以通过另一种选择策略来开展。这一策略始于研究者发现了一个场景，具有研究物质文化的丰富可能性。经过一段时间对该场景的努力理解，研究者"向内"（inwardly）辨识出用于详细研究的物品。比如，吉拉德里（Girardelli，2004）决定探究，"意大利风格"的民族含义如何在美国的快餐工业中被商业化。吉拉德里选择法兹奥里（Fazoli）连锁餐馆[1]作为他的主要场地，然后让自己浸入这个组织的、媒体的和本土经营的情境中： 【224】

> 我做了背景研究，以便更好地理解法兹奥里总体的商业理念、市场定位和传播策略。我搜集并分析了一些促销材料（现场发放的小册子、电视广告、广播广告和法兹奥里的网站）还有行业杂志［比如《全国餐饮新闻》（*Nation's Restaurant News*）、《进步食品商》（*Progressive Grocer*）和《连锁引领者》（*Chain Leader*）］中报道了法兹奥里的文章。此外，我走访所选的法兹奥里门店有 10 次（5 次是单独一个人，5 次与另外两个同事），对环境进行记录和拍照（p.314）。

吉拉德里对上述所有材料的考察，最终让他关注法兹奥里菜单、标牌和促销中的言语策略（比如，与意大利文化相关的表达，像"家庭""真实"和"理解"［capische］），从餐馆环境引申出的非言语策略（以七个主题来组织，比如乡村主题、旧世界主题和厨房 / 小酒吧主题），以及该公司在"人人都是意大利人！"这个电视广告中运用的社会和意识形态符号。

这个案例说明，一个物体和它的情境之间的边界在物理场景中并非总是有清晰的标识。实际上，霍德（Hodder，2000）警告说，"情境的边界从来都不是'给定的'，它们必须得到诠释……当不同组的数据被加以比较时，在不同事例是否可比较、表面的相似性是否真实成为一个主要问题的地方，语境这个概念往往是重要的"（p.711）。通常情况下，物质性物品不会传播到离

1　法兹奥里是一家位于美国的快餐连锁店，以意大利菜肴为特色，目前在全美有超过 200 家连锁店。法兹奥里的 Logo 上显示，它是"原滋原味的意大利"（Naturally Italian）。——译者注

它们的起点很远的地方。因此，当物品跨入每一个新情境时，对它的重新诠释进行追踪就变得重要了。

当然，物体不是孤立地唤起意义。一个物体只有在它与其他物体的意义相关联时，才唤起意义。这个符号规则对物质文化分析方法有清楚的启示。在你选出用于研究的物体的同时，你应该开始评估它与相同（或毗连）的情境中其他物体的异同。这些异同产生于对物体在其惯常情境中的物理特征进行比较，也产生于对物体在会话、言语、文本材料、广告等话语中的指涉进行比较。出于三个方面的原因，这个分析步骤是重要的。首先，它帮助你"将物理特征问题化"（O'Toole & Were，2008，p.620）。也就是说，它使你对一个物体中那些引发最强大、最显著的意义的物理特征敏感。第二，如果"人们对类似的情景（或物体）做出类似的反应"，你可以在一个更为稳固的基础上论述一个特定情境的边界（Hodder，2000，p.711）。第三，在方法上，通过观察你关注的物体与同一范畴下的其他物体、毗连情境中不同范畴下的物体的异同的证据，你开始从多重意义出发进行诠释。正如穆塞罗（Musello，1992）对这个过程的论述，"实际上，分析一定要准备好在不同的整合层次之间移动，即在物体本身可见的、物质性特征，与物体相伴的言语中介，以及物体整合其中的复杂活动之间来回移动"（p.55）。

为了说明这一方法，我们转向克劳尼斯和汉普顿（Chronis & Hampton，2008）对葛底斯堡内战战场的游客体验进行的民族志研究，两位研究者将其当作对历史遗址"真实性"存疑的一个研究范例。此外，为了在宾夕法尼亚州的葛底斯堡遗址进行参与式和非参与式观察，他们对78位游客进行访谈。游客"被邀请说出他们体验到的观赏益处，他们在遗址中发现的尤其令观看者投入、迷人、重要或代表历史事件的方面"（p.115）。在（事实的、人物的、位置的、情境的）若干真实性构建中，由田野数据分析而浮现出来的是**与物体相关的真实性**。这个诠释模式关注信度问题，并且以游客对其在公园开放空间中碰见的历史文物、马车、建筑、武器和其他物品的评论为显著特征。克劳尼斯和汉普顿（Chronis & Hampton，2008）解释道：

> ［我们观察了］许许多多的游客，他们根据特定的真实性标记，比如战场上许多（但不是全部）大炮上凸出的日期，来评判："它们上面有日期。是的，它们是原件。"非常有趣的是，同样的真实性标记被用来挑战特定大炮的真实性。这样的一个例子出现在小圆顶，在上面，许许多多的大炮摆放在一起。尽管它们看上去很都老旧，但是其中有一个大炮的炮管上印着1864，意思是在战争期间它并不在那里：
>
> I：你怎么知道这些是他们曾经用来打仗的大炮？
>
> R：有些可能是，但这个不是。它是**在1864年生产出来的**。
>
> 所以，不同物品的真实性并不是简单地被管理人员给予，也不会轻易地被游客接受……就像我们众多的信息来源所体现的那样，他们已有的历史知识——比如战争的年份——充当了一个筛子，对遗址的历史表征进行过滤。（p.116；强调是原文所加）

上述摘录强调的关键一点是，质性研究中物质文化的使用：只有当物品物质特征的（异）同对文化成员资格——在其行动和话语中可看出——有意义时，它才是分析的兴趣所在。许多游客的确承认葛底斯堡的物品是"**原始的、对的**或**真实的**，意味着它们就是1863年战争中存在的东西"（p.115；原文有黑体）。其他游客仔细观看相同的物品，并且发现一个重要差别，产生对其真实性的怀疑。这里的"新品"与物品本身关系不大，因为游客通过物品在追寻"可触摸的历史遗迹的真实性"（p.116）。对那些游客来说，有关系的是那个印在大炮上的不一致的日期，他们会调用一组特定的知识来诠释遗址中的物品。这个发现为与物体相关的真实性这个概念增添了一个有意义的维度。

到目前为止，我们讨论过了使物质文化可见，成为传播"中"的一个要素的方法。第一步是合理地识别出用于研究的物体，然后对这个物体与其他物体的物理特征和符号特征、对社会行动者的局部话语进行交叉对比。（当然，我们应记住，分析并非总是按照这个顺序来完成。我们可能已经在研究一个场景，并且在倾听场景中人们的谈话后，我们才意识到物质文化中的一个或多个物体是如此重要以至于需要专门探究。）下一个步骤，分析者致力于在更大的历史、意识形态、传记和 / 或理论框架中拓展这些诠释。这个步骤的目标是对这种物质文化有一个更深的、多维度的认识。要选用哪些具体的框架，部分地取决于被研究的地点或物体的本质，也部分地取决于研究者为这项研究带来的旨趣。同时，它还可能是研究文献与其他研究持续的碰撞产生的部分结果。无论是何种情形，霍德（Hodder，2000）建议道，"诠释者能够发现越多相互链接的关联，产生的描述……就会越深厚，做出的诠释也能够更精细"（p.711）。

辛普森（Simpson，2000）对佛罗里达州坦帕市（Tampa）中的一个都市青年场景做的诠 【227】 释民族志，为这种分析步骤提供了很多范例。从第一页开始，我们就被投入伊波尔城（Ybor City）老区一个星期六夜晚的混乱场面中——"连绵的酒吧门店、街头音乐人和……人行道上的商贩传出巨大的音乐声，商贩的推车和小摊上摆着水煮花生、手工珠宝、热狗、蜡烛、糖果块、T 恤、鸡蛋三明治、雷盖帽、卡布奇诺、古龙香水、烤鸡和大量的吸毒随身用具"（p.675）。辛普森的这趟都市酒神狂欢之旅继续如电影般在人群拥挤的大街上逶迤蛇行，直到文章的第三页他才停下来，思考"叙述空间"这个重要主题，以理解伊波尔城的历史轨迹，也用来组织三年田野调查产生的鲜活的街道生活图景。我们很快就发现，这项民族志的关键角色是当地一家唱片店——蓝椅子。蓝椅子犹如一个"另类"生活方式和情感的绿洲，它欢迎那些在伊波尔城的商业制度中不受欢迎的青少年，为他们提供一个聚会地点、一架架的 CD、一个现场表演场所，以及一系列挑战历史城区中正在进行的修复和重建的独特空间和物体。

辛普森对蓝椅子的一部分顾客和物质文化场景进行敏锐的观察，发展出了竞争的"叙事空间"这个主题。这个场景中值得一提的部分是蓝椅子的橱窗：

> 当走在第七大道上，我经过陈列着待售产品——衣服、家具、艺术品，甚至是雪茄——的橱窗。但是，蓝椅子给了我驻足停留的原因。摆放在橱窗里的不是产品，而是人。四个老旧的坐垫椅子放在橱窗里，人们坐在上面聊天。两个人微微侧向一副棋盘，这幅棋盘放在两个椅子中间的那张桌子上。其他时候，我观察到店主们坐在橱窗里，清点存货，讨论着那些在常规上被认为属于后台的活动，并把它搬到前台……我看过顾客们坐在橱窗里读杂志。最终，夜幕降临，橱窗成为一个舞台，乐队在商店里表演。（p.698）

引用理查德·谢克纳（Richard Schechner，1983）的话，辛普森呼吁关注艺术与生活之间被刻意模糊的边界，如上面的橱窗所示。然后，辛普森引用赫布迪格（Hebdige，1988）有关亚文化风格的一项研究，提出"展示"这个概念本身已经成为一个具有魅力的物体。从 20 世纪 90 年代青年中流行穿着的宽松"夜店装"，到现在伊波尔城的文身和穿环，每个人好像都知道他们在展示——哪怕没有人在观看。他总结道，蓝椅子运用常规的橱窗展示，不仅是要呈现"另类"理念，也是对当今社会对自我展示的迷恋做出回应。

7.3　文　献

在质性研究中，对文献——可以查找以供分析的符号文本（Altheide，1996）——进行探索是非常有用的，你应该不断地在文化场景可预见的地点上寻找它们。但是，也有一些时候，文献会不请自来，突然降临在你面前。几年前，这样的事情就发生在汤姆身上，当时一封来自艾琳·德拉斯特——彼时还是肯塔基大学的博士生，正在协助他进行有关政治宣传团队（political advance teams）的研究——的邮件出现在他的收件箱中。一位她刚刚访谈过的消息来源给她发送了一份 2004 年总统竞选以来的"宣传手册"副本。果然，艾琳的邮件有一个附件，文件名为"克里宣传手册 .doc"（KerryAdvanceManual.doc）。汤姆以前听说过这些手册。它们是一场竞选活动（或者一个组织，比如白宫宣传办公室）的内部出版物，明确了开展宣传的恰当方式。但是，汤姆在那之前还没有见过。

汤姆是一个坚守旧式学院风格的人，他喜欢纸质文献的质感、外观和重量，所以他做的第一件事就是把这份手册打印出来。他翻过封面，上面是约翰·克里（John Kerry）自信的笑脸，然后开始仔细阅读 52 个单页的文字。他很快就意识到，这个手册——可能所有这类宣传手册——是几种不同类型的书籍的混合。首先，一份宣传手册是一本**密码簿**。经过数十年的竞选活动，已经产生了很多有关宣传实践的行话，这份手册的用途就是为新手介绍、界定术语。（在手册的第 47 页，我们习知，"统一虫"（union bug）就是"union 产品的符号"。它建议读者"确定你所有的材料都是在一台 union 打印机上打印的，并且要标上一只 union 虫"。）其次，手册相当于一份**食谱**，列出开展政治事件所需的规则、技巧和程序等"配方"。无论是隐晦的，还是明显的东西，它们都可以用精确的细节描述出来。（这出现在第 21 页："在所有观众超过 200 人的事件中，你**必须**有一个手语译者。确定这位译者的衣着要专业，处于观众容易看到她或他的位置……但是，要避免把译者放在会阻挡镜头的位置。"）第三，手册将其自身呈现为一个"教出"最佳宣传实践的权威文本——一本**教科书**。（在第 10 页，我们看到，"你对摄影机是不可见的。你完成的工作刚好在画框的四角之外。你没有用尽屏幕的每一英寸，这个画布是

你和你的同僚们设计的'当日图片'。"）

但那并不是全部。这份手册起到了——还没有一个更好的术语——一本圣书的作用。也就是说，它包括的内容证明了宣传人员职务的正当性，激励他们干出出色的工作，以及在政治领域引导他们。这种用途在克里手册的第二页就被注意到了，除了下面这个段落外并无其他：

> 这份手册包含的材料来自多个民主党总统候选人的宣传手册，有肯尼迪（Kennedy），

1960 年；麦卡锡（McCarthy），1968 年；汉弗莱（Humphrey），1968 年和 1972 年；麦戈文（McGovern），1972 年；卡特 / 蒙代尔（Mondale），1980 年；蒙代尔 / 费拉罗（Ferraro），1984 年；杜卡基斯（Dukakis）/ 本特森（Bentsen），1988 年；克林顿（Clinton），1992 年；戈尔 / 利伯曼（Gore/Lieberman），2000 年；还有过去和现在众多的宣传人员和思想。没有版权。

这种连续（和无私）的服务链延续到前言。在前言页的顶端，有一句出自西奥多·H. 怀特（Theodore H. White）的经典著作《制造总统，1960》（*The Making of the president*）的引言。其中，怀特向宣传人员致敬，说他们是"美国政治中一种最为复杂的技能的实践者"。在引言下方，这份手册的叙述开始了：

> 这 52 页总结了未留姓名却天赋异禀的宣传人员的经验，他们供职于许许多多的竞选活动，也协调过不计其数的事件。他们可以帮助你避开过去的错误，复制过去的成功。它要在迅速组织一次访问的手法方面引导你，保证你把精力集中在最重要的任务上：组织访问的政治活动。
>
> 成为一名优秀的宣传人员的一个素质是，对相关的细节一丝不苟。设计这份手册，是为了帮助你确保每一次访问所需的成百上千的细节都是在恰当的时间由恰当的人以恰当的方式完成。把这份宣传书册里的信息当作经验法则，运用你的想象和良好的判断，把它们应用到每一个新的情境中，但是时刻做好准备去解释你的决定。好运！

我们再一次看到这份手册指向其出处：它的祖先从不被知晓，但他们出色的（也是有瑕疵的）工作成果仍留在这些书页当中。它敦促读者用这一汇聚的智慧去"避开过去的错误"，由此成为一名优秀的宣传人员。谁是优秀的宣传人员？他或她是那些掌控与事件相关的所有细节——真的是成百上千——的人，他们也认识到这些细节是由"恰当的人在恰当的时间"尽职处理。然而，宣传还有一个更加重要的任务："组织访问的政治活动。"这份手册能否让它的读者准备好应对任务，尚不清楚。在这个任务中，每一个新的情境都需要灵活运用本土智慧（"你的想象和良好判断"）。但是，有一件事情是清楚的：所有的宣传人员都对他们做出的决定负责（引申开来，宣传的世界里没有独行侠、我行我素的人和激进的破坏者）。 【230】

通过最后两个字（"好运"），汤姆几乎听到了读者内心所想，"有很多东西需要学习，我还是不太确定我接下来要做什么，但是至少这份手册让我感觉到，我不是独自一人"。

克里宣传手册并不是这项研究的罗塞达石碑（Rosetta stone）[1]，一旦解码就能解读出宣传的所有神秘知识。但是，这份手册，就像任何一份文献，是在其用途的范围内得到部分理解。由于这份手册能够十分清晰地识别出它对于一个理想读者（一个宣传工作的新手）的用途，因此它能够帮助汤姆想象出这个读者可能的反应，并抓住文本自身负有的传播责任。此外，手册还在构成宣传工作的实践的范围内得到理解。这是一份经典的实战手册，它注定要在行动情境中

1　罗塞达石碑，是于昔日埃及港口城市罗塞达发现的一块石碑，上面刻有埃及托勒密五世加冕一周年颁布的诏书。石碑最大的特色是分别用三种不同的文字——古埃及象形文、埃及纸草书和古希腊文——书写同一段诏书。由于近代人类仍可以阅读古希腊文，考古学家通过对照能够破解久已失传的古埃及象形文和纸草书。所以，这块石碑被认为是破解古埃及象形文的关键。——译者注

被阅读和重读。在这个意义上，它的确是一份珍宝，提供有关宣传操作的信息，之后也成为汤姆采访克里竞选宣传主管的关键资源。在制订有关宣传新手的培训和社会化——揭示宣传手册如何被写下来，手册被实际运用到竞选中具有的一些局限等一系列相关的询问——这类敏感问题时，对这份手册的熟悉给汤姆"搭了把手"。

7.3.1 质性研究中的文献

正如上述案例展示的那样，文献材料可以成为一种关键的田野数据资源。这个事实毫无疑问，即文献深深地嵌入在人们的工作和休闲中——作为行动的提示，作为信息来源，作为言语行为中的辅助，作为交换的物品，等等。实际上，文本不在信息传递行为中扮演某种角色，这种情况极为少见。即便看似只依赖言语的交流现象——比如，手机作为父母—青少年关系中的一个"过渡物品"（Ribak，2009）——通常也会使用一种或多种文本（如一份电话账单）。在本章稍后的部分，我们会讨论文献分析在方法上带来的机遇。下面，我们回顾文献在质性传播研究中的四种用法，辅之以从已有研究中获取的范例。这份清单没有穷尽文献的所有用法，但是它显现出文献在田野调查中的四大应用。

【231】

第一，探究一份文献的"生涯"通常是有用的。因为文献被不同的人拥有、标记，并据以行动，这个策略有助于洞悉文献协调诠释和行为的方式。例如，奥斯特伦德（Osterlund，2008）进行了一项为期15个月的民族志研究，探究一所教学医院对病患医疗的记录。奥斯特伦德发现，从实习生、高级住院医师、医学院学生和主治医师将其当作"交流和协作的划定住所"这个意义来看，特定文献（尤其是高级医师笔录和医师签退记录）发挥着"便携住所"的作用（p.201）。在这个分析中，"便携住所"是一个强有力的隐喻，描述了文献在管理病患的医疗日程中扮演的角色。

第二，官方文献是一个宣称权力、合法性和事实的地方。组织决策必须以某种形式"被记录下来"，并且获取文献的路途有可能是曲折的、冲突的，和/或充满了给所有利益相关者带来的严重后果。米勒（Miller，1997）指出，研究文本与"它们被建构、诠释和使用的组织环境"之间的关系是重要的，"这种研究强调与文本偶然关联的空间、时间和实践"（p.78）。比如，撒卡贝里（Thackaberry，2004）考察了美国林业局（U.S. Forest Service）为了改善防火安全"文化"而开展的组织内自我学习。在追踪一系列报告时，撒卡贝里发现，推荐消防顺序的话语发生了明确的转变：从新式的地方消防员决策（"顺序就是指南"）变为僵硬的从上到下的决策路径（"顺序就是顺序"）。她总结道，在自我学习的过程中，管理层对控制的需求引发了一种"话语闭合"（discursive closure）[1]的策略性表达。

第三，传播事件被编码、保存成为文献（documents）。这些文献有些是目击者事后的重新建构（比如，会议记录）；有些是凭印象的，第一人称实时记录（比如，一条即时信息或"推文"）；有些还是对实际发声和会话的再现（比如，国会档案、聊天室的对话、网络论坛里的帖子）。举个例子，作为理解粉丝行动动态的一种努力，梅隆（Menon，2007）探究了

---

1 按照原文作者的论述，"话语闭合"是指对组织传播中的某些冲突进行压制。——译者注

专门讨论《再续前缘》（Once and Again，美国广播公司 ABC 的一档低收视率电视节目）的网络留言板中的帖子。从许许多多网站中收集到近 13 000 条信息，与面对面访谈和邮件交流得到的数据一道进入后续的分析。梅隆特别强调，"这些帖子是《再续前缘》粉丝和行动者们对群体的一种关键表达，帖子承载的话语能够告诉我们有关媒介化群体如何被社会建构的许多东西"（p.366）。 【232】

第四，很多组织和群体都会创造某种类型的"文献"，供大众使用，从一个公司网站到克雷格列表网站上的列表，再到全国性电视的节目编排，它们的意义和价值最终取决于研究者的意图。比如，韦斯特（West，2008）对贺卡产业的研究，提出一种"普遍特异性"（universal specificity）策略，对贺卡和贺曼公司（Hallmark）网站这样的公共文本进行细致分析。杜灵顿（Durington，2007）对"城郊道德恐慌"的民族志研究则需要另一种不同的路径。他研究的核心内容是得克萨斯州普莱诺市对青少年过度嗑药的恐慌，恐慌其实来源于《达拉斯晨报》（*Dallas Morning News*）于 1997 年 10 月 5 日刊出的一篇整版报道。这个文献自然在杜灵顿的研究中扮演了一个非常重要的角色。

7.3.2 文献的类型

尽管"文献"是一个综合性的术语，包含文化成员生产、接受的一系列符号文本，但是，有些方法论者还是在这个宽泛的范围内做出一些重要的区分。比如，马奇（Madge，1965）区分出**一手**（primary）文献与**二手**（secondary）文献。一手文献"包括所描述事件的目击者的证词"（p.89），通常在需要形成一个事件的事实时受到青睐。出于其他的用途，以间接（或传闻）的证据为基础的二手文献——比如，关于一个事件的媒体报道，或者受到事件影响但没有直接参与其中的社会行动者表达出的意见——则恰好是我们需要的数据类型。

档案（records）与**私人文档**（personal documents）是对文本资料的另一种分类方式（Hodder，2000；Lincoln & Guba，1985；Madge，1965）。档案被界定为"由或为个体或组织准备的任何文字性或记录下的陈述，其目的是**为事件提供证据或解释**"（Lincoln & Guba，1985，p.277；强调为原文所加）。档案被用来"捕捉"一系列事件和活动，包括如下： 【233】

- 证明某一行为（比如，结婚证，销售单据）；
- 列举成员（比如，花名册、电话簿、邮件用户清单）；
- 程序和政策的整理汇编（比如，手册、大纲、食谱）；
- 衡量个体或群体能力的常规格式（比如，考试、求职信、问卷）；
- 对业绩的汇报（比如，股东报告、棒球比赛得分、大学成绩）；
- 对组织或个体历史的解释（比如，年鉴、个人简历）；
- 对一个事件的描述（比如，会议记录、访谈记录）。

另一方面，私人文档是"**除档案外**的书写或记录的材料，不是特意为了回应询问者的请求而准备的（如测试或访谈笔记）"（Lincoln & Guba，1985，p.277；强调为原文所加）。马奇（Madge，1965）以更加肯定的术语来界定私人文档，"个体对他（原文如此）自身的行为、经验和信念的自发性、第一人称描述"（p.77）。从私人文档这一类目下的一系列文本——日记、书信、演讲、博客、社会网络上的个人简介、电影剧本——可以判断出，显然并不是所有的私人文档都是"自发"产生的。然而还是可以公平地说，私人文档与档案相比更少受制于组织的需求和要求，因此可以把它们当作自我表达来阅读。正因为如此，它们提供了对信念、认同、关系和传播风格的洞见（比如，Banks，Louie，& Einerson，2000；Otnes，Kim，& Kim，1994）。

文献的其他分类方式还包括：客观的与主观的、寻求的与未经寻求的、被编辑的与完成的，等等。但是，对人造物品的任何二分法，都会面临复杂性、矛盾和例外。在某个情境中被认为是"一手"文本（法庭证词），在另一个情境中可能是"二手"文本（目击者在证词中说出的谣言）。有些人造物品同时包含了档案和私人文档(比如，既刊登讣告也刊登社论专栏的报纸)，档案与私人文档之间的分界线是非常细微的（如课堂笔记）。类型的纯粹性或相互排斥性不那么重要，重要的是它们对寻找文献、思考文献在某个文化场景中的用途是有效的。

7.3.3　文献分析的优势

信息丰富性（informational richness）。相比于其他质性研究方法，比如观察和访谈，文献研究具有诸多的总体优势。首先，文献通常是信息的**丰富来源**——"与情境相关，并根植于它们出现的情境中"（Lincoln & Guba，1985，p.277）。当一定数量的文献被收集、分析时，尤为如此。比如，在汤姆研究马丁·斯科塞斯（Martin Scorsese）的《基督的最后诱惑》时，他接触到一大堆自 20 世纪 70 年代末以来的材料：期权协议、编辑和导演的合同、律师的信件等，它们与这个电影项目的源起相关。这份材料的规模、范围和细节，远远超过了从他的访谈对象的回忆中所能收集的东西。即便是 52 页的宣传手册，它产生的有关宣传实践的信息也比汤姆做的任何一个访谈要多得多。文献的丰富性不仅仅是源于信息的**数量**，还源于质量。也就是说，它们充满了有关其制造者的历史、惯用言语和文化逻辑。

可获得性（availability）。林肯和古巴（Lincoln & Guba，1985）提出，文献"几乎总是**可获得的**，成本（主要是研究者的时间）低廉，或者是没有成本"（p.276；强调为原文所加）。进入一个场景，往往伴随着探究个体或群体的"文档线索"（paper trail）的机会。你通常无须多久就能发现这个线索。很多人将重要的文献放在手边，或者知道他们在哪里可以找到。如果这个人慷慨，可能会允许你以极少的成本或者不花成本来使用文献。绝大多数的档案机构也坚持开放、免费使用其收藏物的政策。然而，可能会有一些情况，需要你花费时间和金钱才能找到文献，或到收藏档案实物的地方。

从独立的模拟媒体到网络化的数字媒体，这种划时代的转变对文献产生了重大影响。以前，材料只能以"硬拷贝"的形式生产，通过物理的传送渠道来移动；现在，它们基本都以数字格式存在，在多种多样的互联网平台上畅通无阻。像期刊、杂志和报纸这样的商业出版物，以前在报摊上放置出售的时间很短，现在则可以在公司网站上存档，或者通过 Lexis-Nexis 和 EbscoHost 这样的在线数据库来获取。此外，许多学术机构和商业机构已经着手对那些以前只能获取纸本的书籍进行数字化扫描，使之可在线上获取。谷歌图书（Google Books）就是这方面最

【234】

具雄心的机构之一。摄影、电影和视频也发生了类似的转变。研究者对遥远的音视频文档的搜 【236】
寻曾经是一个不确定的、耗时的过程（Godfrey，2002），他们现在用精细的多媒体工具，更
快速、更精准地完成这些搜寻（Hollink et al.，2009）。

　　由于信息的数字化，质性研究者搜取的文献也许只是几个"点击"的距离，省去了接近文献，
在物理地点之间运送文献（或研究者）这些令人烦恼的问题。但是，通过计算机来搜集文献也
不是完全没有问题。如同韦布等人（Webb et al.，1966）在 40 多年前指出的那样，就物质档案
而言，文本的选择性存放和保留是偏见的潜在来源。类似地，在线档案可能是不完整的，难以
搜寻，或有时被无意清除了，尤其是物品被认为对主办机构没有什么价值。

　　除了格式，控制文献获取的实体可能会对研究者获得、影印或引用文献施加条件。文献能
够（或应该）怎样被用于研究，这还涉及伦理或法律问题。版权法中的合理使用条款准许文献
的有限部分用于研究，而无须获得许可。有些文献类型——比如，歌词——在可使用的文本数
量上就受到更多的限制。从伦理的立场出发，文献往往包含了一些在世的人的名字，描述了他
们的行为，他们并没有同意成为质性研究的一部分。如果文献本身已经被公开了，那么信息披
露通常就不是一件敏感的事。对于私人的文献，隐藏可识别的个人信息则是谨慎的做法。这一
规则的例外情形有：私人文献已经在公开档案中可获得；文献的当事人（比如，作者或文献上
署名的人）准许使用；或者署名的人是公众人物。

　　运用文献时，研究者应该努力获得文献的原件，但是复印件也能满足绝大多数的用途所需。
研究者田野笔记中的细节应该体现文献的格式和内容特征。研究者应该描述文献的来源和历史，
谁发布了它，它是何时、如何流传开（被阅读）的，以及它如何被用于交流行动中。

　　无反应性（nonreactivity）。第三个经常被引用的优点是文献的无反应性（Webb et al.，
1966，p.53）。很多文献都是在一个生动的社会过程结束之后才成形，或者是个体审慎的和 / 或 【236】
创造性的思维过程的结果。文献在其生命历程中可能经历过许多次迭代，甚至可能"变形"成
为与它初始模样非常不同的东西。追踪一个文献变成其最终形式的轨迹，对有些研究问题来说
是重要的。但是在绝大多数情况下，待研究者到达场景之时，文献已经是一个相对稳定的物体
（除非它被设计为一个协作的、持续不断更新的场所，就像网络世界里的一条**维基百科条目**）。
从研究者的角度来看，这是一个重要的优势，因为文献的物质完整性在时空变幻中**保持不变**。
文献"硬化"成一种形式，它不受到未来人类力量的影响，并使得文献可以从任何一个角度加
以考察。不被研究者的利益和在场所影响，文献因此被视为一种无反应的数据。

　　然而，这不应该被诠释为"完美无误的接收"。即便文献的物质完整性保持不变，它的意
义也可能随着时间、地点和读者的不同而改变。正如林肯和古巴（Lincoln & Guba，1985）观察
到的那样，"从文献或档案分析中产生的东西仍然代表着一种互动，资料来源与着手分析的研
究者之间的互动"（p.277）。此外，我们不应该忘记，研究者最感兴趣的文献往往在其产生很
久之后仍然充满争议和竞争性的诠释。对那些仍在对文献进行解释、辩论和争辩的行动者来说，
它还远没有成为一个寿终正寝的物体。

　　假如你在田野中扮演的角色是要参与到文献的生产中，那又会怎样？显然，在这种情况下
你与数据（文献）的关系有很强的"反应性"，但是，这无须撤销它作为研究证据的使用资格，
只是你与信息来源持续的这种关系使你无法根据你们二者的对话来整理田野笔记。文献还可以

被分析，虽然要对你在文献生产中的角色、在结果中具有的任何既得利益保持高度的、反身性的审视。

真实价值（truth value）。文献的第四个优势是它们的**真实价值**。文献——尤其是前文辨识出的档案这种类型——所包含信息的准确性得到审查，用作组织决策和行动的可靠基础，以及／或受到内部或外部权威的确证（或审核）。从这个意义来看，我们把文献当作一种值得信赖的资料。提出一种事实断言，是大多数文献明显（或含蓄）的意图。比如，那份宣传手册充满了 对事物在政治事件中存在方式的断言。手册里没有半点"虚构"，甚至不会提及有关宣传工作事实的竞争性版本的存在。除非文献的准确性问题被标注、挑战或修改（比如，报纸刊发的"更正"或"撤回"），或者出于某些确实值得注意的原因，文献的使用者对其真实价值不在意——从文献中获取的信息在常规上被生产和阅读它的人视为不值得信任。

本质上更为私人的文献——博客、书信、自传，等等——也被评判为具有真实价值。这里，我们主要的兴趣是，内容如何反映写作者的观点。除非有理由认为写作者是谨慎的、有所保留或两面派，或者只说出他或她信念或经验的"部分真实"（half truths），否则就可以稳妥地将文献视为作者对现实认识的准确呈现。

当然，真实是一个可变的标准。极少的文献，如果有的话，没有遗漏的事实、粗心的错误、蓄意作假或系统性的歪曲。许多组织能够在文本生产中忍受一定数量的不准确——也就是一种**权宜**的真实标准，并且通过命令、协商或违反来确定标准的门槛。比如，一个大学里不同的学院在会议记录的细致水平上有所不同。对某个学院来说，一份会议纪要就是"真实的"；另一学院则会强调细微的细节，包括被引述的对话。有些组织以公司政策、专业标准或听众期望来界定真实。举个例子，"小报"和"主流"新闻产品在它们刊发文章的真实价值上就有显著的差异。

当文献自身历经变化时，它的真实价值通常也会变化（或出现）。《传播学质性研究方法》的这个版本，是汤姆和布赖恩在第二版的基础上做出了或大或小的修正的；所以，你现在看到的版本在质性方法的真实性上，提出了与前一个版本稍有不同的主张。举个更加日常的事例，发送者在转发一封邮件时通常会做很多事情来"重新设置"阅读原始邮件真实观点的条件。发送者可能会写下一些评论，充当原始邮件的前言，由此也给了原始邮件一个新的语境。通过删除原始邮件的部分内容、插入"评论"标记（可能是用不同的颜色），或者删除标题信息，发 送者会根据他或她自身来操作原始邮件。现如今，数字媒体有很多性能，可以对任何文本或视觉材料进行重新调整（有些是不合法的）——从邮件转发到音乐混录和视频集锦。

最后，对文献真实性的评价，取决于你分析它的目标。仔细阅读文献，是为了获得它包含的事实信息吗？（如果是这样，就需要运用与内容准确相关的多种外部证据形式。）正在阅读的文献是对制作者如何看待自身的一个解释吗？（为了确证这种评价型的阅读，你需要与作者进行讨论，或者获得关于作者如何看待这一作品的其他数据。）阅读文献，是为了理解制作者希望如何被他人看待吗？（对于这个目标，知晓作者与受众之间的关系对文献有所助益。）一个一般性的规则是，你对所研究的文化或个体越是有深刻的认识，你在评判文献的真实价值、发现（或者解释）偏差上也就会越加娴熟。

7.4　总　结

物质文化物品和文献，是建立传播情景、确定传播行为、创造观点的标示和表达、辨识有价值和权力的象征场地、联结过去与未来时极其重要的资源。我们在这一章中讨论的策略，但愿已经激发你思考如何在自己的研究中使用物质文化和文献这类数据。下一章将把质性研究的过程引入另一个阶段：分析和诠释数据。

7.5　练　习

1. 像"第二生命"（Second Life）这种在线虚拟站点不仅提供了消遣和身份尝试的新"场所"，它们还提供了一个相对无拘无束的区域来设计新的生活模式。但是，如同贝尔（Bell，2009）观察到的那样，这种自由通常无法得到最大程度的使用："尽管几乎任何建筑方面的事情在第二世界中都是可能的，但令人惊讶的是，同类建筑形式、建筑者在其中创造的愿望表达都是一系列重复：靠海的选址、熟悉的面积和布局、可识别的房子……显然，被赋予表达建筑形式创意的虚拟自由时，许多'第二生命'的居民们转而使用熟悉的、郊区的东西"（p.519）。在其文化表达和交流互动中，"第二生命"的居民们对物品、空间、人造环境的使用是否也会转向熟悉的东西？在访问"第二生命"或其他模拟网站时，你是否看到人们以新的、试验性的或富有社会建设性的方式来使用这些"物质"资源？ 【239】

2. 思考在你的私人生活或工作中扮演重要角色的文献。在你私人或工作的社会关系中，文献是如何用于权力操控（或解放）的？你能想到已成为一种争议或冲突的一个文献吗？在你的生活里，哪些文献呈现出"生涯"——在它于特定情境中经历一系列社会应用和诠释这个意义上？如果这个文献不知怎么地消失了，你的生活——或者你所在群体或组织的生活——将会发生怎样的变化？ 【240】

第 8 章　赋予意义：质性数据的分析与阐释

8.1　引　言

在前面的章节中，我们介绍了研究传播活动和传播行为的方法。通过问题提出与田野方法实践之间的互动，研究者生产出数据：所研究的物体、事件、过程的文本、声音和/或视觉记录。待这些类型的数据收集充分，研究者就准备转向一个新的问题：它的意义是什么？或者，这样来问这个问题能够反映这种努力（和潜在胜利）的本质：我能对它解读出怎样的意义？

研究者已经来到了分析和解读的阶段——一个在他或她剩下的田野研究中持续存在的阶段，也会延伸到最终将研究带入终点的写作阶段。此时，研究者在家里或办公室里花费更多的时间，与纸张或电脑屏幕上的数据**进行互动**，努力在层层叠叠的话语和社会行动中解读出概念意义。这是一个有趣甚至是令人兴奋的研究阶段。但是，这个阶段也有挑战。

最大的一个挑战便是，处理所有的数据，它们必须被"加工"、理解，并转变成有用的东西。它的数量可能大得惊人，哪怕对一个有经验的民族志学者，它也会对研究者的耐心、毅力和智识产生重负。研究者面临的第二个挑战是，几乎所有的研究发现都能被赋予多种多样、看似合理的解释。这条路上总有分岔口，需要做出选择——从决定如何对一份文字记录进行编码、购买一个软件包、选择某一个理论来分析数据，到选择可以帮你验证研究结论的人。改变研究的上述方面或其他方面，或者改变对数据进行诠释的人，研究的整体结构也会发生转变（Heider，1988）。第三个挑战是，研究往往不会遵循一个清晰的弧线，而是走一条摇摆、曲折、不平坦的路才得以完成。有时候，直到开始数据分析，研究者才能辨识出一个真正的研究问题。研究是由研究者的好奇心、日益增长的理解能力推动的一段旅程，有时候它需要经过长时间的田野调查才能逐步聚焦。我们应该提及——如果你足够勇敢，已经相信我们——的第四个挑战是，一项研究在其最终抵达读者之前，必须与至少两个"群体"进行谈话（或协商）。研究者的诠释必须符合研究者场地（参与者群体）的局部意义，并且，他们还要运用一个或多个传播次级领域（同侪群体）的智识遗产。后一个群体往往就是在一个桌上完成分析和诠释工作的搭档。

最后，习得分析和诠释的技能也是一个挑战。直到近期，初学者们仍要面对有关编码、推论和验证等优质资料的匮乏问题。即便在今天，期刊论文中的方法部分对解开方法之谜仍无甚助益。有时，作者告诉我们，他们的主题是在重复阅读数据后"浮现"出来的。但是，为什么浮现的是这些主题而不是其他主题，这往往让读者不得不去猜想。有些作者采纳的是一种个人主义的、"我以我的方式来做"的立场。另一些人完全省略掉"方法部分"，或者把它放到尾注中。可以肯定的是，数据分析和阐释在很大程度上是一种因人而异的和 / 或凭借直觉的尝试，这个观点多少是正确的。我们中的很多人都以契合我们的感觉——即什么看起来是对的、感觉起来是对的——的方式来操作。并且，所有质性研究者可能都经历过"啊，哈"时刻[1]，我们发现汹涌而来的碎片阅读终于变得有条不紊。对一个努力的质性研究者而言，没有什么比这些时刻更为有力。但要注意的是，它无法帮助初学者理解如何获得这样的洞见。

庆幸的是，在过去的几十年里，质性分析变得更加清楚、可靠和透明。运气在这一过程中的角色无法被否认。质性研究的一个主要力量在于，策略性的关注和意外发现在其中奇妙地混合在一起。

这一章为学习如何阐释质性资料提出了一个框架。这个框架由两个过程组成：数据分析和阐释。分析是对原始数据做标记和分类，并按照范畴、模式、主题、概念和命题对它们进行重新建构的一个过程。**归纳**（inductive）思维（人们从许多具体的话语和行为中推断出一个原理）和**演绎**（deductive）思维（通过把这个原理运用到新的话语和行为中，来验证它）都是质性数据分析的特征。阐释是"［做出］一个解释"（Spiggle，1994，p.492）的过程。阐释主要以**溯因**（abductive）思维——人们从已有的事实中创造出新的原理——为特征（Agar，2006；Jensen，2002；Richardson & Kramer，2006）。在溯因推理过程中，理论、经验和想象结合在一起，产生一个**意料之外**的结果——这个结果人们无法从观察事例、从归纳或者演绎的逻辑中推断出来。

【242】

事实上，在更大的意义阐释中，数据分析和阐释是结合在一起的。但是出于本章叙述的缘故，我们将它们描述为两个不同的、在田野调查和写作之间重叠的阶段。最后，本章对验证质性结论的诸多方法提供了一个概述。

8.2　质性数据分析

在数据分析中，质性研究者希望在三个方面推进：**数据管理**（data management）、**数据简化**（data reduction）和**概念发展**（conceptual development）。在一项研究中，获得对增长迅速的数据的控制，正是数据管理的目标。没有数据分类、整理和检索的工具，寻找研究证据这项任务的前景的确是令人生畏的。有些工具是手工操作的；计算机软件在组织档案、整理文件等方面提供更大的控制。

研究者也会在某种程度上意识到，并非所有的材料都会被使用。有些数据确实对解决研究问题至关重要，另一些数据可能会为写作增添丰富的案例，而剩下的数据在任何直接的意义上都不会被使用。所以，**数据简化**意味着，证据的使用价值是根据浮现的阐释策略来确定优先等级。这不意味着数据应该像糠一样被扔掉；你无法得知糠或从未被使用的数据在何时会在另一个研究情境中变成小麦。相反，数据被类别和代码简化，它们使你与那些能够被用来建构观点的材

1　指的是顿悟、灵光乍现的时刻。——校译者注

料获得联系。

最后，数据分析还为**概念发展**这个目标服务。一项研究的初期会生发出丰富的概念和主题。
之后，概念和主题的数量可能会减少，但是它们之间的关联会更多、更详细。由此，数据分析
能够为研究的资料收集部分提供焦点和框架。

8.2.1　过程式写作

数据分析往往在田野笔记、访谈记录、物质文化或文件笔记产生的那一刻就以非正式的形
式开始了。研究者忙于生产这种描述性的记录，他或她也在对过去的事件和话语进行反思。从
最初的事件体验开始，之后流逝的时间（哪怕只是一天或两天）能够在相对僻静的家庭或办公
室中为这些材料提供一个不同的视角。周期性地返回到完整的田野笔记和记录中，并再次阅读
它们，也是一个不错的主意。这些阅读会帮助你回顾特定事件的某些方面，思考方法运用中的
策略性变化，并且获得了一个更好的视角来看待诸多研究部分成形的方式。

这种反身性思考可以表达为"过程式（in process）分析写作"，尤其是埃默森及其同事所
说的旁白、评论和过程备忘录等形式。我们首先来谈论旁白和评论。

> **旁白**（asides）和**评论**（commentaries）。旁白是分析写作中简单的、反思性的词语，"对
> 田野笔记中描述的一些具体事件或过程进行简洁的阐明、解释、诠释，或提出问题"（Emerson
> et al.，1995，p101）。旁白通常被插入到田野笔记或访谈记录中的圆括号或方括号中。评
> 论是"对一些具体事件或议题的更为详细的反思，它被包含在一个独立的段落中，与括号
> 相分离"（p.102）。与旁白相比，评论不仅更长、更详细，它们还处理与特定田野笔记或
> 记录相关或不相关的宽泛议题。

> 旁白和评论可以用自由的风格形式来写作。由于它们通常是发展概念范畴的起点，它
> 们不太可能出现在你研究的报告或出版物中。它们仅仅是对你有利。旁白和评论囊括了一
> 项研究中的诸多个体关注点，包括对你所遇到的人的动机的思考，你所运用的某种方法的
> 效能（或缺乏的效能），有关你在田野中自我呈现的情绪、观点或理解（误解）。此外，
> 研究者运用过程式写作来仔细思考概念事宜，包括你看到过的引人注目的事件；一个人工
> 制品或访谈摘录的潜在意义；能够捕捉到行动意义的、尚在萌芽的概念；能够解释特定场
> 景中重复出现的连续行动的可能原因。这份许可授予给你，也由你授予，写下任何能够让
> 你觉得重要、有趣的东西，在分析的最初阶段释放出你的创造力。

斯蒂芬·哈格蒂（Stephen Haggertg）的部分田野笔记和过程式写作——用"O.C."
（observer's comments）来标记"观察者的评论"——如表8.1所示。它的场景是以一个名叫
斯基普的专业培训师为首的汽车新进销售员培训会。第一个观察者评论是旁白，尽管在事实上
它的格式是一个独立段落。第二个观察者评论最好被归类为评论，因为它论述的是一个比田野
笔记的即时情景更宏大的议题。

第一个观察者评论的第一个部分是培训会的时间安排和内容。另一个部分引自斯基普后来
有关"免费"加入培训的评论，他说了一些斯蒂芬感兴趣的事情，有关这个培训会的价值，以

及他与斯基普和经销商的关系。第二个观察者评论很明显是斯蒂芬在揣摩培训会上讲授的课程时产生的想法。我们看到斯蒂芬的思考沿着一个概念方向在前进；一旦他开始对数据进行编码，他可能会形成一个有关"个体责任"的范畴。

表 8.1　田野笔记中的旁白和评论

> 　　斯基普一次又一次让戴维说出这些字词，"我要你明白，我在这里是为了做成一笔你想要的买卖"。他说，重复这句话是关键，当我们进入人群中时必须知道这个脚本，而没有这个脚本我们将无法卖出一辆车。斯基普详细地讨论了这样一个观念，表达一个有效的问题，会得到一个有效的回答。他非常简洁地说，你不能放弃，为了卖出史蒂夫（经销店的所有者）希望他们卖出的那么多车辆，他们必须说服消费者。
> 　　（观察者评论：我后来发现，那天培训会的主要内容仅仅是关于入门资格，所以在 3 月 16 号他们又邀请我回去参加最后的培训会。有意思的是，斯基普后来告诉我，他从培训会中获得了大笔数额的酬劳，而我是幸运的，"因为你是免费参加的，孩子"。）
> 　　斯基普与另一个人开始角色扮演，就像他之前做的那样，他再次提醒培训对象（包括我自己），重复是关键。另一个需要学习的重要短语——斯基普称之为"词语频道"（word tracks）或短句——是"我明白"。斯基普说，你想要确定消费者认为他就是对话中所有观点的拥有者。此时，我注意到休息室后面的一面镜子，上面有一个标语："你会从这个人手中购买一辆车吗？"
> 　　（观察者评论：对消费者和经销商的个体责任这个概念，在这里清晰地出现了，它贯穿于我和斯基普与在休息室遇到的八个人的简短对话中。）

来源：经由斯蒂芬·哈格蒂提供。

【245】

　　过程式写作是把握当前研究状态的暂时性的初期尝试。随着你在场景中获得更多的经验，你在旁白和评论中写下的观点可能会发生极大的变化。当你回头看时，有些观点可能会显得幼稚或考虑不周，另一些还值得保留。旁白和评论可以用计算机编码，能够轻易地从田野笔记或记录档案中检索出来。它们也可以"按照来源进行标记"，能够追踪到言语或行动的原始情境中。

　　过程式备忘录。过程式写作的第三种类型——**过程式备忘录**——是"更为持久的分析写作的结果，它要求与活跃的田野笔记写作之间有更长的时间间隔"（Emerson et al., 1995，p.103）。过程式备忘录可能受一则旁白或评论的启发，但是，备忘录通常会从若干事件中发展出一个主题或议题。不同于旁白和评论，备忘录的写作者"明显是在读者之外进行想象，以可能让读者感兴趣的方式来框架他［或她］的观点和经验"（p.103）。

8.2.2　范畴与代码

　　系统的质性数据分析通常是以创造一些范畴（categories）和一个编码方案（coding scheme）开始的。有些研究者先用几个星期集中进行数据收集，再用一个或两个星期进行数据分析，两者交替进行——一种能够使数据增长在控制之中，并使研究者对研究的概念轨迹保持警醒的工作节奏。另一些研究者等到所有数据都就位之后才开始编码。从根本上说，任何一种数据分析方法——凭一时兴起，有规律的间隔，或者是一鼓作气完成——都可能产生成功的研究。

　　某些时候——通常是在一组丰富的数据开始形成之后——研究者会意识到创建范畴的需求。**范畴**是一个指涉一系列普遍现象的总括性术语，包括概念、结构、主题，以及其他类型的将相似物体放置到一起的"箱子"。分类（categorization）指的是，根据数据的相同属性对其进行整理的分析过程。斯皮格尔（Spiggle，1994，p.493）写道，"分类的本质是辨识出一个数据块或数据单元（比如任意长度的文本段落），因为它们归属于、代表了或作为某些更为普遍的现象的典范"。

范畴有许许多多的形成方式。有时，研究者将已有理论和研究中的概念以演绎或**客位**
[246]（etic）方式运用到数据中。例如，斯蒂尔（Steele，1999）用青少年媒介实践模型的四个组成部分——身份认同、选择、互动和应用——来对她的数据（来源于焦点小组、媒体，以及实地观察和/或访谈）进行分类，探讨青少年如何使用与性相关的媒体内容进行身份建构。萨斯（Sass，2000）在他对一家非营利性养老院中的情感劳动的研究报告中说，"［我］从我的田野笔记中寻找前人文献里出现过的现象类型：工作与个人的仪式，好意与隐私的社会性……我发现，好意和工作仪式在我的田野笔记中更为显著，［而］个人的仪式和隐私对于捕捉慈善养老院里的情感劳动则不那么有用"（p.338）。如同第二个案例所示，研究文献能够让你对什么**可能**是数据中的重要东西变得敏感。

研究者对数据的编码还可以根据标准的人口学范畴（比如，性别、种族、年龄、职业、教育、宗教）、机构上的分类（比如，经理、利润、亏损、履历），或者其他运用广泛的描述性的"预编码"主题（LeCompte & Schensul，1999，pp.58-62）。这些是低推断性（low-inference）的范畴，因为它们指示出具体的、常识性的事物。由于它们只以几种明显的方式出现在数据中，这样的范畴要求编码员所用的判定规则较少。诸多低推断性范畴能够在受访者的言语，或在田野笔记描述的行动中发现；同时，你也可以对文本的**主题**进行编码。在后一种情况下，对一个文本片段问出的关键性问题是："这**是**什么？"（Tesch，1990，p.142）。

另一种范畴类型是在分析者思考许多数据"块"的意义之后才开始形成。在这个归纳过程的第一步，分析者探查数据——通常是在几个临近的阅读周期中——并发现特定的文本单元（主要是字词、短语或句子）与其他文本单元相关联，暗示出一个新的范畴。这些是**高推断性**（high-inference）范畴，因为它们需要有关文化内部意义的知识，或者在数据编码中需要更为复杂的判定规则。组织研究学者巴里·A.特纳（Barry A.Turner，1988）在他自己的研究中解释了这种分类是如何发生的：

> 当我从已有理论范畴中积累了几个实例——6~12个，取决于主题——时，我试着给我一直在那个［文档］卡片中使用的研究范畴标签写下非常清晰、正式的理论定义，旨在产生一个对加入研究团队的新成员来说不言自明的定义……用抽象术语确切地指出具体社会范畴有怎样的限制，它指涉的社会现象是什么，以及不是什么，在此过程中，"社会学的想象力"就展开了（pp.109-110）。

[247] 这对传播想象力如何展开也是一个不错的描述。这些"抽象术语"永远都不可能是稳定的、明确的。创建一个根植于并且回应了某个场景的本土意义的抽象范畴，也是富有挑战的，但是，为了超越描述层面，这样的范畴通常也是必需的。

代码是数据与研究者创建的范畴之间的联接。如查曼兹（Charmaz，1983）所述，"代码……充当了数据**标注**、**分解**、**编译**和**组织**的速记装置。从简单的、具体的、主题性的范畴到更为一般的、抽象的、为理论浮现准备的概念范畴，都可以是代码"（p.111）。在查曼兹的第二个句子中，我们看到了范畴与代码的结合。但是，代码与范畴不是同一回事。代码的主要用途是对构成一个范畴的要素进行特征描绘。相反，范畴的提出是为了让研究者能够界定、解释这些要素的深层意义。

此外，代码还有一个操作方面的用途。它们被用来标记田野笔记、记录、文件、音视频材料等文本单位，使研究者能够整理、检索、联接、展示数据。事实上，代码是处理数据分析的"办公"功能中必不可少的工具（Gibbs，2007，pp.1-2）。由于质性研究通常会产生数百页的材料，包含成千上万行文本，其中部分数据不被编码也是不可避免的。尽管未编码的数据是不存在的数据这个说法有点夸张，但事实上，一项研究一旦进入全面分析模式，绝大多数研究者只使用它们编码过的数据。所以，代码能够在原始的、未编码的数据海洋中标示出岛屿、群岛和陆地这些有意义的数据。

质性数据分析软件的广泛应用将代码的使用带入一个新的标准化水平。这种发展与不久前质性数据分析还是一种"神秘的、半公式化的艺术"的时候形成对比（Miles，1979，p.593）。许多研究者将计算机辅助编码称赞为质性研究进步的标志，其他人却对质性数据分析软件为质性研究的创造性和灵活性带来的限制有所担忧。但是，早在新的软件包出现之前，质性数据分析的策略就已经被优化和广泛分享了。研究者和学生们现在可以享受丰富的数据分析文献（比如，Arnould & Wallendorf，1994；Emerson et al.，1995；Gibbs，2007；Grbich，2007；LeCompte & Schensul，1999；Ryan & Bernard，2000；Spiggle，1994；Weston et al.，2001）带来的福利。

8.2.3　对叙事进行编码

有关数据分析的对话日益增多，这意味着研究者有更多的策略选择，以契合数据的形式和假设。比如，许多传播学研究者对那些能够帮助他们理解叙述和生命故事的技术感兴趣（如 Cortazzi，2001；Gubrium & Holstein，2009；Mishler，1986；Silverman，2000）。有人认为，对故事进行编码作为分析的第一步，"有效地毁灭了研究者从一个生活故事中发现诸如故事线索或'叙事结构'一类可识别出的东西的可能性，这些故事线索或叙事结构后期可能从……社会符号学的视角来得以分析"（Alasuutari，1996，p.373）。尽管可能如此，编码仍然能够帮助分析者确定谈话、故事、媒介内容和其他叙事文本中的文化模式和人际关系模式。我们来简单看看一个由传播学者 H. 劳埃德·小古多尔（Lloyd Goodall，Jr，2000，pp.102-108）发展出的对言语交流进行编码的策略——它来源于文化诠释学传统。【248】

分析者首先从一个谈话连续体——从受到最多规约的形式（从交际性谈话到日常会话）到那些产生多种意义和身份建构的形式（策略性会话、个体叙事和对话）——中识别出一个谈话样本。第二步是提出一个首要问题，言语交流中**正在发生的是什么**。此时，分析者运用研究场景中所有可获得的资源提出一系列问题。每一个问题——**框架或语境是什么？说出了什么东西？怎样说出的？你在场景中居于何处？**——又包括更多的具体问题。举个例子，以下提问就紧随着这个问题——**它是怎样被说出的？**

·哪些**韵律**、**音调**和**静默**有助于整体意义的表达？**故事线索**来源于何处？来源于个体生命史？来源于文化迷思？它是如何被性别化的？

· 哪些**生活脚本**被调用？

· 它结合起来是什么？有何种**意义**？（Goodall，2000，p.107）

当文本以这种敏感、反思的方式被询问，并且将答案进行编码之后，分析者可以进入下一个步骤：提出"［言语交流的］**个人意义**……它是一种让你隔离出交流的关键时刻，并赋予其特殊意义的正式形式"（p.108）。小古多尔提出的寻找上述关键时刻的方法有**文化富点**[1]（表达文化知识的言语行为——如行话、俚语或习语里的讽刺点）和**关键时刻**[2]（讨论的是个体、群体或组织里的重要决定）。对这些关键时刻进行解释需要大量的解释性文字，关于这个我们在第 9 章有更多的论述。我们可以这样说，古多尔的策略提供了一个有效的方法，对谈话的方方面面进行观察和编码。

【249】

8.2.4　扎根理论

分析质性数据的最具影响力的模式是**扎根理论**（grounded theory）。巴尼·格拉泽（Barney Glaser）和安塞尔姆·斯特劳斯（Anselm Strauss）（1967）提出扎根理论的 40 多年后，它仍被广泛使用。这个模式长时间流行的一个原因是，它能够被几乎所有的社会科学学科使用，包括传播学。此外，它清楚地表达了一个令人信服的"发现逻辑"，还有一系列正式化的规则和词汇，为混乱的质性研究过程带来一种秩序感。扎根理论很快成为不同类型的质性研究的模板，包括对音视频文本进行编码（Figueroa，2008）。特纳（Turner，1988）甚至提出，"质性研究者没有其他与扎根理论相近的、用来探究事物的实际替代模式"（p.112）。

有关扎根理论的优点争论颇多，即便是扎根理论的先驱格拉泽和斯特劳斯，后来也提出了不同版本的模式（Charmaz，2000；Glaser，1978；Glaser & Strauss，1967；Strauss，1987；Strauss & Corbin，1990）。我们对扎根理论的介绍不会冒险进入这些内部分歧。相反，我们要看看最初的模式是如何运作的，并用一些案例来说明。扎根理论有三个方面的特征，对质性数据分析者尤为重要：

· 浮现的理论"扎根于"数据与其被编码归入的范畴之间的关系中。

· 范畴形成于对单位数据的持续比较过程中（这个过程被称为**持续比较方法**）。

· 当研究者仍处于田野之中，代码、范畴和范畴定义会发生持续的动态变化，新的数据会改变分析框架的视野和术语。

扎根理论模式的第一阶段，要在数据编码中编出尽可能多的范畴。如前所述，有些范畴来源于研究文献中的概念和议题。但是，扎根理论具有归纳力量，更加强调从一手证据接触中产

1　英文表达为"rich points"，指的是会话中那些含有文化知识的片段或言语行为，研究者可以通过它们来解构某个群体内的文化是如何被理解的。——校译者注

2　英文表达为"turning points"，指的是谈话中的某些时刻，它们产生了生活的关键性决定，或者有关个体、关系、组织及制度意义的最终阐释。——校译者注

生范畴，证据又因研究者在田野场景中的自身经验而被知晓。编码要尽早开始，那样的话分析者能够对数据描述的事件有生动的记忆。

在这一阶段，有两种突出的编码方式——**开放式编码**（open coding）和**内部编码**（in vivo coding）。开放式编码是对数据进行初始的、不受限制的编码（Strauss，1987，pp.28-32）。分析者逐行阅读文本（田野笔记、记录、文件），"根据意义——本身的意义——的连贯性对一块一块的数据进行分类，而不是根据语法的任意指涉"（Spiggle，1994，p.493）。事实上，范畴正是在开放式编码过程中产生、被命名，并且被赋予属性。斯特劳斯（Strauss，1987）写道，开放式编码的目标"是**开放**研究。此时每一个阐释都是尝试性的……阐释这些句子和字词产生的任何错误都将在研究的后续步骤中被取消"（p.29；强调为原文所加）。范畴之间如何关联，这个问题将在后文解决。 【250】

内部编码——对社会行动者用来描绘他们所处场景的特征的术语进行编码——与开放式编码同时进行。举个例子，斯蒂芬·哈格蒂的评论（表 8.1）发现"词语频道"是汽车销售圈用来指涉说服话语的一个术语，"我理解"正是他在销售培训场景中听到的一个有关词语频道的例子。这些生动语言可以对范畴进行命名，也可以为研究叙事补充案例。

开放式编码和内部编码可以无限地进行下去。对编码过程有所控制是分析人员关注的事情，以便**对一个代码所指代的事件与其他事件进行对比**，确定它们属于哪一个箱子（范畴）。展开比较的同时，分析人员还忙于对范畴的定义进行记录和修改。随着时间的流逝，当绝大多数事件都已被编码，范畴的总体数量也开始稳定。这种"持续—比较"方法还能够对每一个范畴的属性进行更加准确的界定。我们开始仔细地论述，范畴之间如何区分、如何关联，它们有多么（或毫不）吸引人。正如格拉泽和斯特劳斯对这个研究阶段的论述，分析者"开始思考范畴的所有种类或连续体、它的维度、产生或被简化的条件、主要影响、与其他范畴的关联，以及其他方面的属性"。

此时，你需要制作一个**编码簿**（codebook）。编码簿是"发展或改进一个编码系统的工具，它是一种记录代码及其被使用的程序的重要方法"（Weston et al.，2001，p.395）。它的主要用途是对范畴定义、用来识别每个范畴的代码、每个范畴的文本案例（田野笔记和/或访谈记录）、被编码的事件数量、事件在数据中的位置等进行整理（有关制作编码簿的其他变化形式，参见 LeCompte & Schensul，1999）。

同样在数据分析的中间阶段，分析者通常会写下一些**理论备忘录**（theoretical memos），来充实范畴的主题意义。你可能也想用备忘录来记录你遇到过的社会行动者、令人不解的或模糊的发现、数据对发展理论观点的启示，以及逐渐浮现的用来框架研究发现的模型。随着分析往前推进，你可能会写下不少的备忘录。其中有些备忘录还非常详细，以至于你能够将它们纳入最后的论文中。 【251】

扎根理论的后两个阶段称为**整合**（integration）与**向量化**（dimensionalization）。这些过程对范畴进行了重塑，并且产生出更深层的意义。整合范畴的过程从**主轴编码**（axial coding）——创造一套新的代码，其用途是在不同范畴之间建立关联——开始。主轴编码以几个具体方式对范畴进行编译："产生范畴的［**因果**］条件；范畴被嵌入的**语境**（及其具体特征）；把握、管理和使用范畴的行动 / 互动**策略**，以及这些策略的**结果**"（Strauss & Corbin，1990，p.97）。研究者通常在一个统括性理论或整合原则之下，用主轴编码将此前独立的范畴整合到一起。

向量化是编码、分类和概念发展这个过程的最后一个步骤。据斯皮格尔（Spiggle，1994）所述，"向量化是将范畴和概念的特征识别出来……一旦范畴被界定，分析者会沿着连续体或维度来探究它的属性或特征"（p.494）。当我们展开一个维度分析时，我们会考察每一个概念，还是通过对构成概念的不同事件进行持续比较，并且提炼出关键的变化形式（维度）。

在这个阶段，范畴是"理论饱和的"（Glaser & Strauss，1967，p.110）。新搜集的数据对概念增加不了多少新的价值，"后续的修改主要是理清逻辑，去掉不相关的特征，把详细的特征整合到关联范畴的主要框架中，并且——最重要的是——简化"（p.110）。这是分析者在编码、整理和"解释"数据时所能做到的极致。下一个阶段是对阐释性论断的建构。

8.2.5 编码示范：一个访谈文本

此时最好暂停下来，看两个与我们之前讨论过的编码相关的案例。第一个案例来自汤姆政治助选宣传团体的活动的研究。表 8.2 展示的是一段汤姆与 SG 访谈的转录摘录，SG 是乔治·W. 布什政府中的一名政务官，有超过 20 年助选宣传工作经历。SG 在这里回答了汤姆提出的问题，即是什么东西对他产生了如此大的吸引，以至于一个专注家庭的人能够回到助选宣传工作中，走上一个选举周期接着一个选举周期的助选宣传之路。

【252】

表 8.2　对一则访谈摘要的编码

SG：助选宣传对绝大多数人产生吸引的部分，在于你能够看到政府的内部运作。你可以看到幕后发生的事情。你与候选人、总统或国务卿有近距离的接触。你与他们互动。你知道，对于那些目标明确的人，你要做助选宣传工作，基本是从白板或白布状态开始。
开展助选宣传有很大的自由空间，可以自由地涂画。你要遵循一些普遍性的规则。你要遵循这些指导方针，但你也可以用你想要的方式来连接这些点。你可以画出你想要的模样。所以，有一些特定规则需要你去遵循。你知道，你有充分的时间，他将在何时到达，又将在何时离开。在此之间，他要完成 A，B，C 三件事情。但是你可以安排他以何种方式来完成 A，B，C。因此，对那些有创造力的人来说，它允许你表达自己的创造能力。这对许多人是极具吸引力的。你知道，助选宣传工作的薪酬从来都不高。没有人是因为钱而加入这一行。你加入它是为了体验。你参与其中，是为了能够在高压条件下管理好你自己。助选宣传没有失败的余地。

这里涉及很多东西——事实证明，远远多于对汤姆问题的回答。在研究者感兴趣的话题之外，将更多的话题带入会话中，对于任何人，即便是一个相对训练有素的发言人，都是不常见的。所以，让我们集中看看汤姆对问题回答进行的开放式编码。汤姆创建了助选宣传的吸引力（ATTRACTIONS OF ADVANCE）这个范畴来"容纳"（house）这些代码。在阅读访谈记录的过程中，他决定将"看到政府的内部运作""看到幕后发生的事情"和"与候选人有近距离接触"这些部分编码为"接近行动"。所有这些句子有一个共同的特征，即"接近"政治。（之后，汤姆对其他访谈记录进行编码时，决定将这个代码划分成两个新代码，命名为接近候选人和接近政治后台。）

之后，汤姆发现一个完整的内容群簇，与名为"局限中的创造"这个代码相关：

"你要做助选宣传工作，基本是从白板或白布状态开始。开展助选宣传有很大的自由空间，可以自由地涂画。"

"你要遵循这些指导方针，但你也可以用你想要的方式来连接这些点。"

"你可以画出你想要的模样。所以，有一些特定规则需要你去遵循。"

"他要完成 A、B、C 三件事情。但是你可以安排他以何种方式来完成 A、B、C。" 【253】

应该指出的是，"白板 / 布""涂画"和"连接这些点"也用内部编码方式进行编码。汤姆发现，所有这些术语对助选宣传实践的社会世界都有特殊的意义。

对"你加入它是为了体验"（编码为：政治经历）和"你参与其中，是为了能够在高压条件下管理好你自己"（编码为：检验自己）这两个句子，汤姆也在助选宣传的吸引力这个标题下创建了两个不同代码。这两个句子看似表达了相近的观念，但随着访谈的推进，可以清楚地知道，SG 说"你加入它是为了体验"这句话的意思与在压力状态下检验自身这种经历是不同的。随后，汤姆在一个备忘录里写下这两个代码的紧密关系："他们喜欢政治，并且不断回到政治中的部分原因是，在高风险的竞选气氛中有一个证明自己（并且获得随之而来的兴奋）的机会。"

8.2.6　编码示范：家庭里的隐性障碍

卡纳里（Canary，2008）对隐性障碍儿童所在的家庭内的身份建构的研究，是运用扎根理论来编码的一个不错的示范。（有隐性疾病的人不会显示出一些他人能够轻易识别出其疾病的症状。常见的隐性障碍包括自闭症、智能障碍、言语和学习障碍、心理缺陷、情绪失调。）卡纳里的兴趣主要在于，探究"家庭成员建构能力或障碍的意义时，家庭内部、家庭成员之间与家庭外部其他人之间进行的互动所具有的重要性"（p.438）。

她的研究策略是对四个家庭进行访谈和观察，这些家庭具有种族上的多样性，每一个家庭至少有一个患有隐性障碍的儿童。尽管她想要访谈所有的家庭成员，但是，由于他们的年龄或在研究时段内无法联系上，她无法对少数家庭成员进行访谈。最终访谈的样本包括 9 个成人和 12 个儿童。对成人的访谈围绕着"对目标儿童的描述、家庭内部对障碍的讨论、家庭对障碍儿童的食宿安排、兄弟姐妹间的交流、父母与专业人士之间的交流"（p.443）来展开。对儿童的访谈则强调"对兄弟姐妹的描述、兄弟姐妹间的交流和关系、优先待遇、家庭动力"（p.443）等领域。

在对 21 个访谈进行文本转录后（在某些情况下，还要将西班牙语翻译成英语），卡纳里对转录进行开放式编码。开放式编码产生了 45 个独立代码，关注的是访谈对象如何描述自身、他们与其他家庭成员（比如，兄弟姐妹、父母、儿童、关系比较疏远的家庭成员）的互动、障碍与能力、对家庭的特征描述、与家庭外部成员的交流等。卡纳里对这些已经编码的数据进行了再分析，"生成出能够表现一级代码之间关系的、更为宏观的主轴代码"（p.443）。主轴编码产生了六个主题范畴。表 8.3 呈现了这三个主题范畴（**兄弟姐妹关系中的身份认同、家庭单位中的身份认同和令人不解的障碍**）、构成每一个范畴的代码，以及访谈话语的代表性样本。我们看到，这一分析显示了家庭成员对障碍 / 能力进行叙事所依赖的主要范畴。这种编码和范畴化活动是对话语和社会行动进行诠释——本章诠释部分的目标——的前奏。 【254】

表 8.3　范畴与代码

范畴名称	举例	范畴中的代码
兄弟姐妹关系中的身份认同	"他们会发现能够回答她问题的最简单的方法……他们把她放在那个位置。"	年龄和出生顺序 互帮互助 / 团结一致 冲突是不可避免的 兄弟姐妹之间一起玩耍 兄弟姐妹之间的冲突行为 性别差异 / 性别角色 兄弟姐妹之间少量的互动
家庭单位中的身份认同	"我们讨论的主要内容是互相尊重和彼此友爱……"	家庭活动 家庭会话的主题 家庭描述 家庭惯例 帮助做家务 家庭的重要性 尊重和爱的重要性 父母对冲突的回应 向父母学习 父母对冲突的描述
令人不解的障碍	"除了找出问题所在，你不能做任何事情，也没有人能够找出那个问题。"	不同的能力水平 对问题的关注 可观察到的差异 外部影响 努力去找出问题 正在 / 即将好转 令人沮丧 需要时间 像其他人一样 没有影响任何人 不是一个问题 不了解问题 令人恐惧 成人之间私下讨论

来源：Canary，H.E.（2008）. Negotiating dis/ability in families: Constructions and contradictions. *Journal of Applied Communication Research*，36，pp.437-458.

8.2.7　离开研究场地

数据分析的进程也会决定何时结束数据收集、离开田野场地，尽管这些决定通常会受到实际因素的驱动。比如，研究场景中发生的重大变化——像领导层的变动，或者是群体本身的解散——可能会预示着，是时候收起众所皆知的帐篷往前行了。其他导致提前离开研究场地的原因有疲劳、身体和心理承受的压力、经费耗尽、发表研究成果的压力，或者是完成论文或学位论文的需求（参见 Kirk & Miller，1986；Snow，1980）。在这些情形下，参与者往往会理解研究者，因为应对工作产生的压力、由他人或组织设定的任务期限几乎是普遍的。如果研究步入间歇，离开研究场地就是暂时性的。经过一段时间的休整后，研究者能够重新回到研究场地，或者是找到（或挪出）额外的时间。

如果研究者不是被迫提前离开研究场地，那么评判研究质量的标准就成为决定何时离开的决质性因素。斯诺（Snow，1980）描述了三种检验"信息充足性"（information sufficiency）的方法，研究者通过它们可以判断数据收集工作是否接近尾声。第一种检验是**理所当然**，意味着你不再对参与者的行为感到惊讶或困惑。此时，你已经获得的主位能力（emic competency）让你能够理解文化场景中的惯例和意义，很自然地理解它们而不需要太多的前期思考。我们之前提到了第二种检验，**理论饱和**（theoretical saturation）。如斯诺所述，"饱和是通过对已知晓东西的持续观察，通过重复的田野笔记来标识的"（p.103）。理所当然检验的是对研究者捕捉交往行动的本土意义的能力，而理论饱和检验的是分析范畴和解释的稳健性。我们看到，这两个标准同时显示在韦尔曼（Wellman，1994）的叙述中，他叙述了在对一个码头工人工会进行为期三年的参与式观察之后的放松：【256】

疲劳，紧随而来的是不耐烦。我发现自己对不断重复的故事和交流缺乏同情心，我如实记录它们的能力也在减弱。当我发现这种不耐烦的根源时，我知道我在田野中的工作已经完成了。我已经听过这些故事、看过这些交流、观察过这些事件，次数如此之多以至于我知道它们如何结束、何时开始。我能够预见过程，也能够预见结果……我的研究范畴已经饱和。为了让我自己相信这种饱和不单是疲劳的借口，我试着去预测这个过程是如何发展下去的。我成功了，此时我知道离开的时间已到。（p.582）

第三种检验是**信心增强**（heightened confidence），它告诉你"观察和发现忠实于你所研究的经验世界，并阐明前设的或自然浮现的问题和命题"（Snow，1980，p.104）。信心增强本质上指的是论断或概念的**可信性**（credibility）。

离开研究场地时，你应该为那些只能在"当场"完成的事情留存时间和精力，包括检验你的直觉、运用一种或多种验证的方法（我们在本章结尾处讨论）、收集关键文件的副本。你还应该解决与研究对象之间的良心债，对之后的联络有所计划。研究者与参与者产生友谊也是常见的，它会突破研究的角色和界限，田野调查中被隐藏和控制的强烈情绪——从喜爱到悲伤和不信任——可能会在你离开之时浮出水面。你可能想就研究发现"询问"参与者，这取决于你在离开时与他们的关系性质。不这么做可能会引发误解和伤害，尤其是出版的研究结果最后发现是不利于该群体的（比如，Ellis，1995）。虽然如此，你努力以和睦的关系离场是非常重要的，仅仅是因为你——和其他研究者——可能想要再次使用这个场地。实际上，重访田野场地这一活动，在人类学中比在其他学科中更为普遍，它是在民族志的自反精神中解释文化变迁的一种非常有益的方式（Burawoy，2003）。【257】

8.3 分析工具

今天，传播学中的绝大多数质性研究者至少在某些数据分析上要依赖于计算机的辅助。实际上，数据分析软件的引入，是质性研究实践在过去 20 年里发生的最为重大的变化之一。尽管有些研究者对使用文字编辑器、数据管理器等普适性用途的软件极为满意，但是对大多数研究者来说，为质性分析开发的软件才是最富吸引力的。通过融入对质性数据分析而言最为普遍的功能——比如，文本编码、检索和概念建立——这些程序为研究者节省时间和精力，并且创造出一个从田野到报告的顺畅的数字化转换。更为有趣的想法是，这种程序能够为思考——以及呈现——数据之间关系提供新的方式。

本部分的绝大部分内容是为计算机辅助质性数据分析软件提供一个基本的介绍，包括这些程序能够为研究者完成的事务，以及它们在研究中扮演的角色。首先，我们讨论一些手动分析数据的方法。步入当今时代之前，所有的质性研究者都要在物理空间中使用物理工具——纸张、索引卡片、文件夹、活页夹、剪刀、糨糊。这些工具简单、耗费工时，但一代又一代的研究者都以这种方式完成他们的研究。很多人仍然喜欢使用人工方法，了解它们如何运作对你决定是否要用一种数字化方法来分析可能有所助益。

8.3.1 人工方法

这一部分开始时，我们先看看阿利萨·埃克曼（Alyssa Eckman，2001）的数据处理方法。埃克曼那时还是肯塔基大学的一名博士候选人，在她对报纸"软广告"的毕业研究中，面对着如何阐释数量庞大的民族志资料这个挑战：

> 我的田野笔记以微软文字文档的形式保存在磁盘中，并在两台电脑的硬盘中（家庭和工作的办公室里）做了备份，因为我最大的担忧是丢失我已收集到的所有东西。庆幸的是，我逐日记录笔记，这种线性、有序的方法之后为我节省了好几个月的时间，因为它们帮我把记忆带回到当时的生活和焦点中。我还从会议、打印相关邮件中，甚至在与合作者午餐时，写在餐巾纸上的笔记中收集资料。收集的这些资料都放在我的家庭办公室里，这间办公室是一个位于客厅之上的 10 ~ 12 英尺的小阁楼……我读了好几遍笔记，并开始写下反复出现的术语、行动、评论和经历。我一直使用这种堆积的方法，围绕我最终发展出的六大主题来组织数据。事实证明，我小小的阁楼办公室太小了，所以在某个周末我搬到了客厅里，身边围绕着田野笔记、访谈记录，以及我在田野研究中收集的其他资料。以剪刀、一组多色标记笔和便利贴为工具，我开始把笔记剪成一块一块。每一块都放在某个以颜色为标记的资料堆中，每一个资料堆代表一个重复的主题，或者是一个需要稍后解决的"问号"。随着资料堆中重复出现的主题、支撑的数据开始增长，几个标示为"问号"的资料堆最终被重新命名。

[258]

在这个场景中，人工处理数据的某些方面引人注目。首先，阿利萨利用一个文字处理程序来保存、索引、检索、打印资料文本。如今，极少有质性研究者，如果有的话，会完全回避对计算机的使用。第二，人工分析方法能够以原始形式来处理所有的数据，包括阿利萨写在餐巾纸上的笔记。第三，对于阿利萨的资料，客厅成为一块大的画布。她可以从不同的角度来看它们，可以在不同的资料堆之间来回走动，像"行动派画家"阿拉·杰克逊·波洛克。最后，阿利萨真正地与她的数据接触——感知它们的大小、颜色、重量、纹理，以及对它们展开的行动。与几个小时地盯着电脑屏幕相比，许多研究者发现这种与数据的近距离、可感知的接触更令人心满意足（也更容易阅读）。

刚刚描述的这种堆积分类只是运用人工数据分析方法的一种方式。阿特金森（Atkinson，2009）从与社会运动行动者的访谈记录中选出一些引语，这些引语阐明了"世界观、另类媒体使用和抵抗表演。当隐喻被识别出来时，它们会被复制，并且被粘贴到一个 Word 文档中，以便所有相关的隐喻都能够被打印、剪切。然后，我运用持续比较法对隐喻进行分类，把它们张贴到我办公室的墙上，发展出独特的、独立的主题范畴"（p.53）。一般性方法的另一个变体是，直接在影印的田野笔记或记录文本的空白处写下代码，并把已经标识好的文本页放到文件夹或一个活页夹中。活页夹里的标签把研究资料分成几个部分：①研究使用的工具（比如，访谈指南）；②案例的摘要信息（比如，参与者的人口统计学信息）；③编码簿；④过程备忘录；⑤理论备忘录；⑥已经编码的文本（根据数据类型——田野笔记、访谈记录、档案，等等——可以再次切分为几个部分）。

不管你如何运用它，关键的目标是能够对所有与某个主题——比如，与"青少年谈论互联网" ^{【259】}有关的所有实例——相关的数据块进行检索。查阅编码簿，你会发现一个有关青少年谈论的范畴，命名为青少年谈论（TEENTALK），它包含了一个用来表示青少年谈论互联网的代码，即青少年谈论—互联网（TEENTALK-INTERNET）。紧挨着这个代码的，是有关每一个文本模块位置的信息（按照案例编号、文件编号和页面编号排列）。由于每一个数据单元可以被编码为几个不同的范畴，这有助于在编码簿中对代码进行交叉参考。

新数据到来之时，通常会有修订编码方案的冲动。你应该保存编码簿和已编码数据的所有前期迭代，以便能够定期地回顾整个研究，也能够用于后面的验证。当你准备好进入编码和概念创建工作时，与主题相关的页面可能会从活页夹（或是与索引卡片绑在一起的编码数据）拿出来。有些研究者会使用色彩笔，使他们能够一眼瞥见一个文本页面或一张卡片所属的代码"家族"。当然，你不应该删除或修剪原始数据。一份完整的数据通常会留存做参考，以及作为剪切的一个来源。但是，你应该提防数据"块"从围绕着它的环境中抽离出来，变得去语境化。迈尔斯和休伯曼（Miles & Huberman，1984）曾论述过 "（把数据块放到卡片上）孤立模块的无意义的一个潜在问题"（p.66）这个议题。

人工分析仍然被许多人青睐，尤其是当数据不是太庞大时（有关如何对数据进行人工编码和检索的更多建议，可以参见 Gibbs，2007；Miles & Huberman，1984；Tesch，1990）。据勒孔特和申苏尔（LeCompte & Schensul，1999）所述， "不值得用计算机对页码少于 100 的文本资料进行编码，因为它所需的时间很长"（p.91）。然而，即便是中等复杂程度的研究，也会产生超过 100 页的数据，节省时间只是软件的一个优点。所以，我们接下来要谈论的正是计算机辅助方法。

8.3.2　计算机辅助质性数据分析软件

从 20 世纪 70 年代后期开始，质性研究者运用文字处理程序来录入、编辑、存储田野笔记、录音文本和其他文本。这类程序也允许研究者在同一文件内部和不同文本之间，对文本的部分内容进行便捷地剪切、粘贴和复制，并创建出文件目录。然而，这只是即将到来的事物的一个先兆。到 20 世纪 80 年代后期，建立在（以图像为基础的）图形、菜单式界面之上的文字处理软件提供了更多有助于质性研究者的特征：关键词或关键句查询；嵌入到文本或空白处的注释；由程序创建或从外部来源扫描进来的图形；以及与其他程序之间的直接关联，比如电子数据表和数据库管理程序。无论它们是否被捆绑为一个"套件"（比如，微软办公软件），这三类软件——文字处理器、电子数据库和关系数据库管理器——提供了质性研究者处理文本、案例和代码的绝大多数所需（Hahn，2008）。

【260】

同时，质性研究者也没有等待太久，就为沉闷冗长、耗费时间和充满不确定的分析任务寻求到了一款"杀手级应用程序"[1]（killer app）。第一批专门为质性数据分析设计的软件，如民族志（The Ethnograph）、QUALPRO、QUALOG 和笔记本（Notebook），出现在 20 世纪 80 年代中期。这些程序要求使用者"在命令提示中（输入）行号和代码名称，并且没有什么工具能够用来做备忘录、其他注释，或者对文本做标记"（Weitzman，2000，p.804）。更加复杂的程序出现在 20 世纪 80 年代晚期和 90 年代，受到一系列因素的刺激：微型计算机记忆和速度的极大提升，感知到对专业应用程序的需求，质性方法在学术界和工业界日益流行。不容小觑的是，移动电脑（如笔记本电脑、超极本、平板电脑）的出现和对资源的分布式接入（如云计算），赋予研究者在他们恰好所处的地方进行数字分析的能力。数据分析不可避免的计算机化产生的效果是，某些领域的质性研究获得了一种受尊敬的新的社会地位。例如，世界上最优秀的软件培训师之一，林恩·约翰斯顿（Lynne Johnston，2006）写道，"（质性数据分析）软件在那些有应用量化方法传统的学科中，毫无疑问地使质性研究合法化了"（p.384）。这种合法性是否理所应得，则是另外一个问题。存在于某些研究者中的"令人不快的小秘密"是，与严格按照作坊手工制品来完成数据分析相比，使用软件没有产生更有意义或更为优质的发现。事实上，它可能会激发出一种错误的印象，将质性分析和诠释当作一种纯技术操作。如克朗、赫德森、赖默和欣奇利夫（Crang，Hudson，Reimer，& Hinchliffe，1997）机敏地观察到的那样，"诠释过程现在可以纳入软件中，并且以研究经费申请形式置入在一个分离的句子中。研究计划可以简单地说'田野资料将运用（比如）超研究（HyperRESEARCH）软件来阐释'，以此取代艰难的理论解释"（p.783）。

到了 21 世纪，已开发出几十个用于 Windows、Macintosh 和开源平台的软件包。随着对这种软件的"需求"的感知在质性研究者中扩散，它们的商业销量也在急剧增长。有迹象表明，对这一领域的控制也在增强，少数几家公司积极地销售他们的软件和相关的出版物。这些产品主要是在软件开发者和质性研究者之间的紧密合作中设计出来的，以确保他们能够契合用户的需求和喜好。同时，用户群体跨越国际，并在许多领域里高度交互，尤其是在线上论坛、用户群体、专门讨论该软件的会议中。

【261】

1　即非常受欢迎的电脑应用程序。——校译者注

　　尽管这些程序通常被宣传为分析和建构理论的工具，但是你从一开始就应该注意，它们不能真正地对数据进行"理论化"，在你开始之前它们也不能对资料文本进行任何操作。换句话说，这些程序仅仅是在分析过程中起**辅助**作用——所以，CAQDAS 这一广为人知的首字母缩写，正是计算机**辅助**质性数据分析软件（computer-assisted qualitative data analysis software）。本章不是学习如何使用这个软件的地方。要学习该软件，建议你用一下出版商发行的试用版本、参加工作坊、听大学里的课程、阅读相关的研究文献、学习"实践"指南（比如，Lewins & Silver，2007）、阅读产品概览，当然在买之前要货比三家。正如我们将在本部分结尾处讨论的那样，使用某种软件产品会以微妙的方式改变你看待——以及思考——质性数据的方式。所以，值得在投入大量金钱和时间之前，审慎地考虑你想从中得到什么。

　　CAQDAS 的功能性可以划分为三大工具类型：文本搜索、文本编码与检索、基于编码的理论建构。**文本搜索工具**从一个或多个数据库中寻找词语或句子。它们呈现词和短语的所有实例及其语境——就是，语境里的关键词（key word in context，KWIC）——和结果索引。词列表和索引（语境中的词列表或短语列表）被生产出来，查询到的实例也会在一种简单的内容分析程序中被计数。在绝大多数的软件里，文本搜索结果都能够整理到输出文件中，可用于后面的分析或报告写作。文本搜索的确有用，如果你已经知道要寻找什么——比如，在你的分析中使用演绎法。这些工具也非常快。按下一个键或点击一次鼠标，就能够瞬间给你提供所有的词语或句子搜索结果。但是，要对文本做任何需要编码的有趣行为，你必须要步入下一个层级：文本编码与检索工具。

　　文本编码与检索程序将代码运用到长度不等的文本单位中，通过点击代码来检索、呈现这些单位。比如，它们不仅可以编码产生描述性的低推论的范畴，当你必须要决定哪个词、短语、句子、引语和行为将被视为该范畴的具体实例的时候，还可以产生高推论的范畴。多媒体数据（如音频／视频资料）可以在一些高端程序中被导入、切分和编码。对文本进行编码的最初阶段可能会花费与人工编码同样多的时间。但是，当你开始检索与某个代码或某些代码组合相关联的文本模块时，节省出的时间和精力就会凸显出来。当你看到关联的文本从窗口中弹出，编码一条条在空白处纵向排列时，你立马能体会到这个工具的价值。韦兹曼（Weitzman，2000）写道，"即便最差的程序，也代表了从古老的剪刀—纸张方法向前的巨大飞跃：它们更加系统，更加彻底，数据丢失的可能性降低，更加灵活，也要快得多"（p.809）。

　　代码可以不断地被修改。一个代码定义的小小更改，同样只需要点击一次或两次鼠标，立马会改变你数据库中所有相关的文本。所有这些程序都允许你在文本或空白处插入注释——这绝对是你在做数据分析时的一个必备要素。

　　文本编码与检索工具的运用通常是在扎根理论这一方法之后。这些工具使代码修订和备忘录写作变得容易，帮助推进质性分析的概念建构。像质性数据分析挖掘者 2.0（QDA Miner 2.0）这样的软件可能会包含一个"编码序列"，它允许你在文本中一个接一个地编码。有些软件允许你按照从"面板"（face sheet）——即包含被访者或研究场地概述信息的文档——中获得的预编码，而不是按照田野笔记或访谈记录的内容来排序。举个例子，当你想要查看参与某个特定活动的所有男性、女性、学生、教师或其他人时，这就会非常有用。编码与检索软件允许用许多不同的方式对代码、范畴、文本块进行观察和分类，将扎根理论运用到前所未有的程度。

【262】

可以说，它们省去了人工编码的许多苦差事，并推进"一种更加'好玩'和有深度的过程"（Mangabeira，1996，p.196）。

基于代码的理论建构工具包含了上述两种类型所具有的功能，但是它在探索范畴之间的关系上超越前两者。这些软件包"增加了一些支持理论建构的特性，包括大量使用超文本，将一个数据集中的不同部分关联起来。它们帮助用户建立代码间的关联，发展更为抽象、有条理的分类和范畴，或者是检验那些隐含着与数据相适应的理论结构的命题"（Fielding，2001，p.455）。比如，ATLASti 通过使用"超级代码""代码家族"和厘清代码之间关系的"网络"，来帮助你进入这些抽象层次。基于代码的理论建构工具还帮助分析者建构标识出数据间关系的地图或【263】模型。诸多此类软件允许你从"节点"（用代码表示的文本）间连结发展出一个层级模型。这些连结可能被界定为一种或多种不同的关系，比如因果（"导致"）、关联（"是其中的一个类型"），以及布尔关系（"和 / 或 / 非"关系）。连结的结构代表着理论命题，之后可以被证明是与不同的文本集相违背，进而被修订以获得更好的契合。理论建构软件允许分析者给具体的文本块附上备忘录，并对备忘录本身进行分类。逐渐地，你会"看到"概念在你电脑屏幕的某个窗口上被创建出来。举个例子，NViv08 让用户能够建立一个动态模型，用不同大小、形状、颜色、字体的诸多图形对象来呈现概念和概念的连结。

内嵌于文件中的超链接，使用户能够"混合"包含图片、文本、音频或视频记录、网页、备忘录或注释的不同范畴。这些软件不会真的"触碰"，或者是更改你的数据。相反，它们是位于"数据之上"的索引，与数据完全分离（不像阿利萨和她的剪刀）。如果软件无法运行视频或音频文件，分析就要包含对它们的线下编码（Smith & Short，2001）。最后，诸多此类软件都与其他的统计软件包有交互，像已经添加内容分析特性的社会科学统计软件包（Statistical Package for Social Science，SPSS），或者像 QDA Miner 2.0，允许多个用户登录，在同一个项目上作业。至于后一项优势，这些软件"提供了前所未有的透明程度……现在导师和学生可以看到的不仅是数据，还有学生对数据所做的操作，以及在整个研究旅程中追踪到的操作过程"（Johnston，2006，p.385）。

你**如何**使用一个软件包，通常取决于你**何时**开始使用它。如果你很早就选择、纳入某款软件，那么你可以对如何组织各种项目资源——从田野笔记和转录文本的格式化，到为团队成员提供接触研究资料的入口，追踪数据类型、案例和记录，再到规划备忘录与编码系统——做出更加自觉、系统的决策。如果软件是在研究的后期才引入，做出这些决策可能就要困难一些。

这一强有力的技术被引入到具有不同研究风格的学者团体中，为了这一技术（也是因为一些人对训练方法心存厌恶，而这种训练是由对此无反感者所强加的），围绕着 CAQDAS 应用及其价值的许多议题也浮出水面，这并不奇怪。部分研究者已经评论过软件对编码行为的影响。尤其是对学生来说，CAQDAS 似乎会进入一种有害的"编码与检索循环"，他们发现"自己在【264】以一种多少有些机械的方式编码，通常要持续很长时间，无法运用一些内置工具来帮助他们透过树木看到树林"（Johnston，2006，p.383）。在希勒鲁普（Schiellerup，2008）对其毕业研究经历的生动叙述中，这种"对一个文件的所有部分不断编码的欲望"似乎在发挥作用：

总共有超过 1 000 页的录音文本和田野笔记。我一天最多只能完成两个访谈的编码，如果我还想写下一些对访谈的诠释。这些诠释是通过我的研究日记对访谈的记录，或通过使用 ATLAS/ti 中的备忘录功能而产生的。为了在概念框架内整合更多的数据，我建构了访谈框架。所以，当编码不断推进时，代码数量增多也就不足为奇了。我开始对整个编码的目标感到绝望。我假定，我必须回去阅读文本，才能将分析从那（持续比较）往前推进。代码数量越多，这就变得越发不切实际。我发展出一些额外的代码来帮助我建构理论，并缩减代码的规模。最后统计的代码数量接近 900。（p.167）

其他人关心的是，软件包的分析暗含"理论"，将用户的思维引向特定的轨道而远离其他的可能性（Hinchliffe，Crang，Reimer，& Hudson，1997；Mangabeira，1996）。比如，某些类型的软件比其他软件更加依赖等级结构。因此，粗心的用户可能会创建出一个自顶向下（top-down）的数据模型，而一个松散的、充满网络连接的数据模型可能更加适合。基础越发"隐蔽"，意识到软件对你研究的影响可能就越发困难。希勒鲁普（Schiellerup，2008）为此提供了一个来之不易的良言："在着手使用 CAQDAS 之前，对数据分析过程有一个把握是重要的，否则你可能发现自己不恰当地被刻入软件的'议程'社会化了"。（p.168）

最后，有些研究者表达出对丧失数据"感觉"（亲密接触）的担忧。更为严重的是，计算机辅助质性数据分析可能会引发我们在情感和智识上与所研究的文化场景之间的疏远（参见 Fielding，2001，p.465；Hinchliffe et al.，1997，pp.1112-1114；Mangabeira，1996，p.197）。此前，我们讨论过对文本模块进行人工编码会产生的去语境化效应。软件的简单操作人尽皆知，可能会把这种效应推至更远。这不是一种新路德派的呼吁，即回归卡片、剪刀、糨糊和文件堆。各种计算的形式和功能已经完全渗透到研究过程的每一个部分，任何人都无法重新回到"伊甸园"—— 一个没有被数字化的神话想象世界。相反，只是建议所有正在（或想要）探究生活经验的学者们，应该对信息技术如何影响我们对声音、触摸、情感、手势和所有感官方式的敏感度，【265】对思考传播的替代性方式的敏感度保持警惕。如果我们失去了这些敏感，我们已失去的就太多太多了。

8.4 阐 释

经过编码和范畴化，研究者逐渐在微观层面熟悉数据，开始构建一个能使数据关键部分相互连结的宏观结构。然而，即便是一个执行完好的分析也不能保证会产生一篇富有洞见的文章。在数据分析和研究文本写作之间还有一个重要的步骤：阐释。

阐释是把分析对象从一个意义框架转译到另一个意义框架。它始于对一级概念的深入理解："成员们用受情景、历史和人口统计因素中介的阐释……来解释一个既定的描述性特征。"（Van Maanen，1979，p.540）对这些一级意义的探索通常是发生在开放式编码阶段。然后，研究者建立起能够连结一级意义与二级概念或"田野调查者用来解释一级数据模式的概念"（p.541）的符号关联——或**比喻**（tropes）。这一转译过程用理论、其他概念工具和你自己的想象力，以一种新的眼光来理解数据及其分析范畴，为一项研究增添巨大价值。

　　不仅是在分类阶段，诠释还通常发生在模式识别中。如斯皮格（Spiggle，1994）所述，阐释"是一个格式塔转变，它代表了一种对意义的综合性、整体性和富有启发性的把握，**就像破译一个代码**"（p.497，强调为作者添加）。论述民族志犹如代码破译的最著名的论文，很可能要数人类学家克利福德·格尔兹（Clifford Geertz，1973）的这篇《厚描：通向一种文化阐释性理论》（Thick Description: Toward an Interpretive Theory of Culture）。提出民族志会产生何种独特的知识这个问题时，格尔兹引入了一个来自哲学家吉尔伯特·赖利斯（Gilbert Ryles）的故事，两个男孩向彼此的方向"快速地收缩右眼眼睑"。如果严格地把男孩的眼部动作看成一个身体行为，那它只是一次无意识的抽动。但是从情景知识来诠释，格尔兹认为男孩们正在做其他事情："有意地收缩你的眼睑就是眨眼，如果存在一个公共代码，这么做被看成一个有阴谋的符号。总结起来：一个小小的行为，一段小小的文化，以及——瞧！——一个手势。"（p.6）

至少还存在另一种诠释：男孩们可能在模仿其他人眨眼。那可能包含另一个代码，把眨眼看成一个串通（或戏仿）的符号。成功的阐释——那种我们可以用来解释和使用传播代码的阐释——是一种"将眨眼与抽动分离，将真的眨眼与模仿眨眼相分离"（p.16）的诠释。

　　在这个阶段，理论有一个关键的角色要扮演。理论命题和概念会为开启一项研究奠定部分基础，但是在研究者身处田野这段时间，数据通常是在没怎么看原始理论基础的情况下就产生了。到研究者离开研究场地时，把理论放回研究过程的这一需求重新回来了。这不意味着你必须要使用一个具体的理论。实际上恰好相反，"有理论意识意味着你能够反思，从数据中看到的具有欺骗性的、不言而喻的现实，能够理解它的不同视角，并且对有关日常生活和社会的新的洞见保持开放"（Alasuutari，1996，p.375）。为了解释你正在处理的议题，甚至会将两个或多个理论放到一个彼此拉扯的、富有创意的紧张状态中。这个想法的来源是，理论能够帮助你展开想象，产生并验证观点，那它就是有用的。

8.4.1　阐释中的概念工具

　　研究者频繁地使用概念工具（conceptual devices）来破译有关传播行为或传播实践的密码。许多概念工具都具有符号学或文学根源。它们使我们能够提取出数据分析的结果，并且以尤为醒目或富有启发性的方式对结果进行主题化。如斯皮格（Spiggle，1994）所述，"这些工具（文学比喻）提出、预示、暗示或暗指不同领域或同一领域内的对应物或相似物。比喻的生产者用它们来拓展、具体化和强调意义"（p.498）。质性研究中用来"比喻"的工具有：

· **隐喻的**（metaphoric）——一个引申的比喻框架，我们透过一个相异物体的视角来看待社会世界的某些方面。隐喻比较也为提出复杂概念提供一些生动的、简洁的方式（Crider & Cirillo，1992）。比如，焦点小组成员与电视上的环境议题的互动具有变化、生动的特征，这暗示出一个关于公共舆论的"会话"隐喻（Delli Carpini & Williams，1994）。相反，"断裂"有时被用来描述群体内有不同观点和目标这一特征，从社会运动行动者给出的事例（Atkinson，2009）到远程办公人员努力在组织中协调他们的角色（Hylmo & Buzzanell，2002）。在某些情况下，从参与者的自然语言中获取的隐喻，可以成为诠释的一个有效工具。

举个例子，伯伊尔斯坦、里特曼和欣诺乔萨（Boylstein，Rittman & Hinojosa，2007）发现，中风幸存者用"中风是灾难""从撞击中幸存""在暴风之后重建""中风康复是一场战争"等隐喻概念来谈论康复期的身份认同。

· **转喻的**（metonymic）——一种"部分被当作整体象征"（Arnould & Wallendorf，1994，p.498）的关系。从怀特（Whyte）的《街角社会》（*Street Corner Society*）（1943）这样的经典之作到当今的一些民族志，无数的民族志都用一个具体场景的深入研究来表现一个更大的社会系统或社会问题。类似地，哈丁和谢恩（Hardin & Shain，2006）探究了女性体育记者的职业困境——尤其是她们为获得职业合法性付出的努力，还有她们感受到敌意、不适、地位贬损和来自男性的挑战的不同环境，这些都是她们更广阔的职业生活的转喻，也是其他媒体领域的女性所面对的议题。

· **讽刺的**（ironic）——将另一表达的正常意义颠倒过来的表达。当你注意到有关某个群体被广为接受的认识或形象与群体成员的实际行为之间的不一致时，把讽刺当成一个概念工具来使用就合乎情理。比如，阿什克拉夫特和佩坎劳斯基（Ashcraft & Pacanowsky，1996）在一个女性占支配地位的组织的表象之下，发现了"阴险""女人的嫉妒"和"小气"这些讽刺性表达。女性管理者将会以一种比男性更加开放、公平的方式行事，尤其是在处理冲突和差异方面，这样的期待使得弥漫在该研究阐释里的大多数讽刺成为可能。讽刺还产生于看似相反的事物的并置。比如，道特里和德鲁赫勒（Doughtery & Drumheller，2006）研究的是，感性／理性的二元对立是如何在一个组织中被经历、被应对的。通过现象学分析，该研究的大多数阐释轻描淡写地暗示出一个讽刺，即人们在他们的工作中可以接受、管理好这对二元对立关系，这不成为问题。

· **组合的**（syntagmatic）——"受文化限制的时间或叙事顺序，比如停下正在观看的电视足球比赛去吃饭，或者是讲述那些已经走过的艰难时刻的感恩节故事，来确认家庭生活的私密性和恢复力"（Arnounld & Wallendorf，1994，p.498）。探究任何一个遵循规定模式展开的活动的结构和意义，这个工具都非常有用。该路径下的一个著名研究是罗森的"Spiro的早餐"（Rosen，1985），研究解构了一家广告公司的年度早餐会这一文化现象中明显存在的符号和权力关系。

· **聚合的**（paradigmatic）——某个文化领域内的一组对比性的要素。在吉莱斯皮（Gillespie，1995）对伦敦印度裔移民电视使用的民族志研究中，年轻人解释他们如何从电影中感知印度。这种解释可以部分地呈现为一系列对立关系的聚合：传统—现代、村庄—田园、城市—都市、贫穷—富裕、集体—私人，以及道德—恶习（p.82）。

【268】

8.4.2　阐释中的范例

对形成阐释和推论非常重要的，还有**范例**（exemplars）（Atkinson，1990）。范例又被称为**事件**（incidents）、**情节**（episodes）和**截片**（strips），它是用来塑造、促成讨论的数据片段。范例来源于"发生在真实世界某个地方的具体互动、事故、事件、情节、轶事、场景和意外"（Lofland，1974，p.107）。在形式上，它们可以是一段简短的摘录（比如，访谈的一个片段），或者是由不同来源资料合并成的一个更长的情节。格鲁克曼（Gluckman，1961）描述了三种资料，它们可以成为范例的基础：①**一个恰当的阐述**——对事件的一种描述，能够阐明一般性原则；

②**一个社会情境**——"一组（边界）受到限定的事件……在其中，社会组织的一般性原则与特定情境中呈现出来"；③**一个扩展的个案研究**——在长时段内有相同行动者和相同环境的一系列事件，呈现出一个进行中的过程（引自 Mitchell，1983，p.193）。范例就是由这些资料编写、打磨成形的，并且以文化成员都会觉得有意义的方式来传播。范例是研究者的有力工具，因为它们通常代表了丰富的田野经历。如米切尔（Mitchell，1983）所说，"只有当个案与研究者累积的经验和知识相悖离时，它才能变得有意义"（p.203）。

当你准备从数据分析结果中产生诠释时，这些事件——尤其是那些最引人注目或最具代表性的事件——被塑造为范例。范例呈现出阐释观点，也充当着后者的结构。他们是一个研究所能呈现的最好证据。如果没有范例，一项质性研究的观点将是空洞的、没有说服力的。

让我们看两个使用范例的例子。回到卡纳里（Canary，2008）对隐形障碍儿童家庭的研究，**叙事**——尤其是家庭内谈论的多主线叙事——成为理解身份认同的一个阐释框架。"叙事的自我"，卡纳里写道，"代表了一个进行中的、多面向的过程，它同时揭示出身份的多个方面，通过流动的身份类型的交叉来话语性地建构自我"（p.439）。在下面这个段落，我们看到卡纳里利用有关**兄弟姐妹关系中的身份**的叙事案例，讨论了这个观点：

【269】

> 参与者，无论是成人还是儿童，都以同胞关系作为一种建构家庭内身份的方式。把有障碍的儿童放到一个帮助弟弟妹妹的角色上，反映出一种强调能力胜过于障碍的方式。比如，普林塞斯·琼斯，一个有学习障碍但父母不能清楚理解这一障碍的五年级学生，最近开始为五岁和六岁同父异母的弟弟妹妹们读入门书籍。她的继母苏把这个角色分配给她，这样普林塞斯能够练习阅读，并理解她阅读的东西。按照苏的说法，普林塞斯作为姐姐，允许她帮助弟弟妹妹们阅读，也以强调她的能力而非障碍的方式提升了她自己的能力……
>
> 另一方面，与哥哥姐姐们的关系则倾向于突出障碍而非能力。苏曾经让普林塞斯的哥哥姐姐给她辅导家庭作业，但那没什么用，因为她的哥哥姐姐帮她太多。苏解释说，
>
> ……我注意到，他们更倾向于只是告诉她如何做……没有过程，就说这是答案，他们会寻找出给出答案的最简单的方式。所以，我再也没有（让他们帮助）了……她必须理解她正在做的东西。
>
> 普林塞斯最大的一个同父异母哥哥朱尼尔发现，家庭作业时间是取笑普林塞斯能力缺陷的一个绝佳机会。尽管朱尼尔说他在家里与普林塞斯的互动并没有比其他小孩多，但他承认了对她的嘲弄："我跟她胡闹，比如她正在做作业的时候……因为她太慢了。她要用很长时间，我就给她制造麻烦。"（pp.445-446）

在上述摘录中，当卡纳里讨论普林塞斯·琼斯这个例子时，**同胞关系中的身份**这个范畴也变得更有意义、更加复杂了。作者用苏和朱尼尔的话来说明，普林塞斯的能力/障碍身份在与年长的同胞互动时如何得到不同的强调。从中，我们可以看到叙事作为一个概念工具在研究中的重要性。

另一个运用范例的有趣例子是特鲁吉罗（Trujillo，1993）的论文《阐释 11 月 22 日：对一个刺杀地点的批判性民族志研究》（Interpreting November 22: A Critical Ethnography of an Assassination Site）。在这项研究中，位于达拉斯的迪利广场成为一个探究"美国文化界定（肯

尼迪遇刺事件）意义的多种可能性"（p.449）的一个表演舞台。这个戏剧框架很好地契合了作为表演的传播这个研究关注点。注意力聚集在表演的角色、表演者的能力、充当表演资源的环境和手工制品、使用的文化脚本，以及鼓掌、批评或为表演动容的观众所扮演的角色（Anderson，1987，pp.278-281）。戏剧可以在最为世俗的场景中被研究。 【270】

据维克多·特纳（Victor Turner，1957）所述，社会戏剧是"在日常、寻常的社会生活的不透明表面上的一个相对透明的区域。透过它，我们可以观察关键的社会结构性原则的运作，它们在连续的时间点上占据相对支配的地位"（p.93）。

启发特鲁吉罗研究的主题有后现代的经验商品化、有关刺杀意义的意识形态争夺、创伤事件之后的社区瓦解。特鲁吉罗以复杂的方式，对不同类型的表演进行并置。比如在"总统被刺杀，社区被瓦解"这个标题之下的表演：对致命的头部中枪瞬间的闪回；刺杀 25 周年时游览广场的人的证词（它偶然地成了研究的一个场景）；对 20 世纪 60 年代美国社区"灭绝"的哀伤评论。以下是这一叙事的一个范例：

> 一个五十多岁的白人女性向一个记者表达她的情感："我们的国家在他死后走向了另一个方向，一个**恶的**方向。这不再是同一个世界。我所能说的是，如果有他，国家原本可以变得更好。"一个四十多岁的白人男人向另一个记者讲述如果肯尼迪还活着时，表达出类似的情感，"我们会没有越南战争，或者是我们现在面对的毒品街头泛滥的情境。"（p.453）

肯尼迪遇刺的故事走入无穷无尽的幻影中。在特鲁吉罗的叙述中，我们听到、看到人们向记者展现他们扮演的普通公民角色。与其他两个市民的引语和陌生人表达的庄严敬重一道，这个范例表达出作者的主题，即刺杀代表了历史和社区的一次断裂。

这两项研究说明了范例在破译文化或传播密码时能够完成的事情。如同我们将在第 9 章看到的那样，范例对研究文本的修辞也至关重要。

8.5 对阐释进行评估

研究者如何能够确定他们阐释的质量以及用来阐释的方法呢？在何种程度上阐释可以被证明是真实的、正确的和可靠的呢？一项研究的发现可以推广到其他环境中吗？这些问题对质性研究的实践者和客观研究同样重要，尽管两者在重要性的标准上有所差异（Mishler，1990）。我们从**信度**（reliability）和**效度**（validity）的传统定义开始，思考如何将它们应用到质性研究 【271】 的环境中。然后，我们将注意力转向那些在质性研究中被广为运用的验证方法。

信度问题谈论的是观察的一致性：一个研究工具（比如，调查问卷、实验测试、人工观察）是否每次使用都会产生相同的结果？如果在每次使用中都能产生相同结果，那么它对于某个研究目的就是可靠的。如果它产生不同的结果——比如，两次有关总统工作认可的民意调查，在连续调查的全国样本上，认可的比例分别是 52% 和 65%——那么，研究工具的某些方面或协议可能是错误的。信度成为社会科学研究的一个关注点，是因为一个不可信的结果不能被假设为是正确的（尽管反过来也不成立）。低信度的原因可能是多个方面的。工具不够精确（比如，问卷中的问题以一种模糊的方式被表述）；工具的使用方式不同（比如，民意调查人员用有些微差异的方式问同一个问题）；工具的不同部分测量的不是同一个东西（比如，三个问题都想要测量个体的电视收看，但产生了不同的结果）。

信度在质性研究中不是一个很重要的关注点，因为，首先"如果（一个）度量由一个简单、不可重复的操作构成，那信度的测量就不存在"（Anderson，1987，p.126）。在质性研究中，不可重复的操作非常之多。比如，访谈通常是不可重复的，因为访谈对象会被问及一组特定的问题，且只问一次；此外，提问的问题在不同的访谈对象之间可能会有变化。信度在质性研究中关注度相对缺乏的一个更基本的原因是，假设现实是多元的、变化的。如果意义是偶然的、不断变化的——并且，研究者对研究场景的理解也在发生变化——那么，独立测量产生重复的结果，既不现实，也无可能。

信度的确在某些类型的质性数据分析中扮演着一个受限定的角色。有些文化场景中的实践是如此稳定，以至于值得去看一项研究的发现是否能够经受住时间的考验。例如，森普特（Sumpter，2000）探究报纸编辑的"受众建构常规"有 6 个星期之久，在 6 个月后返回开始做另一轮的观察和访谈，以测量研究结果的稳质性。有时，质性研究会报告数据分析时建构范畴的编码员间的信度（比如，Banks et al.，2000）。但是，大多数的研究者都不会把它当作一个值得的步骤，因为范畴界定对这项研究和这个编码员都是独一无二的。此外，范畴之间的关系通常是互相依赖的、散漫的。这些议题对量化研究来说是一个大的障碍，但在质性研究中却不是劣势。实际上，它们是质性研究的关键。

【272】

效度问题谈论的是研究发现的真实价值。效度通常可以被描述为内部效度、概念效度和外部效度。在一项内部有效的研究中，研究工具只区分它计划去区分的东西。比方说，如果你对测量沉默感兴趣，你最好使用一个能够实际区分出沉默与相似东西——如恐怖反应——的工具。对内部效度的潜在威胁包括研究情境的多个方面，它们最终会误导数据。比如，工具的改变；研究还在进行之中，研究对象已经成熟了；研究对象对测量的反应。概念效度是指，根据一个理论或概念对某个现象的阐释来测量它。沉默的概念与沉默的经验指标之间应该有很强的连结。比方说，如果这种连结比较弱，那么用一项研究的结果来建构一个有关沉默的理论就非常困难了。一项外部有效的研究是指，该研究的结果能够推广到正在阐述的条件中。在西弗吉尼亚对沉默人开展一项实验研究，应该与在西弗吉尼亚以外的"真实世界"的其他地方产生相同的结果。当参与者对研究的体验与研究者希望推广的条件有本质差别时，外部信度就会受到威胁。从特定人口中选出被访者的程序不能做到充分随机，也可能会产生充满偏差的数据，并严重地降低其外部效度。

在质性研究中，效度扮演着一个更加稳定、为人所接受的角色。但是，这与它在客观主义科学中的运用不是一回事。社会现实是多元的、建构的，在这一质性研究范式中，单个的表征无法成为评判测量是否准确的标准。比如，在美国，构成沉默的行为——比方说，不愿在公开场合说话——可能在其他环境或文化里被看成是正常的、可取的。此外，因为质性研究者在田野中是具有反思性的行动者（reflexive agents）——不仅研究他人的行动，还研究他们自己的反应——内部效度这个传统概念的重要性有多大，就令人怀疑了。最后，质性研究者探究的事件具有历史和文化的偶然性，不容易将研究发现推广到所有相似的场景中。然而，被深描的数据可以给读者提供一个很好的基础，基于此来决定某项研究的观点是否可以"转换"到他们自己的情境中（Lincoln & Guba，1985）。这类似于威廉斯（Williams，2000）的意思，他主张，诠释主义研究者可以对他们有关日常生活的研究做**适度的**普遍化，尤其是当他们关注社会实践的"文化一致性"时。

【273】

质性研究者并非对产生、呈现可靠数据的需求漠不关心。他们想要让读者（以及他们自己）相信，他们已经得到了一个正确的阐释。注意，我们**没有**说**唯一**的（the）正确阐释。许许多多的（也许是无穷的）阐释可以从任何研究经历中得出，但是你选择在研究中产生的诠释可能被其他人认为是合理的、有启发的和／或有用的。如果你用可靠的程序来评估阐释，你将有一个更好的机会来做出好的阐释。在质性研究中，我们通过评价证据的不同形式（三角验证、分离和结晶），通过观察（或寻找）与阐释相驳斥的证据（反例分析），以及通过与参与者本人确认我们的直觉、观点和解释（成员验证），来完成验证。

8.5.1 三角验证、分离和结晶

三角验证（triangulation）是指对与研究对象相关的两种或多种证据形式进行比较。如果两种或多种方法下的数据指向同一个结论，那么效度就提升了。相反，相异的证据可能会产生一个薄弱的、不确定的结论。三角验证的基本诉求是，帮助研究者增强对研究发现符合客观现实的信心。所以，三角验证的逻辑根植于这个后实证主义的假设中：使用多种形式的证据能够让我们更接近于这个世界的"真实"表征（参见第 1 章）。

研究者运用三角验证的方法有好几种。可以比较同一种方法下的**多个信源**，比如从与其他家庭成员的单个访谈中收集有关儿童互联网使用的资料。当然，信源人应该处于道出一些与研究相关的有意义的东西的情况中。一个居家的父亲或母亲与另一个不常在家的父亲或母亲，他们对儿童互联网使用的报告之比较，就不是一个有效的三角检验。类似地，如果田野观察的环境和时间框架大致相同，这样的田野观察可以得到最好的三角检验。此外，田野笔记对事件必须有足够的细节描述，比较才有可能。

三角验证可以用**多种方法**来实现。这里，研究者要从田野笔记、访谈、文件或其他质性资料中发现聚合数据（convergent data）。此外，有些量化方法——比如 Q 方法（Brown，1996）或网络分析（Lazega，1997）——在"混合方法"设计中也能很好地处理质性数据。一般而言，量化测量是用来建立一种"真实事件的客观真理"，而质性方法探究的是事件中人们的"多种主观视角"（Roth & Mehta，2002，p.137）。举个例子，麦克米林（McMillin，2003）在她对印度女性非技术劳工电视广告感知的民族志研究中，运用了一系列方法：

【274】

　　民族志数据提供了一个质性视角来观察工厂劳工的独特情境。进行描述性统计，以有效地评估电视所有权、性别、年龄、经验、工资和工作分配等，仅仅是列举几个相关的范畴……事实证明，量化的调查方法与质性的民族志方法的结合是十分宝贵的，受访者可以通过焦点小组和独立访谈来解释他们在调查中的反应。结果是，数据在深度和广度上都很丰富。（pp.501-502）

最后，可以用**多个研究者**来克服单个研究者的偏见或其他缺点（Douglas，1976，pp.189-226；Olesen，Droes，Hatton，Chico，& Schatzman，1994）。这种三角验证可以有多种形式，包括在同一个田野场景中安排几个观察者，焦点小组访谈中安排两个主持人（moderators），或者安排一组分析员对一套数据进行编码。

三角验证是一种合理的验证方法，如果你接受这样一个前提，即多个信源、多种方法和多个研究者能够趋向一个现实版本。但是，有些方法论者认为，这个前提是建立在一种错误、幼稚的方法论视角上。他们的批评主要来源于建构论视角，即不存在某个根本的社会现实，所以认为来自不同信源、方法或研究者的数据应该（或将会）聚合也是没有依据的。布卢尔（Bloor，1997）声称，"所有的研究发现都被它们的生产条件塑造，所以用不同方法得到的发现也会在形式和特性上有一定程度的差异，这使直接比较成为问题"（p.39）。阿诺德和沃伦多尔夫（Arnould & Wallendorf，1994）也提出了类似的观点：每一种研究方法产生（或表达出）一种特定的现实建构。比如，言语数据通常会表现为"过度概化"（overgeneralizations），有关一个文化理想型的陈述可能无法在对人们实际行为的观察中得到证实。运用他们对感恩节家庭仪式的研究，他们写道：

> 对有关感恩节的多个数据来源进行比较，揭示出一种分离：受访者在言语报告中不断地说他们每年"总是"做相同的事情，但观察到他们在仪式开始时磋商应该做什么、由谁来做……观察与言语报告数据之间的分离为客位阐释提供了一个起点，这种阐释超越了主位阐释的简单概括。（p.495）

如上述摘录所示，**分离**（disjunctures）不一定就意味着方法上的失败；相反，它们可以帮助我们走向更深层次的理论化。如果两个或多个研究者的田野笔记有差异，这可能是性别、年龄、种族或其他研究者的属性，以有时微小、有时强有力的方式影响观察的证据。事实上，分离可以说是一种研究策略，可以有目的性地使用它。在梅和帕蒂罗 - 麦科伊（May & Pattillo-McCoy，2000）对一个内城娱乐中心的参与式观察研究中，他们对梅（男性）和帕蒂罗 - 麦科伊（女性）写作的事件田野笔记进行比较。他们发现，这种**协作式民族志**（collaborative ethnography）模式产生的数据体现了理解同一事件的多种方式。另一种团队工作风格是**学习共同体**（learning community）方法，它强调"更加平等、更具对话性的关系，清楚权力关系、公平、社会转型和诸如此类的东西"（Spatig，Seelinger，Dillon，Parrott，& Conrad，2005，p.103）。团队成员努力运用好不同的田野调查风格和能力，而不以观察的完美一致为目标。

所以，我们能对三角验证做出怎样的总结？当然，方法论者之间的观点会有差异，但是我们有理由去思考一下**描述效度**（descriptive validity）（Maxwell，1992）。它是事件报告的事实准确度，可以通过对多个信源、多种方法和 / 或多个研究者的三角验证来评估。例如，想想下面这些问题："哈伯特参加了昨晚的会议吗？这个会议讨论了些什么？哪一个话题最具争议性？"通过被访者、观察、一份出席名单和会议记录这些东西的结合，我们极可能回答第一个问题，如果无法回答第二个和第三个的话。在对**阐释效度**（interpretive validity）——或者说，研究者对一个事件、行动者意义或动机的阐释的效度——有要求的情境下，三角验证有时能够产生有用的结果。思考一下这个问题："在昨晚的会议上，为什么哈伯特选择对那个具有争议性的话题发言？"仔细观察受访者的解释和浸入情境的观察者写作的笔记，可能会帮助我们解答这个问题。另一方面，即便是使用多个信源、多种方法和多个研究者，往往也会产生令人困惑的，也可能是相对立的结果。也许哈伯特的同盟会把他的发言当成是他对自身原则的充满激情的辩护，而他的对手则把它当成是固执。也许只有哈伯特的妻子（没有人对她进行访谈）知道他昨晚这么说的个人历史背景。也许哈伯特在他的"真实"动机上也处于矛盾状态。

这里，我们将滑入一个模糊、困惑和不确定的领域——格尔茨意义之网中的眨眼领域。与描述效度相比，阐释效度远不是一个容易达到的尝试，因为在任何既定的情境中追踪所有的变化、互相依赖的语义，都是非常困难的。对一个场景——**任何**人类活动场景，不只是刚刚描述的案例——形成一个一般性的阐释，也是非常困难的。在这个场景中，每一个社会行动者都有自己的故事讲述，随时间的流逝产生了一系列无穷无尽的故事，它们会重新阐释之前事件的意义。在这个意义上，一个失败的三角验证可能正告诉我们，如果愿意"听"的话，我们遇见的文化领域或人际复杂性要求我们尽全力去理解它，运用手边相关的方法、操作和表征类型（representational genres），而不是试图简化或永久分解如此复杂的资料。 【276】

最近，传播学学者劳拉·埃林森（Laura Ellingson，2009b）承担起后一项工作，提出了一个质性研究的替代性方法，名为**结晶**（crystallization），这个形象来源于晶体的对称性和多面性（Richardson，2000）。埃林森的框架有意混合了艺术和科学在研究人类经验复杂性上的敏感度。她对这种方法的过程和目标界定如下：

> 结晶将多种分析形式和多种表征类型整合到一个连贯的文本或一系列相关的文本中，形成对现象的丰富、半开放的阐释，使原本的建构成为问题，强调研究者的弱点和定位，主张意义的社会建构，并且揭示知识观点的不确定性，即便是它自己产生的知识主张。（Ellingson，2009b，p.4）

所以，结晶是一种欢迎学术创新的开展质性研究的方法，有利于对传播现象的解释。重要的是，"结晶避开了实证主义对客观性和一个单一、可探索的真相的主张……它同时集合多种方法和多种样式来丰富研究发现，呈现所有知识的固有局限；每一部分的解释补充了其他部分，提供了这个意义拼图的某些块块，但无法拼完，标识出完整拼图中缺失的部分"（p.13）。

详细地对这个方法论框架进行检验，会超出我们这部分讨论的范围。然而，我们应该指出，与三角验证这个传统概念相比，结晶为质性研究者提供了一个清晰的替代性方法。不会考虑"客观真实"这个方法效度的终极检验，对结晶而言，质性方法产生的知识都被研究者与一个群体或文化的片面、偶然、具象、具有历史情境的经验所塑造。"使用结晶，研究者可以跨越方法论的连续体，为一种现象的多种观点欢呼"（p.22），而不是寻找某个版本的真相。在结晶中，研究者倾向于用结构性术语来理解研究发现，而不是将一个研究发现从其语境中分开（如三角验证中那样）。也就是说，对数据的评估要**除此以外还有其他**，研究者谨慎地思考他或她在建 【277】构数据中的角色（自反性），与具有文化或时间相似性编码的研究发现之间的关系（叙事一致性），与用其他文本惯例/传播编码的研究发现之间的关系（对比类型），以及在社会行动者生活世界中的真实价值（合理性和逼真）。尽管结晶看似能够包含几乎所有的分析形式（包括量化），并且被写入多样式的概念化中，但三角验证——至少是最纯正的形式——是一种全然不同的方法。

8.5.2　负面个案分析

质性研究一个很大的优势是，田野中发生的事情能够反馈到分析过程中。负面个案分析——它又被称为偏差个案分析（deviant case analysis）、分析性归纳（analytic induction）——是一种"以后见之明来修订假设"（Kidder，1981，引自 Lincoln & Guba，1985，p.309）的方法。它是这样运作的：当你开始形成范畴（和支撑范畴的解释）时，田野调查产生越来越多的数据。如果这些新数据证明了你的解释，那它会变得更加牢固。但是，如果新数据证伪了它——换句话说，你发现了负面个案——那么，"你应该努力理解它们为什么会出现，以及什么样的条件产生了它们"（Gibbs，2007，p.96）。这个过程的结果是，你会形成有关这个范畴的修正定义，并且拓展它的解释视野。或者，你会创造一个新的范畴来解释负面个案。在任何事件中，你会很快地回到下一个数据收集的循环中，以便检验被修订的（或新创造的）范畴。最终，负面个案分析会给你一个更好的阐释——所谓"更好"之意在于，它使反复证伪的尝试能够站得住脚。

可能绝大多数质性研究者不太正式地使用这种方法，甚至没有意识到它。（当你发现一个被访者的观点不能与前十个被访者在相同议题上的观点"相协调"时，你就会发现它。）以一种更加正式、严格的方式来运用负面个案分析，它将是检验质性数据分析和阐释结果的最好方法之一。如果你选取的样本足够多，你可以更加接近一个无懈可击的现象阐释。不幸的是，负面个案分析中没有什么规则可以引导我们，确定何时我们已经实现了这个目标——就是，一个涵盖**所有**现象个案的阐释（Hammersley，1992）。

8.5.3　成员验证

【278】 传统上，社会科学知识被认为是优于外行人的"局限性"认识，比如，研究者不会想要问一个调查对象，他或她是否同意一项对有关总统认可的民意调查的所有发现。然而，诠释主义社会科学对其人类研究对象的认识提出了一种不同的观点。区别于客观主义研究，质性研究者认为他们所研究的人对其所参与的习俗、互动、仪式等，至少有部分的理解（Emerson & Pollner，1988）。因此，大多数人能够评价研究者对其习俗、活动、仪式等写下的描述是否"真实"。这是成员验证的逻辑。**成员验证**（member validation）——又称**成员核实**（member check）（Lincoln & Guba，1985）、**成员效度检验**（member tests of validity）（Douglas，1976）和**主人查证**（host verification）（Schatzman & Strauss，1973）——是指把研究发现带回田野中，看参与者是否把它们视为真实的或准确的。

在**成员验证**这个术语下有好几种方法。有些研究者可能试图像一个真正的成员那样"通过"（参与者认为你的行为真实吗？），或者他们可能用研究发现来"预知"参与者的描述（Bloor，1997）。然而，上述方法没有这个常见，问参与者他们如何看待研究者的描述、阐释或说明。

典型的问题包括："其中有什么东西是你尤为喜欢的？我哪里错了？你认出了谁？我在田野中是公平的吗？"（St Pierre，1999，p.275）。操作成员验证的方法，包括研究者要询问的参与者人数，可以有很大的变化。有些参与者可能被要求，只对研究者阐释其实践或信念的方式进行评论。此外，研究者有时会从研究论文中拿出一则与参与者十分熟知的领域相对应的摘录，征询他们的意见。某些时候，整个文本——一篇论文、毕业论文或者一本书——都会提供。甚至有这样的情况，研究者征询的人不是参与者，而是利益群体的成员。比如，在哈丁和谢恩（Hardin & Shain，2006）有关女性体育记者的职业身份认同的研究中，作者把研究发现给了一个没有参与焦点小组的女性体育记者。作者给这个成员的意见以不同寻常的分量："我们只使用了能引起我们和这个记者共鸣的主题。"（p.328）在绝大多数研究中，从参与者获得的反馈都是验证的重要来源——但它不是决定性的。

成员验证通常是在一项研究临近结尾时进行，几乎相当于是一个"退场访谈"。但是，它们也可以发生在田野调查过程中的其他时间点（比如，St.Pierre，1999）。下面是诺瓦克（Novek，1995）核实她有关非裔美国人青年文化的民族志研究的成员做出的描述：

【279】

> 在开展这项研究近一年之后，我把一份民族志的草稿带到那所高中，请几个之前参与的班级成员来浏览草稿。卡恩写道："这是一篇很棒的论文。它涵盖了黑人青少年如何在西乌尔巴尼亚挣扎和奋斗的所有要点。你很好地使用了一些句子，能够显示一些学生的痛苦，还有他们的欢乐。"……达克说："你应该更多地谈论好的东西。"（我通过修订，已经对这些评论还有其他批评做出回应。）理查德说，他"理解每一件事，因为作者关注的绝大多数情境，要么是我自己经历过的一些艰难，要么是我的很多朋友所经历过的日常挣扎的失败……作者只是说出了真相"（p.184）。

如这个段落所展示的那样，参与者对诺瓦克的阐释只有些微异议，诺瓦克很认真地对待这些异议并修订了她的研究，而参与者认为她在绝大多数地方都是对的。研究者从成员验证中获得新信息后，对研究发现进行修订，这并不少见。

我们亟需指出，成员验证并非没有参与者偏见，或没有研究者与他们之间关系的后遗效应。研究者回访的往往是他们的最佳被访者，或者是最具代表性的人。参与者的评论可能会反映他们对研究者的喜爱（St.Pierre，1999），或反映一种"对更深保留的策略性调整表达"，如果他们不同意研究者的解释（Emerson & Pollner，1988，p.193）。有些参与者可能不会那么甜言蜜语，或乐于提供信息。此外，如布卢尔（Bloor，1997）所述，参与者可能将其评论集中在研究者认为次于"主要观点"的某些阐释方面。他总结道，成员验证"不是一项科学检验，而是一个社会事件，受制于……礼貌交谈的社会规则由讨论者的履历和环境塑造"（p.47）。当然，参与者给出的任何（所有）信息都受到社会情境、他们与研究者之间关系的历史的影响。如果你已经对参与者的履历和环境有一个很好的认识，允许你把个体的评论放到一个合适的情境中，成员验证就最有价值。

8.6 总 结

本章开始时，我们提醒大家注意一些对质性分析和阐释的历史挑战。其中有些挑战，比如需要在多种（可能是相互竞争的）诠释中做出决定，对这项事业、对抵制捷径和"技术性"解决办法至关重要。即便没有克服，传播学和其他人文学科的新近进展已经能够让我们更为充分地应对其他挑战。比如，数据分析战线已经取得了充分的进步，新手们在开始对数据进行编码和阐释时，不必再感受到他们正在进入一个神秘区域。然而，研究者仍然有一些方式来调适方法。这些调适——有时会报告在《当代民族志学刊》（*Journal of Contemporary Ethnography*）和《质性探究》（*Qualitative Inquiry*）上——通常旨在获得"工厂出产"模型（比如，像本书这样的教材）之外的更多的"绩效"。只要你不是以歪曲写在田野笔记和记录中的局部意义情境的方式来操纵阐释，这种调适就没有什么错。事实上，当你找到自己的方式去寻求令人信服而有用的解决方法时，你在研究最后所感受到的心满意足感会更强。下一章，你将会学习将数据分析和阐释与研究叙事写作进行整合的策略。

【280】

8.7 练 习

1.找一个话语文本，比如你转录的一个访谈（或者是新闻访谈或网络论坛这种公共文本），与一个搭档一起对它进行编码。

· 你和你的搭档有可能产生相同的代码吗？
· 哪些领域是你们有分歧或不确定的？
· 你修订代码多少次，才对它们的意义感到满意？
· 编码有助于你思考如何建构范畴，或者是阐释文本的主题或概念吗？

2.传播学中已出版的质性研究报告了它们具有不同特性的数据分析／阐释程序。这是否是个"问题"，其本身就是一些论辩的主题。选择两篇运用质性田野调查方法的传播学期刊论文。比较、对比论文对数据分析和阐释程序的描述。

· 论文在哪些方面存在差异？
· 每篇论文对数据分析的报告方式是否与它的目标、发现和整体风格相适应？
· 关于研究的数据分析／阐释，有重要的信息被遗漏，或者是描述不充分吗？
· 你会提出一个期刊论文报告数据分析的标准码？如果会，这个标准由哪些要素构成？如果不会，为什么？

【281】

第 9 章　写作、署名和发表

在这个我所拥有的安静之地，世界诞生了。

——迈尔士·戴维斯（Davis，1970）

我一遍又一遍地重写了许多，仿佛我从来没写过。

——托尼·莫里森（转引自 Murray，1990，p.186）

9.1　引言：公之于世

在本章中，我们聚焦于质性研究者通过署名和发表某种报告，以使其研究发现"公之于世"的那一刻。这一时刻可能发生在我们分析了所记录的数据之后不久，也可能是在数月（甚至数年）之后。有时候，就像我们完成课程的最后任务一样，这一幕只是敷衍了事。在这种情况下，我们通常义无反顾地退出自己的研究项目。在其他时候，我们认为公开发表更为重要——例如，当它代表了一系列计划好的演讲中的第一个。除了我们作为作者的经验，我们的**受众**在这个过程中也会有所不同。有时，他们会很面熟、小众且可预测（比方说，一位课程讲师，或者一个论文委员会）。在其他时候，他们可能是一个匿名群体，有着不可预测的品味和反应（就像我们博客的访问者一样）。然而，在所有这些情况下，我们通常会对把研究带回家感到兴奋和焦虑。

之所以会出现这种压力，是因为质性研究者传统上被鼓励将写作视为技术和工具性的事情。这种观点是导致我们经历四种紧张的根源。如果我们认为"撰写出最终报告"是在收集和分析数据之后完成的必要任务，则第一个根源被激活。事实上，没有什么比这更误导人了。质性研究者总是在写作（Jenkins，2010）——尤其是如果我们将写作定义为**在一种外部的、经久耐用的媒介上有意识地使用图形符号系统来表达和记录我们的体验，这样我们就可以传播、反思、评论和修改这些记录**。这一定义意味着，撰写一份调查结果报告，"最终"不再是你最初写下的研究想法和问题——这些想法和问题的灵感部分来自你读过的已发表的文章和书籍。这些写作和印刷的形式将你带入一个领域，在这里你将遇到并生成其他类似的形式（如档案文件和田野笔记）。这些形式引导你进行数据分析，在那里你遇到并生成数据，等等。这样，你的最终报告就会从之前无尽的写作中浮现出来，它很快就会成为别人写作的素材。无论是手写，机械打字，还是数字化和像素化，只有当我们武断地中止它的不断更新时，写作才会"结束"。**所有的写作都是重写。**

另一个让质性研究者感到紧张的原因是，他们一直幻想写作只是他们方法论"工具箱"中的另一种工具（或者更糟的是，写作在方法论上根本不相关）。这一信念源于一种实证主义的概念：即语言是一种中立和透明的工具，其使用应该**表明、指涉**，并通常与先验的现实相对应。这种文学性潜在地使我们期望"写作"可以被简洁地概括、明确地规定，并且作为一套"捕捉"这样的真理的过程而能轻易地掌握。然而，在这方面，我们又不敢苟同。质性研究中的实际写作远非这么简单、直接或自动（Colyar，2009）。相反，它本身就是一种"探寻的方法"（Richardson & St.Pierre，2005，p.960）。也就是说，写作是**展示**和**反思**我们**创造、再现**和**改变**我们社会现实的交流方式的一种手段。换句话说，质性作者更关心的是再现客观现实，而不是重复呈现它——也就是说，使用符号来创造有价值的图像和故事。这些创作可以潜在地帮助我们的观众间接地体验一种特定的共享现实的状态，并意识到为什么他们应该关心这些（Lindlof，2001）。

这一过程中的第三个紧张根源来自上一段所述的**自反性**形象。也就是说，作为质性传播研究者，我们对写作具有（或应该具有）专业敏感性，将其作为人类使用符号来告知和影响受众的一种手段。在这里，我们重新看到了我们在第5章中形成的一种印象：在质性研究中，我们所研究的（传播）与我们研究它的方式（通过交流）相汇聚。我们的写作唤起了解释学的前提，即知识并不先于传播者的创造和交流而存在。从这个意义上说，质性研究者从该领域的一种类型的对话中返回，只是通过为他们的听众写作来开始一种新的对话类型。这是一个需要把握的重要关系，因为我们的读者（特别是其他学科的学者和普通公众）也意识到这种反思性。当我们的写作水平不够时，他们会毫不留情地宣称，（他们认为的）我们所研究的内容和我们的研究表现之间存在着可笑的差距。如此，在这场游戏的这个阶段，质性传播研究者会有很多失败的危险。

紧张的最后一个根源是，一旦质性研究者开始写作，他们很快就会发现，写作重新激活了他们在开展研究时所形成的各种身份。也就是说，通过写作，研究人员重新发现了他们对参与者以及学术团体、客户和其他评估他们研究的利益相关者所积累的承诺。这些多重承诺安排完美，这是非常罕见的。由于这个原因，质性写作的过程和产物"充满"了同时存在且相互竞争的社会现实（Clifford，1988，pp.21-54）。在我们的写作中，我们将具体化这些现实之间的界限。史密斯（Smith，1983）指出，我们完成的写作"因此是……竞争力量之间的暂时休战"（p.24）。

接下来，我们将研究这一过程的几个方面，首先是一种重要的范式转变，它改变了我们对质性研究写作的理解。然后，我们回顾了三个概念，它们指导了传播学中这种范式转换的整合。由于写作实践在该学科中一直存在争议，而且学术出版的经济和技术维度目前处于不断变化之中，因此我们接下来考虑质性写作的三个"制度背景"（本科读者可能希望跳过这一部分）。我们将讨论撰写研究报告的具体策略，重点讨论传统、替代和新媒体写作的三种（非常不同的）格式。在每一种情况下，我们从最近相关质性写作的艺术和技巧的讨论中获得灵感（Golden，Biddle & Locke，2007；Goodall，2000，2008；Richardson，2000；Richardson & St.Pierre，2005；Wolcott，2001）。最后，我们从自己的经验中总结出自己对写作的一些思考。

9.2　表征危机

三十多年来，质性研究者一直在 20 世纪 70 年代和 80 年代爆发的社会学和人类学争议的余波中工作。这一争议通常被称为 **"表征危机"**[1]（the crisis of representation），是由著名的社会学家（例如 Brown，1977）和人类学家（Clifford & Marcus，1986；Marcus & Fischer，1986；Ruby，1982）（另见 Van Maanen，1995a）所出版的几本经典著作发展而来的。在这些作品中，这些学者反思了文化人类学中受到污染的殖民主义遗产，以及后现代主义对学术话语的影响。他们随后发表了宣言，要"使研究和写作更具反思性，并质疑……性别、阶级和种族"对研究过程的［影响］（Clifford & Marcus，1986，p.10）。表征危机打破了作者作为一种中立的"个体"实践的传统观念，致使质性研究者需面对个人经历和文化政治对其写作的影响。

这种与个人经验的对抗导致质性研究者放弃了客观观察者的实证主义虚构。相反，他们对自己的田野工作进行了自传体叙述，揭示了这种传统如何导致他们为了保持专业可信度而任意压制对"混乱"事件和实际感受的描述。因为这些叙述表明，这些被排除在外的现象无论如何都会"返回"（例如，在田野工作者和参与者之间的关系中），它们使得质性研究者质疑个人和专业兴趣在他们的工作中如何得到界定，以及这些界定如何可能被改变。

在与文化政治的相关对抗中，后现代质性研究人员公开讨论了遍布于所有方法论实践——尤其是写作——的权力关系。在这里，他们挖掘了民族志与压制性的帝国和企业利益的历史共谋（例如，他们试图"理解"文化成员，以约束他们，并使其资源商品化）。这些作者也挑战了鼓励质性文化场景、将参与者用于狭隘的、以自我为中心的目的，并对他们的解释拥有权威的传统。

这两种批评结合在一起，在质性研究者中产生了新的承诺。其中包括扭转西方民族学家在历史上对其他文化的殖民"目光"，以及打破与之相关的"声音"，这些"声音"产生了——而不是反映了——他们原始而异域的身份。在这种"逆向切割"（Clough，1995，p.528）中，现代民族志被倒置和重新定向，以调查其本体、机构，以及被视为理所当然的"写出来"实践。在这个过程中，民族志扩展了它的边界，以容纳和认可后殖民主义和本土作家的批判叙事（Brettell，1993）。

质性写作在再现专业意识形态（以及扭曲其他文化形象）方面的作用，是这种批判的核心。值得注意的是，它并不主张一种表征形式优于另一种表征形式的客观"真理"。相反，它关注的是在有关文学和修辞元素的研究性写作中经常不可见的影响，如叙事（Brodkey，1987b；Bruner，1987；Richardson，1995）、体裁、隐喻、比喻和幽默（Fine & Martin，1995；见 Rosaldo，1987）。从历史上看，这些形式补充了作者对语义、语法和语用的日常使用，从而与读者建立联系——例如，使用包容性代词、提出问题和引用共享的知识（Hyland，2001）。借助女性主义（Gordon，1988）和后殖民主义（Said，1989）批判的资源，"新"民族志者随后对已出版了的有关他们田野工作的描述及其与更大的政治、经济和社会结构的联系的研究文本

【285】

【286】

1　表征危机被看作后现代主义的一大特征，与叙事危机、合法性危机、理性终结和主体瓦解等共同构成后现代主义研究的元哲学核心内容。鲍德里亚曾明确指出，后现代的危机实际上是表征危机。他甚至认为，在后现代，符号已经取代了现实，因此，一切依据理性和表征而进行的判断都消失了，审美判断也不复存在。——校译者注

予以质问。在这些批评中，争论的焦点是他们所描绘的人物的特殊表现的意义和后果。这些学者还寻求发展和实践新的策略，以抵抗占主导地位的意识形态对他们个人的写作的影响（例如，参见 Conquergood，1985）。霍维茨（Horwitz，1993）用一系列问题总结了这一议程："如果民族志故事真的值得讲诉和倾听，那么应该讲诉什么样的故事、谁的故事？谁来决定？简而言之，民族志应该如何书写？"（p.131）

9.3 倒塌之后：质性研究的阅读和写作

表征危机给质性研究带来了一系列后果。如前所述，它引导研究人员探索后现代批判理论作为其工作转型的资源。同时，他们转向其他类型的写作，以寻求大胆、激发争论的模式。其中一个有影响力的来源是"创意非虚构"[1]（creative fiction），这是一种艺术体裁，部分源自20世纪六七十年代的"新新闻"运动。创意非虚构作家使用文学和电影技术来构建叙事场景和故事情节，并描绘人物、对话和观点。这些描述将有关作家的档案、纪录片和调查研究的"事实"发现戏剧化了，并为读者解释其更深层次的意义（Agar，1995；Caulley，2008）。

在这里我们主要关注的是写作，但重要的是要记住，表征危机涉及质性研究的所有方面。正如第4章所指出的，它也破坏了在当代全球化背景下"地方"文化的孤立、稳定和独特性的

【287】

传统假设（Marcus，1998，pp.79-104）。因此，质性研究者修改了他们对研究地点的概念，强调它们作为分布式时空现象的地位，它们之间的关系是通过各种各样的网络协调的。很快就很明显，需要新的田野工作和写作策略来充分描述游牧和跨国现象，例如毒品贩运和废物处理。在这个过程中，研究人员也面临着挑战，如何表达他们和其他人如何人为地构建这些地点的边界并配置他们的关系（Gille，2001）。

此外，正如马库斯（Marcus，1998，p.16）所观察到的，"民族志学家将不再能够定义那些还没有被写过和描述过的研究地点和对象，他们也不再能够构成（那些）对象……没有明确的策略来吸引其他（通常是相互竞争的）代表模式"。因此，"另类"研究写作逐渐包含了"对话性"的特质，如**多音性**（polyvocality）、**异质语**[2]（heteroglossia）和**互文性**（intertextuality）（Bakhtin，1986）。也就是说，这种写作否定了它作为一种纯粹的或原创的话语的地位，而是承认它是由正在交流中的片段式图像和话语策略性地构建起来的。它公开地融合了各种方言、行话和言说者所说的方言。它创造性地把这些碎片整理成一种拼贴画。因此，他们的相关话语被允许在一种"小说化"的交流中相遇、审问和相对化，从而明确了他们的意识形态地位。这种另类写作通过回应先前的论述和陈述（最为显著的是法律、政治和媒体），以及邀请和预测读者的反应，确立了自己的重要性。最后，另类写作并没有声称有权独自表演，而是为其他话语提供了打断和批评的机会（Gottschalk，1998）。如前所述，这些条件鼓励质性研究者将其工作的**沟通**维度称道为一种促进与其他人展开相互负责的交流手段。

在这一过程中，质性作者采用了许多文学和修辞理论的概念。我们在这里简要地关注三

---

1 用文学化的表达技巧来表现真实的故事，非虚构是核心。——校译者注

2 巴赫金将多音性界定为多种独立而互不相混的声音和意识；异质语是指多语杂存和体裁混合的语言现象。两者经常相互指涉。——校译者注

个方面：**声音**（voice）、**叙事存在**（narrative presence）以及**类型—受众联系**（genre-audience nexus）。

9.3.1　声　音

这个术语指的是作者用来影响读者理解文本的道德和情感上的表达模式（Goodall，2000，pp.131-151；Lindlof，2001，p.93）。作为一种创造性和分析性的手段，它比风格（style）的概念更政治化，风格的概念可以相对抽象和中性，意味着作者如何采用特定的惯例来创造独特的效果。相反，声音被认为是研究人员在应对相互竞争的影响时做出的实际选择：他们希望与读者建立的关系；他们与参与者之间形成的书面关系；以及他们使用语言来描述特定的人、物和事件。根据这些选择，声音可以在亲密无间和冷漠分析之间大幅度变化（Charmaz & Mitchell，1996）。斯特林（String，1997）在评论一系列发表的论文时指出，声音是质性研究的核心，无论是作为一个主题还是写作的条件在第一个案例中，学者们研究了声音如何"调节人类的意识，将话语与特定的观点、价值取向和概念联系起来"（p.448）。在第二种情况下，另一种写作格式"批判性地审视授权的假设、惯例和论述实践，在这些实践中，声音在传播学术生产中已经代表（并支持）预先设定的统一身份"（p.449）。通过描述"声音和身份形成之间未解决的关系"，斯特林总结道，另类作者"提出了在交流过程中对声音进行更微妙、语境更细微思考的方法"（p.449）。

9.3.2　叙事存在

叙事学中的三个概念（Chatman，1978）帮助我们理解质性作者在报告中可以产生的多层次的声音。第一，"作者"（author）一词指的是参与完成研究文本创作的实际人员。请注意这个定义是如何含蓄地避免再现现代主义对作者身份的假设的。例如，它符合后结构主义的主张，即表面上的"个体"实际上代表了多个相互作用的声音和身份的任意标点符号，这些声音和身份塑造了"他们的"主体性。它也承认"作者身份"只能产生于研究者和参与者之间的生成关系。虽然质性研究人员通常会在完成报告时离开他们的研究场所，但这种相互依赖有时会延伸到最后阶段，因为参与者声称（或被提供）作为合著者的正式身份。随着这些动态的发生，有些人不可避免地在文本中假定了代表他人的能力。

第二个概念是**人物**（personae）。随着时间推移，在他们的质性写作中，"真正的"作者常以一致的、独特的程式化方式描述自己。因此，他们对自己的"实际"身份形成了人格或中介印象。在这里，许多传播学学者都熟悉古多尔（Goodall，1989，1991，1996）的"组织侦探"，他筛选平凡的线索，以解开社区和精神世界的永恒之谜。其他例子包括罗纳伊（Ronai，1995，1996）童年受虐待的勇敢幸存者，博赫纳和埃利斯（Bochner & Ellis，1992）作为生活伴侣和专业同事的重叠关系。这里的重点是，作者所发表的文章不可避免地立足于他们自己的凡人存在与他们的读者对这种存在——及其遭遇这种存在——的理解（例如，在教室里，在专业会议中的酒店电梯里）。的确，在西方文化中，一个经典的道德故事涉及作者（以及他们的读者）失去区分"真实的"自我与名人角色的能力，往往会带来悲剧性的后果。（我们在这里

【288】
【289】

注意到，像真人秀这样的后现代媒体形式过分助长了这种张力。）因此，和所有的工作人员一样，质性作者必须与人类将自我与创作联系在一起的冲动作斗争——例如，当评论家批评他们的文本人物时，"把它个人化"。

第三，作者可以在文本中使用**叙述者**（narrators）。叙述者是由作者描述的代理人或"角色"（characters），他们负责故事中事件的即时选择和解释。它们是一种构造的智能，可以过滤作者、描述的事件和观众之间的关系。在质性写作中，作者通常兼做描述性场景的叙述者，他们几乎总是充当分析的叙述者。但现实并非总是如此。作者也可以通过另一个角色的意识来"聚焦"一个场景，尽管这种描述必须与读者对该角色了解事件和作者了解该角色的合理期望相一致。某一字符可能与研究场所的实际成员相对应，也可能表示由作者构建的组合，以压缩其成员的数量（例如，请参见 Brown & McMillan，1991）。叙述者可以在透明度、连续性和可靠性方面有很大的差异，他们在整个叙述中都表现得非常清楚，而且在他们交替回忆、体验和预测事件时，他们所采用的时间优势也会有很大的差异。

最后，在考虑不同观点的过程中，质性作者可能会发现，他们之前作为田野调查文本的作者所记录的声音（例如，天真和热情）与现在作为最终报告的作者所记录的声音（例如，更悲伤但更明智）之间存在明显的差异。这样，质性作者在写作中不断地遇到并建构自己作为叙述者和人物的形象。

通过这些区别，我们现在可以看到两种含义。首先，质性研究文本的作者、人物或叙事者之间没有必要的联系。这些联系完全是象征性的，它们是在作者使用交替合并和区分这些身份的文本惯例时产生的。斯特林和帕卡诺斯奇（Strine & Pacanowsky，1985）通过在质性写作中提出叙事存在的三个维度来阐述这一过程。他们认为，**作者的立场**（authorial stance）包括研究者"显示出与参与者的生活经历有一定程度的接近，从全面参与到完全脱离"。另一方面，**作者地位**（authorial status）指的是研究人员强调他们**自己**作为文本作者的存在和责任的程度，可以从持续的反思到虚拟的缺失。最后，**联系**（contact）指的是"研究者的立场和地位赋予作者和读者的关系"的类型（pp.288-289）。这些关系的例子包括中立的报告文学、说教式的指导、热情的宣传和辛酸的忏悔。

【290】

区分作者、人物和叙述者的第二个含义是，弄清作者意图的区别，读者可能会成功或失败。例如，考虑一下过去围绕两位文化研究和表演学者所写的一篇文章的传播争议（Corey & Nakayama，1997）。这场争论的焦点在于，他们故意含糊地使用了第一人称叙述者，而叙述者的说话方式就像一位民族志作家，反映了在"他的"田野调查中发生的性事件。因此，在一些读者看来，叙述者的话语就像一本几乎不加掩饰的回忆录，记录了作者自己所经历的真实事件。这些读者为这些事件可能真的已发生而感到愤怒。对另一些人来说，他们的实际发生并不需要引起愤怒；出版他们的描述就足够了。

9.3.3　作者和读者的关系

质性研究者受到专业和文化规范的约束，这些规范构成了他们写作的形式和内容。这些准则类似于文学体裁，在作者和读者之间形成"契约"（Atkinson，1992；Rabinow，1986）。

这些契约指定了读者对质性报告中出现内容的期望，以及它将会如何出现。体裁规范研究叙事中的情节和人物的类型及其整体基调和风格。质性研究者在他们的职业社会化过程中将这些惯例内在化，并且其后续使用可能会变成自动的。作者遵守这些标准是为了吸引潜在的读者，让他们相信其作品的价值和可信度。在这个过程中，该作品作为一种特定流派的范例被提供和接受。

然而，这些契约是灵活的，而且还在不断演变，因为作家和读者在不断地完善它们。对于读者来说，体裁是一种框架，可以帮助他们减少对候选叙事的质量及其所创造的体验类型的不确定性。通过这种方式，阅读"经典"研究是令人愉快的，这些研究充分满足了由它们的一般线索（例如，它们对特定理论传统的调用）引起的期望。同时，读者还重视新奇和惊喜。因此， 【291】
他们寻找既能唤起传统，又能改变传统的叙事。这种片面的、尊重他人的创新创造了它自己的一种快乐，而这种快乐又与公开颠覆一般预期的文本所引发的震惊和敬畏有所不同。（我们在这里强调，任何写作都不能完全避免类属识别，因为这样一来，根据定义，读者就无法识别写作了。）就作家而言，他们理解这种紧张关系，并努力平衡他们创造原创作品的野心与他们在既定类别内"营销"写作的实际需求。

因此，质性作者塑造了他们的工作，吸引了想象中特定的受众。在这个过程中，他们使用了定义受众需求和兴趣的类别。这些类别在实际受众的永恒奥秘之间形成了不完美的联系（他们是谁？他们想要什么？他们对某项特定的工作的感觉如何？），以及创造性工作者用来回答这些问题的职业刻板印象（参见 Ang，1991）。基于此，我们可以确定出版质性写作的五种受众类型（改编自 Marcus & Cushman，1982；Van Maanen，1988）。

第一类，受众与**领域专家**（area specialists）相关。这个词语指的是那些被认为对已发表的报告中所展示的特定主题和理论最了解的读者。这些群体的成员——在传播中部分对应于第 1 章中描述的分支领域——在不同的渠道中相互交谈，使用维护其专业边界的技术术语。这一话语明确表达了专家判断一个研究流派的新贡献的标准。遵循这些标准的人将从"他们的"专业出版物中寻找范例，或者将与其他具有广泛吸引力的学科和跨学科出版物相结合。我们的印象是，这种类型的读者在传播学中已有稳步增长，以回应正在进行的专业化学科的研究领域（见第 1 章）。

与领域专家相比，**一般学科**的读者可能对作品提供的具体知识不那么感兴趣（Marcus & Cushman，1982）。相反，他们关注的是它的优雅、力量、理论贡献的范围以及它的创新形式。例如，在传播学中，小古多尔（Goodall，Jr.）激发讨论的写作往往涉及组织传播的主题，但它已被其他分支领域的成员广泛采用，如绩效研究（Pelias，2005）。我们的印象是，这类读者包括仍在学习本学科领域基础知识的传播学学生，以及生活状况不允许他们随心所欲地进行或发表研究的教员。在这些情况下，典型的质性写作可以点燃并滋养创造的火花。 【292】

第三类，人文学科读者位于特定的质性传统之外，通常在位于完成研究的学科之外。这些读者"只希望了解田野工作者发现的某些事实……忽略围绕这些事实并赋予其意义的论点"（Van Maanen，1988，p.30）。通常，这些读者对研究中开发的总体复杂性不感兴趣，因此不是作者的主要读者。相反，他们会通读这些（对他们来说的）"细节"，以便挖掘与他们自己的教学或研究相关的主题的事实、价值或政策主张。偶尔，当这些读者认识到他们从事的是一项共同的事业（例如研究移民改革）时，他们之间会出现跨学科的联盟。我们的印象是，这类读者在传播学中正在发生重大变化，但是有两种不同的方式。首先，随着专业出版物数量的增加和精细化的增长，这些读者可能会发现他们想要的阅读内容被整齐地压缩在少数出版物中。在这里，质性作者可以通过加强狭隘联盟之间的对话来获得合法性。其次，其他类型的学科和跨学科期刊（无论是专门针对特定或一般目的）可以继续发表与这些读者相关的专题研究。在这种情况下，他们很可能会订阅出版商提供的越来越多的在线"增值"服务（例如即将出版的期刊目录提示）。这些读者将密切关注出版商营销和学院推荐的潮流，这些潮流在他们的意识之滨不断膨胀和消退。

第四类，**面向行动**的读者，由政府、私营企业和民间社会机构领域的关键人物（例如行政人员、研究人员和创意工作者）组成（Marcus & Cushman，1982，p.52）。作为对角色性能的需求，这些人士不断寻求有价值的信息，这些信息可以应用到他们为顾客、客户和利益相关者正在进行的产品和服务开发中。这些信息也可证明对他们正在进行的有关政策和程序的评估是有用的。质性报告在淡化理论，强调读者关切之事，并提供实际的解决方案时，最能引起这些读者的兴趣。健康和组织传播分支领域的质性研究人员（Kreps & Herndon，2001）最有可能在他们的工作中打造这种吸引力，尽管批判研究和文化研究的作者（Bennett，1992；House，2005）越来越多地试图影响政策。与此相关的是，全美传播协会（National Communication Association）现在出版了基于网络的《传播趋势》（*Communication Currents*）杂志，该杂志【293】提供了已发表的传播学研究概要，可供读者访问。该出版物是更大的一场涉及**翻译学术**的传播运动的一部分。这一运动支持——在其本身权利的意义上作为一种合法的学术活动——已发表的研究再现形式（无论是由自己或其他人创作的），这些再现的目标是那些原本还不知道其价值的观众（Frey，2010）。

最后一类，**普通**读者"在一个文化熟悉的框架中［寻找］民族志的信息或真相，［要求］可读性，只使用足够的术语才能使用户的专业知识合法化"（Marcus & Cushman，1982，p.52）。对于这些受欢迎的读者来说，异域或异类世界的民族志可以提供一种相对安全且有趣的方式来面对他们的民族中心主义信仰（Van Maanen，1988，pp.31-33）。他们特别重视用户友好的文本，这在很大程度上缺乏理论。尽管学者们通常认为这些文本是可疑的学术研究（这对他们未来的作者应该是一个警告），但流行的民族志可以通俗易懂、富有洞察力地描述那些被认为不适合"严肃研究"的主题。最近，在这个类别中，质性研究与创意非虚构之间的界限模糊不清，正如前一类型的作者所认识到的那样（混杂着钦佩和羡慕），后一类作者（其中一些也是机构或独立学者）正在生产更有可能被重要受众（例如本科生）接受的作品。例如，基德（Kidder，1981）对强迫型计算机工程师的研究，已成为高科技行业和组织研究学科读者的经典，因为它生动地捕捉了职业文化的核心和持久元素（Ratliff，2000）。

9.4 质性写作的制度背景

9.4.1 学术政治

现在让我们展望一个迄今为止在讨论中一直隐含的主题：质性写作完全融入了"学院的意识形态实践"（West，1993，p.216）。这意味着写作是一种有纪律的活动，它受制于（同时也构成）专业学者维护其团体的权力关系。在某种程度上，这些团体的成员通过一种象征性的经济来实践纪律，在这种经济中，他们相互监督和评估对方的表现，并通过奖励和扣留各种身份和成功的标志来表达这种评估，比如就业、出版、任期、晋升和加薪。从历史上看，随着质性写作进入这一经济领域，它面临着几个障碍，这些障碍限制了它作为学术表现表征的潜在形式、内容、流通和整体价值。 【294】

这些障碍围绕创作和出版的实践而产生（Taylor & Trujillo，2001）。其中包括一些预学术期刊编排格式（即限制提交文件的页数长度）利于实证主义研究；编辑协议要求内容的演绎和线性呈现；主体性本身作为主题或叙事风格的贬值；资助机构对"传统"主题和方法的偏好；以及终身职位和晋升委员会对大量快速生产的文章的偏好。这些障碍被学术生活中更为世俗的暴力形式所强化，例如对"怎么做"的论述，它使写作产品商品化，而又不会对其生产的物质条件提出质疑（Bach，Blair，Nothstine & Pym，1996）；期刊编辑和审稿人蓄意压制合法创新（Blair，Brown，& Baxter，1994）；以不恰当的问题公开伏击求职者；同事间不断的竞争和批评（Goodall，2000，pp.25-29）；以及研究生方法研讨课的教员不能或不愿意参与质性研究的独特问题（Krizek，1998）。在某种程度上，这些障碍的残余力量已经被第1章讨论的实证主义和新自由主义的当前形式重新注入了活力。尽管人们对质性写作的兴趣越来越大，出版的机会也越来越多，但这些制度条件可能会阻碍学者把越来越少的时间、精力和劳动力投入到这种追求中去。这种情况对妇女尤其严重，她们不仅必须围绕其教学和服务职责进行研究，而且还必须对传统上分配给她们的生育和抚养子女的责任进行研究。

我们重述这些障碍并不是要使你们气馁。正如我们在第1章中所讨论的，他们目前在沟通中的地位似乎是有影响的，但不是单一的。例如，安德森（Anderson，2001，p.98）在他的评估中就认为，目前，"似乎任何东西都可以发表，而几乎所有的东西都将在某个地方被拒绝"。我们相信，凡事预则立。而质性作者在向特定的出版机构提交书面作品之前，可以仔细评估他们成功的可能性，从而进一步提高自己的能力（Lindlof，2001，pp.79-81）。我们自己的经验是，对于先前详细描述的每一个约束，通常都有一个持续的、充满恩惠的对应：朋友、同事、生活伴侣或者孩子给予的慷慨鼓励；愿意冒险的编辑；意外的支持信件；忠实动物的安静陪伴。这些人（和其他事情）鼓励我们重新考虑"共同作者"一词的真正含义。 【295】

虽然读者目前对质性写作的兴趣很高，但是，如果我们认为这是理所当然，或者忽略了维持它所需的物质实践，那将是愚蠢的。例如，专业协会必须继续任命有能力评估传统和替代质性写作形式的期刊编辑（编辑必须任命编辑委员会）。这些编辑必须得到其协会和机构的充分支持，使他们能够履行其相关责任。他们必须——根据他们杂志的使命——继续邀请、评论和发表各种各样的质性文章（作者应该记住，编辑只能处理他们实际收到的投稿和修改）。期刊和报刊审稿人——以及其他机构的把关人——继续在其对提交的工作的评价中应用适当的标准（例如，跨学科出版物的终身职位和晋升决定）。如果不存在这些条件，或无法维持，就必须继续提出关于新的出版机构和评价标准的论点。对另类写作的批评应该恰当地解释其对理论和方法论传统的明确取向。这种批评——就像写作本身——应该继续对关于质性研究的合法形式和目的产生更加精确和建设性的分歧（Bochner & Ellis，1996）。最后，我们必须继续通过阅读、讨论、教学、引用和普遍回应来支持勇敢的新写作。

最后，我们建议质性研究人员仔细考虑因其独特情况而以其他格式写作的后果。例如，一些机构重视"创造性工作"，将其作为传统印刷出版物之外的一种选择，从而为某些替代类型的合法分类提供了一个类别。此外，相比于那些还没有被雇佣或终身聘用的年轻同事，例如，在他们的博士毕业论文和最初的晋升之后进行"第二个项目"，资深学者的尝试风险会小一些（Marcus，1998，pp.233-236）。我们认为，那些被另类写作所吸引的学生，应该寻求明智的建议，以便在他们的职业发展道路上最有效地使用它。理论上（至少在专业神话中），卓越本身就是成功的保证。然而，一些创业道路比其他的风险更大。我们注意到，在过早地接受另类写作的学生中，有一种倾向是，他们未能充分学习这些新形式所批评的传统。（在这里，我们提供一个类比：许多奥运会项目要求运动员在获得自由式动作之前必须成功地完成规定动作。）因此，对正在发展其职业生涯的年轻学者，有两个合理的建议包括：（1）利用另类写作建立你与一个特定分支领域的联系 [最近的机会的例子，见健康传播中的呼吁（Ellingson，2006）和家庭沟通（Kellas，2010）]；（2）建立一个结合传统写作和另类写作的写作体系，以展示你的能力和兴趣。

【296】

同样的建议也适用于表演和多媒体出版物。正如我们稍后将进一步讨论的那样，传播学（像许多学术学科一样，有点讽刺意味的是）在接受研究的非话语表征方面进展缓慢。康克古德（Conquergood，1991）曾经指出，

> 把表演作为文化过程的模型来讨论是一回事……只要对表演敏感的谈话最终被"写下来"。"……题跋的霸权从未受到田野工作的挑战，因为毕竟，最终的结论是写在纸上的……"有趣的是，即使是最彻底的解构仍会跃然纸上。（p.190）

康克古德的观点是，质性研究人员应该考虑使用多媒体和表演形式（如戏剧舞台）来呈现他们的发现（参见 Welker & Goodall，1997）。在他英年早逝之前，康克古德效仿了这一建议，制作了两部纪录片，讲述他在芝加哥与移民洪族萨满（Siegel & Conquergood，1985）和多元文化青年帮派（Siegel & Conquergood，1990）的实地考察。与此类似，玛拉·阿德尔曼（Adelman，1997）为她 [与拉里·弗雷（Larry Frey）进行] 的一项研究制作了一部纪录片，她在一个艾滋病患者群体之家的工作人员和居民中开展了"脆弱社区"的研究。

这些例子为那些关注这一呼吁的人提供了一些重要的考虑。首先，康克古德是表演研究领域的领军人物，他的作品受到该领域评价标准的制约。虽然纪录片的制作在这一分支领域内可能是合法的，但在其他分支领域可能就不那么宽容了。此外，刚刚提到的研究人员还发表了他

们研究的书面报告（Adelman & Frey，1997；Conquergood，1992，1994）。这表明质性研究者应该尝试通过不同的表征形式来服务于多个受众（Hughes，2008）。在这个过程中，那些担心通过评估的人会赌上一赌。

【297】

9.4.2　出版经济学

我们对学术政治作为"象征性经济"的讨论已经预示了下一个话题。它涉及学术出版业不断变化的经济条件对质性写作的影响。在这里，我们承认，大多数质性研究者不会花费大量时间考虑这些问题，因此可能会质疑这种讨论的相关性。作为回应，我们回顾下媒体研究学者凯瑟琳·菲茨帕特里克（Fitzpatrick，2009）和泰德·斯特李普哈斯（Striphas，2010）最近提出的论点：无论是否有意识，学术作者都参与了一个高度人为的、越来越不可持续的经济。这种经济的特点是礼品和商品的交换：个别作者的作品发表在学术期刊和编辑过的卷册上通常得不到直接补偿（实际上，有时他们必须亲自补贴这些出版物的费用）。对于提交作品的同行评审人员以及大多数学术编辑人员也是如此。无论是公立/大学资助/非营利性的出版社，还是私营/商业/营利企业，书籍出版相对资本较多，并且要直接雇用专业和技术人员。

近一个世纪以来，这一制度运作虽不完善，却始终如一地为学术作家提供机会，让他们提交和出版自己的作品，并让他们的聘用机构评估他们所表现的生产力（而且这种工作的质量可靠性较低）。这些不完善之处数不胜数：应该匿名的身份被暴露；仍未追究责任人滥用职权；以及不健康的心理状态和群体动力的刺激。这些条件一般被容忍为维持一个规范有价值知识生产的公共学术制度的代价。而对于许多人来说，这些成本被成功的写作为作者和读者带来的好处所抵消，这些成功的写作真正满足了未被满足的需求。

然而，最近有几股力量破坏了这种经济的稳定（Striphas，2010）。这些力量包括大型国际出版公司之间的日益整合，因为他们合并或收购规模较小的公司，并吸收它们的图书。为了响应资本主义经济的需要，这些商业组织随后追求更高的市场份额和利润率。作为一种策略，他们利用自己的投资组合，威胁不再向资金日益不足的大学图书馆提供期刊订阅所需的折扣率（除非它们同意以更高的总成本购买"捆绑"订阅）。当这些图书馆选择接受或拒绝这些提议时，相关的"影响因素"和特定出版物的声誉可能随其可见性和其他研究人员的可及性而波动。在图书出版领域，2000 年和 2008 年的急剧经济衰退使许多大学出版社的预算因缺乏政府和捐赠基金的支持而摇摇欲坠。为了生存，他们试图从组织成本中心转变为利润中心。他们外包生产，淘汰了利润不高的图书系列，降低了手稿的总体接受率，并普遍表现出越来越倾向于出版更具市场价值的话题和作者的书。因此，学术作者目前正面临四个日益严重的问题：

【298】

- 潜在出版渠道实际上受到限制；
- 出版商限制读者接触那些能够支付高额订阅费用的经济精英；
- 出版商从作者那里获得越来越广泛的版权让步；
- 出版商将之前承担的生产成本和营销责任委托给作者（例如，为新书发行构建和托管推广网站）。

这些发展对质性传播研究人员有何启示？我们不知道有关这个主题的任何明确的、公开的讨论，但是我们可以从我们自己的经验和我们同事的报告中得出四种推论。首先，质性研究人员相对幸运，因为他们的细分市场是学术出版业增长最快的市场之一（Loseke & Cahill，2004）。（作为一个代表性的轶事，2010 年 5 月，本书的出版商网站在"质性方法"标题下销售 129 种"产品"。）其次，随着现有期刊和出版社重新考虑它们的编辑使命，以及新的专门期刊和丛书的创建，需要质量过硬的出版机构的数量继续增长。此外，高水平的作家非常幸运地能够接触到忠实的独立出版商，如米奇·艾伦（Mitch Allen）的左岸出版社（Left Coast Press）。但是，这些运作规模相对较小且极为个别。只要有可能，我们就应该通过购买、阅读和引用他们的论著来支持他们。第三，汤姆最近在肯塔基大学出版社成立"好莱坞围困"（Lindlof，2008b）的成功经验表明，质性研究是唯一能够产生有关民众关注话题中令人信服的故事（这里是美国文化的常年战场，一方是要求言论自由的娱乐行业精英，另一方是狂热捍卫他们所珍视的圣像免遭世俗威胁的宗教群体）。因此，由于出版商在审查提交的作品时，会关注他们的新底线，所以它仍然具有相对的竞争力。

【299】

然而，最后商业公司合并期刊出版业务，除了现有的学术机构之外，几乎没有什么动力去拓展市场，这应该会让质性作者有相当大的停顿。这意味着，在本系统内可能无法实现在更为广泛却拥有较少特权的受众中传播已出版作品的这一目标。显然，为了这个目的，我们必须发展其他手段。

9.4.3 新媒体

在相关辩论中，一个广受欢迎的解决方案是基于网络的技术，该技术（理论上）允许作者更自由地发表学术研究的知识成果，也允许受众更自由地访问这些成果。

与 20 世纪 90 年代初期的许多专业团体一样，学术作者很快就意识到，互联网为他们的作品提供了新的创作、编排和传播方式。（这种兴奋使人们的注意力从他们采用个人电脑作为文字处理器所带来的同样重大的变化上转移开来。）从那个时期开始，大胆的（通常是年轻的）学者已经尝试了连续几代的相关媒体，包括网站、公告栏、邮件列表、播客、维基和博客（Santo & Lucas，2009）。在这个过程中，他们以多种重叠的方式制作和消费在线内容。他们在网上发布研究日志和期刊，以及他们想要提交作品的改进版本，同时对其他人发布的作品进行评论。他们在志趣相投的同事中创建并主持论坛，并参与非学术性的公共论坛，专门讨论他们感兴趣的话题。更常见的是，他们使用电子邮件与合作作者、同事、编辑、出版商、赞助商以及他们作品的不同读者通信。因此，对于学术写作的传统理解——什么是学术写作，谁在做学术写作，什么时候做学术写作，如何做学术写作，等等——已经发生了巨大变化。

这种在线工作特别令人兴奋，因为它经常以与写作和印刷相关的批判理论的形式出现。也就是说，新媒体为另类作者提供了额外的手段，以推进他们对印刷在再现工具理性和分离等压迫条件中的作用的批判。正如我们所讨论的那样，这些作者的创新颠覆了印刷叙事的线性和封闭性。在这个过程中，他们中的许多人被超文本性（hypertexuality）所吸引——即在特定文本位置内部和之间传输读者的电子写作能力。这种能力生动地说明了后现代主义的观点，即清晰的

文本边界和独特的作者身份仅仅是任意文化实践的产物。超文本性鼓励学术作家在他们的故事
元素之间建立多重的、不确定的、离题的，甚至是矛盾的联系（McPherson，2009，p.122）。
现在，作者和读者似乎可以更自由地以开放的文本格式相互交流。

随着多媒体技术的发展，允许作者将数字化的音频、图像和视频记录整合到出版的作品中，
学术生活中的印刷规则要求进一步降低。其后，学术作家被鼓励把自己看作是多媒体内容的艺
术家和生产者，从事并置、组合和混合（如混搭）的创造性实践。

这种不断发展的技术文化被其参与者时而赞美，时而鄙视（Fitzpatrick，2009）。对一些作
者来说，这意味着他们将从出版作品的职业和经济障碍中解放出来。在这一个愿景下，他们可
以绕过那些冷漠、消息不足、对纸质出版物怀有敌意的把关人，与那些被学术精英主义和专业
化疏远的利益相关者重新建立联系。他们可以通过与读者互动和合作来改变他们的孤立和竞争
的文化。因此，"学术出版"的概念被修正，包括持续、反思和相对公开的学术写作发展过程。

对于其他人（特别是前面提到的那些把关人），这些技术威胁着他们所珍视的学术机构，
造成不良的秩序。这些批评家们表达了许多与之相关的担忧，包括传统上与印刷材料的写作和
阅读相关的知识完整性的下降；取消专业的认证机制，例如盲目的同行评审，导致质量控制的
丧失以明确可识别的作者和最终产品为前提的评价系统的瓦解。

正如菲茨帕特里克（Fitzpatrick，2009，p.5）所辩称的那样，这些技术变革目前正在与学术
政治和出版经济学的力量相互作用（最集中反映在人文学科中），使得学术写作的"不死族"
体制更为严重，这种体制需要印刷出版，但无法维系其基础设施。以抵制变革而臭名昭著的学
术机构现在必须——如果它们希望保持其相关性和可行性——从根本上改变它们的文化实践，
接受"多模式"的学术研究（McPherson，2009）。

对于传播学中的质性写作而言，这些技术变革有什么影响？在这里，我们再次不得不像报
告一样进行推测，但我们可以提出两点观察。第一个解决了不受限制的在线出版和访问的幻想
与互联网商业化的现实之间的明显差距。也就是说，质性传播研究者似乎还没有完全独立地在
网上提供他们的作品，从而对传统出版进行广泛颠覆。与此同时，大型出版公司已经迅速意识
到对这个市场空间建立专有控制的潜在好处（如新的收入来源）（Striphas，2010）。在这里，
他们利用大量资源创建了并行的在线生产和分发机制，以及独特的产品，如关键字搜索的数据库。
无可否认的是，这些新系统为质性作者提供了更高的可视性，使他们的传统出版作品更容易被
人看到，也让其他人更容易接触到这些作品。尽管如此，前面提到的警告仍然适用：无法或不
愿为此类访问付费的机构聘用的作者可能会遭遇竞争劣势。

相反，传播领域的质性研究人员似乎正将新媒体用于更传统的目的。作为个体，他们将新
媒体和相关的文学知识融入到他们的教学中（Strano，2008）。他们建立了多功能的"个人"
网站，提供以前的一些出版物的电子拷贝，为其他只能通过专有渠道获得的出版物做广告，
并推广当前的项目。他们在小型创业团体和大型正规企业工作，他们创建和编辑了各种开放获
取的在线多媒体期刊，其编辑任务范围从相对专业的到广泛的目标［例如，《国际传播学
刊》（*International Journal of Communication*）］。他们当然也在这些期刊上发表（例如，
Padovani，2010）。至少在一个案例中，他们闹出了一个复杂而奇特的内部笑话，这笑话也可能
是对病毒式视频文化的研究（Young，2009）。从这个场景拉开距离来看，我们再次注意到，该

学科的专业协会也进入了在线空间。除了出版其在线《传播趋势》杂志（该杂志收录已发表的质性研究的翻译）外，全美传播协会还与一家商业出版商合作，通过在线数据库对其成员的会议论文进行编目并提供电子版。总的来说，我们预计这个话题的讨论将成为本书未来版本的核心。

9.5　质性写作的技巧：三种格式及其相关策略

9.5.1　传统的写作格式

【302】表征危机产生了对实证主义影响质性研究写作的丰富的批判。这种批判摒弃了传统的"朴实无华"（Golden-Biddle & Locke，2007，p.10）的写作风格。这些要素包括中立性、超然性、合理性、独白性、线性、连贯性、抽象化和封闭性（Brodkey，1987a）。范马宁（Van Maanen，1988）给这种类型的叙事打上了著名的标签**现实主义叙述**（realist tales），其特征可以分为四个方面。首先，现实主义叙述压抑了作者的经验，更倾向于客观地报道"他人"。其次，它们提供了一种注重成员意义和实践的日常细节的文档类型。第三，他们的解释强调了这些实践的"本土观点"。最后，他们展示了"解释性的全能"，作者据此（通常是含蓄地）证明，仅凭自己的主张即是合理的。因此，这些作者在记录、分析和描述数据的策略上抢占了先机，推迟了观众的挑战。

虽然这种传统的格式已经部分地受到怀疑，但其许多要素仍然以修正过的形式存在，许多质性作者和期刊编辑们继续重视它的实践。现在让我们来关注一下这种体裁的独特形式和风格。在另一篇文章中，汤姆将这种期刊文章的格式比作四幕剧（Lindlof，2001）。诚然，这个寓言对于替代性的、多媒体的和书本长度的写作格式不太有效，但是它仍然指出了它们可以通过其他方式实现的关键功能。

第一幕

在一项传统研究中，作者追求四个目标（Golden-Biddle & Locke，2007）。首先，他们必须阐明其研究的内在新奇性和意义。例如，他们可能会声称，他们正在研究的现象对于其语境的成功运作至关重要。其次，作者必须把他们的研究立足于现有的研究文献中。例如，他们可以综合以前发表和分散的调查结果，为研究对象创建一个建立相关研究主题的上下文。在其他地方，汤姆建议质性作者不要遵循定量研究模型，其中包括记录知识进步的增量，以实现预测能力最大化的目标（Lindlof，2001，pp.81-86）。相反，质性作者应该混合引用概念讨论和实证研究，表明在特定场景中发生的传播的多样性。此外，这些文献综述应该是有选择性，重点突出，而不是简单地进行积累和注释引文。第三，作者必须对这些文献提出质疑，以便创造一个空间来界定他们研究的潜在贡献。例如，在这里作者可能会引用文献中累积的声明中的空白、错误和 /【303】或矛盾。在这个过程中，他们应该向读者阐明他们的学术团体将如何从这项研究的完成中受益。最后，作者必须预测他们完成的研究将如何应对这个的问题。

第二幕

在传统研究的第二阶段，作者报告了他们对研究方法的选择和相关程序的执行情况。在这里，他们回顾了研究设计的逻辑，包括他们对地点的选择，他们获得访问和包含的策略，他们选择和实施的特定方法（如采访），以及他们记录和分析数据的程序。在报告的这一部分中，作者还应包括有关他们在何种条件下进行这项研究的有关资料（例如，在组织变革期间）。他们应该包括特定和具体的细节，例如他们花在观察上的总时间、研究的参与者如何回应他们在田野工作者角色上的表现，他们进行访谈的次数和平均时长，以及他们审阅的文件页数。提供这些细节可以帮助读者评估作者为他们所述场景的分析师的可信度。如有需要，作者亦应提供选定的资料（即其访谈指南的副本），并分别附于报告后面的附录内。在讨论对数据的分析时，作者应该为他们选择的特定策略辩护，并解释如何使用这些策略。（警告：我们的同事报告称，作为期刊编辑和审稿人，他们越来越不愿意接受作者声称他们在没有进一步详细解释的情况下"进行了有根据的理论分析"。）在这方面，作者应特别强调分析中使用的程序（如三角验证和理论饱和度），这些程序有助于提高其主张的可信性。然而，他们不应该害怕讨论研究中即兴发挥和修改的时刻。这些信息不会显示"错误"，反而会让读者认为作者对现场工作不可预测、不断发展的本质做出了恰当的反应。

第三幕

这一幕通常是已发表的传统研究中最长的部分。这里，作者给出了他们对分析数据的解释。虽然看起来很简单，但这个过程需要相当的修辞技巧：目标是"以真实性、完整性和微妙性来代表一个文化世界"（Lindlof，2001，p.88）。在这里，作者展示了选择的数据片段，以说明他们选择的场景的相关特征，并提出他们的总体解释。 【304】

在这个过程中，作者通常会全力处理三个问题。首先，我应该选择什么样的证据来陈述？准备写作的研究人员在概念界定上已通过了第 8 章讨论的分析考验。理想情况下，他们已通过编码和分类验证了他们的数据。无论如何，传统作者现在必须从众多的数据候选人中进行选择（例如采访记录中的引用），以便将其纳入他们的最终报告。作者在做出这些选择时候应该采用什么标准？首先，他们应该选择清楚地反映其论断的性质和范围的数据。也就是说，呈现的数据应该包含形成其论断对象的独特现象（而不是其他一些现象）。这些数据还应该反映出在特定论断中浓缩的时间、地点、事件和参与者的多样性（例如，某些群体——但不是其他团体——参与了某项活动，或在他们在某个时间和地点执行了该活动，而不是其他时间和场所）。作为进一步的指导，卡茨（Katz，2001，2002）提出了呈现"明白易懂的"数据的如下标准：

· 以**谜团**、**悖论**和**荒谬**为特征的数据有助于介绍研究的关键主题。
· 数据表明，田野工作者的经历转折点与团队成员的职业生涯转折点之间存在相似之处，有助于使研究人性化。
· 丰富**多样的**数据通过合理化作者的解释，并提出和排除其他解释，有助于确认作者的解释。
· **揭示**数据"显示了塑造社会生活的力量是如何被习惯性地忽视、刻意隐藏或本体论上看不见的"（2001，p.447）。
· **情境**数据表明观察到的参与者如何在上下文中相互响应，这样做实际上就完成了上下文中的行为。
· 生动而**丰富多彩**的数据表明，社会行动是如何在相关的义务、机遇和约束下创造性地构建起来的。

· **令人心酸**的数据"捕捉到了人们对构建他们生活中持久模式的担忧被超越后的谦卑"。（2001，p.447）

传统作者面临的第二个问题是，我应该如何呈现证据？一般来说，作者应该选择便于清晰和简明描述的数据。将分析数据转换为最终文本的过程，既包括编辑现有的材料（例如，事实准确性、主题连续性、文体有效性和美学格式），也包括添加新材料（例如，解释和引用）（Goodall，2000，pp.165-168）。在这个过程中，作者应该遵循两个特定的规范（Anderson，2001）。第一个要求作者建立他们陈述的真实性。当他们向读者展示他们曾置身于某个特定的场景中，曾受到该场景中成员表演的影响，但同时又对那段经历保持着敏感的记录时，就会产生这种效果。第二个规范要求作者在呈现的数据中展现足够的复杂性，以便他们能够随后承担起举例说明高阶概念的重任。理想情况下，读者应该天生对这种复杂性感兴趣。

【305】

实现这些目的的一种方法是范例（exemplar）。这个术语形容的是对有趣、精细和自成一体的事件的描述。范例赋予数据以"多事性"（eventfulness）的理想品质（Lindlof，1995，pp.267-270）。在这一层面上，范例满足了（前面已讨论过的）作者确定其数据的相关性作为特定证据的需要。这样，范例就具有转喻的性质。它们是一些片段，通过展示一个更大的现象或概念所处的情境来代表这个现象或概念。因为范例能唤起人的回忆，所以它们也能刺激读者去思考所展示的内容，从而预测作者即将做出的解释。为了说明这个过程，下面是布莱恩发表的关于犹他州盐湖城一家书店的研究（Taylor，1999）。这家书店由末世圣徒（LDS，或摩门教）教会所有。它把宗教和非宗教的物品卖给了这个社区虔诚的成员，除了布莱恩，他们也雇用了这些成员。这个范例展示了一名LDS员工对外来文化产物的解释。

凯特是这家商店的陈列专家，她正在教堂地板上的一张桌子上堆放一些色彩鲜艳的儿童硬纸板储蓄罐。就像楼下出售的更耐用的塑料银行一样，这些银行也被分成了三个相等的部分。第一部分标记为**十分之一**。第二部分被标记为**使命**。第三部分被标记为**储蓄**。

凯特顽皮地咧嘴一笑，解释道，这家银行的优点在于，它的隔板之间是完全密封的。"对于其他银行，"她严肃地说，"问题是，十分之一（存款）不断下滑、下降、**跳跃**［剧烈地震动银行］，最终变成储蓄，而后来，你就搞不清楚它是如何做到这一点的。"

"就凭它自己，"我回答，模仿着她讽刺的语气，"想不出来，嗯？"

"没错，"她点了点头，"你有。"

"我知道这是怎么发生的。"

"啊哈！"（p.77）

可以说，这个范例反映了某些理想的品质。通过开启一项正在进行的活动，它向读者表明，这种活动对于分析将变得非常重要。它提供了关于此活动的核心构件（其构造和位置）的详细信息，并继续揭示这些特性对场景中的参与者有多么重要。作者（同时也是该场景的叙述者和角色）通过暗示演员表演背后的情感（无声的讽刺，集体的情感）来赋予这些演员以活力。他描绘了非语言交流的细节（例如，模拟激动），以表明这些表演是具体化的和指数化的（也就是说，

【306】

凯特展示了一种常见的——但也是未经授权的——文化实践）。在布莱恩的大型报告中，这个案例演示了在这种环境中（例如编码玩笑）如何进行传播，从而允许书店的员工执行——进而配置——他们重叠的组织和宗教身份。在这个过程中，他们调和了文化和企业控制的融合，从而活跃了他们的工作生活。

在这一幕的数据呈现之后是**诠释**的话语。在这里，作者可以重建场景中所描绘的参与者的经验，解读显示的文化代码，或者开发联系数据意义与其他场景、地点和字段的模式。在这个过程中，作者建立在他们所展示的当地实践如何被执行和"正在发挥作用的文化主题"的知识之上（Anderson，2001，p.102）。

我们可以在这里简要地关注一下传统作者用来组织分析和解释的六种经典策略。第一种策略，也是最常见的策略之一，即呈现来自数据分析中的主题和话题。该策略建立在作者对记录数据进行分析开发的基础之上。它也可能依赖于先前发表的理论和研究中已有的分类（Atkinson，1992，pp.32-35）。在这里，作者使用范例来说明或修改这些概念，并解释其特殊情况。虽然这个策略可能有用，但它也具有引导我们（仅）模仿现有主题的潜在缺点（Hammersley & Atkinson，1983，p.224）。如果是这样，我们可能机械地复制与我们研究无关的类别。

第二种策略，称为**缩小**和**放大**焦点（Hammersley & Atkinson，1983，pp.220-221），作者带着他们的读者穿越不同层次的分析。他们通过引入一个特定的主题或话题，探索其背景，最终得出更普遍的解释，然后根据需要重复这个过程。这样产生的效果就像使用相机的变焦镜头，先靠近一个特定的物体，然后离开。最终，这个过程编辑了一系列"场景"，产生了一个全面的解释（例如，参见 Lindlof，1992）。

解惑策略从一种神秘的事件发生或令人不安的表现开始。作者通过故事的形式，逐渐充实了这个事件，作者在这个故事中可能既是一个角色又是一个叙述者。这里的分析有助于解开这个谜题，并将其重新组合起来。它应用各种概念和理论，试图解决谜题，并评估其相对成功。理想情况下，这种比较和对比候选理论的过程可以让人更加完整和令人满意地理解事件（见Bateson，1936；Geertz，1973；Rosen，1985）。 【307】

第四种策略，作者可以通过对给读者提供的两个视角的排序，来选择分开叙述和分析。第一个视角通过描述作者作为参与观察者的第一人称经验来过滤事件。在这里，作者使用可访问的、信息丰富的和描述性的语言。第二个视角通过运用作者对概念和理论更高层次的知识，来批判"局内人"的经验（Hammersley & Atkinson，1983）。这种分离可以让读者顺利地从描述性权利要求过渡到理论性权利要求，并且评估每种权利与另一种权利要求之间的关系。当然，我们应该始终质疑任何描述性的记录是不是真正属于前分析的（Hammersley & Atkinson，1983，p.222）。此外，使用这种风格的作者也应该避免笨拙地将自己的分析移植到自己的描述中。相反，他们应该谨慎地发展这种描述，以含蓄地预示这种分析（Lofland，1974，p.109）。

最后两种策略，**年代学**和**自然史**（Hammersley & Atkinson，1983，pp.215-220），明确基于传统叙事的惯例。作者使用年代学模型，在他们所研究的社会现象的时间结构之后，他们的报告——特别是它们的状态、阶段和 / 或序列。对于作者来说，这是一种描述这些现象如何随时间而变化的有效途径，并探索其影响的相关来源。例如，社会学中的一个经典例子，涉及记录群体成员在面对和应对他人对其获得的地位构成的威胁时的"道德职业"，其结果是要么获得要么失去地位（Goffman，1959）。最后，自然史也是一条以"职业"为导向的路径，但这里的重点是研究人员的旅程，随着她进入和适应一种独特的文化场景。当她体验到一种独特的学习曲线时，我们可以看到作者的发现和艰辛。使用这一策略的作者可以描述他们所选择的场景和进行质性研究的整体过程。尽管如此，在撰写最终报告时很难维持这种用法。这部分是因为研究人员事后的认识可能会使他们实际社交经验的重要细节变得平实（Hammersley & Atkinson，1983，pp.215-216）。

【308】　　　　第三幕中传统作者面临的最后一个问题是，我应该如何构建数据与理论之间的关系？理想情况下，作者已经在第一幕里完成的文献综述中预示了这一材料。现在，他们必须通过将数据分析与特定的概念和理论结合起来，来强化这些早期的线索。理想情况下，这个过程产生了关于这些数据重要性的"更高层次的推论"（Lindlof，2001，p.88）。我们之前已经在第 8 章中讨论过这个分析过程。在这里，我们关注的是作者的修辞任务，将他们的数据表述与理论表述联系起来，以便读者相信这种联系是准确的和成功的。作者可以在这里使用的一种策略是**分析性的综合**（Lindlof，2001，p.90），在这种策略中，他们返回到产生该项研究的研究问题，以调用其最宏大的意义水平。在这一点上，管理声音对于作者来说可能变得棘手。他们可能通过不断（或过早地）用理论来打断他们的解释，或未能清晰地区分两者，从而无意中破坏了一篇好的阅读。

第四幕

在这最后一幕中，传统的作者通过提醒读者他们为什么开始写报告来结束他们的报告（例如，关注研究问题）。他们还总结了这项研究对他们社区持续参与该问题的影响。

9.5.2　另类写作格式

表征危机给了质性作者实验的许可，他们的反应迅速而热烈。传播方面最早的例子包括本森（Benson，1981）在第 5 章中讨论的"牛仔镇"（Cowtown）的研究以及帕卡诺斯奇的短篇小说（Pacanowsky，1983，1988b）。这类工作是以**许多**不同的名义进行。例如，埃利斯和博赫纳（Ellis & Bochner，2000，p.739）确定了一个术语的 36 个变体——**自民族志**（autoethnography）——以及声称**该**术语为变体的 6 个更大的流派。传播中常见的描述包括**自民族志**（Crawford，1996；Ellis & Bochner，2000）、**表演性写作**（performative writing）（Pelias，1999，2005；Pollock，1998）和**后现代**（postmodern）或**新民族志**（new ethnography）（Bochner & Ellis，1996；Goodall，2000）。就像在万花筒中看到的图像一样，这些类型的写作不断地混合、旋转和重组。从业者和评论员继续提供新的周期计划（例如，传播学的当下时刻还是"分裂的未来"？）（Denzin & Lincoln，2005，p.3）、总括术语（如"叙事学术研究"）（Goodall，

【309】 2008）、教育学（例如"合作式自传写作"）（Lapadat，2009）以及流派［如"文化诗意"（Stewart，2005）和"调查诗歌"（Hartnett & Engels，2005）］。因此，此时此刻，质性写作看起来就像一个运动员，在锻炼中途停下来歇口气，擦掉汗水，并考虑下一项运动。

　　上面提到的每一个术语都意味着独特的跨学科传统和特定的写作实践。然而，总的来说，他们对质性研究的特定特征（包括对话、反思性、问责制、碎片化、具体化、脆弱性、矛盾心

理和模糊性），表现出一种普遍取向——如果不是一种深刻的承诺的话（Presnell，1994）。泰勒（1986，p.125）极好（而不透明地）总结了这种写作风格的目标：

> ［产生］由话语片段组成的协同进化的文本，旨在唤起读者和作者对可能存在的常识性现实世界的突发幻想，从而引发一种具有治疗效果的审美融合。

刚开始，从事质性研究的人可能会有理由怀疑，他们如何才能在完成实际写作项目时应用这一定义。在这里，他们可能会从戈特沙尔克（Gottschalk，1998，p.207）的评估中找到安慰：

> 我认为，（与传统民族志相比）写一部后现代民族志要求更高，或者不同……因为，除了［数据收集和分析的标准要求］，它还要求作者不断地、批判性地关注一些问题，比如主体性、修辞手法、声音、权力、文本政治、权威的限制、真理的主张、无意识的欲望等。

戈特沙尔克总结说，由于缺乏明确的指导方针来完成这类写作，"似乎有理由认为……工作不仅增加了，而且变得非常复杂"（p.207）。

1988 年范·弗农（Van Maanen，1988）的经典类型学提供了另外两种可能出现这些品质的类型：

- **忏悔叙述**（confessional tales）传统上是现实主义研究文本的补充（例如附录）。他们关注田野工作者的"试验和磨难"（Van Maanen，1995b，p.8），并强调了他们相关的感知过程。表征危机使这些描述的生产合法化，成为自给自足的独立叙述。
- **印象派叙述**（impressionist tales）是具有挑衅性的叙事，将田野工作表现为一种感官的、神秘的体验。通常，他们的作者只能对所描述的事件做出部分和模糊的解释。
- 这些叙述的特点是包含了丰富的细节特征（参见 Lindlof，1995，pp.263-267）和展开的行动。理想情况下，被描述的事件有助于形成一个可区分的情节线，其特征是紧张、上升的动作、高潮和结局。为了吸引和保持读者对故事的参与，场景被生动地描绘出来。

【310】

添加到这个列表中，伊利诺伊大学社会学家和传播学者诺曼·邓金（Norman Denzin，2000）提出将**批评性叙述**（critical tales）作为一个流派的另类写作，从弱势群体的视角从道德关注上描绘社会结构，同时明确解决不平等现象，以实现更大的社会正义和经济正义。

这三种类型暗示了——但并没有涵盖所有——另类写作的可能性。在过去的二十年中，这种写作已经在实验中茁壮成长（例如，参见 Bochner & Ellis，1996；Ellis & Bochner，1996）。作家们使用了寓言（Goodall，2000）、诗歌（Eisenberg，1998；Richardson，1994）、小说（Banks，1998；Frank，2000）、照片拼贴（Smith，1998）、戏剧和电影剧本（Jenkins，2010；Madison，1999；Miller，1998），以及创造性地结合不同媒体、流派、形式和风格的拼贴（J.Jones，1997；S.Jones，1998；Miller，Creswell，& Olander，1998；Richardson，1997）。通常，这些作品记录了生活在后现代文化中的复杂经验。它们不能最终解决传播事件的意义。

相反，他们批评沉默与言语、理解与不确定性，以及否定和接受之间的紧张关系，使得他们持续的表现富有生气（Markham，2005）。他们与写作和印刷出版的逻辑和线性惯例做斗争。他们描述了作者在试图理解和描绘他人生活的过程中所产生的意想不到的和真情实露的情感体验。它们反映了人身伤害、疾病和创伤在塑造这项工作中的作用（Ellingson，1998）。他们探索个体和集体治愈的可能性（Jenkins，2010；Poulos，2006；Robertson，2003）。特别是自民族志作品，代表了作者的"个人"体验，以探索经验和知识之间的基本关系（Holman-Jones，2005）。这些作品也可能"把读者带到更高的意识水平"（Poulos，2008，p.i）。最后，一些特别勇敢的作家，描绘了学术机构在当前危机状态下的艰难处境（Bochner，1997；Geist，1999；Richardson，1996；Shelton，1995）。1996 年卡麦兹和米切尔（Charmaz & Mitchell，1996，p.300）对这部作品的精神进行了清晰的描述："我们需要用所有的语言来讲述整个故事。"

【311】　　尽管在 20 世纪 90 年代，另类写作的热情迅速蔓延，但这种反应并不普遍，出现了一些反对者表达了保留意见和担忧。这些反应在语气和用途上差异很大。一些反映了精英阶层的"怀疑、不信任、甚至敌意"（Ellis & Bochner，2000，p.745），他们的特权受到了质疑。这些批评家假定这些学科基础受到了威胁，并试图诋毁其他形式的质性写作是非法的。在印刷和电子出版物（Gans，1999；Kellett & Goodall，1999；Shields，2000）中，他们尖锐地指责这部作品天真、怪诞、叛逆、狂妄、愚蠢、浪漫、夸张、刻板、耸人听闻、无政府主义、平淡无奇、注定失败、淫秽，语词各异。格雷（Gray，1997）恰如其分地将这些令人震惊的（和令人担忧的）表演描述成"叫警察"。

　　值得庆幸的是，这些最初的过度反应已经消退（尽管它们可能还会复发）。取而代之的是，作者和读者之间展开了更有价值的跨学科对话。对于这次谈话，我们也许要部分地感谢前面提到的诺曼·邓金，他作为一名研究人员、编辑、导师和进步的质性研究组织者，以及他多产的职业生涯表明，这是十几个人的工作，而不是一个人。邓金在创办《质性研究》（*Qualitative Inquiry*）和《文化研究 <=> 批判方法论》（*Cultural Studies <=> Critical Methodologies*）等期刊中所起的作用尤为显著。作为论坛，这些期刊为一种新型的质性论文的发展做出了贡献。在这一类型中，作者们分离、澄清并阐述了他们所继承的方法论传统，反思了这些传统对其进行中的项目和事业所构成的机遇和挑战，并为其个人和共同的工作探索了新的可能性（例如，见 Gale & Wyatt，2006）。

　　这段对话逐渐细化了早期实践者和另类写作支持者提出的问题。这些最初的担忧包括：另类写作可能抑制实际的田野工作表现（Gans，1999）；作者需要向读者充分阐明意义（Baym，1998）；在现有的分支领域模式内，写作实验对简易分类的抵触（Delaney，2000）；商业媒体文化在诱导可预测的、自白式的，大部分是自我满足的创伤和受害叙述中的作用（Altheide，1995）；以及期待解释主义研究者也成为批判理论家的合理性（VanMaanen，1995b，pp.65-66）。这些建设性评论家们愿意接纳另类写作，如果它能证明其关系到他们专业所关切之事的价值——同时承认这些关切的公共属性，并需要接受修改。例如，显而易见的是，自民族志可以为读者提供使之了解社会活动的私人场景的图像（例如，暴食症患者的暴食和净化仪式；Tillman-Healy，1996），否则这些私人场景将不会被记录下来。

【312】　　研究人员和评论人士一直在继续发展这种对话。最近，他们提出了一些问题，其中包括以

下内容：作者如何使用策略（如 "颠覆性的重复"）来 "背叛" 其导致压迫的特权身份（Holbrook，2010）？被误导的反现实主义哲学对质性研究的可信度造成了很大的损害，这种损害能被逆转吗（Hammersley，2008）？在拒绝一个作者的可信度之前，读者会容忍多少叙述的不连贯和矛盾心理（Wall，2008）？当边缘文化的学者缺乏必要的社会和技术网络来渗透主流论坛时，他们如何参与全球化的学术研究（Salvo，2003）？

这些问题表明，最初关于另类写作的争议所遗留下来的最好的遗产是，它确定了质性研究人员在实践时可以考虑的问题。想要以这种格式写作和出版的作家，在开始之前最好考虑一下下面的列表（改编自 Bochner & Ellis，1997；Goodall，2008）：

· 信息披露的伦理和政治是什么？忏悔叙事的作者如何才能避免看起来像自恋者，并将自己的读者定位为偷窥者？他们如何才能使私人顿悟，以避免征求其背书？
· 作者如何描述个人经历，从而引导读者认同其与更大的社会文化现象的联系？
· 作者应该如何协调叙述者和读者之间的关系，以便唤起——而不是使之耸人听闻或抽象化——研究中的特定创伤或谜团？
· 作者应该如何在他们的个人叙事中调用和运用理论？理论和数据之间的传统（和决定）关系被提出，例如，通过 "从理论开始写作" 的形象。然而，"伴随理论写作"（作为协商后的平衡与协作）和 "向着理论写作"（即对所描绘的体验的完整性负责）的形象暗示了交替关系。

这些问题没有得到最终解决的事实并不意味着另类写作是一个折衷的方案。相反，这意味着它是一个有弹性的公共事业，能够容忍歧义、多样性和分歧，以便对现有问题产生试探性的答案，根据需要修改这些答案，并提出新的更好的问题。目前，另类作者之间似乎已经就使用以下标准来创作和评价该作品达成了工作共识（改编自 Bochner & Ellis，1997；Denzin，1997；Goodall，2000；Richardson，2000；Richardson & St.Pierre，2005）：

【313】

· 最重要的是，叙事不应该是无聊的。
· 无论它们是线性的还是非线性的，叙事必须显示出一个足够可识别和连贯的结构（Goodall，2008）。该结构的三个必要要素包括：（1）一个启动设置，引导读者注意中心主题、主题或问题，并为所描述的事件提出大体模样或情节；（2）一个中场，通过编年体叙述、意想不到的转折、次要情节的发展和协调、冲突的加剧、片段的战略性并置和 / 或具有挑衅性的话语层次，以此加深读者对这类情节的参与；（3）一个结束语，减少紧张气氛，让读者从对故事世界的情感和智力参与，回到他们正在进行的生活中，并能从某种程度上表明这段旅程给他们带来了怎样的好处。
· 叙事必须写得巧妙。它们必须唤起读者共同的经历、兴趣和参考框架，从而从内心和理性两方面吸引读者。他们对场景、人物和事件的描述应该力求生动和抒情。
· 叙事应该面向和服务于多种受众。
· 叙事应该显示出作者的意识，并控制他们所提供的线索，以设定读者对其形式和内容的期望。

- 叙事应该在描述个人经历和进行更抽象的总结、分析和解释之间交替进行。
- 整体叙事中呈现的故事应该是可信和有趣的。
- 作者应该反思他们在记录和解释事件过程中所扮演的角色。
- 作者应该解释他们的写作如何受到霸权主义意识形态的影响，并可能对这种意识形态有所贡献。
- 在构思故事的结局时，作者至少应该一定程度上满足读者对厘清和解决问题的渴望。与此同时，他们应该考虑保留一些模糊性和开放性。这样做可以有效地将读者暗示为叙事的持续作者，他们现在负责"写作"的结局，并通过他们持续反思其存在。
- 叙事应该是实质性的，有助于我们概念化和改造现有传播的能力。
- 叙事的重要性应该是可伸缩的。也就是说，他们对特定传播事件的解释和批评应该能够暗示——或者翻译成——读者以更普遍的形式或场景参与其中。

9.5.3　多媒体写作格式

这一类型在传播学领域仍然非常新颖，其实践者和你现在的合作者之间的技能/知识差距是如此之大，因此我们在这里谨慎而谦虚地进行讨论。不管怎样，我们从一个显而易见的问题开始：其创作和出版能力目前仅限于印刷的质性研究者，他们应该在网页设计和/或多媒体制作方面寻求正式培训（或者应该购买并阅读当前众多可用的指南书籍中的一本）。

【314】

在这个过程中，这些研究人员将更多地理解颜色、大小、形状、发光、位置、运动和声音的非话语代码，如何以不同方式构成在线多媒体内容的表达潜力。他们将学习不同的平台和接口外壳如何需要独特的软件，来导入和关联多媒体环境中记录的各种文件。他们将学习如何成功地将数字对象放置在时空关系中，并以美观令人愉悦的、用户友好的风格对其导航进行排序（例如，有效的屏幕阅读要求使用至少 18 种字体）（Angeliki，2003）。

当初学者掌握了这些基本知识后，他们可能也会开始接触一些关于质性研究的多媒体表现的新兴文献。就这一类型而言，我们可以将其归功于加拿大民俗学家布鲁斯·梅森（Bruce Mason）和英国社会学家贝拉·迪克斯（Bella Dicks）的开创性工作。这些学者一直在探索数字、超文本（Mason & Dicks，1999）和多媒体技术（尽管他们更喜欢自己创造的术语"超媒体"）的演化含义（Dicks et al.，2005；Mason & Dicks，2001）对于"多模态"民族志实践的意义（Dicks，Soyinka，& Coffey，2006）。我们在前几章中已经讨论了其中的许多含义。然而，借鉴他们和其他人的作品（参见 Crabtree，French，Greenhalgh，Roden，& Benford，2006；Murthy，2008），我们发现潜在的多媒体作家面临着以下几个选择：

- 他们必须决定自己想要的受众是谁，以及他们的文化背景如何影响他们对所提供内容的参与。作者应避免以民族为中心使用多媒体符号。
- 他们必须决定如何"擦去"和重新格式化一阶数据记录（例如，自动生成的系统日志），以便在不同的环境中按需要的示例成功运行（例如，在线用户和街头用户如何协作创建共享的空间方向）（Crabtree et al.，2006）。

- 他们必须确定他们希望通过叙事呈现给观众的整体效果。他们必须确定叙事的线性和封闭性，并鼓励这种反应。
- 他们必须反思用户如何参与提供的内容，以便开发与他们的设计计划相一致的体验。他们还应该为用户创造机会来行使他们的代理（例如，通过即兴导航），这应该培养他们对作品和作者的投资意识。
- 他们必须考虑音频、视频和印刷内容如何分别刺激用户不同的认知、情感和身体反应（Dicks et al.，2006）。

【315】

- 他们应该利用这些信息来培养用户体验与预期总体效果相适应。具体来说，他们应该考虑相似（不同）媒体内容的时间序列和空间共同定位如何为用户创建组件效果。这些组件效果应该有策略地进行缩放（例如，持续性强化相对于间歇性矛盾），以便增强预期的整体效果。
- 他们应该预料到，他们对多媒体资源的预期使用可能会发展到包括对其可用性的意想不到的、创造性的利用。例如，休斯（Hughes，2008）计划在她对数字诗人及其诗歌的研究中使用 Flash[1] 来记录和存储多媒体数据。然而，随着时间的推移，这个程序表述行为的可能性激发了她创造更为复杂的美学艺术品，来表达她对这种艺术形式不断发展的理解。她随后邀请她的参与者查看并回应这些文本。
- 他们必须决定是否以及如何用提供的内容约束用户交互。一个明显的例子：你是否应该删除游客对你博客文章的不相关、冒犯或不方便的回复？
- 在达到预期的终端条件和实现预期的价值之前，他们必须评估开放用户使用创造性工作的个人和专业风险。换句话说：你独特的、有价值的创作和表演会被"盗"吗？如果是这样，哪个会被盗？如何被盗？结果应该怎么办？
- 他们必须决定是否还要格式化内容，以便在移动设备上进行访问和显示。

对于想要寻求一个案例以便进行思考的读者，我们推荐休曼（Human，2008）的一项有关城市公共交通系统中乘客之间交流的研究。

9.6　有关写作的最后一些想法

在整个这一章中，即使我们一直在讨论写作，我们也一直与之保持距离。也就是说，在呈现这些材料的过程中，我们一直不断提醒着，我们自己的写作经验如何在部分上一致，但有时又是截然不同的。这种混合反应可能是不可避免的。正如我们在本章的引言中所讨论的，作者通常会认为其他人可以为他们提供所需要的知识和技能，包括他们想要写什么、如何写以及何时想要写。然而，不可避免的是，在相关的研讨会、静修、手册和鼓舞人心的 CD 全部结束之后，作者们发现我们仍然被遗留下来，一无所获。希望我们已经被我们从这些资源中学到的改变了，但是我们仍然有责任选择接下来会发生的事情。这些时刻都是非常私密的，所以它们总是让人觉得独一无二。它们是我们的个人习惯、承诺和——或许是——写作智慧的源泉之一。所以，

【316】

1　Flash 是由 macromedia 公司推出的交互式矢量图和 Web 动画的标准，由 Adobe 公司收购。网页设计者使用 Flash 创作出既漂亮又可改变尺寸的导航界面以及其他奇特的效果。——校译者注

最后，我们想分享一下我们自己的一些见解，这些见解是经过几十年的写作总结而成的。这个列表并不长。毕竟，如果我们至此还没有建立起作者的信誉，那你为什么要相信我们呢？我们鼓励你对这些项目进行反馈，并制订自己的清单。

· 令人遗憾的是，大多数传播学项目在研究写作方面没有把重点放在具体的培训上。因此，我们鼓励你寻找那些致力于提高你写作水平的课程、人际关系和对话。当你找到这些资源时，对你所遇到的保持开放的心态（你可能在一段时间内没有意识到它的价值）。通过帮助其他正在成长中的作者实现他们的潜力，以此回报你前进中所欠的恩情。

· 最好的作家也是热情的**读者**。他们定期从事学术出版，还卷入到小说、新闻、散文、诗歌和自传等。他们总是在为他们的写作寻找新的和鼓舞人心的模式。

· 如果你经常这样做，你就更有可能写作。（一些评论人士指出，长时间把屁股放在你最喜欢的写作椅上是绝对必要的。）如果你从事的写作能让你感到有创造力、充实和感恩，那么你也更有可能写作。写作本身可以是一种奉献的实践。

· 有人说，今天写得好，明天不一定就能写得好。因此，当它们还在时，享受你的运气。当它们结束时，宽容你的前后矛盾和不完美。相信灵感最终会回来。

· 没有人可以为你写作。有时候，拖延症（或者可怕的写作障碍）实是写作前的内在骚动。如果这种情况持续存在，你可能需要改变你的习惯（并寻求帮助）。我们在这里发现的一条有用的建议是：这项工作既不知情也不关心。如果你现在正遭受痛苦，这句话听起来可能有些冷酷。然而，多年来，我们实际上发现这是一种安慰。如果我们的工作对我们的痛苦漠不关心，那么我们就没有必要把痛苦带到工作中去。

· 《纽约客》（New Yorker）畅销作者马尔科姆·格拉德威尔（Malcom Gladwell，2008）最近引起了轰动，因为他报告称，在很多情况下，要想精通一项特定任务（以及在自己选择的领域取得相关成功），至少需要 10 000 小时的练习。对于写作而言（更普遍地说，对于我们注意力缺失的文化而言），其意义似乎是显而易见的，但这也值得探究，并使之成为你自己的。例如，其他人已指出，"花在做同一件事上的时间和这样做的技巧"（Vacchs，2009，p.51）之间没有简单或直接的关系。更重要的可能是我们对写作的激情和专注，以及我们从中学习的意愿。耽于冒险和（不可避免的）失败的学生，与那些不愿冒险走出其安全地带、一直成功的人相比，也许是更为明智的老师。

【317】

· 很可能，没有人像你一样对自己的写作感兴趣。这并不意味着你的工作糟糕或不重要。这意味着，如果你从控制其出版后果的欲望中脱离出来，你将更有可能体验幸福。

· 写作的耗时总是比你想象的要长。当设定目标和截止日期时，试着留出时间给意想不到的事情（一个生病的家庭成员）和必要的事情（用一个晚上看电影来理清思绪）。

· 始终牢记听众的需求和兴趣。的确，在某种终极意义上，我们是为自己写作。但是，如果我们的外部读者发现作品低俗、乏味或矫揉造作，那么我们的努力就白费了。那些受众会来读你的作品，因为他们很好奇，因为他们正在寻求某种形式的人际关系。不要让他们失望。

9.7　练　习

1. 在本章中，我们讨论了评估"传统""替代"和"多媒体"写作格式标准。找到一项以这些格式之一发表的研究，它看起来有趣并且与你自己的研究相关。研究其作者如何展示和管理关键元素，如声音、叙事呈现、类型—受众关系和（超）文本组织。首先描述该研究叙事的形式和内容。然后评论其策略的有效性。例如，它是如何唤起并满足读者的期望？（额外的问题：如果这份报告是以另外两种格式之一编写和出版，那么它将如何展示？）

2. 选择与你的主要分支领域（例如人际传播）相关的几本期刊。浏览这些期刊的最新几期，寻找质性研究的案例。如果有的话，这些文章的形式和内容如何描述了表征危机的后果？你的研究发现对这个分支领域中发表质性研究的政治有什么样的建议？

3. 回顾本章关于"范例"的讨论。从你自己的质性研究所记录的数据中构建一个范例。（仅）与其他同行和同事分享这个范例。请他们对其"多事性"的演示给出反馈。要求他们预测你的范例预示了什么样的解释性或批判性的论断。他们的反应与你的意图有多接近？将这些反馈整合到你的写作修订稿中。

【317】

后 记

以此收尾

首先，我们要感谢您投入了辛苦赚取的金钱和宝贵的时间、精力来购买和阅读本书。我们希望能够通过本书激发您对质性研究方法的理解和运用。我们撰写这本书，就像你阅读它一样，是一段长长的路程。也许，此刻的收尾正是最好的开始。

在完成本书的过程中，我们试图把注意力放在传播学科质性研究的大图景上。这是一种严肃的责任。对于我们来说，越来越（并且痛苦地）显而易见的是，"质性的传播学研究"不再是——如果它曾经是那样——单一的、容易概括的学科现象。它曾经在一个先锋派运动中颇有声名。这意味着更多的人只是围观者而不是真正的实践者。但是随着新一代传播学学者将质性研究方法与具体分支领域中正在进行的研究项目结合，同时与更多服务于利益相关者和理论发展的一般项目相结合，原本的那种从众趋势就慢慢消失了。在此过程中，似乎这些研究人员使质性方法或现代化（获得最大效力），或定制化（改善并形成风格），或进行创新（拓展和修改）。无论是哪一种，这些方法似乎都在传播学中越来越公开，而不再是一些独门秘籍。

如果这本书是一档深夜电视新闻节目，那么现在就像是在进入网络脱口秀之前，主持人对头条新闻进行概括。所以，在我们进入黑夜之前，首先来追溯一下本书中的三个标题：

- 质性的传播学研究者正在为复兴实证主义和新自由主义的工作而经历着经济、政治和认识论上的分流。
- 来自北方和西方的盎格鲁—欧洲国家的质性传播研究者面临着新的机遇，也是责任，通过开展由边缘文化和原著民群体发起的传播研究，以及与他们的合作，使其研究全球化。
- 随着多媒体的持续发展，互联网技术不断改变着我们日常的交流方式，以及质性研究人员记录、分析和表达他们对这些实践发现的方法。

在监视这些头条新闻的同时，我们也一直在发展一些非正式的印象。其中两个特别突出。首先，我们在质性传播研究中越来越少地使用扩展的参与式观察。虽然这个趋势令我们担忧，但我们也会看到相关的问题。采用参与式观察一直是研究中的一项挑战，传播学学者似乎越来越难以找到必要资源来做到这一点。正如甘斯（Gans，1999，p.544）在十多年前所说的那样，这种方法

> 非常耗费人力和时间，而当主体是社区或主要机构时，研究和汇报它的书籍则需要耗费个人或团队多年的工作。因此，无论是在时间上还是在人工费用上都很昂贵，再考虑到与人们所处的阶层之间的平衡，它几乎是不可行的。

相对于参与式观察，越来越多的质性研究者似乎更喜欢使用其他方法，例如访谈和话语分析。最近，一位布莱恩的质性研究同事指出，部分原因可能是这些方法可以为缺乏耐心的研究者更快地提供"有形的结果"（例如，以成绩单的形式）。如果这种情况属实，那么我们似乎应该集体讨论一下我们对质性研究过程的期望是如何导致我们选择一种方法而不是另一种方法，以及这样的偏好可能会给传播学研究带来什么样的一般性影响。

我们的第二个印象涉及一些可喜的改变，质性研究者在与机构和公共利益相关者的关系中采用越来越普遍的"协作""服务"和"公民参与"范式。在这里，我们祝贺越来越多的传播学导师和他们的学生，他们运用研究技能提供洞见和与需求相对应的解决方案以帮助现实世界中的一些群体，由此他们也寻找到新的动力和满足感。学术的**时代精神**（zeitgeist）似乎正在发生转变，正如传播学学者逐渐认识到的那样，尽管我们**可以**继续为了自身利益优先考虑理论的精致和分析的严密性，**但我们将不再愿意（仅仅）这样做**。相反，我们选择对这些群体的需求给予同等的【319】优待，以如何较好地帮助群体成员享受健康和可持续的生活、职业来衡量质性研究的成功。这种转变可能对质性的传播学研究的设计、实施、出版和评估产生深远的影响。但我们要清楚地认识到：质性研究的学术成熟度和实用价值并不是相互排斥、**非此即彼**（either/or）的。相反，随着学者们对如何参与21世纪具有挑战性的紧迫的、相互关联的问题纷纷做出选择，我们认为这些理想之间的潜在的包容、**两者皆可**（both/and）的关系也在发生变化。这些缓慢而又快速的危机包括环境破坏，恐怖主义、叛乱和战争等有组织暴力的种种表现，饥荒和饥饿，传染病普遍流行，经济掠夺、剥削和贫困，专制的宗教原教旨主义，政治腐败，以及对这个脆弱星球上的人类"他者"和非人类同伴仍在实施的恐吓、仇恨和暴力。

当然，认为使用质性研究方法就能完全解决这些问题是荒谬的。它只能是学者和实践者们更好地理解、表达——并在一定程度上影响——持续运行的社会现实的一种方法。还有其他许多不那么引人注目——但同样重要——的地方，质性方法能够被用来对复杂、神秘的事物作出细致入微的解释。但是无论如何，这一刻我们情绪高昂，我们越来越愿意大胆地探索这些方法——和我们作为它们的使用者——所能够完成的事情。

当然，这种观察法仅仅是交流的开始而不是结束。所以，我们现在把这个交流的机会交给你，热切而好奇地等待着接下来会发生的事情。

【320】

参考文献

Adams, L. (1999). The mascot researcher: Identity, power, and knowledge in fieldwork. *Journal of Contemporary Ethnography, 28,* 331–363.

Adelman, M. B., & Frey, L. R. (1997). *The fragile community: Living together with AIDS.* Mahwah, NJ: Lawrence Erlbaum.

Adelman, M. B. (Producer), & Schultz, P. (Director). (1997). *The pilgrim must embark: Living in community* [Videotape]. Chicago: Terra Nova Films.

Adler, P. A., & Adler, P. (1987). *Membership roles in field research.* Newbury Park, CA: Sage.

Agar, M. (1982). Toward an ethnographic language. *American Anthropologist, 84,* 779–795.

Agar, M. (1995). Literary journalism as ethnography. In J. Van Maanen (Ed.), *Representation in ethnography* (pp. 112–129). Thousand Oaks, CA: Sage.

Agar, M. (1996). *The professional stranger* (2nd ed.). San Diego, CA: Academic Press.

Agar, M. (2006). An ethnography by any other name . . . . *Forum: Qualitative Social Research, 7*(4), Article 36. Retrieved July 6, 2009, from http://www.qualitative-research.net/index.php/fqs

Agar, M., & MacDonald, J. (1995). Focus groups and ethnography. *Human Organization, 54,* 78–86.

Ahlkvist, J. A. (2001). Programming philosophies and the rationalization of music radio. *Media, Culture & Society, 23,* 339–358.

Alasuutari, P. (1996). Theorizing in qualitative research: A cultural studies perspective. *Qualitative Inquiry, 2,* 371–384.

Alasuutari, P. (2004). The globalization of qualitative research. In C. Seale, G. Giampetro, J. F. Gubrium, & D. Silverman (Eds.), *Qualitative Research Practice* (pp. 139–152). Thousand Oaks, CA: Sage.

Alcibar, M. (2008). Human cloning and the Raelians: Media coverage and the rhetoric of science. *Science Communication, 30,* 236–265.

Alexander, B. K. (2005). Performance ethnography: The reenacting and inciting of culture. In N. K. Denzin & Y. S. Lincoln (Ed.), *The SAGE Handbook of Qualitative Research* (3rd ed; pp. 411–442). Thousand Oaks, CA: Sage.

Alexandra, D. (2008). Digital storytelling as transformative practice: Critical analysis and creative expression in the representation of migration in Ireland. *Journal of Media Practice, 9,* 101–112.

Algan, E. (2009). What of ethnography? *Television & New Media, 10,* 7–9.

Allen, C. (1997, November). Spies like us: When sociologists deceive their subjects. *Lingua Franca,* pp. 30–39.

Alley-Young, G. (2008). Articulating identity: Refining post-colonial and whiteness perspective on race within communication studies. *The Review of Communication, 8,* 307–321.

Altheide, D. L. (1996). *Qualitative media analysis.* Thousand Oaks, CA: Sage.

Altheide, D. L. (1995). Horsing around with literary loops, or why postmodernism is fun. *Symbolic Interaction, 18,* 519–526.

Altheide, D. L., & Snow, R. P. (1988). Toward a theory of mediation. In J. A. Anderson

(Ed.), *Communication yearbook 11* (pp. 194–223). Newbury Park, CA: Sage.

Alvesson, M., & Deetz, S. (1996). Critical theory and postmodernism: Approaches to organizational studies. In S. R. Clegg, C. Hardy, & W. R. Nord (Eds.), *Handbook of organization studies* (pp. 191–216). Thousand Oaks, CA: Sage.

Alvesson, M., & Willmott, H. (1992). On the idea of emancipation in management and organization studies. *Academy of Management Review, 17,* 432–464.

Anderson, J. A. (1987). *Communication research: Issues and methods.* New York: McGraw-Hill.

Anderson, J. A. (1996a). *Communication theory: Epistemological foundations.* New York: Guilford.

Anderson, J. A. (1996b). Thinking qualitatively: Hermeneutics in science. In M. B. Salwen & D. W. Stacks (Eds.), *An integrated approach to communication theory and research* (pp. 45–59). Mahwah, NJ: Lawrence Erlbaum.

Anderson, J. A. (2001). The challenge of writing the interpretive inquiry. In A. Alexander & W. J. Potter (Eds.), *How to publish your communication research: An insider's guide* (pp. 97–112). Thousand Oaks, CA: Sage.

Anderson, J. A., & Meyer, T. P. (1988). *Mediated communication: A social action perspective.* Newbury Park, CA: Sage.

Ang, I. (1991). *Desperately seeking the audience.* New York: Routledge.

Angeliki, T. (2003). Layout design principles for cross platform publications. In S. M. de Souza Costa, J. A. Carvalho, A. A. Baptista, & A. C. S. Moreira (Eds.), *From information to knowledge: Proceedings of the 7th ICCC/IFIP International Conference on Electronic Publishing.* Available at http://elpub.scix.net/data/works/att/0342.content.pdf

Angrosino, M. V. (2005). Recontextualizing observation: Ethnography, pedagogy, and the prospects for a progressive political agenda. In N. K. Denzin & Y. S. Lincoln (Eds.), *Handbook of qualitative research* (3rd ed., pp. 729–746). Thousand Oaks, CA: Sage.

Angrosino, M. V., & Mays de Peréz, K. A. (2000). Rethinking observation: From method to context. In N. K. Denzin & Y. S. Lincoln (Eds.), *Handbook of qualitative research* (2nd ed., pp. 673–702). Thousand Oaks, CA: Sage.

Ante, S. E. (2006). The science of desire. *BusinessWeek,* June 5, 2006. Retrieved on June 2, 2009, from http://www.businessweek.com/magazine/content/06_23/b3987083.htm

Arcury, T. A., & Quandt, S. A. (1999). Participant recruitment for qualitative research: A site-based approach to community research in complex societies. *Human Organization, 58,* 128–133.

Arendell, T. (1997). Reflections on the researcher-researched relationship: A woman interviewing men. *Qualitative Sociology, 20,* 341–368.

Arnett, R. C. (2007). Interpretive inquiry as qualitative communication research. *Qualitative Research Reports in Communication, 8,* 29–35.

Arnould, E. J., & Wallendorf, M. (1994). Market-oriented ethnography: Interpretation building and marketing strategy formulation. *Journal of Marketing Research, 31,* 484–504.

Ashcraft, K. L. (2000). Empowering "professional" relationships: Organizational communication meets feminist practice. *Management Communication Quarterly, 13,* 347–392.

Ashcraft, K. L. (2007). Appreciating the 'work' of discourse: Occupational identity and difference as organizing mechanisms in the case of commercial airline pilots. *Discourse & Communication, 1,* 9–36.

Ashcraft, K. L., & Pacanowsky, M. E. (1996). "A woman's worst enemy": Reflections on a narrative of organizational life and female identity. *Journal of Applied Communication Research, 24,* 217–239.

Athique, A. (2008). Media audiences, ethnographic practice and the notion of a cultural field. *European Journal of Cultural Studies, 11,* 25–41.

Atkinson, J. D. (2009). Networked activism and the broken multiplex: Exploring fractures in the resistance performance paradigm. *Communication Studies, 60,* 49–65.

Atkinson, P. A. (1988). Ethnomethodology: A critical review. *Annual Review of Sociology, 14,* 441–465.

Atkinson, P. A. (1990). *The ethnographic imagination.* London: Routledge.

Atkinson, P. A. (1992). *Understanding ethnographic texts.* Newbury Park, CA: Sage.

Atkinson, P., Coffey, A., Delamont, S., Lofland, J., & Lofland, L. (2001). Editorial introduction. In P. Atkinson et al. (Eds.), *Handbook of ethnography* (pp. 1–7). Thousand Oaks, CA: Sage.

Auge, M. (2002). *In the metro* (T. Conley, Trans.) Minneapolis: University of Minnesota Press. (Original work published 1986)

Bach, T. E., Blair, C., Nothstine, W. L., & Pym, A. L. (1996). How to read "How to get published." *Communication Quarterly, 44,* 399–422.

Bakalaki, A. (1997). Students, natives, colleagues: Encounters in academia and in the field. *Cultural Anthropology, 12,* 502–526.

Bakardjieva, M. (2009). A response to Shani Orgad. In A. N. Markham & N. K. Baym (Eds.), *Internet inquiry: Conversations about method* (pp. 54–60). Thousand Oaks, CA: Sage.

Bakhtin, M. M. (1986). *Speech genres and other late essays.* Minneapolis: University of Minnesota Press.

Ball, M. (1998). Remarks on visual competence as an integral part of ethnographic fieldwork practice: The visual availability of culture. In J. Prosser (Ed.), *Image-based research: A source book for qualitative researchers* (pp. 131–147). London: Falmer.

Banks, S. P. (1998). The Tioga tapes. In A. Banks & S. Banks (Eds.), *Fiction and social research: By ice or fire* (pp. 255–262). Walnut Creek, CA: AltaMira.

Banks, S. P., Louie, E., & Einerson, M. (2000). Constructing personal identities in holiday letters. *Journal of Social and Personal Relationships, 17,* 299–327.

Bantz, C. R. (1993). *Understanding organizations: Interpreting organizational communication cultures.* Columbia: University of South Carolina Press.

Barbour, R. (2008). *Doing focus groups.* Thousand Oaks, CA: Sage.

Barendregt, B. (2008). Sex, cannibals, and the language of cool: Indonesian tales of the phone and modernity. *The Information Society, 24,* 160–170.

Barker, C. (2008). *Cultural studies: Theory and practice.* Thousand Oaks, CA: Sage.

Barker, J. R., & Cheney, G. (1994). The concept and the practices of discipline in contemporary organizational life. *Communication Monographs, 61,* 19–43.

Barker, M. (2003). Assessing the 'quality' in qualitative research: The case of text-audience relations. *European Journal of Communication, 18,* 315–335.

Barley, S. R., & Kunda, G. (2001). Bringing work back in. *Organizational Science, 12,* 76–95.

Barter, C., & Arnold, E. (2000). "I wanna tell you a story": Exploring the application of vignettes in qualitative research with children and young people. *International Journal of Social Research Methodology, 3,* 307–323.

Bartesaghi, M., & Castor, T. (2008). Social construction in communication: Reconstituting the conversation. *Communication Yearbook, 32,* 4–39.

Barthes, R. (1957/1972). *Mythologies* (A. Lavers, Trans.). New York: Hill & Wang.

Bastien D. T., & Hostager, T. J. (1992). Cooperation as communicative accomplishment: A symbolic interaction analysis of an improvised jazz concert. *Communication Studies, 43,* 92–104.

Bateson, G. (1936). *Naven.* Stanford, CA: Stanford University Press.

Bateson, G. (1972). *Steps to an ecology of mind.* New York: Ballantine.

Bauman, R. (1986). *Story, performance, and event.* New York: Cambridge University Press.

Bauman, R., & Sherzer, J. (1975). The ethnography of speaking. *Annual Review of Anthropology, 4,* 95–119.

Baumeister, R. F., & Newman, L. S. (1994). How stories make sense of personal experiences: Motives that shape autobiographical narratives. *Personality and Social Psychology Bulletin, 20,* 676–690.

Baym, N. K. (1998). [Review of the book *Composing ethnography*]. *Quarterly Journal of Speech, 84,* 120–121.

Beach, W. A. (1996). *Conversations about illness: Family preoccupations with bulimia.* Mahwah, NJ: Lawrence Erlbaum.

Beaulieu, A. (2004). Mediating ethnography: Objectivity and the making of ethnographies of the Internet. *Social Epistemology, 18,* 139–163.

Becker, H. S. (1964). Problems in the publication of field studies. In A. Vidich, J. Bensman, & M. Stein (Eds.), *Reflections on community studies* (pp. 267–284). New York: John Wiley.

Becker, H. S., & McCall, M. M. (Eds.). (1990). *Symbolic interaction and cultural studies.* Chicago: University of Chicago Press.

Bell, D. (2009). Learning from Second Life. *British Journal of Educational Technology, 40,* 515–525.

Benjamin, W. (1986). *Reflections: Essays, aphorisms, autobiographical writing* (P. Demetz, Ed.; E. Jephcott, Trans.). New York: Schoken.

Bennett, T. (1992). Putting policy into cultural studies. In L. Grossberg, C. Nelson, & P. Treichler (Eds.), *Cultural studies* (pp. 23–37). New York: Routledge.

Bennett, T., & Woolacott, J. (1987). *Bond and beyond: The political career of a popular hero.* London: Macmillan.

Benney, M., & Hughes, E. C. (1970). Of sociology and the interview. In N. K. Denzin (Ed.), *Sociological methods* (pp. 190–198). Chicago: Aldine.

Benson, T. W. (1981). Another shooting in Cowtown. *Quarterly Journal of Speech, 67,* 347–406.

Benson, T. W. (Ed.). (1985). *Speech communication in the 20th century.* Carbondale: Southern Illinois University Press.

Berger, B. (1998). *Where have all the horses gone? An ethnography of gamblers and simulcast racing.* Unpublished manuscript, University of Kentucky, Lexington.

Berger, P. L., & Luckmann, T. (1967). *The social construction of reality.* Garden City, NY: Doubleday.

Berman, M. (1982). *All that is solid melts into air: The experience of modernity.* New York: Simon & Schuster.

Bernard, R. H. (2002). *Research methods in anthropology* (3rd ed.). Walnut Creek, CA: AltaMira.

Bernard, R. H., Killworth, P., Kronenfeld, D., & Sailer, L. (1984). The problem of informant accuracy. *Annual Review of Anthropology, 13,* 495–517.

Bernstein, R. J. (1978). *The restructuring of social and political theory.* Philadelphia: University of Pennsylvania Press.

Best, K. (2009). When mobiles go media: Relational affordances and present-to-hand digital devices. *Canadian Journal of Communication, 34,* 397–414.

Betteridge, J. (1997). Answering back: The telephone, modernity and everyday life. *Media, Culture & Society, 19,* 585–603.

Biernacki, P., & Waldorf, D. (1981). Snowball sampling: Problems and techniques of chain referral sampling. *Sociological Methods & Research, 10,* 141–163.

Bingham, W. V. D., & Moore, B. V. (1959). *How to interview* (4th ed.). New York: Harper & Row.

Bird, C. M. (2005). How I stopped dreading and learned to love transcription. *Qualitative Inquiry, 11,* 226–248.

Bird, S. E. (1992). Travels in nowhere land: Ethnography and the "impossible" audience. *Critical Studies in Mass Communication, 9,* 250–260.

Bird, S. E. (1995). Understanding the ethnographic encounter: The need for flexibility in feminist reception studies. *Women and Language, 18*(2), 22–26.

Birdwhistell, R. L. (1970). *Kinesics and context.* Philadelphia: University of Pennsylvania Press.

Blair, C., Brown, J. R., & Baxter, L. A. (1994). Disciplining the feminine. *Quarterly Journal of Speech, 80,* 383–409.

Blair, C., & Michel, N. (1999). Commemorating the theme park zone: Reading the Astronauts' Memorial. In T. Rosteck (Ed.), *At the intersection: Cultural studies and rhetorical studies* (pp. 29–83). New York: Guilford.

Blee, K. M. (1998). White-knuckle research: Emotional dynamics in fieldwork with racist activists. *Qualitative Sociology, 21,* 381–399.

Bloor, M. (1997). Techniques of validation in qualitative research: A critical commentary. In G. Miller & R. Dingwall (Eds.), *Context and method in qualitative research* (pp. 37–50). Thousand Oaks, CA: Sage.

Bloustien, G. (2007). "Wigging people out": Youth music practice and mediated communities. *Journal of Community & Applied Social Psychology, 17,* 446–462.

Blumer, H. (1969). *Symbolic interactionism: Perspective and method.* Englewood Cliffs, NJ: Prentice Hall.

Bochner, A. P. (1985). Perspectives on inquiry: Representation, conversation, and reflection. In M. L. Knapp & G. R. Miller (Eds.), *Handbook of interpersonal communication* (pp. 27–58). Beverly Hills, CA: Sage.

Bochner, A. P. (1997). It's about time: Narrative and the divided self. *Qualitative Inquiry, 3,* 418–438.

Bochner, A. P., & Eisenberg, E. M. (1985). Legitimizing speech communication: An examination of coherence and cohesion in the development of the discipline. In T. W. Benson (Ed.), *Speech communication in the 20th century* (pp. 299–321). Carbondale: Southern Illinois University Press.

Bochner, A. P., & Ellis, C. (1992). Personal narrative as a social approach to interpersonal communication. *Communication Theory, 2,* 165–172.

Bochner, A. P., & Ellis, C. (Eds.). (1996). Taking ethnography into the twenty-first century. *Journal of Contemporary Ethnography, 25,* 3–5.

Bochner, A. P., & Ellis, C. (1997, November 19). In *Interpretive and narrative ethnography.* Seminar at the National Communication Association Conference, Chicago.

Boden, D. (1990). *The business of talk: Organizations in action.* Cambridge, MA: Polity Press.

Boje, D. M. (1991). The storytelling organization: A study of story performance in an office-supply firm. *Administrative Science Quarterly, 36,* 106–126.

Boje, D. M. (1995). Stories of the storytelling organization: A postmodern analysis of Disney as "Tamara-Land." *Academy of Management Journal, 38,* 997–1035.

Boromisza-Habashi, D. (2007). Freedom of expression, hate speech, and models of personhood in Hungarian political discourse. *Communication Law Review, 7,* 54–74.

Bourgault, L. M. (1992). Talking to people in the oral tradition: Ethnographic research for development communication. *International Communication Bulletin, 27*(3–4), 19–24.

Bowen, G. A. (2006). Grounded theory and sensitizing concepts. *International Journal of Qualitative Methods, 5,* 1–9.

Boylorn, R. M. (2008). As seen on TV: An autoethnographic reflection on race and reality television. *Critical Studies in Media Communication, 25,* 413–433.

Boylstein, C., Rittman, M., & Hinojosa, R. (2007). Metaphor shifts in stroke recovery. *Health Communication, 21,* 279–287.

Brennan-Horley, C., Luckman, S., Gibson, C., & Willoughby-Smith, J. (2010). GIS, ethnography, and cultural research: Putting maps back into ethnographic mapping. *The Information Society, 26,* 92–103.

Brenner, M. (1978). Interviewing: The social phenomenology of a research instrument. In M. Brenner, P. Marsh, & M. Brenner (Eds.), *The social contexts of method* (pp. 122–139). New York: St. Martin's Press.

Brenner, M. (1985). Intensive interviewing. In M. Brenner, J. Brown, & D. Canter (Eds.), *The research interview* (pp. 147–162). London: Academic Press.

Brettell, C. B. (1993). Introduction: Fieldwork, text, and audience. In C. B. Brettell (Ed.), *When they read what we write: The politics of ethnography* (pp. 1–24). Westport, CT: Bergin Garvey.

Briggs, C. L. (1986). *Learning how to ask: A sociolinguistic appraisal of the role of the interview in social science research.* Cambridge, UK: Cambridge University Press.

Broad, K. L., & Joos, K. E. (2004). Online inquiry of public selves: Methodological considerations. *Qualitative Inquiry, 10,* 923–946.

Broadfoot, K. J., & Munshi, D. (2007). Diverse voice and alternative rationalities: Imaging forms of postcolonial organizational communication. *Management Communication Quarterly, 21,* 249–267.

Brodkey, L. (1987a). Writing critical ethnographic narratives. *Anthropology & Education Quarterly, 18,* 67–76.

Brodkey, L. (1987b). Writing ethnographic narratives. *Written Communication, 4,* 25–50.

Brooks, M. (2006). Man-to-Man: A body talk between male friends. *Qualitative Inquiry, 12,* 185–207.

Brown, J., Dykers, C. R., Steele, J. R., & White, A. B. (1994). Teenage room culture: Where media and identities intersect. *Communication Research, 21,* 813–827.

Brown, M. H., & McMillan, J. (1991). Culture as text: The development of an organizational narrative. *Southern Communication Journal, 57,* 49–60.

Brown, R. H. (1977). *A poetic for sociology.* Cambridge, UK: Cambridge University Press.

Brown, S. R. (1996). Q methodology and qualitative research. *Qualitative Health Research, 6,* 561–568.

Bruder, K. A., & Ucok, O. (2000). Interactive art interpretation: How viewers make sense of paintings in conversation. *Symbolic Interaction, 23,* 337–358.

Bruner, E. M. (1987). Ethnography as narrative. In V. W. Turner & E. M. Bruner (Eds.), *The anthropology of experience* (pp. 139–155). Urbana: University of Illinois Press.

Bruner, J. (1987). Life as narrative. *Social Research, 54,* 11–32.

Bruni, A. (2005). Shadowing software and the clinical records: On the ethnography of non-humans and heterogeneous contexts. *Organization, 12,* 357–378.

Bull, M. (2005). No dead air! The iPod and the culture of mobile listening. *Leisure Studies, 24,* 343–355.

Burawoy, M. (2003). Revisits: An outline of a theory of reflexive ethnography. *American Sociological Review, 68,* 645–679.

Caldarola, V. J. (1985). Visual contexts: A photographic research method in anthropology. *Studies in Visual Communication, 11,* 33–53.

Calder, B. J. (1977). Focus groups and the nature of qualitative marketing research. *Journal of Marketing Research, 14,* 353–364.

Callon, M. (1986). Some elements of a sociology of translation: Domestication of the scallops and the fishermen of St. Brieuc Bay. In J. Law (Ed.), *Power, action and belief: A new sociology of knowledge* (pp. 196–233). London: Routledge & Kegan Paul.

Cameron, D. (2001). *Working with spoken discourse.* Thousand Oaks, CA: Sage.

Canary, H. E. (2008). Negotiating dis/ability in families: Constructions and contradictions. *Journal of Applied Communication Research, 36,* 437–458.

Canary, H. E., & McPhee, R. D. (2009). The mediation of policy knowledge: An interpretive analysis of intersecting activity systems. *Management Communication Quarterly, 23,* 147–187.

Canella, G. S., & Lincoln Y. S. (2007). Predatory vs. dialogic ethics: Constructing an illusion or ethical practice as the core of research methods. *Qualitative Inquiry, 13,* 315–335.

Carbaugh, D. (1991). Communication and cultural interpretation. *Quarterly Journal of Speech, 77,* 336–342.

Carbaugh, D. (1995). The ethnographic communication theory of Philipsen and associates. In D. P. Cushman & B. Kovačić (Eds.), *Watershed research traditions in human communication theory* (pp. 269–297). Albany, NY: SUNY Press.

Carbaugh, D. (2005). *Cultures in conversation.* London: Routledge.

Carbaugh, D., Berry, M., & Nurmikari-Berry, M. (2006). Coding personhood through cultural terms and practices: Silence and quietude as a Finnish "natural way of being." *Journal of Language and Social Psychology, 25,* 203–220.

Carey, J. W. (1975). Communication and culture. *Communication Research, 2,* 173–191.

Carey, J. W. (1989). *Communication as culture: Essays on media and society.* Boston: Unwin Hyman.

Carey, M. A. (1994). The group effect in focus groups: Planning, implementing and interpreting focus group research. In J. Morse (Ed.), *Critical issues in qualitative research methods* (pp. 225–241). Thousand Oaks, CA: Sage.

Carlone, D., & Taylor, B. C. (1998). Organizational communication and cultural studies: A review essay. *Communication Theory, 8,* 337–367.

Carlson, R. G., Wang, J., Siegal, H. A., Falck, R. S., & Guo, J. (1994). An ethnographic approach to targeted sampling: Problems and solutions in AIDS prevention research among injection drug and crack-cocaine users. *Human Organization, 53,* 279–286.

Carter, K., & Presnell, M. (Eds.). (1994). *Interpretive approaches to interpersonal communication.* Albany, NY: SUNY Press.

Caulley, D. N. (2008). Making qualitative research reports less boring: The techniques of writing creative nonfiction. *Qualitative Inquiry, 14,* 424–449.

Ceglowski, D. (2000). Research as relationship. *Qualitative Inquiry, 6,* 88–103.

Chalfen, R. (1998). Interpreting family photography as pictorial communication. In J. Prosser (Ed.), *Image-based research: A sourcebook for qualitative researchers* (pp. 214–234). New York: Routledge Falmer.

Chambon, A. S. (1995). Life history as dialogical activity: "If you ask me the right questions, I could tell you." *Current Sociology, 43*(2–3), 125–135.

Chang, B. G. (1996). *Deconstructing communication: Representation, subject, and economies of exchange.* Minneapolis: University of Minnesota Press.

Chapin, P. G. (2004). *Research projects and research proposals: A guide for scientists seeking funding.* Cambridge, UK: Cambridge University Press.

Chaput, C. (2008). *Inside the teaching machine: Rhetoric and the globalization of the U.S. public research university.* Tuscaloosa: University of Alabama Press.

Charmaz, K. (1983). The grounded theory method: An explication and interpretation. In R. M. Emerson (Ed.), *Contemporary field research* (pp. 109–126). Boston: Little, Brown.

Charmaz, K. (1995). Between positivism and postmodernism: Implications for methods. *Studies in Symbolic Interaction, 17,* 43–72.

Charmaz, K. (2000). Grounded theory: Objectivist and constructivist methods. In N. K. Denzin & Y. S. Lincoln (Eds.), *Handbook of qualitative research* (2nd ed., pp. 509–536). Thousand Oaks, CA: Sage.

Charmaz, K., & Mitchell, R. G. (1996). The myth of silent authorship: Self, substance, and style in ethnographic writing. *Symbolic Interaction, 19,* 285–302.

Chase, S. E. (2008). Narrative inquiry: Multiple lenses, approaches, voices. In N. K. Denzin & Y. S. Lincoln (Eds.), *Collecting and interpreting qualitative materials* (pp. 57–94). Thousand Oaks, CA: Sage.

Chatman, S. (1978). *Story and discourse: Narrative structure in fiction and film.* Ithaca, NY: Cornell University Press.

Chawla, D. & Rawlins, W. K. (2004). Enabling reflexivity in a mentoring relationship. *Qualitative Inquiry, 10,* 963–978.

Cheney, G. (2000). Interpreting interpretive research: Toward perspectivism without relativism. In S. R. Corman & M. S. Poole (Eds.), *Perspectives on organizational communication: Finding common ground* (pp. 17–45). New York: Guilford.

Cheney, G., & Ashcraft, K. L. (2007). Considering "the professional" in communication studies: Implications for theory and research within and beyond the boundaries of organizational communication. *Communication Theory, 17,* 146–175.

Chesebro, J. W., & Bertelsen, D. A. (1996). *Analyzing media: Communication technologies as symbolic and cognitive systems.* New York: Guilford.

Chronis, A., & Hampton, R. D. (2008). Consuming the authentic Gettysburg: How a tourist landscape becomes an authentic experience. *Journal of Consumer Behavior, 7,* 111–126.

Cintron, R. (1997). *Angels town: Chero ways, gang life, and the rhetorics of everyday.* Boston: Beacon Press.

Clair, R. P. (2003). *Expressions of ethnography: Novel approaches to qualitative methods.* Albany, NY: SUNY Press.

Clark, L. (2009). Digital media and the generation gap: Qualitative research on US teens and their parents. *Information, Communication & Society, 12,* 388–407.

Clark, L. S., Demont-Heinrich, C., & Webber, S. A. (2004). Ethnographic interviews on the digital divide. *New Media & Society, 6, 529.*

Clark, M. C. & Sharf, B. F. (2007). The dark side of truth(s): Ethical dilemmas in researching the personal. *Qualitative Inquiry, 13,* 399–416.

Clifford, J. (1988). *The predicament of culture: Twentieth-century ethnography, literature, and art.* Cambridge, MA: Harvard University Press.

Clifford, J., & Marcus, G. E. (Eds.). (1986). *Writing culture: The poetics and politics of ethnography.* Berkeley: University of California Press.

Clough, P. (1995). Beginning again at the end(s) of ethnography: Response to "The man at the end of the machine." *Symbolic Interaction, 18,* 527–534.

Collier, M. J. (1998). Researching cultural identity: Reconciling interpretive and postcolonial perspectives. In D. V. Tanno & A. Gonzalez (Eds.), *Communication and identity across cultures: International and intercultural communication annual* (Vol. 21, pp. 122–147). Thousand Oaks, CA: Sage.

Collier, M. J. (2000). Current research themes of politics, perspectives, and problematics. In M. J. Collier (Ed.), *Constituting* cultural difference through discourse: International and intercultural communication annual (Vol. 21, pp. 1–25). Thousand Oaks, CA: Sage.

Collins, P. H. (2004). *Black sexual politics: African Americans, gender, and the new racism.* New York: Routledge.

Colyar, J. (2009). Becoming writing, becoming writers. *Qualitative Inquiry, 15,* 421–436.

Conquergood, D. (1985). Performing as a moral act: Ethical dimensions of the ethnography of performance. *Literature in Performance, 5,* 1–13.

Conquergood, D. (1991). Rethinking ethnography: Towards a critical cultural politics. *Communication Monographs, 58,* 179–194.

Conquergood, D. (1992). Performance theory, Hmong shamans, and cultural politics. In J. Reinelt & J. Roach (Eds.), *Critical theory and performance* (pp. 41–64). Lansing: University of Michigan Press.

Conquergood, D. (1994). Homeboys and hoods: Gang communication and cultural space. In L. R. Frey (Ed.), *Group communication in context: Studies of natural groups* (pp. 23–55). Hillsdale, NJ: Lawrence Erlbaum.

Cooren, F., Thompson, F., Canestraro, D., & Bodor, T. (2006). From agency to structure: Analysis of an episode in a facilitation process. *Human Relations, 59,* 533–565.

Corey, F. C. (1996). Personal narratives and young men in prison: Labeling the outside inside. *Western Journal of Communication, 60,* 57–75.

Corey, F. C., & Nakayama, T. K. (1997). Sextext. *Text and Performance Quarterly, 17,* 58–68.

Corman, S. R. (2005). Postpositivism. In S. May & D. K. Mumby (Eds.), *Engaging organizational communication theory and research* (pp. 15–34). Thousand Oaks, CA: Sage.

Corner, J. (1999). *Critical ideas in television studies.* New York: Oxford University Press.

Cortazzi, M. (2001). Narrative analysis in ethnography. In P. Atkinson, A. Coffey, S. Delamont, J. Lofland, & L. Lofland (Eds.), *Handbook of ethnography* (pp. 384–394). Thousand Oaks, CA: Sage.

Cottle, T. J. (1973). The life study: On mutual recognition and the subjective inquiry. *Urban Life, 2,* 344–360.

Couldry, N., & Markham, T. (2008). Trouble closeness or satisfied distance? Researching media consumption and public orientation. *Media, Culture & Society, 30,* 5–21.

Covarrubias, P. (2005). *Communication, culture and cooperation: Interpersonal relations and pronominal address in a Mexican organization.* Lanham, MD: Rowman & Littlefield.

Crable, B. (2006). Rhetoric, anxiety, and character armor: Burke's interactional rhetoric of identity. *Western Journal of Communication, 70,* 1–22.

Crabtree, A., French, A., Greenhalgh, C., Rodden, T., & Benford, S. (2006). Working with digital records: Developing tool support. *Proceedings of the 2nd International Conference on e-Social Science.* Manchester, UK: ESRC.

Craig, R. T. (1989). Communication as a practical discipline. In B. Dervin, L. Grossberg, B. J. O'Keefe, & E. Wartella (Eds.), *Rethinking communication: Vol. 1. paradigm issues* (pp. 97–122). Newbury Park, CA: Sage.

Craig, R. T. (1999). Communication theory as a field. *Communication Theory, 9,* 119–161.

Craig, R. T. (2008). Communication as a field and a discipline. In W. Donsbach (Ed.), *International encyclopedia of communication, vol. II* (pp. 675–688). Malden, MA: Blackwell.

Craig, R. T., & Muller, H. J. (2007). *Theorizing communication: Readings across traditions.* Thousand Oaks, CA: Sage.

Crang, M. A., Hudson, A. C., Reimer, S. M., & Hinchliffe, S. J. (1997). Software for qualitative research: 1. Prospectus and overview. *Environment and Planning A, 29,* 771–787.

Crawford, L. (1996). Personal ethnography. *Communication Monographs, 63,* 158–170.

Crider, C., & Cirillo, L. (1992). Systems of interpretation and the function of metaphor. *Journal for the Theory of Social Behaviour, 21,* 171–195.

Cronkhite, G. (1986). On the focus, scope, and coherence of the study of human symbolic activity. *Quarterly Journal of Speech, 72,* 231–246.

Cushman, D. P. (1977). The rules perspective as a theoretical basis for the study of human communication. *Communication Quarterly, 25,* 30–45.

Davis, M. (1970). "Miles runs the voodoo down." On *Bitches Brew* [LP]. New York: Columbia/Legacy Records.

Daws, L. B. (2009). *Happily ever after.com: The construction of identity on wedding websites.* Unpublished doctoral dissertation, University of Kentucky, Lexington.

Daymon, C., & Holloway, I. (2002). *Qualitative research methods in public relations and marketing communications.* New York: Routledge.

De Andrade, L. L. (2000). Negotiating from the inside: Constructing racial and ethnic identity in qualitative research. *Journal of Contemporary Ethnography, 29,* 268–290.

De la Garza, S. A. (2004*). Maria speaks: Journeys into the mysteries of the mother in my life as a Chicano.* New York: Peter Lang.

de Sousa Santos, B. (2006). Globalizations. *Theory, Culture & Society, 23,* 393–399.

Deetz, S. (1992). *Democracy in an age of corporate colonization: Developments in communication.* Albany, NY: SUNY Press.

Deetz, S. (1998). Discursive formation, strategized subordination, and self-surveillance. In A. McKinlay & K. Starken (Eds.), *Foucault, management, and organization theory* (pp. 151–172). London: Sage.

Deetz, S. (2005). Critical theory. In S. May & D. K. Mumby (Eds.), *Engaging organizational communication theory & research: Multiple perspectives* (pp. 85–111). Thousand Oaks, CA: Sage.

Deetz, S., & Putnam, L. (2000). Thinking about the future of communication studies. In W. Gudykunst (Ed.), *Communication yearbook 24* (pp. 2–15). Thousand Oaks, CA: Sage.

Delamont, S. (2004.) Ethnography and participant observation. In C. Seale, G. Gobo, J. F. Gubrium, & D. Silverman (Eds.), *Qualitative research practice* (pp. 205–217). Thousand Oaks, CA: Sage.

Delaney, S. (2000, June). [Review of the book *Kaleidoscope Notes*]. *Forum: Qualitative Social Research.* Retrieved June 28, 2010, from http://www.qualitative-research.net/index.php/fqs/article/viewArticle/1103/2435

Delia, J. G. (1977). Constructivism and the study of human communication. *Quarterly Journal of Speech, 63,* 66–83.

Delia, J. G. (1987). Communication research: A history. In C. R. Berger & S. H. Chaffee (Eds.), *Handbook of communication science* (pp. 20–97). Newbury Park, CA: Sage.

Delia, J. G., & O'Keefe, B. J. (1979). Constructivism: The development of communication in children. In E. Wartella (Ed.), *Children communicating* (pp. 157–185). Beverly Hills, CA: Sage.

Delli Carpini, M. X., & Williams, B. A. (1994). Methods, metaphors, and media research: The uses of television in political conversation. *Communication Research, 21,* 782–812.

Denzin, N. K. (1969). Symbolic interactionism and ethnomethodology: A proposed synthesis. *American Sociological Review, 34,* 922–934.

Denzin, N. K. (1977). *Childhood socialization.* San Francisco: Jossey-Bass.

Denzin, N. K. (1978). *The research act* (2nd ed.). New York: McGraw-Hill.

Denzin, N. K. (1997). *Interpretive ethnography: Ethnographic practices for the 21st century.* Thousand Oaks, CA: Sage.

Denzin, N. K. (2000). Aesthetics and the practices of qualitative inquiry. *Qualitative Inquiry, 6,* 256–265.

Denzin, N. K. (2004). Remembering to forget: Lewis and Clark and Native Americans in Yellowstone. *Communication and Critical/Cultural Studies, 1,* 219–249.

Denzin, N. K., & Giardina, M. D. (2006). *Qualitative inquiry and the conservative challenge.* Walnut Creek, CA: Left Coast Press.

Denzin N. K., & Giardina, M. D. (Eds.). (2008). *Qualitative inquiry and the politics of inquiry.* Walnut Creek, CA: Left Coast Press.

Denzin, N. K., & Lincoln, Y. S. (2000). Introduction. In N. K. Denzin & Y. S. Lincoln (Eds.), *Handbook of qualitative research* (2nd ed., pp. 1–28). Thousand Oaks, CA: Sage.

Denzin, N. K., & Lincoln, Y. S. (Eds.). (2005). *The SAGE handbook of qualitative research* (3rd ed.). Thousand Oaks, CA: Sage.

Dervin, B., Grossberg, L., O'Keefe, B. J., & Wartella, E. (Eds.). (1989). *Rethinking communication: Vol. 1. paradigm issues.* Newbury Park, CA: Sage.

DeSanctis, G., & Poole, M. S. (1994). Capturing the complexity in advanced technology use: Adaptive structuration theory. *Organization Science, 5,* 121–147.

DeVault, M. L. (1990). Talking and listening from women's standpoint: Feminist strategies for interviewing and analysis. *Social Problems, 37,* 96–116.

Dewey, J. (1954). *The public and its problems.* New York: Henry Holt. (Original work published 1927)

Dewey, J. (1960). *The quest for certainty.* New York: Putnam. (Original work published 1929).

Dick, H. P. (2006). What to do with "I don't know": Elicitation in ethnographic and survey interviews. *Qualitative Sociology, 29,* 87–102.

Dicks, B., Mason, B., Coffey, A., & Atkinson, P. (2005). *Qualitative research and hypermedia: Ethnography for the digital age.* London: Sage.

Dicks, B., Soyinka, B., & Coffey, A. (2006). Multimodal ethnography. *Qualitative Research, 6,* 77–96.

Dingwall, R. (1980). Ethics and ethnography. *Sociological Review, 28*(4), 871–891.

Dollar, N. J., & Merrigan, G. M. (2002). Ethnographic practices in group communication research. In L. R. Frey (Ed.), *New directions in group communication* (pp. 59–78). Thousand Oaks, CA: Sage.

Dougherty, D. S., & Drumheller, K. (2006). Sensemaking and emotions in organizations: Accounting for emotions in a rational(ized) context. *Communication Studies, 57,* 215–238.

Douglas, J. D. (1976). *Investigative social research.* Beverly Hills, CA: Sage.

Douglas, M., & Isherwood, B. (1979). *The world of goods: Towards an anthropology of consumption.* New York: Norton.

Drew, P., & Heritage, J. (Eds.). (1992). *Talk at work: Interaction in institutional settings.* Cambridge, UK: Cambridge University Press.

du Gay, P., Hall, S., Janes, L., Mackay, H., & Negus, K. (1997). *Doing cultural studies: The story of the Sony Walkman.* London: Sage/The Open University.

Duncan, H. D. (1962). *Communication and social order.* Oxford, UK: Oxford University Press.

Durington, M. (2007). The ethnographic semiotics of a suburban moral panic. *Critical Arts, 21,* 261–275.

Eastland, L. S. (1993). The dialectical nature of ethnography: Liminality, reflexivity, and understanding. In S. L Herndon & G. L. Kreps (Eds.), *Qualitative research: Applications in organizational communication* (pp. 121–138). Cresskill, NJ: Hampton Press.

Eckman, A. (2001). *Negotiating the gray lines: An ethnographic study of the occupational roles and practices of advertorial producers at a medium market American newspaper.* Unpublished doctoral dissertation, University of Kentucky, Lexington.

Edwards, H. H., & Kreshel, P. J. (2008). An audience interpretation of corporate communication in a cause-related corporate outreach event: The Avon Breast Cancer 3-Day Walk. *Journalism Communication Monographs, 10,* 175–244.

Eichler, M. (1997). Feminist methodology. *Current Sociology, 45,* 9–36.

Eisenberg, E. M. (1998). From anxiety to possibility: Poems, 1987–1997. In A. Banks & S. Banks (Eds.), *Fiction and social research: By ice or fire* (pp. 195–202). Walnut Creek, CA: AltaMira.

Eisenhardt, K. M. (1989). Building theories from case study research. *Academy of Management Review, 14,* 532–550.

Ellen, R. F. (1984). *Ethnographic research: A guide to general conduct.* London: Academic Press.

Ellingson, L. L. (1998). "Then you know how I feel": Empathy, identification, and reflexivity in fieldwork. *Qualitative Inquiry, 4,* 492–514.

Ellingson, L. L. (2003). Interdisciplinary health care teamwork in the clinic backstage. *Journal of Applied Communication Research, 31,* 93–117.

Ellingson, L. L. (2006). Embodied knowledge: Writing researchers' bodies into qualitative health research. *Qualitative Health Research, 16,* 298–310.

Ellingson, L. L. (2009a). *Engaging crystallization in qualitative research: An introduction.* Thousand Oaks, CA: Sage.

Ellingson, L. L. (2009b). Ethnography in applied communication research. In L. R. Frey & K. N. Cissna (Eds.), *Routledge handbook of applied communication research* (pp. 129–152). New York: Routledge.

Ellis, C. (1995). Emotional and ethical quagmires in returning to the field. *Journal of Contemporary Ethnography, 24,* 68–98.

Ellis, C., & Bochner, A. P. (Eds.). (1996). *Composing ethnography: Alternative forms of qualitative writing.* Walnut Creek, CA: AltaMira.

Ellis, C., & Bochner, A. P. (2000). Autoethnography, personal narrative, reflexivity: Researcher as subject. In N. K. Denzin & Y. S. Lincoln (Eds.), *Handbook of qualitative research* (2nd ed., pp. 733–768). Thousand Oaks, CA: Sage.

Ellis, D. G. (1980). Ethnographic considerations in initial interaction. *Western Journal of Speech Communication, 44,* 104–107.

Ely, J., Anzul, M., Friedman, T., Garner, D., & Steinmetz, A. M. (1991). *Doing qualitative research: Circles within circles.* London: Falmer.

Emerson, R. M., Fretz, R. I., & Shaw, L. L. (1995). *Writing ethnographic fieldnotes.* Chicago: University of Chicago Press.

Emerson, R. M., Fretz R. I., & Shaw, L. L. (2001). Participant observation and fieldnotes. In P. Atkinson, A. Coffey, S. Delamont, J. Lofland, & L. Lofland (Eds.), *Handbook of ethnography* (pp. 352–368). Thousand Oaks, CA: Sage.

Emerson, R. M., & Pollner, M. (1988). On the uses of members' responses to researchers' accounts. *Human Organization, 47,* 189–198.

Eriksson, K. (2005). On the ontology of networks. *Communication and Critical/Cultural Studies, 2,* 302–323.

Espiritu, Y. L. (2001). "We don't sleep around like white girls do": Family, culture, and gender in Filipina American lives. *Signs, 26,* 415–440.

Ess, C., & the Association of Internet Researchers Ethics Working Committee. (2002). *Ethical decision-making and Internet research: Recommendations from the AoIR ethics working committee.* Retrieved November 16, 2008, from http://aoir.org/reports/ethics.pdf

Faules, D. F., & Alexander, D. C. (1978). *Communication and social behavior: A symbolic interaction perspective.* Reading, MA: Addison-Wesley.

Featherstone, M. (2006). Genealogies of the global. *Theory, Culture & Society, 23,* 387–419.

Ferguson, M., & Golding, P. (Eds.). (1997). *Cultural studies in question.* London: Sage.

Fernback, J. (2005). Information technology, networks and community voices: Social inclusion for urban regeneration. *Information, Communication & Society, 8,* 482–502.

Ferris, K. O. (2001). Through a glass, darkly: The dynamics of fan-celebrity encounters. *Symbolic Interaction, 24,* 25–47.

Fielding, M. (2007). Beyond "voice": New roles, relations, and contexts in researching with young people. *Discourse: Studies in the Cultural Politics of Education, 28,* 301–310.

Fielding, N. (2001). Computer applications in qualitative research. In P. Atkinson, A. Coffey, S. Delamont, J. Lofland, & L. Lofland (Eds.), *Handbook of ethnography* (pp. 453–467). Thousand Oaks, CA: Sage.

Fielding, N. (2004). Working in hostile environments. In C. Seale, G. Gobo, J. F. Gubrium, & D. Silverman (Eds.), *Qualitative research practice* (pp. 236–248). Thousand Oaks, CA: Sage.

Figueroa, S. K. (2008). The grounded theory and the analysis of audio-visual texts. *International Journal of Social Research Methodology, 11,* 1–12.

Finch, J. (1984). "It's great to have someone to talk to": The ethics and politics of interviewing women. In C. Bell & H. Roberts (Eds.), *Social researching: Politics, problems, practice* (pp. 70–87). London: Routledge & Kegan Paul.

Finch, J. (1987). The vignette technique in survey research. *Sociology, 21,* 105–114.

Fine, G. A. (1993). Ten lies of ethnography: Moral dilemmas of field research.

Journal of Contemporary Ethnography, *22,* 267–294.

Fine, G. A., & Martin, D. D. (1995). Humor in ethnographic writing: Sarcasm, satire, and irony as voices in Erving Goffman's Asylums. In J. Van Maanen (Ed.), *Representation in ethnography* (pp. 165–197). Thousand Oaks, CA: Sage.

Fine, G. A., Morrill, C., & Surianarain, S. (2009). Ethnography in organizational settings. In D. A. Buchanan & A. Bryman (Eds.), *The SAGE handbook of organizational research methods* (pp. 602–619). Thousand Oaks, CA: Sage.

Fine, M. G. (1993). New voices in organizational communication: A feminist commentary and critique. In S. P. Bowen & N. Wyatt (Eds.), *Transforming visions: Feminist critiques in communication studies* (pp. 125–166). Cresskill, NJ: Hampton Press.

Fisher, W. R. (1987). *Human communication as narration: Toward a philosophy of reason, value, and action.* Columbia: University of South Carolina Press.

Fiske, J. (1991a). For cultural interpretation: A study of the culture of homelessness. *Critical Studies in Mass Communication, 8,* 455–474.

Fiske, J. (1991b). Writing ethnographies: Contribution to a dialogue. *Quarterly Journal of Speech, 77,* 330–335.

Fitch, K. L. (1994a). A cross-cultural study of directive sequences and some implications for compliance-gaining research. *Communication Monographs, 61,* 185–209.

Fitch, K. L. (1994b). Culture, ideology and interpersonal communication research. In S. Deetz (Ed.), *Communication yearbook 17* (pp. 104–135). Thousand Oaks, CA: Sage.

Fitzgerald, M. (2005, November 17). Corporate ethnography. *Technology Review.* Retrieved from http://www.technologyreview.com/business/15900/?a=f

Fitzpatrick, K. (2009). Peer-to-peer review and the future of scholarly authority. *Cinema Journal, 48,* 124–129.

Foley, D., & Valenzuela, A. (2005). Critical ethnography: The politics of collaboration. In N. K. Denzin & Y. S. Lincoln (Eds.), *The SAGE handbook of qualitative research* (3rd ed., pp. 217–235). Thousand Oaks, CA: Sage.

Forester, J. (1992). Critical ethnography: On fieldwork in a Habermasian way. In M. Alvesson & H. Wilmott (Eds.), *Critical management studies* (pp. 46–65). Newbury Park, CA: Sage.

Foster, H. (Ed.). (1983). *The anti-aesthetic: Essays on postmodern culture.* Port Townsend, WA: Bay.

Frank, K. (2000). "The management of hunger": Using fiction in writing anthropology. *Qualitative Inquiry, 6,* 474–488.

Frazer, C. F., & Reid, L. N. (1979). Children's interactions with commercials. *Symbolic Interaction, 2*(2), 79–96.

Freeman, L. C., Romney, A. K., & Freeman, S. C. (1987). Cognitive structure and informant accuracy. *American Anthropologist, 89,* 310–325.

Freimuth, V. S., Massett, H., & Meltzer, W. (2006). A descriptive analysis of 10 years of research published in the *Journal of Health Communication.* *Journal of Health Communication, 11,* 11–20.

Frey, J. H., & Fontana, A. (1991). The group interview in social research. *Social Science Journal, 28,* 175–187.

Frey, L. R. (1994a). Call and response: The challenge of conducting research on natural group communication. In L. R. Frey (Ed.), *Group communication in context: Studies of natural groups* (pp. 293–304). Hillsdale, NJ: Lawrence Erlbaum.

Frey, L. R. (Ed.). (1994b). *Group communication in context: Studies of natural groups.* Hillsdale, NJ: Lawrence Erlbaum.

Frey, L. R. (1994c). The naturalistic paradigm: Studying small groups in the postmodern era. *Small Group Research, 25,* 551–577.

Frey, L. R. (2002). *New directions in group communication.* Thousand Oaks, CA: Sage.

Frey, L. R. (2010). What a difference more difference-making communication scholarship might make: Making a difference from and through communication research. *Journal of Applied Communication Research, 37*(2), 205–214.

Frey, L. R., Anderson, S., & Friedman, P. G. (1998). The status of instruction in qualitative communication research methods. *Communication Education, 47*(3), 246–260.

Frey, L. R., O'Hair, D., & Kreps, G. L. (1990). Applied communication methology. In

D. O'Hair & G. L. Kreps (Eds.), *Applied communication theory and research* (pp. 23–56). Hillsdale, NJ: Lawrence Erlbaum.

Frey, L. R., & SunWolf (2009). Across applied divides: Great debates of applied communication scholarship. In L. R. Frey & K. N. Cissna (Eds.), *Routledge handbook of applied communication research*. New York: Routledge.

Friedman, T. (2005). *The world is flat: A brief history of the twenty-first century.* New York: Farrar, Straus & Giroux.

Frow, J., & Morris, M. (2000). Cultural studies. In N. K. Denzin & Y. S. Lincoln (Eds.), *Handbook of qualitative research* (pp. 315–346). Thousand Oaks, CA: Sage.

Fusco, C. (2008). "Naked truths"? Ethnographic dilemmas of doing research on the body in social spaces. In K. Gallagher (Ed.), *The methodological dilemma: Creative, critical and collaborative approaches to qualitative research* (pp. 159–184). London: Routledge.

Gale, K., & Wyatt, J. (2006). Inquiring into writing: An interactive interview. *Qualitative Inquiry, 12,* 1117–1134.

Ganesh, S., Zoller, H., & Cheney, G. (2005). Transforming resistance, broadening our boundaries: Critical organizational communication meets globalization from below. *Communication Monographs, 72,* 169–191.

Gans, H. J. (1999). Participant observation in the era of "ethnography." *Journal of Contemporary Ethnography, 28,* 540–548.

Garcia, A. C., Standlee, A. I., Bechkoff, J., & Cui, Y. (2009). Ethnographic approaches to the Internet and computer-mediated communication. *Journal of Contemporary Ethnography, 38,* 52–84.

Garfinkel, H. (1967). *Studies in ethnomethodology.* Englewood Cliffs, NJ: Prentice Hall.

Geertz, C. (1973). *The interpretation of cultures: Selected essays.* New York: Basic Books.

Geist, P. (Ed.). (1999). Disenchantment and renewal in the academy [Special issue]. *Communication Theory, 9,* 365–494.

Geraghty, C. (1998). Audiences and 'ethnography': Questions of practice. In C. Geraghty & D. Lusted (Eds.), *The television studies book* (pp. 141–157). New York: Arnold.

Gerbner, G. (Ed.). (1983). Ferment in the field [Special issue]. *Journal of Communication, 33*(3).

Gergen, M. M. (1988). Toward a feminist metatheory and methodology in the social sciences. In M. M. Gergen (Ed.), *Feminist thought and the structure of knowledge* (pp. 87–104). New York: New York University Press.

Gibbs, G. R. (2007). *Analyzing qualitative data.* Thousand Oaks, CA: Sage.

Gibson, J. J. (1977). The theory of affordances. In R. Shaw & J. Bransford (Eds.), *Perceiving, acting, and knowing.* Hillsdale, NJ: Lawrence Erlbaum.

Gibson, M. K., & Papa, M. J. (2000). The mud, the blood, and the beer guys: Organizational osmosis in blue-collar work groups. *Journal of Applied Communication Research, 28,* 68–88.

Giddens, A. (1979). *Central problems in social theory: Action, structure and contradiction in social analysis.* London: Macmillan.

Gille, Z. (2001). Critical ethnography in the time of globalization: Toward a new concept of site. *Cultural Studies <=> Critical Methodologies, 1,* 319–334.

Gille, Z., & O'Riain, S. (2002). Global ethnography. *Annual Review of Sociology, 28,* 271–295.

Gillespie, M. (1995). *Television, ethnicity and cultural change.* London: Routledge.

Gillespie, S. (2001). The politics of breathing: Asthmatic Medicaid patients under managed care. *Journal of Applied Communication, 29,* 97–116.

Ginsburg, F. (1995). Mediating culture: Indigenous media, ethnographic film, and the production of identity. In L. Devereaux & R. Hillman (Eds.), *Fields of vision* (pp. 256–291). Berkeley: University of California Press.

Girardelli, D. (2004). Commodified identities: The myth of Italian food in the United States. *Journal of Communication Inquiry, 28,* 307–321.

Gitlin, T. (1983). *Inside prime time.* New York: Pantheon.

Gladwell, M. (2008). *Outliers: The story of success.* New York: Little, Brown.

Glaser, B. G. (1978). *Theoretical sensitivity.* Mill Valley, CA: Sociology Press.

Glaser, B. G., & Strauss, A. L. (1967). *The discovery of grounded theory: Strategies for qualitative research.* Chicago: Aldine.

Glaser, J. M. (1996). The challenge of campaign watching: Seven lessons of participant-observation research. *PS, Political Science & Politics, 29,* 533–537.

Gluckman, M. (1961). Ethnographic data in British social anthropology. *Sociological Review, 9,* 5–17.

Godfrey, D. G. (2002). Broadcast archives for historical research: Revisiting the historical method. *Journal of Broadcasting & Electronic Media, 46,* 493–503.

Goffman, E. (1959). *The presentation of self in everyday life.* Garden City, NY: Doubleday.

Goffman, E. (1961). *Asylums.* Garden City, NY: Doubleday.

Goffman, E. (1967). *Interaction ritual: Essays on face-to-face behavior.* Garden City, NY: Anchor.

Gold, R. L. (1958). Roles in sociological field observations. *Social Forces, 36,* 217–223.

Golden-Biddle, K., & Locke, K. (2007). *Composing qualitative research.* Thousand Oaks, CA: Sage.

Gonzalez, M. C. (2003). An ethics for post-Colonial ethnography. In R. Clair (Ed.), *Expressions of ethnography: Novel approaches to qualitative methods* (pp. 77–86). Albany, NY: SUNY Press.

Gonzalez, S. (2003). Rationality, normativity and practices: Towards a more inclusive concept of reason. *Women: A Cultural Review, 14,* 171–181.

Goodall, H. L. (1989). *Casing a promised land: The autobiography of an organizational detective.* Carbondale: Southern Illinois University Press.

Goodall, H. L. (1991). *Living in the rock-n-roll mystery: Reading context, self, and others as clues.* Carbondale: Southern Illinois University Press.

Goodall, H. L. (1996). *Divine signs: Connecting spirit to community.* Carbondale: Southern Illinois University Press.

Goodall, H. L. (2000). *Writing the new ethnography.* Walnut Creek, CA: AltaMira.

Goodall, H. L. (2001). Writing the American ineffable, or the mystery and practice of feng shui in everyday life. *Qualitative Inquiry, 7,* 3–20.

Goodall, H. L. (2004). Narrative ethnography as applied communication research. *Journal of Applied Communication Research, 32,* 185–194.

Goodall, H. L. (2008). *Writing qualitative inquiry: Self, stories, and academic life.* Walnut Creek, CA: Left Coast Press.

Gorden, R. L. (1969). *Interviewing: Strategies, techniques and tactics.* Homewood, IL: Dorsey.

Gordon, D. (1988). Writing culture, writing feminism: The poetics and politics of experimental ethnography. *Inscriptions, 3/4,* 7–24.

Gordon, R. D. (2007). The Asian communication scholar for the 21st century. *China Media Research, 3,* 50–59.

Gottschalk, S. (1998). Postmodern sensibilities and ethnographic possibilities. In A. Banks & S. Banks (Eds.), *Fiction and social research: By ice or fire* (pp. 205–234). Walnut Creek, CA: AltaMira.

Graham, H. (1984). Surveying through stories. In C. Bell & H. Roberts (Ed.), *Social researching: Politics, problems, practices* (pp. 104–124). New York: Routledge & Kegan Paul.

Gravlee, C. C., Zenk, S. N., Woods, S., Rowe, Z., & Schulz, A. J. (2006). Handheld computers for direct observation of the social and physical environment. *Field Methods, 18,* 383–397.

Gray, P. H. (1997, November). *Calling the cops.* Paper presented at the National Communication Association conference, Chicago.

Grbich, C. (2007). *Qualitative data analysis: An introduction.* London: Sage.

Green, G., Barbour, R. S., Barnard, M., & Kitzinger, J. (1993). "Who wears the trousers?": Sexual harrassment in research settings. *Women's Studies International Forum, 16,* 627–637.

Greenwood, D. J., & Levin, M. (2005). Reform of the social sciences and of universities through action research. In N. K. Denzin & Y. S Lincoln (Eds.), *The SAGE handbook of qualitative research* (2nd ed., pp. 43–64). Thousand Oaks, CA: Sage.

Grodin, D. (1991). The interpreting audience: The therapeutics of self-help reading.

Critical Studies in Mass Communication,
8, 404–420.

Grossberg, L. (1992). *We gotta get out of this place: Popular conservatism and postmodern culture.* New York: Routledge.

Guba, E. G., & Linclon, Y. S. (1994). Competing paradigms in qualitative research. In N. K. Denzin & Y. S. Lincoln (Eds.), *Handbook of qualitative research* (pp. 105–117). Thousand Oaks, CA: Sage.

Guba, E. G., & Lincoln, Y. S. (2005). Paradigmatic controversies, contradictions, and emerging confluences. In N. K. Denzin & Y. S. Lincoln (Eds.), *Handbook of qualitative research* (pp. 1–17). Thousand Oaks, CA: Sage.

Gubrium, J. F., & Holstein, J. A. (2000). Analyzing interpretive practice. In N. K. Denzin & Y. S. Lincoln (Eds.), *Handbook of qualitative research* (pp. 487–508). Thousand Oaks, CA: Sage.

Gubrium, J. F., & Holstein, J. A. (2009). *Analyzing narrative reality.* Thousand Oaks, CA: Sage.

Guidelines for the conduct of research involving human subjects at the National Institutes of Health. (2004, August). Retrieved September 9, 2010, from http://ohsr.od.nih.gov/guidelines/Gray Booklet82404.pdf (Original work published March 1995)

Gunaratne, S. A. (2009). Globalization: A non-Western perspective: The bias of social science/communication oligopoly. *Communication, Culture, and Critique, 2,* 60–82.

Gupta, A., & Ferguson, J. (Eds.). (1997). *Anthropological locations: Boundaries and grounds of a field science.* Berkeley: University of California Press.

Hadjistavropoulos, T., & Smythe, W. E. (2001). Elements of risk in qualitative research. *Ethics & Behavior, 11,* 163–174.

Hahn, C. (2008). *Doing qualitative research using your computer: A practical guide.* Thousand Oaks, CA: Sage.

Hall, A. (2003). Reading realism: Audiences' evaluations of the reality of media texts. *Journal of Communication, 53,* 624–641.

Hall, D., Gilbertz, S., & Horton, C. (2007, November). *Communicating place: Yellowstone river life in Paradise Valley Montana.* Paper presented at the National Communication Association Conference, Chicago, IL.

Hall, E. T. (1959). *The silent language.* Garden City, NY: Doubleday.

Hall, S. (1982). The rediscovery of ideology: Return of the repressed in media studies. In M. Gurevitch, T. Bennett, J. Curran, & J. Woollacott (Eds.), *Culture, society and the media* (pp. 56–90). New York: Methuen.

Hall, S. (1985). Signification, representation, ideology: Althusser and the post-structuralist debates. *Critical Studies in Mass Communication, 2,* 91–114.

Hallstein, D. L. O. (1999). A postmodern caring: Feminist standpoint theories, revisioned caring, and communication ethics. *Western Journal of Communication, 63,* 32–56.

Halualani, R. T., Mendoza S. L., & Drzewiecka, J. A. (2009). Critical junctures in intercultural communication studies: A review. *Review of Communication, 9,* 17–35.

Hammersley, M. (1992). *What's wrong with ethnography? Methodological explorations.* London: Routledge.

Hammersley, M. (2008). *Questioning qualitative inquiry: Critical essays.* Thousand Oaks, CA: Sage.

Hammersley, M., & Atkinson, P. (1983). *Ethnography: Principles in practice.* London: Tavistock.

Hammersley, M., & Gomm, R. (2008). In M. Hammersley, *Questioning qualitative inquiry: Critical essays* (pp. 89–100). Thousand Oaks, CA: Sage.

Hannerz, U. (2003). Being there . . . and there . . . and there: Reflections on multi-site ethnography. *Ethnography, 4,* 201–216.

Haraway, D. (1991). *Simians, cyborgs, and women: The reinvention of nature.* New York: Routledge.

Hardin, M., & Shain, S. (2006). "Feeling much smaller than you know you are": The fragmented professional identity of female sports journalists. *Critical Studies in Media Communication, 23,* 322–338.

Harper, D. (2002). Talking about pictures: A case for photo elicitation. *Visual Studies, 17,* 13–26.

Harrington, B. (2003). The social psychology of access in ethnographic research. *Journal of Contemporary Ethnography, 32*, 592–625.

Hartnett, S. J., & Engels, J. D. (2005). Aria in time of war: Investigative poetry and the politics of witnessing. In N. K. Denzin & Y. S. Lincoln (Eds.), *The SAGE handbook of qualitative research* (3rd ed., pp. 1043–1068). Thousand Oaks, CA: Sage.

Hauser, G. A. (1999). *Vernacular voices: The rhetoric of publics and public spheres (studies in rhetoric/communication).* Columbia: University of South Carolina Press.

Hawes, L. C. (1983). Epilogue. In L. L. Putnam & M. E. Pacanowsky (Eds.), *Communication and organization: An interpretive approach* (pp. 257–259). Beverly Hills, CA: Sage.

Hawes, L. C. (1998). Becoming other-wise: Conversational performance and the politics of experience. *Text and Performance Quarterly, 18*, 273–299.

Heap, J. L., & Roth, P. A. (1973). On phenomenological sociology. *American Sociological Review, 38*, 354–367.

Hebdige, D. (1988). *Hiding in the light.* New York: Routledge.

Heckman, D. (2009). *The post-corporate university.* Available online: http://liquidbooks.pbworks.com/The+Post-Corporate+University

Hegde, R. S. (1998). A view from elsewhere: Locating difference and the politics of representation from a transnational feminist perspective. *Communication Theory, 8*, 271–297.

Heider, K. G. (1988). The Rashomon effect: When ethnographers disagree. *American Anthropologist, 90*, 73–81.

Helmericks, S. G., Nelsen, R. L., & Unnithan, N. P. (1991). The researcher, the topic, and the literature: A procedure for systematizing literature searches. *Journal of Applied Behavioral Science, 27*, 285–294.

Hepburn, A., & Potter, J. (2007). Crying receipts: Time, empathy, and institutional practice. *Research on Language & Social Interaction, 400*, 89–116.

Heritage, J. (1984). *Garfinkel and ethnomethodology.* Cambridge, MA: Polity.

Hermanowicz, J. C. (2002). The great interview: 25 strategies for studying people in bed. *Qualitative Sociology, 25*, 479–499.

Herndon, S. L., & Kreps, G. (Eds.). (2001). *Qualitative research: Application in organizational life.* (2nd ed.). Cresskill, NJ: Hampton Press.

Hertz, R., & Imber, J. B. (1995). Introduction. In R. Hertz & J. B. Imber (Eds.), *Studying elites using qualitative methods* (pp. vii–xi). Thousand Oaks, CA: Sage.

Herzog, H. (2005). On home turf: Interview location and its social meaning. *Qualitative Sociology, 28*, 25–47.

Hess, A. R. (2008, November). *Finding phronesis, characterizing kairos, and invigorating inventio: Seeking an ethnographic critical rhetoric.* Paper presented at the annual meeting of the NCA 94th Annual Convention, San Diego, CA. Available at http://www.allacademic.com/meta/p255750_index.html

Hessler, R. M., Downing, J., Beltz, C., Pelliccio, A., Powell, M., & Vale, W. (2003). Qualitative research on adolescent risk using e-mail: A methodological assessment. *Qualitative Sociology, 26*, 111–124.

Heyl, B. S. (2001). Ethnographic interviewing. In P. Atkinson, A. Coffey, S. Delamont, J. Lofland, & L. Lofland (Eds.), *Handbook of ethnography* (pp. 369–383). Thousand Oaks, CA: Sage.

Higginbottom, G. (2004) Sampling issues in qualitative research. *Nurse Researcher, 12*, 7–19.

Hinchliffe, S. J., Crang, M. A., Reimer, S. M., & Hudson, A. C. (1997). Software for qualitative research: 2. Some thoughts on "aiding" analysis. *Environment and Planning A, 29*, 1109–1124.

Hine, C. (2007). Connective ethnography for the exploration of e-science. *Journal of Computer-Mediated Communication, 12*, 284–300.

Hodder, I. (2000). The interpretation of documents and material culture. In N. K. Denzin & Y. S. Lincoln (Eds.), *Handbook of qualitative research* (pp. 703–715). Thousand Oaks, CA: Sage.

Hoijer, B. (2008). Ontological assumptions and generalizations in qualitative (audience) research. *European Journal of Communication, 23*, 275–294.

Holbrook, T. (2010). An ability traitor at work: A treasonous call to subvert writing from within. *Qualitative Inquiry, 16,* 171–183.

Hollander, J. A. (2004). The social contexts of focus groups. *Journal of Contemporary Ethnography, 33,* 602–637.

Hollink, L., Schreiber, G., Huurnink, B., van Liempt, M., de Rijke, M., Smeulders, A., et al. (2009). A multidisciplinary approach to unlocking television broadcast archives. *Interdisciplinary Science Reviews, 34*(2–3), 253–267.

Holman-Jones, S. (2005). Autoethnography: Making the personal political. In N. K. Denzin & Y. S. Lincoln (Eds.), *The SAGE handbook of qualitative research* (3rd ed., pp. 763–792). Thousand Oaks, CA: Sage.

Holmer-Nadesan, M. (1996). Organizational identity and space of action. *Organization Studies, 7*(1), 49–81.

Hookway, N. (2008). "Entering the blogosphere": Some strategies for using blogs in social research. *Qualitative Research, 8,* 91–113.

Hopper, R. (1992). *Telephone conversation.* Bloomington: Indiana University Press.

Horwitz, R. P. (1993). Just stories of ethnographic authority. In C. B. Brettell (Ed.), *When they read what we write: The politics of ethnography* (pp. 131–144). Westport, CT: Bergin & Garvey.

House, E. R. (2005). Qualitative evaluation and changing social policy. In N. K. Denzin & Y. S. Lincoln (Eds.), *The SAGE handbook of qualitative research* (3rd ed., pp. 763–792). Thousand Oaks, CA: Sage.

Hughes, J. M. (2008). The performative pull of research with new media. *International Journal of Qualitative Methods, 7,* 16–34.

Human, R. (2008). Flowing through the city. *Liminalities, 4*(1). Retrieved from http://liminalities.net/4-1/index.html

Hunt, J., & Manning, P. K. (1991). The social context of police lying. *Symbolic Interaction, 14,* 51–70.

Huspek, M., & Kendall, K. (1991). On withholding political voice: An analysis of the political vocabulary of a non-political speech community. *Quarterly Journal of Speech, 77,* 1–19.

Husserl, E. (1931). *Ideas: General introduction to pure phenomenology* (W. R. B. Gibson, Trans.). New York: Macmillan.

Hyland, K. (2001). Bringing in the reader: Addressee features in academic articles. *Written Communication, 18,* 549–574.

Hylmo, A., & Buzzanell, P. M. (2002). Telecommuting as viewed through cultural lenses: An empirical investigation of the discourses of utopia, identity, and mystery. *Communication Monographs, 69,* 329–356.

Hymes, D. (1962). The ethnography of speaking. In T. Gladwin & W. C. Sturtevant (Eds.), *Anthropology and human behavior* (pp. 13–53). Washington, DC: Anthropology Society of Washington.

Ivie, R. L. (2004). What are we about? *Communication and Critical/Cultural Studies, 1*(2), 125–126.

Jackson, J. E. (1990). "I am a fieldnote": Fieldnotes as a symbol of professional identity. In R. Sanjek (Ed.), *Fieldnotes: The makings of anthropology* (pp. 3–33). Ithaca, NY: Cornell University Press.

Jackson, M. J., Poole, M. S., & Kuhn, T. (2002). The social construction of technology in studies of the workplace. In L. Lievrouw & S. Livingstone (Eds.), *The handbook of the new media* (pp. 236–253). Thousand Oaks, CA: Sage.

Jackson, N. (2006). The architectural view: Perspectives on communication. *Visual Communication Quarterly, 13*(1), 32–45.

Jackson, R. L., Drummond D. K., & Camara, S. (2007). What is qualitative research? *Qualitative Research Reports in Communication, 8,* 21–28.

Jacob, M. M. (2006). When a native "goes researcher": Notes from the North American indigenous games. *American Behavioral Scientist, 50,* 450–461.

James, N., & Busher, H. (2006). Credibility, authenticity and voice: Dilemmas in online interviewing. *Qualitative Research, 6,* 403–420.

Jameson, F. (1977). Ideology, narrative analysis and popular culture. *Theory and Society, 4,* 543–559.

Janesick, V. J. (1999). A journal about journal writing as a qualitative research technique: History, issues, and reflections. *Qualitative Inquiry, 5,* 505–524.

Jarmon, L. (1996). Performance as a resource in the practice of conversation analysis. *Text and Performance Quarterly, 16,* 336–355.

Jenkins, H. (1988). Star Trek rerun, reread, rewritten: Fan writing as textual poaching. *Critical Studies in Mass Communication, 5,* 85–107.

Jenkins, H. (1992). *Textual poachers: Television fans and participatory culture.* New York: Routledge.

Jenkins, M. M. (2010). Ethnographic writing is as good as ten mothers. *Qualitative Inquiry, 16,* 83–89.

Jensen, K. B. (1991). When is meaning? Communication theory, pragmatism, and mass media reception. In J. A. Anderson (Ed.), *Communication yearbook 14* (pp. 3–32). Newbury Park, CA: Sage.

Jensen, K. B. (2002). The complementarity of qualitative and quantitative methodologies in media and communication research. In K. B. Jensen (Ed.), *A handbook of media and communication research* (pp. 254–272). New York: Routledge.

Jensen, K. B. (2008). Communication theory and philosophy. In W. Donsbach (Ed.), *The international encyclopedia of communication.* Boston: Blackwell. Available at http://www.blackwell reference .com/subscriber/tocnode?id=g97814051 31995_chunk_g97814051319958_ss 104-1

Joanou, J. P. (2009). The bad and the ugly: Ethical concerns in participatory photographic methods with children living and working on the streets of Lima, Peru. *Visual Studies, 24,* 214–223.

Johnson, F. G., & Kaplan, C. D. (1980). Talk-in-the-work: Aspects of social organization of work in a computer center. *Journal of Pragmatics, 4,* 351–365.

Johnson, R. (1986–1987). What is cultural studies anyway? *Social Text, 16,* 38–80.

Johnston, L. (2006). Software and method: Reflections on teaching and using QSR NVivo in doctoral research. *International Journal of Social Research Methodology, 9,* 379–391.

Jones, J. L. (1997). Performing Osun without bodies: Documenting the Osun festival in print. *Text and Performance Quarterly, 17,* 69–93.

Jones, S. H. (1998). Kaleidoscope notes: Writing women's music and organizational culture. *Qualitative Inquiry, 4,* 148–177.

Jordan, A. B. (2006). Make yourself at home: The social construction of research roles in family studies. *Qualitative Research, 6,* 169–185.

Jorgenson, J. (1992). Communication, rapport, and the interview: A social perspective. *Communication Theory, 2,* 148–156.

Kahn, R., & Mann, F. (1969). Developing research partnerships. In G. J. McCall & J. L. Simmons (Eds.), *Issues in participant observation* (pp. 45–51). Reading, MA: Addison-Wesley.

Kane, K. A. (2007). *Anthropologists go native in the corporate village.* Retrieved December 18, 2007 from http://fastcompany.com/magazine/05/anthro.html

Kant, I. (1929). *The critique of pure reason* (N. K. Smith, Trans.). London: Macmillan.

Katriel, T. (1994). Sites of memory: Discourses of the past in Israeli pioneering settlement museums. *Quarterly Journal of Speech, 80,* 1–20.

Katriel, T., & Farrell, T. (1991). Scrapbooks as cultural texts: An American art of memory. *Text and Performance Quarterly, 11,* 1–17.

Katz, J. (2001). From how to why: On luminous description and causal inference in ethnography (part 1). *Ethnography, 2,* 443–473.

Katz, J. (2002). From how to why: On luminous description and causal inference in ethnography (part 2). *Ethnography, 3,* 63–90.

Kauffman, B. J. (1992). Feminist facts: Interview strategies and political subjects in ethnography. *Communication Theory, 2,* 187–206.

Kavoori, 1998. Getting past the latest "post": Assessing the term post-colonial. *Critical Studies in Mass Communication, 15,* 195–212.

Kellas, J. K. (2010). Narrating family: Introduction to the special issue on narratives and storytelling in the family. *Journal of Family Communication, 10,* 1–6.

Kellett, P. M., & Goodall, H. L. (1999). The death of discourse in our own chatroom: "Sextext," skillful discussion, and virtual communities. In D. Slayden & R. K. Whillock (Eds.), *Soundbite culture: The death of discourse in a wired world* (pp. 155–190). Thousand Oaks, CA: Sage.

Kellner, D. (1993). *Communications vs. cultural studies: Overcoming the divide.* Retrieved June 28, 2010, from http://www.uta.edu/huma/illuminations/kell4.htm

Kelly, J. W. (1985). Storytelling in high tech organizations: A medium for sharing culture. *Journal of Applied Communication Research, 13,* 45–58.

Kendall, L. (2009). A response to Christine Hine. In A. N. Markham & N. K. Baym (Eds.), *Internet inquiry: Conversations about method* (pp. 21–25). Thousand Oaks, CA: Sage.

Kidder, T. (1981). *The soul of a new machine.* Boston: Little, Brown.

Kinchloe, J. L., & McLaren, P. (2000). Rethinking critical theory and qualitative research. In N. K. Denzin & Y. S. Lincoln (Eds.), *The SAGE handbook of qualitative research* (pp. 279–314). Thousand Oaks, CA: Sage.

Kinchloe, J. L. & McLaren, P. (2005). Rethinking critical theory and qualitative research. In N. K. Denzin & Y. S. Lincoln (Eds.), *The SAGE handbook of qualitative research* (3rd ed., pp. 303–342). Thousand Oaks, CA: Sage.

Kirby, E. L., & Krone, K. J. (2002). "The policy exists but you can't really use it": Communication and the structuration of work-family policies. *Journal of Applied Communication Research, 30,* 50–77.

Kirk, J., & Miller, M. L. (1986). *Reliability and validity in qualitative research.* Beverly Hills, CA: Sage.

Kitzinger, J. (1994). The methodology of focus groups: The importance of interaction between research participants. *Sociology of Health & Illness, 16,* 103–121.

Kleinman, S., Stenross, B., & McMahon, M. (1994). Privileging fieldwork over interviews: Consequences for identity and practice. *Symbolic Interaction, 17,* 37–50.

Knapik, M. (2006). Qualitative research interview: Participants' responsive participation in knowledge making. *International Journal of Qualitative Methods, 5*(3), Article 6. Retrieved September 24, 2009, from http://www.ualberta.ca/~iiqm/backissues/5_3/HTML/knapik.htm

Knuf, J. (1989–1990). Where cultures meet: Ritual code and organizational boundary management. *Research on Language and Social Interaction, 23,* 109–138.

Kockelmans, J. J. (1967). *Edmund Husserl's phenomenological psychology: A historico-critical study* (B. Jager, Trans.). Pittsburgh, PA: Duquesne University Press.

Kraidy, M. M. (1999). The global, the local, and the hybrid: A native ethnography of glocalization. *Critical Studies in Mass Communication, 16,* 456–476.

Kreps, G. L. (2008). Qualitative inquiry and the future of health communication research. *Qualitative Research Reports in Communication, 9,* 2–12.

Kreps, G. L., & Herndon, S. L. (2001). Introduction: The power of qualitative research to address organizational issues. In S. L. Herndon & G. L. Kreps (Eds.), *Qualitative research: Applications in organizational communication* (pp. 1–9). Cresskill, NJ: Hampton Press.

Krizek, R. L. (1998). Lessons: What the hell are we teaching the next generation anyway? In A. Banks & S. Banks (Eds.), *Fiction and social research: By ice or fire* (pp. 89–114). Walnut Creek, CA: AltaMira.

Kuhn, T. S. (1970). *The structure of scientific revolutions.* Chicago: University of Chicago Press.

Kurtz, L. R. (1984). *Evaluating Chicago sociology.* Chicago: University of Chicago Press.

Kusenbach, M. (2003). Street phenomenology: The go-along as ethnographic research tool. *Ethnography, 4,* 455–485.

Kvale, S. (2006). Dominance through interviews and dialogues. *Qualitative Inquiry, 12,* 480–500.

Kvale, S., & Brinkmann, S. (2009). *InterViews: Learning the craft of qualitative research interviewing* (2nd ed.). Thousand Oaks, CA: Sage.

La Pastina, A. C. (2006). The implications of an ethnographer's sexuality. *Qualitative Inquiry, 12,* 724–735.

Ladson-Billings, G. & Donnor, J. (2005). The moral activist role of critical race theory scholarship. In N. K. Denzin & Y. S. Lincoln (Eds.), *The SAGE handbook of qualitative research* (3rd ed., pp. 279–302). Thousand Oaks, CA: Sage.

Lang, K., & Lang, G. (1953). The unique perspective of television and its effect: A pilot study. *American Sociological Review, 18,* 3–12.

Langellier, K. M. (1989). Personal narratives: Perspectives on theory and research. *Text and Performance Quarterly, 9,* 243–276.

Langness, L. L., & Frank, G. (1981). *Lives: An anthropological approach to biography.* Novato, CA: Chandler & Sharp.

Lannamann, J. W. (1991). Interpersonal communication research as ideological practice. *Communication Theory, 1,* 179–203.

Lapadat, J.C. (2009). Writing our way into shared understanding: Collaborative autobiographical writing in the qualitative methods class. *Qualitative Inquiry, 15,* 955–979.

LaRossa, R., Bennett, L. A., & Gelles, R. J. (1981). Ethical dilemmas in qualitative family research. *Journal of Marriage and the Family, 43,* 303–313.

Latour, B. (2005). *Reassembling the social: An introduction to actor-network theory.* New York: Oxford University Press.

Law, J. (1987). Technology and heterogeneous engineering: The case of Portuguese expansion. In W. E. Bijker, T. P. Hughes & T. J. Pinch (Eds.), *The social construction of technological systems: New directions in the sociology and history of technology* (pp. 111–134). Cambridge, MA: MIT Press.

Lazarsfeld, P. F. (1944). The controversy over detailed interviews. *Public Opinion Quarterly, 8,* 38–60.

Lazega, E. (1997). Network analysis and qualitative research: A method of contextualization. In G. Miller & R. Dingwall (Eds.), *Context and method in qualitative research* (pp. 119–138). Thousand Oaks, CA: Sage.

LeBaron, C., & Streeck, J. (1997). Space, surveillance and the interactional framing of experience during a murder interrogation. *Human Studies, 20,* 1–25.

LeCompte, M. D., & Schensul, J. J. (1999). *Analyzing and interpreting ethnographic data.* (Ethnographer's toolkit, vol. 5). Walnut Creek, CA: AltaMira.

Lee, W. S., Wang, J., Chung, J., & Hertel, E. (1995). A sociohistorical approach to intercultural communication. *Howard Journal of Communication, 6,* 262–291.

Leeds-Hurwitz, W. (1984). On the relationship of the "ethnography of speaking" to the "ethnography of communication." *Papers in Linguistics, 17,* 7–32.

Leeds-Hurwitz, W. (1989). *Communication in everyday life: A social interpretation.* Norwood, NJ: Ablex.

Leeds-Hurwitz, W. (1992). Forum introduction: Social approaches to interpersonal communication. *Communication Theory, 2,* 131–139.

Leeds-Hurwitz, W. (1993). *Semiotics and communication: Signs, codes, cultures.* Hillsdale, NJ: Lawrence Erlbaum.

Lemish, D. (1982). Television viewing in public places. *Journal of Broadcasting, 26,* 757–782.

Leonard, L., & Ellen, J. (2008). "The story of my life": AIDS and "autobiographical occasions." *Qualitative Sociology, 31,* 37–56.

Leonard, M. (2007). Constructing histories through material culture: Popular music, museums and collecting. *Popular Music History, 2,* 147–167.

Lester, M. (1980). Generating newsworthiness: The interpretive construction of public events. *American Sociological Review, 45,* 984–994.

Levine, E. (2001). Toward a paradigm for media production research: Behind the scenes at General Hospital. *Critical Studies in Media Communication, 18,* 66–82.

Lévi-Strauss, C. (1974). *Tristes tropiques.* New York: Atheneum. (Original work published 1955).

Lévi-Strauss, C. (1983). *The raw and the cooked: Mythologiques.* Chicago: University of Chicago Press.

Lewins, A., & Silver, C. (2007). *Using software in qualitative research: A step-by-step guide.* London: Sage.

Lewis, L. (2005). A review of critical issues and research agenda for organizational communication scholars. *Management Communication Quarterly, 19,* 238–267.

Lewis, O. (1961). *The children of Sanchez.* New York: Random House.

Liberman, K. (1999). From walkabout to meditation: Craft and ethics in field inquiry. *Qualitative Inquiry, 5,* 47–63.

Liebow, E. (1967). *Tally's corner: A study of Negro street corner men.* Boston: Little, Brown.

Lincoln, Y. A., & Tierney, W. G. (2004). Qualitative research and institutional review boards. *Qualitative Inquiry, 10,* 219–234.

Lincoln, Y. S., & Guba, E. G. (1985). *Naturalistic inquiry.* Beverly Hills, CA: Sage.

Lindlof, T. R. (1987). Ideology and pragmatics of media access in prison. In T. R. Lindlof (Ed.), *Natural audiences: Qualitative research of media uses and effects* (pp. 175–197). Norwood, NJ: Ablex.

Lindlof, T. R. (1988). Media audiences as interpretive communities. In J. A. Anderson (Ed.), *Communication yearbook 11* (pp. 81–107). Newbury Park, CA: Sage.

Lindlof, T. R. (1991). The qualitative study of media audiences. *Journal of Broadcasting & Electronic Media, 35,* 23–42.

Lindlof, T. R. (1992). Computing tales: Parents' discourse about technology and family. *Social Science Computer Review, 10,* 291–309.

Lindlof, T. R. (1995). *Qualitative communication research methods.* Thousand Oaks, CA: Sage.

Lindlof, T. R. (2001). The challenge of writing the qualitative study. In A. Alexander & W. J. Potter (Eds.), *How to publish your communication research: An insider's guide* (pp. 77–96). Thousand Oaks, CA: Sage.

Lindlof, T. R. (2008a). Constructivism. In W. Donsbach (Ed.), *The international encyclopedia of communication.* London: Blackwell. Available at http://www.blackwell reference.com/subscriber/tocode?id= g9781405131995_chunk_g9781405131 9958_ss130–1

Lindlof, T. R. (2008b). *Hollywood under siege: Martin Scorsese, the religious right, and the culture wars.* Lexington: University Press of Kentucky.

Lindlof, T. R. (2009). Qualitative methods. In R. L. Nabi & M. B. Oliver (Eds.), *The SAGE handbook of media processes and effects* (pp. 53-66). Thousand Oaks, CA: Sage.

Lindlof, T. R., & Taylor, B. C. (2002). *Qualitative communication research methods* (2nd ed.). Thousand Oaks, CA: Sage.

Livingstone, S. (2004). The challenge of changing audiences: Or, what is the audience researcher to do in the age of the Internet. *European Journal of Communication, 19,* 75–86.

Lofland, J. (1974). Styles of reporting qualitative field research. *American Sociologist, 9,* 101–111.

Loseke, D. R., & Cahill, S. E. (2004). Publishing qualitative manuscripts: Lessons learned. In C. Seale, G. Gobo, J. F. Gubrium, & D. Silverman (Eds.), *Qualitative research practice* (pp. 491–506). Thousand Oaks, CA: Sage.

Lotz, A. D. (2000). Assessing qualitative television audience research: Incorporating feminist and anthropological theoretical innovation. *Communication Theory, 10,* 447–467.

Lotz, A. D., & Ross, S. M. (2004). Toward ethical cyberspace audience research: Strategies for using the internet for television audience studies. *Journal of Broadcasting & Electronic Media, 48,* 501–512.

Lowrey, T. M., Otnes, C. C., & McGrath, M. (2005). Shopping with consumers: Reflections and innovations. *Qualitative Market Research, 8,* 176–188.

Lugosi, P. (2006). Between overt and covert research: Concealment and disclosure in an ethnographic study of commercial hospitality. *Qualitative Inquiry, 12,* 541–561.

Lull, J. (1985). Ethnographic studies of broadcast media audiences: Notes on method. In J. Dominick & J. Fletcher (Eds.), *Broadcasting research methods* (pp. 80–88). Boston: Allyn & Bacon.

Lull, J., & Wallis, R. (1992). The beat of West Vietnam. In J. Lull (Ed.), *Popular music and communication* (pp. 207–236). Newbury Park, CA: Sage.

Lunt, P., & Livingstone, S. (1996). Rethinking the focus group in media and communication research. *Journal of Communication, 46,* 79–98.

Lykkeslet, E., & Gjengedal, E. (2007). Methodological problems associated with practice-close research. *Qualitative Health Research, 17,* 699–704.

Lyman, P., & Wakeford, N. (1999). Introduction: Going into the virtual field. *American Behavioral Scientist, 43,* 359–376.

Lynch, M., Livingston, E., & Garfinkel, H. (1983). Temporal order in laboratory work. In K. Knorr-Cetina & M. Mulkay (Eds.), *Science observed: Perspectives on the social study of science* (pp. 205–238). Beverly Hills, CA: Sage.

Lyon, A. (2004). Participants' use of cultural knowledge as cultural capital in a dot-com start-up organization. *Management Communication Quarterly, 18,* 175–203.

Madge, J. (1965). *The tools of social science.* Garden City, NY: Anchor.

Madison, D. S. (1999). Performing theory/embodied writing. *Text and Performance Quarterly, 19,* 107–124.

Madison, D. S. (2005). *Critical ethnography: Method, ethics, and performance.* Thousand Oaks, CA: Sage.

Madison, D. S., & Hamera, J. (Eds.). (2006). *The SAGE handbook of performance studies.* Thousand Oaks, CA: Sage.

Makagon, D., & Neumann, M. (2009). *Recording culture: Audio documentary and the ethnographic experience.* Thousand Oaks, CA: Sage.

Malinowski, B. (1967). *A diary in the strict sense of the term.* New York: Harcourt.

Maloney, R. S., & Paolisso, M. (2001). What can digital audio data do for you? *Field Methods, 13,* 88–96.

Mandelbaum, J. (1990). Beyond mundane reason: Conversation analysis and context. *Research on Language & Social Interaction, 24,* 333–350.

Mangabeira, W. C. (1996). CAQDAS and its diffusion across four countries: National specifities and common themes. *Current Sociology, 44,* 191–205.

Mann, C., & Stewart, F. (2000). *Internet communication and qualitative research.* London: Sage.

Marcus, G. E. (1995). Ethnography in/of the world system: The emergence of multi-sited ethnography. *Annual Review of Anthropology, 24,* 95–117.

Marcus, G. E. (1998). *Ethnography through thick and thin.* Princeton, NJ: Princeton University Press.

Marcus, G. E., & Cushman, D. (1982). Ethnographies as texts. *Annual Review of Anthropology, 11,* 25–69.

Marcus, G. E., & Fischer, M. M. J. (1986). *Anthropology as cultural critique.* Chicago: University of Chicago Press.

Markham, A. N. (2004). The Internet as research context. In C. Seale, G. Gobo, J. F. Gubrium, & D. Silverman (Eds.), *Qualitative research practice* (pp. 328–344). Thousand Oaks, CA: Sage.

Markham, A. N. (2005). "Go ugly early": Fragmented narrative and bricolage as interpretive method. *Qualitative Inquiry, 11,* 813–839.

Markham, A. N. (2009). How can qualitative researchers produce work that is meaningful across time, space, and culture? In A. N. Markham & N. K. Baym (Eds.), *Internet inquiry: Conversations about method* (pp. 131–155). Thousand Oaks, CA: Sage.

Markham, A. N., & Baym, N. K. (Eds.). (2009). *Internet inquiry: Conversations about method.* Thousand Oaks, CA: Sage.

Markowitz, L. (2001). Finding the field: Notes on the ethnography of NGOs. *Human Organization, 60,* 40–46.

Marshall, J. (1993). Viewing organizational communication from a feminist perspective: A critique and some offerings. In S. A. Deetz (Ed.), *Communication yearbook 16* (pp. 122–143). Newbury Park, CA: Sage.

Martin, J., & Nakayama, T. (1999). Thinking dialectically about culture and communication. *Communication Theory, 9*(1), 1–25.

Martin, P. Y. (1989). The moral politics of organizations: Reflections of an unlikely feminist. *Journal of Applied Behavioral Science, 25,* 451–470.

Mason, B., & Dicks, B. (1999). The digital ethnographer. *Cybersociology, 6.* Retrieved December 16, 2001, from http://www.cybersociology.com/files/6_1_virtualethnographer.html

Mason, B. & Dicks, B (2001). Going beyond the code: The production of hypermedia ethnography. *Social Science Computer Review, 19,* 445–457.

Mason, J. (1994). Linking qualitative and quantitative data analysis. In A. Bryman

& R. G. Burgess (Eds.), *Analyzing qualitative data* (pp. 89–110). New York: Routledge.

Maxwell, J. A. (1992). Understanding and validity in qualitative research. *Harvard Educational Review, 62,* 279–300.

May, R. A. B., & Pattillo-McCoy, M. (2000). Do you see what I see? Examining a collaborative ethnography. *Qualitative Inquiry, 6,* 65–87.

Mayer, V. (2003). Living telenovelas/telenovelizing life: Mexican American girls' identities and transnational telenovelas. *Journal of Communication, 53,* 479–495.

Maynard, D. W., & Klayman, S. E. (1991). The diversity of ethnomethodology. *Annual Review of Sociolinguistics, 17,* 385–418.

McCall, G. J. (1984). Systematic field observation. *Annual Review of Sociology, 10,* 263–282.

McCarthy, A. (2001). *Ambient television: Visual culture and public space.* Durham: University of North Carolina Press.

McCoyd, J. L. M., & Kerson, T. S. (2006). Conducting intensive interviews using email. *Qualitative Social Work, 5,* 389–406.

McCracken, G. (1988). *Culture and consumption: New approaches to the symbolic character of consumer goods and activities.* Bloomington: Indiana University Press.

McGhee, G., Marland, G. R., & Atkinson, J. (2007). Grounded theory research: Literature reviewing and reflexivity. *Journal of Advanced Nursing, 60,* 334–342.

McIntyre, A. (2003). Through the eyes of women: Photovoice and participatory research as tools for reimagining place. *Gender, Place and Culture, 10,* 47–66.

McKinney, J. P., & McKinney, K. G. (1999). Prayer in the lives of late adolescents. *Journal of Adolescence, 22,* 279–290.

McKinnon, S. L. (2008). Unsettling resettlement: Problematizing "Lost Boys of Sudan" resettlement and identity. *Western Journal of Communication, 72,* 397–414.

McLellan, E., MacQueen, K. M., & Neidig, J. L. (2003). Beyond the qualitative interview: Data preparation and transcription. *Field Methods, 15,* 63–83.

McMillan, J. J., & Cheney, G. (1996). The student as consumer: The implications and limitations of a metaphor. *Communication Education, 45,* 1–15.

McMillin, D. C. (2003). Television, gender, and labor in the global city. *Journal of Communication, 53,* 496–511.

McPhee, R. O. (1985). Formal structure and organizational communication. In R. O. McGee & P. Thompkins (Eds.), *Organizational communication: Traditional theories and new directions* (pp. 149–177). Beverly Hills, CA: Sage.

McPherson, T. (2009). Introduction: Media studies and the digital humanities. *Cinema Journal, 48,* 119–123.

Mead, G. H. (1934). *Mind, self and society.* Chicago: University of Chicago Press.

Mehan, E. R. (2001). Culture: Text or artifact or action? *Journal of Communication Inquiry, 25,* 208–217.

Mehan, H. (1979). *Learning lessons.* Cambridge, MA: Harvard University Press.

Menon, S. (2007). A participant observation analysis of the *Once & Again* Internet message bulletin boards. *Television & New Media, 8,* 341–374.

Mergenthaler, E., & Stinson, C. H. (1992). Psychotherapy transcription standards. *Psychotherapy Research, 2,* 125–142.

Meunier, D., & Vasquez, C. (2008). On shadowing the hybrid character of actions: A communicational approach. *Communication Methods and Measures, 2,* 167–192.

Meyer, T. P., Traudt, P. J., & Anderson, J. A. (1980). Non-traditional mass communication research methods: Observational case studies of media use in natural settings. In D. Nimmo (Ed.), *Communication yearbook 4* (pp. 261–275). New Brunswick, NJ: Transaction.

Mies, M. (1981). Towards a methodology for feminist research. In G. Bowles & R. Duelli-Klein (Eds.), *Theories of women's studies, II* (pp. 25–46). Berkeley: University of California, Women's Studies Department.

Miles, M. B. (1979). Qualitative data as an attractive nuisance: The problem of analysis. *Administrative Science Quarterly, 24,* 590–601.

Miles, M. B., & Huberman, A. M. (1984). *Qualitative data analysis: A sourcebook of new methods.* Beverly Hills, CA: Sage.

Miller, D. L. (2008). Material culture. In T. Bennett & J. Frow (Eds.), *The SAGE handbook of cultural analysis* (pp. 271–290). Thousand Oaks, CA: Sage.

Miller, D. L., Creswell, J. W., & Olander, L. S. (1998). Writing and retelling multiple ethnographic tales of a soup kitchen for the homeless. *Qualitative Inquiry, 4,* 469–491.

Miller, G. (1997). Contextualizing texts: Studying organizational texts. In G. Miller & R. Dingwall (Eds.), *Context and method in qualitative research* (pp. 77–91). Thousand Oaks, CA: Sage.

Miller, K. (2002). *Communication theories: Perspectives, processes, and contexts.* Boston: McGraw-Hill.

Miller, K. (2009). Fieldnotes from a Rock Band bar night: 21st century fieldwork. Retrieved from http://flowtv.org/2009/08/fieldnotes-from-a-rock-band-bar-night-kiri-miller-brown-university

Miller, M. (1998). (Re)presenting voices in dramatically scripted research. In A. Banks & S. Banks (Eds.), *Fiction and social research: By ice or fire* (pp. 67–78). Walnut Creek, CA: AltaMira.

Mishler, E. G. (1986). *Research interviewing: Context and narrative.* Cambridge, MA: Harvard University Press.

Mishler, E. G. (1990). Validation in inquiry-guided research: The role of exemplars in narrative studies. *Harvard Educational Review, 60,* 415–442.

Mitchell, J. C. (1983). Case and situation analysis. *Sociological Review, 31,* 187–211.

Moore, L. F. (1991). Inside Aunt Virginia's kitchen. In P. J. Frost, L. F. Moore, M. R. Louis, C. C. Lundberg, & J. Martin (Eds.), *Reframing organizational culture* (pp. 366–372). Newbury Park, CA: Sage.

Morgan, D. L. (1988). *Focus groups as qualitative research.* Newbury Park, CA: Sage.

Morgan, D. L. (1996). Focus groups. *Annual Review of Sociology, 22,* 129–153.

Morley, D. (1992). *Television, audiences, and cultural studies.* New York: Routledge.

Morley, D. (1997). Theoretical orthodoxies: Textualism, constructivism and the "new ethnography" in cultural studies. In M. Ferguson & P. Golding (Eds.), *Cultural studies in question* (pp. 121–137). Thousand Oaks, CA: Sage.

Morrill, C., Snow, D. A., & White, C. (2005). The study of personal relationships in public places. In C. Morrill, D. A. Snow, & C. H. White (Eds.), *Together alone: Personal relationships in public contexts* (pp. 1–23). Berkeley: University of California Press.

Morris, G. H., & Hopper, R. (1987). Symbolic action as alignment: A synthesis of rules approaches. *Research on Language and Social Interaction, 21,* 1–29.

Morris, M. B. (1977). *An excursion into creative sociology.* New York: Columbia University Press.

Morrison, D. E. (1998). *The search for a method: Focus groups and the development of mass communication research.* Luton, Bedfordshire, UK: University of Luton Press.

Morse, J. M. (2008). "What's your favorite color?" Reporting irrelevant demographics in qualitative research. *Qualitative Health Research, 18,* 299–300.

Mumby, D. (1997). Modernism, postmodernism, and communication studies: A rereading of an ongoing debate. *Communication Theory, 7,* 1–28.

Mumby, D. (1998). The problem of hegemony: Rereading Gramsci for organizational communication studies. *Western Journal of Communication, 61,* 343–375.

Muniz, A. M., Jr., & O'Guinn, T. C. (2001). Brand community. *Journal of Consumer Research, 27,* 412–432.

Murphy, E., & Dingwall, R. (2001). The ethics of ethnography. In P. Atkinson, A. Coffey, S. Delamont, J. Lofland, & L. Lofland (Eds.), *Handbook of ethnography* (pp. 339–351). Thousand Oaks, CA: Sage.

Murphy, P. D. (1999a). Doing audience ethnography: A narrative account of establishing ethnographic identity and locating interpretive communities in fieldwork. *Qualitative Inquiry, 5,* 479–504.

Murphy, P. D. (1999b). Media cultural studies' uncomfortable embrace of ethnography. *Journal of Communication Inquiry, 23*(3), 205–221.

Murphy, P. D., & Kraidy, M. M. (2003). International communication, ethnography, and the challenge of globalization. *Communication Theory, 13,* 304–323.

Murray, D. M. (1990). *Shoptalk: Learning to write with writers*. Portsmouth, NH: Boynton/Cook Publishers.

Murthy, D. (2008). Digital ethnography: An examination of the use of new technologies for social research. *Sociology, 42,* 837–855.

Musello, C. (1980). Studying the home mode: An exploration of family photography and visual communication. *Studies in Visual Communication, 6*(1), 23–42.

Musello, C. (1992). Objects in process: Material culture and communication. *Southern Folklore, 49,* 37–59. `

Myerhoff, B. (1978). *Number our days*. New York: Penguin.

Nabi, R., & Oliver, M. (2009). *The SAGE handbook of media processes and effects*. Thousand Oaks, CA: Sage.

Nakayama, T. K., & Krizek, R. L. (1995). Whiteness: A strategic rhetoric. *Quarterly Journal of Speech, 81,* 291–309.

Natanson, M. (1968). Alfred Schutz on social reality and social science. *Social Research, 35,* 217–244.

Nelson, C. K. (2004). The brave new world of research surveillance. *Qualitative Inquiry, 10,* 207–218.

Nelson, C., Treichler, P. A., & Grossberg, L. (1992). Cultural studies: An introduction. In L. Grossberg, C. Nelson, & P. A. Treichler (Eds.), *Cultural studies* (pp. 1–16). New York: Routledge.

Neumann, M. (1994). The contested spaces of cultural dialogue. In S. Deetz (Ed.), *Communication yearbook 17* (pp. 148–158). Thousand Oaks, CA: Sage.

Neumann, M., & Eason, D. (1990). Casino world: Bringing it all back home. *Cultural Studies, 4,* 45–60.

Neumann, M., & Simpson, T. A. (1997). Smuggled sound: Bootleg recording and the pursuit of popular memory. *Symbolic Interaction, 20,* 319–341.

Newbury, J., & Hoskins, M. L. (2008). A meaningful method: Research with adolescent girls who use crystal methamphetamine. *Child Youth Care Forum, 37,* 227–240.

Nicholas, C. L. (2009). I don't believe in Hantu (ghosts), but they do exist: Malay syncretic talk-in-interaction. *Qualitative Research Reports in Communication, 10,* 46–54.

Nocera, J. L. (2002). Ethnography and hermeneutics in cybercultural research accessing IRC virtual communities. *Journal of Computer Mediated Communication, 7*(2).

Novek, E. M. (1995). West Urbania: An ethnographic study of communication practices in inner-city youth culture. *Communication Studies, 46,* 169–186.

Noy, C. (2008). Mediation materialized: The semiotics of a visitor book at an Israeli commemoration site. *Critical Studies in Media Communication, 25,* 175–195.

O'Keefe, D. J. (1980). Ethnomethodology. *Journal for the Theory of Social Behaviour, 9,* 187–219.

O'Toole, P., & Were, P. (2008). Observing places: Using space and material culture in qualitative research. *Qualitative Research, 8,* 616–634.

Olesen, V. (2000). Feminisms and qualitative research at and into the millennium. In N. K. Denzin & Y. S. Lincoln (Eds.), *Handbook of qualitative research* (pp. 215–256). Thousand Oaks, CA: Sage.

Olesen, V. (2005). Early millennial feminist qualitative research challenges and contours. In N. K. Denzin & Y. S. Lincoln (Eds.), *The SAGE handbook of qualitative research* (3rd ed., pp. 235–278). Thousand Oaks, CA: Sage.

Olesen, V., Droes, N., Hatton, D., Chico, N., & Schatzman, L. (1994). Analyzing together: Recollections of a team approach. In A. Bryman & R. G. Burgess (Eds.), *Analyzing qualitative data* (pp. 111–128). London and New York: Routledge.

Olesen, V., & Whittaker, E. W. (1967). Role-making in participant observation: Processes in the researcher-actor relationship. *Human Organization, 26,* 273–281.

Ollenburger, J. C., & Moore, H. A. (1992). *A sociology of women: The intersection of patriarchy, capitalism and colonization*. Englewood Cliffs, NJ: Prentice Hall.

Olson, L. N. (2003). "From lace teddies to flannel pj's": An analysis of males' experience and expressions of love. *Qualitative Research Reports in Communication, 4,* 38–44.

Ono, D., & Buescher, K. A. (2001). Deciphering Pocahontas: Unpackaging the commodification of a Native American woman. *Critical Studies in Media Communication, 18,* 23–43.

Orgad, S. (2009). How can researchers make sense of the issues involved in collecting and interpreting online and offline data? In A. N. Markham & N. K. Baym (Eds.), *Internet inquiry: Conversations about method* (pp. 33–53). Thousand Oaks, CA: Sage.

Ortner, S. B. (1997). Introduction [Special Issue on Clifford Geertz]. *Representations 59,* 1–13.

Osborne, L. (2002, January 13). Consuming rituals of the suburban tribe. *The New York Times Magazine,* pp. 28–31.

Osterlund, C. S. (2008). Documents in place: Demarcating places for collaboration in healthcare settings. *Computer Supported Cooperative Work, 17,* 195–225.

Otnes, C., Kim, K., & Kim, Y. C. (1994). Yes, Virginia, there is a gender difference: Analyzing children's requests to Santa Claus. *Journal of Popular Culture, 28,* 17–29.

Otnes, C., & McGrath, M. A. (1994). Ritual socialization and the children's birthday party: The early emergence of gender differences. *Journal of Ritual Studies, 8,* 73–93.

Pacanowsky, M. E. (1983). A small-town cop: Communication in, out, and about a crisis. In L. L. Putnam & M. E. Pacanowsky (Eds.), *Communication and organizations* (pp. 261–282). Beverly Hills, CA: Sage.

Pacanowsky, M. E. (1988a). Communication in the empowering organization. In J. A. Anderson (Ed.), *Communication yearbook 11* (pp. 356–379). Newbury Park, CA: Sage.

Pacanowsky, M. E. (1988b). Slouching towards Chicago. *Quarterly Journal of Speech, 74,* 453–467.

Pacanowsky, M. E., & O'Donnell-Trujillo, N. (1982). Communication and organizational cultures. *Western Journal of Speech Communication, 46,* 115–130.

Pacanowsky, M. E., & O'Donnell-Trujillo, N. (1983). Organizational communication as cultural performances. *Communication Monographs, 50,* 126–147.

Packard, J. (2008). "I'm gonna show you what it's really like out here": The power and limitation of participatory visual methods. *Visual Studies, 23,* 63–77.

Padovani, C. (2010). Citizens' communication and the 2009 G8 Summit in L'Aquila, Italy. *International Journal of Communication, 4,* 416–439. Available at http://ijoc.org/ojs/index.php/ijoc/article/view/720/421

Paget, M. A. (1983). Experience and knowledge. *Human Studies, 6,* 67–90.

Palmer, R. E. (1969). *Hermeneutics: Interpretation theory in Schleiermacher, Dilthey, Heidegger and Gadamer.* Evanston, IL: Northwestern University Press.

Parameswaran, R. (2001). Feminist media ethnography in India: Exploring power, gender, and culture in the field. *Qualitative Inquiry, 7,* 69–103.

Pardun, C. J. (1999). Theory into practice: An analysis of qualitative research in the *Journal of Broadcasting and Electronic Media,* 1978–1998. *Journal of Broadcasting and Electronic Media, 44*(3), 529–534.

Park, J. H., Gabbadon, N. G., & Chernin, A. R. (2006). Naturalizing racial differences through comedy: Asian, Black, and White views on racial stereotypes in *Rush Hour 2. Journal of Communication, 56,* 157–177.

Parker, L., & Lynn, M. (2002). What's race got to do with it? Critical race theory's conflict with and connections to qualitative research methodology and epistemology. *Qualitative Inquiry, 8,* 7–22.

Patke, R. S. (2006). Postcolonial cultures. *Theory, Culture & Society, 23,* 2–3.

Patton, M. Q. (1990). *Qualitative evaluation and research methods* (2nd ed.). Newbury Park, CA: Sage.

Paveglio, T., Carroll, M. S., Absher, J. D., & Norton, T. (2009). Just blowing smoke? Residents' social construction of communication about wildfire. *Environmental Communication, 3,* 76–94.

Pearce, W. B. (1985). Scientific research methods in communication studies and their implications for theory and research. In T. W. Benson (Ed.), *Speech communication in the 20th century* (pp. 255–281). Carbondale: Southern Illinois University Press.

Pearce, W. B., & Cronen, V. E. (1980). *Communication, action and meaning: The creation of social realities.* New York: Praeger.

Pelias, R. J. (1999). *Writing performance: Poeticizing the researcher's body.* Carbondale: Southern Illinois University Press.

Pelias, R. J. (2005). Performative writing as scholarship: An apology, an argument, an anecdote. *Cultural Studies <=> Critical Methodologies, 5,* 415–424.

Pelto, P. J., & Pelto, G. H. (1978). *Anthropological research: The structure of inquiry* (2nd ed.). Cambridge, UK: Cambridge University Press.

Perakyla, A. (2004). Conversation analysis. In C. Seale, G. Giampetro, J. F. Gubrium, & D. Silverman (Eds.), *Qualitative research practice* (pp. 165–179). Thousand Oaks, CA: Sage.

Perrin, A. J. (2002). Making "Silicon Valley": Culture, representation, and technology at the Tech Museum. *Communication Review, 5,* 91–108.

Peters, J. D. (1986). Institutional sources of intellectual poverty in communication research. *Communication Research, 13,* 527–559.

Petersen, S. M. (2007). Mundane cyborg practice: Material aspects of broadband Internet use. *Convergence: The International Journal of Research into New Media Technologies, 13,* 79–91.

Petraglia, J. (2007). Narrative intervention in behavior and public health. *Journal of Health Communication, 12,* 493–505.

Petronio, S., & Bourhis, J. (1987). Identifying family collectivities in public places: An instructional exercise. *Communication Education, 36,* 46–51.

Philipsen, G. (1975). Speaking "like a man" in Teamsterville: Culture patterns of role enactment in an urban neighborhood. *Quarterly Journal of Speech, 61,* 13–22.

Philipsen, G. (1989). An ethnographic approach to communication studies. In B. Dervin, L. Grossberg, B. J. O'Keefe, & E. Wartella (Eds.), *Rethinking communication: Vol. 1. paradigm issues* (pp. 258–268). Newbury Park, CA: Sage.

Philipsen, G. (2008, November 21). *Coming to terms with cultures.* The Carroll C. Arnold Distinguished Lecture, National Communication Association. Reprint available (2010) from Pearson Education. Boston: Allyn & Bacon.

Philipsen, G., & Carbaugh, D. (1986). A bibliography of fieldwork in the ethnography of communication. *Language in Society, 15,* 387–397.

Plummer, K. (2001). The call of life stories in ethnographic research. In P. Atkinson, A. Coffey, S. Delamont, J. Lofland, & L. Lofland (Eds.), *Handbook of ethnography* (pp. 395–406). Thousand Oaks, CA: Sage.

Podsakoff, P. M., & Dalton, D. R. (1987). Research methodology in organizational studies. *Journal of Management, 13,* 419–441.

Pollock, D. (1998). Performing writing. In P. Phelan & J. Lane (Eds.), *The ends of performance* (pp. 73–103). New York: New York University Press.

Pomerantz, A. (1990). Constructing skepticism: Four devices used to engender audience's skepticism. *Research on Language and Social Interaction, 22,* 293–313.

Poole, M. S., & McPhee, R. (1994). Methodology in interpersonal communication research. In M. L. Knapp & G. R. Miller (Eds.), *Handbook of interpersonal communication* (2nd ed., pp. 42–100). Thousand Oaks, CA: Sage.

Poole, M. S., & McPhee, R. D. (2005). Structuration theory. In S. May & D. K. Mumby (Eds.), *Engaging organizational communication: Multiple perspectives* (pp. 171–196). Thousand Oaks, CA: Sage.

Poulos, C. N. (2006). The ties that bind us, the shadows that separate us: Life and death, shadow and (dream) story. *Qualitative Inquiry, 12,* 96–117.

Poulos, C. N. (2008). Narrative conscience and the autoethnographic adventure. *Qualitative Inquiry, 14,* 44–66.

Prasad, A., & Prasad, P. (2002). The coming of age of interpretive organizational research. *Organizational Research Methods, 5,* 4–11.

Prasad, P. (2005). *Crafting qualitative research: Working the postpostivist traditions.* New York: M. E. Sharpe.

Presnell, M. (1994). Postmodern ethnography: From representing the other to co-producing a text. In K. Carter & M. Presnell (Eds.), *Interpretive approaches* to interpersonal communication (pp. 11–43). Albany, NY: SUNY Press.

Press, A. L., & Cole, E. R. (1995). Reconciling faith and fact: Pro-life women discuss media, science and the abortion debate. *Critical Studies in Mass Communication, 12,* 380–402.

Prosser, J., & Schwartz, D. (1998). Photographs within the sociological research process. In J. Prosser (Ed.), *Image-based research: A source book for qualitative researchers* (pp. 115–130). London: Falmer Press.

Punch, M. (1986). *The politics and ethics of fieldwork.* Beverly Hills, CA: Sage.

Putnam, L. L., & Pacanowsky, M. E. (Eds.). (1983). *Communication and organizations.* Beverly Hills, CA: Sage.

Putnam, L. L., Bantz, C., Deetz, S., Mumby, D., & Van Maanen, J. (1993). Ethnography versus critical theory: Debating organizational research. *Journal of Management Inquiry, 2,* 221–235.

Rabinow, P. (1986). Representations are social facts: Modernity and post-modernity in anthropology. In J. Clifford & G. E. Marcus (Eds.), *Writing culture: The poetics and politics of ethnography* (pp. 234–261). Berkeley: University of California Press.

Rabinow, P., & Sullivan, W. M. (1987). The interpretive turn: A second look. In P. Rabinow & W. M. Sullivan (Eds.), *Interpretive social science: A second look* (pp. 1–30). Berkeley: University of California Press.

Radway, J. (1984). *Reading the romance: Feminism and the representation of women in popular culture.* Chapel Hill: University of North Carolina Press.

Ragin, C. C., Nagel, J., & White, P. (200). *Workshop on scientific foundations of qualitative research.* Washington, DC: National Science Foundation. Retrieved July 23, 2009, from http://www.nsf.gov/pubs/2004/nsf04219/nsf04219.pdf

Rambo, C. (2007). Handing IRB an unloaded gun. *Qualitative Inquiry, 13,* 353–367.

Rao, S. (2007). The globalization of Bollywood: An ethnography of non-elite audiences in India. *The Communication Review, 10,* 57–76.

Rapley, T. J. (2001). The art(fullness) of open-ended interviewing: Some considerations on analyzing interviews. *Qualitative Research, 1,* 303–323.

Ratliff, E. (2000, December). O, engineers! *Wired,* 357–367.

Rawlins, W. K. (1983). Openness as problematic in ongoing friendships: Two conversational dilemmas. *Communication Monographs, 50,* 1–13.

Reinharz, S. (1992). *Feminist methods in social research.* New York: Oxford University Press.

Ribak, R. (2009). Remote control, umbilical cord and beyond: The mobile phone as a transitional object. *British Journal of Developmental Psychology, 27,* 183–196.

Rice, R. E., & Gattiker, U. E. (2001). New media and organizational structuring. In F. M. Jablin & L. L. Putnam (Eds.), *The new handbook of organizational communication* (pp. 544–581). Thousand Oaks, CA: Sage.

Richardson, L. (1992). The consequences of poetic representation: Writing the other, rewriting the self. In C. Ellis & M. G. Flaherty (Eds.), *Investigating subjectivity: Research on lived experience* (pp. 125–140). Newbury Park, CA: Sage.

Richardson, L. (1994). Nine poems: Marriage and the family. *Journal of Contemporary Ethnography, 23,* 3–13.

Richardson, L. (1995). Narrative and sociology. In J. Van Maanen (Ed.), *Representation in ethnography* (pp. 198–221). Thousand Oaks, CA: Sage.

Richardson, L. (1996). Educational birds. *Journal of Contemporary Ethnography, 25,* 6–15.

Richardson, L. (1997). *Fields of play: Constructing an academic life.* New Brunswick, NJ: Rutgers University Press.

Richardson, L. (2000). Writing: A method of inquiry. In N. K. Denzin & Y. S. Lincoln (Eds.), *Handbook of qualitative research* (2nd ed., pp. 923–948). Thousand Oaks, CA: Sage.

Richardson, L., & St. Pierre, E. A. (2005). Writing: A method of inquiry. In N. K. Denzin & Y. S. Lincoln (Eds.), *The SAGE handbook of qualitative research* (3rd ed., pp. 959–978). Thousand Oaks, CA: Sage.

Richardson, R., & Kramer, E. H. (2006). Abduction as the type of inference that characterizes the development of a grounded theory. *Qualitative Research, 6,* 497–513.

Ricoeur, P. (1977). The model of the text: Meaningful action considered as a text. In F. R. Dallmayr & T. A. McCarthy (Eds.), *Understanding and social inquiry* (pp. 316–334). Notre Dame, IN: University of Notre Dame Press.

Riley, P. (1983). A structurationist account of political culture. *Administrative Science Quarterly, 28,* 414–437.

Robbins, T., Anthony, D., & Curtis, T. E. (1973). The limits of symbolic realism: Problems of empathic field observation in · a sectarian context. *Journal for the Scientific Study of Religion, 12,* 259–271.

Robertson, J. (2003). Listening to the heartbeat of New York: Writings on the wall. *Qualitative Inquiry, 9,* 129–152.

Rock, P. (1979). *The making of symbolic interactionism.* Totowa, NJ: Rowman & Littlefield.

Rodriguez, A. (1996). Objectivity and ethnicity in the production of Noticiero Univision. *Critical Studies in Mass Communication, 13,* 59–81.

Rodriguez, A., & Clair, R. P. (1999). Graffitti as communication: Exploring the discursive tensions of anonymous texts. *Southern Communication Journal, 65,* 1–15.

Rogers, E. M., Singhal, A., & Thombre, A. (2004). Indian audience interpretations of health-related content in *The Bold and the Beautiful. International Communication Gazette, 66,* 437–458.

Ronai, C. R. (1992). The reflexive self through narrative: A night in the life of an erotic dancer/researcher. In C. Ellis & M. G. Flaherty (Eds.), *Investigating subjectivity: Research on lived experience* (pp. 102–124). Newbury Park, CA: Sage.

Ronai, C. R. (1995). Multiple reflections of child sexual abuse: An argument for a layered account. *Journal of Contemporary Ethnography, 23,* 395–426.

Ronai, C. R. (1996). My mother is mentally retarded. In C. Ellis & A. P. Bochner (Eds.), *Composing ethnography: Alternative forms of qualitative writing* (pp. 109–131). Walnut Creek, CA: AltaMira.

Rosaldo, R. (1987). Where objectivity lies: The rhetoric of anthropology. In J. S. Nelson, A. Megill, & D. McCloskey (Eds.), *The rhetoric of the human sciences: Language and argument in scholarship and public affairs* (pp. 87–110). Madison: University of Wisconsin Press.

Rosen, M. (1985). Breakfast at Spiro's: Dramaturgy and dominance. *Journal of Management, 11,* 31–48.

Rosteck, T. (1999). Introduction. In T. Rosteck (Ed.), *At the intersection: Cultural studies and rhetorical studies* (pp. 1–23). New York: Guilford.

Roth, W. D., & Mehta, J. D. (2002). The Rashomon effect: Combining positivist and interpretivist approaches in the analysis of contested events. *Sociological Methods & Research, 31,* 131–173.

Rowe, A. C. (2008). *Power lines: On the subject of feminist alliances.* Durham, NC: Duke University Press.

Rubin, R. B., Rubin, A. M., & Piele, L. J. (1999). *Communication research: Strategies and sources* (5th ed.). Belmont, CA: Wadsworth.

Ruby, J. (Ed.). (1982). *A crack in the mirror: Reflexive perspectives in anthropology.* Philadelphia: University of Pennsylvania Press.

Ruddock, A. (2007). *Investigating audiences.* Thousand Oaks, CA: Sage.

Rusted, B. (1995, November 17). *Setting the cat among the pigeons.* Written panel response presented at the Speech Communication Association Conference, San Antonio, TX.

Ryan, G. W., & Bernard, H. R. (2000). Data management and analysis methods. In N. K. Denzin & Y. S. Lincoln (Eds.), *Handbook of qualitative research* (2nd ed., pp. 769–802). Thousand Oaks, CA: Sage.

Ryen, A. (2004). Ethical issues. In C. Seale, G. Gobo, J. F. Gubrium, & D. Silverman (Eds.), *Qualitative research practice* (pp. 218–235). Thousand Oaks, CA: Sage.

Sacks, H. (1963). Sociological description. *Berkeley Journal of Sociology, 8,* 1–16.

Sacks, H., Schegloff, E., & Jefferson, G. (1974). A simplest systematics for the organization of turn-taking for conversation. *Language, 50,* 696–735.

Saenz, M. (1997). The deployment of culture. *Journal of Communication Inquiry, 21,* 6–22.

Saferstein, B. (1991, August). *Constructing and constraining television violence.* Paper presented at the annual meeting of the American Sociological Association, Cincinnati, OH.

Saferstein, B. (1995). *Focusing opinions: Conversation, authority, and the (re)construction of knowledge.* Paper presented at the annual meeting of the American Sociological Association, Washington, DC.

Said, E. W. (1979). *Orientalism.* New York: Vintage Books.

Said, E. W. (1989). Representing the colonized: Anthropology's interlocutors. *Critical Inquiry, 15,* 205–225.

Salvo, J. (2003). Review of A. S. Canagarajah, A geopolitics of academic writing. *Qualitative Inquiry, 9,* 965–968.

Samarajiva, R. (1996). Surveillance by design: Public networks and the control of consumption. In R. Mansell & R. Silverstone (Eds.), *Communication by design: The politics of information and communication technologies* (pp. 129–156). New York: Oxford University Press.

Samra-Fredericks, D., & Bargiela-Chiappini, F. (2008). Introduction to the symposium on the foundations of organizing: The Contribution from Garfinkel, Goffman and Sacks. *Organization Studies, 29,* 653–675.

Sanday, P. R. (1983). The ethnographic paradigm(s). In J. Van Maanen (Ed.), *Qualitative methodology* (pp. 19–36). Beverly Hills, CA: Sage.

Sanders, C. R. (1997). Earn as you learn: Connections between doing qualitative work and living daily life. *Qualitative Sociology, 20,* 457–464.

Sanjek, R. (Ed.). (1990a). *Fieldnotes: The makings of anthropology.* Ithaca, NY: Cornell University Press.

Sanjek, R. (1990b). A vocabulary for fieldnotes. In R. Sanjek (Ed.), *Fieldnotes: The makings of anthropology* (pp. 92–121). Ithaca, NY: Cornell University Press.

Santo, A., & Lucas, C. (2009). Engaging academic and nonacademic communities through online scholarly work. *Cinema Journal, 48,* 129–138.

Sass, J. S. (2000). Emotional labor as cultural performance: The communication of caregiving in a nonprofit nursing home. *Western Journal of Communication, 64,* 330–358.

Saukko, P. (2005). Methodologies for cultural studies: An integrative approach. In N. K. Denzin & Y. S. Lincoln (Eds.), *The SAGE handbook of qualitative research* (3rd ed., pp. 343–356). Thousand Oaks, CA: Sage.

Schacter, R. (2008). An ethnography of iconoclash: An investigation into the production, consumption and destruction of street-art in London. *Journal of Material Culture, 13,* 35–61.

Schatzman, L., & Strauss, A. L. (1973). *Field research: Strategies for a natural sociology.* Englewood Cliffs, NJ: Prentice Hall.

Schechner, R. (1983). News, sex, and performance theory. In I. Hassan & S. Hassan (Eds.), *Innovation/renovations* (pp. 189–210). Madison: University of Wisconsin Press.

Schegloff, E. (1968). Sequencing in conversational openings. *American Anthropologist, 70,* 1075–1095.

Scheibel, D. (1992). Faking identity in clubland: The communicative performance of "fake ID." *Text and Performance Quarterly, 12,* 160–175.

Schely-Newman, E. (1995). Sweeter than honey: Discourse of reproduction among North-African Israeli women. *Text and Performance Quarterly, 15,* 175–188.

Schiellerup, P. (2008). Stop making sense: The trials and tribulations of qualitative data analysis. *Area, 40,* 163–171.

Schudson, M. (1989). How culture works. *Theory, Culture & Society, 18,* 153–180.

Schudson, M. (1994). Question authority: A history of the news interview in American journalism, 1860s–1930s. *Media, Culture & Society, 16,* 565–587.

Schutz, A. (1944). The stranger: An essay in social psychology. *American Journal of Sociology, 49,* 499–507.

Schutz, A. (1967). *The phenomenology of the social world.* Evanston, IL: Northwestern University Press.

Schwandt, T. A. (1989). Solutions to the paradigm conflict: Coping with uncertainty. *Journal of Contemporary Ethnography, 17*, 379–407.

Schwandt, T. A. (1997). *Qualitative inquiry: A dictionary of terms.* Thousand Oaks, CA: Sage.

Schwandt, T. A. (2000). Three epistemological stances for qualitative inquiry: Interpretivism, hermeneutics, and social constructionism. In N. K. Denzin & Y. S. Lincoln (Eds.), *Handbook of qualitative research* (pp. 189–214). Thousand Oaks, CA: Sage.

Schwandt, T. A. (2007). *The SAGE dictionary of qualitative inquiry* (3rd ed.). Thousand Oaks, CA.

Schwartz, M. S., & Schwartz, C. G. (1955). Problems in participant observation. *American Journal of Sociology, 60*, 343–354.

Schwartzman, H. (1993). *Ethnography in organizations.* Newbury Park, CA: Sage.

Scott, M. B., & Lyman, S. M. (1968). Accounts. *American Sociological Review, 33*, 46–62.

Seddon, F. A., & Biasutti, M. (2009). Modes of communication between members of a string quartet. *Small Group Research, 40*, 115–137.

Segrin, C. (2009). Primary, secondary, and tertiary communication interventions for sustaining and improving quality of life. *Communication Monographs, 75*, 331–340.

Seibold, D. (1995). Theoria and praxis: Means and ends in applied communication research. In K. N. Cissna (Ed.), *Applied communication in the 21st century* (pp. 23–38). Mahwah, NJ: Lawrence Erlbaum.

Seiter, E. (2004). Qualitative audience research. In R. C. Allen & A. Hill (Eds.), *The television studies reader* (pp. 461–478). New York: Routledge.

Shalin, D. N. (1986). Pragmatism and social interactionism. *American Sociological Review, 51*, 9–29.

Shankar, S. (2006). Metaconsumptive practices and the circulation of objectifications. *Journal of Material Culture, 11*, 293–317.

Shapiro, M. J. (1988). *The politics of representation: Writing practices in biography, photography, and policy analysis.* Madison: University of Wisconsin Press.

Sharf, B. F., & Street, R. L. (1997). The patient as a central construct: Shifting the emphasis. *Health Communication, 9*(1), 1–11.

Shelton, A. (1995). The man at the end of the machine. *Symbolic Interaction, 18*, 505–518.

Sherman, R. (2002). The subjective experience of race and gender in qualitative research. *American Behavioral Scientist, 45*, 1247–1253.

Shi, X., & Babrow, A. S. (2007). Challenges of adolescent and young Chinese American identity constructions: An application of problematic integration theory. *Western Journal of Communication, 71*, 316–335.

Shields, D. C. (2000). Symbolic convergence and special communication theories: Sensing and examining dis/enchantment with the theoretical robustness of critical autoethnography. *Communication Monographs, 67*, 392–421.

Shields, V. R., & Dervin, B. (1993). Sensemaking in feminist social science research: A call to enlarge the methodological options of feminist studies. *Women's Studies International Forum, 16*, 65–81.

Shimanoff, S. (1980). *Communication rules.* Beverly Hills, CA: Sage.

Shklovski, I. A., & Mainwaring, S. D. (2005, April). *Exploring technology adoption and use through the lens of residential mobility.* In proceedings of the SIGCHI Conference of Human Factors in Computing Systems, Portland, OR. Retrieved January 29, 2008, from http://portal.acm.org/citation.cfm?id=1055058

Sholle, D. J. (1988). Critical studies: From the theory of ideology to power/knowledge. *Critical Studies in Mass Communication, 5*, 16–41.

Shome, R. (1996). Postcolonialist interventions in the rhetorical canon: An "other" view. *Communication Theory, 6*, 40–59.

Shome, R. (1998). Postcolonial or neocolonial? Defining the grounds of research in global communication studies: Caught in the term "post-colonial": Why the "post-colonial" still matters. *Critical Studies in Media Communication, 15*, 203–212.

Shome, R. (2006). Interdisciplinary research and globalization. *The Communication Review, 9,* 1–36.

Shome, R. & Hegde, R. (2002). Culture, communication, and the challenge of globalization. *Critical Studies in Media Communication, 9,* 172–189.

Shrum, W., Duque, R., & Brown, T. (2005). Digital video as research practice: Methodology for the millennium. *Journal of Research Practice, 1*(1). Retrieved July 8, 2007, from http://jrp .icaap.org/index.php/jrp/article/view/6

Shulman, D. (1994). Dirty data and investigative methods: Some lessons from private detective work. *Journal of Contemporary Ethnography, 23,* 214–253.

Siegel, T. (Co-Producer & Director), & Conquergood, D. (Co-Producer). (1985). *Between two worlds: The Hmong shaman in America* [Film]. (Available from Filmmakers Library, 124 East 40th Street, New York, NY 10016, Phone: 212-808-4980)

Siegel, T. (Co-Producer), & Conquergood, D. (Co-Producer). (1990). *Hearts broken in half: Chicago's street gangs* [Film]. (Available from Filmmakers Library, 124 East 40th Street, New York, NY 10016, Phone: 212–808–4980)

Sigman, S. J. (1980). On communication rules from a social perspective. *Human Communication Research, 7,* 37–51.

Sigman, S. J. (1987). *A perspective on social communication.* Lexington, MA: Lexington.

Silverman, D. (1985). *Qualitative methodology and sociology.* London: Gower.

Silverman, D. (2000). Analyzing text and talk. In N. K. Denzin & Y. S. Lincoln (Eds.), *Handbook of qualitative research* (2nd ed., pp. 821–834). Thousand Oaks, CA: Sage.

Simpson, T. A. (2000). Streets, sidewalks, stores, and stories: Narrative and uses of urban space. *Journal of Contemporary Ethnography, 29,* 674–708.

Slack, J. D., & Semati, M. M. (1997). Intellectual and political hygiene: The "Sokal affair." *Critical Studies in Mass Communication, 14,* 201–227.

Sloop, J. M., & Ono, K. A. (1997). Out-law discourse: The critical politics of material judgment. *Philosophy and Rhetoric, 30,* 50–69.

Small, M. L. (2009). "How many cases do I need?": On science and the logic of case selection in field-based research. *Ethnography, 10,* 5–38.

Smircich, L., & Calas, M. (1987). Organizational culture: A critical assessment. In F. Jablin (Ed.), *Handbook of organizational communication* (pp. 228–263). Newbury Park, CA: Sage.

Smith, B. H. (1983). Contingencies of value. *Critical Inquiry, 10,* 1–35.

Smith, C., & Short, P. M. (2001). Integrating technology to improve the efficiency of qualitative data analysis—A note on methods. *Qualitative Sociology, 24,* 401–407.

Smith, L. T. (2005). Imperialism, history, writing, and theory. In G. G. Desai & S. Nair (Eds.), *Postcolonialism: An anthology of cultural theory and criticism* (pp. 94–115). New Brunswick, NJ: Rutgers University Press.

Smith, S. M. (1998). On the pleasures of ruined pictures. In A. Banks & S. Banks (Eds.), *Fiction and social research: By ice or fire* (pp. 179–194). Walnut Creek, CA: AltaMira.

Snow, D. A. (1980). The disengagement process: A neglected problem in participant-observation research. *Qualitative Sociology, 3,* 100–122.

Snow, D. A., Benford, R. D., & Anderson, L. (1986). Fieldwork roles and informational yield. *Urban Life, 14,* 377–408.

Spalding, N. J., & Phillips, T. (2007). Exploring the use of vignettes: From validity to trustworthiness. *Qualitative Health Research, 17,* 954–962.

Spatig, L., Seelinger, K., Dillon, A., Parrott, L., & Conrad, K. (2005). From an ethnographic team to a feminist learning community: A reflective tale. *Human Organization, 64,* 103–113.

Speier, M. (1973). *How to observe face-to-face communication: A sociological introduction.* Pacific Palisades, CA: Goodyear.

Spiggle, S. (1994). Analysis and interpretation of qualitative data in consumer research. *Journal of Consumer Research, 21,* 491–503.

Spradley, J. P. (1979). *The ethnographic interview.* New York: Holt, Rinehart & Winston.

Spradley, J. P. (1980). *Participant observation.* New York: Holt, Rinehart & Winston.

St. Pierre, E. A. (1999). The work of response in ethnography. *Journal of Contemporary Ethnography, 28,* 266–287.

Stacey, J. (1988). Can there be a feminist ethnography? *Women's Studies International Forum, 11,* 21–27.

Stanfield, J. H., & Dennis, R.M. (Eds.). (1993). *Race and ethnicity in research methods.* Newbury Park, CA: Sage.

Steele, J. (1999). Teenage sexuality and media practice: Factoring in the influences of family, friends, and school. *Journal of Sex Research, 36,* 331–341.

Stewart, J. (1981). Philosophy of qualitative inquiry: Hermeneutical phenomenology and communication research. *Quarterly Journal of Speech, 67,* 109–124.

Stewart, J., & Philipsen, G. (1984). Communication as situated accomplishment: The cases of hermeneutics and ethnography. In B. Dervin & M. J. Voigt (Eds.), *Progress in communication sciences* (Vol. 5, pp. 179–217). Norwood, NJ: Ablex.

Stewart, K. (2005). Cultural poesis: The generativity of emergent things. In N. Denzin & Y. Lincoln (Eds.), *Handbook of qualitative research* (3rd ed., pp. 1027–1042). Thousand Oaks, CA: Sage.

Stohl, C. (2005). Globalization theory. In S. May & D. Mumby (Eds.), *Engaging organizational communication theory & research perspectives* (pp. 223–261). Thousand Oaks, CA: Sage.

Stoller, P. (1989). *The taste of ethnographic things.* Philadelphia: University of Pennsylvania Press.

Strano, A. (2008). Engaging academic and nonacademic communities through online scholarly work. *Cinema Journal, 48,* 129–138.

Strauss, A. L. (1987). *Qualitative analysis for social scientists.* Cambridge, UK: Cambridge University Press.

Strauss, A. L., & Corbin, J. (1990). *Basics of qualitative research.* Newbury Park, CA: Sage.

Strinati, D. (1995). *An introduction to theories of popular culture.* London: Routledge.

Strine, M. S. (1991). Critical theory and "organic" intellectuals: Reframing the work of cultural critique. *Communication Monographs, 58,* 195–201.

Strine, M. S. (1997). Deconstructing identity in/and difference: Voices "under erasure." *Western Journal of Communication, 61,* 448–459.

Strine, M. S., & Pacanowsky, M. E. (1985). How to read interpretive accounts of organizational life: Narrative bases of textual authority. *Southern Speech Communication Journal, 50,* 283–297.

Striphas, T. (2010). Acknowledged goods: Cultural studies and the politics of academic journal publishing. *Communication and Critical/Cultural Studies, 7,* 3–25.

Stromer-Galley, J., & Schiappa, E. (1998). The argumentative burdens of audience conjectures: Audience research in popular culture criticism. *Communication Theory, 8*(1), 27–62.

Sturges, J. E., & Hanrahan, K. J. (2004). Comparing telephone and face-to-face qualitative interviewing: A research note. *Qualitative Research, 4,* 107–118.

Stylianou, S. (2008). Interview control questions. *International Journal of Social Research Methodology, 11,* 239–256.

Suchman, L. (2007, February). *Anthropology as "brand": Reflections on corporate anthropology.* Presented at the Colloquium on Interdisciplinarity and Society, Oxford University, Oxford, UK.

Sumpter, R. S. (2000). Daily newspaper editors' audience construction routines: A case study. *Critical Studies in Media Communication, 17,* 334–346.

Sunderland, P. L. (1999). Fieldwork and the phone. *Anthropology Quarterly, 72*(3), 105–117.

Takhteyev, Y. (2009). Networks of practice as heterogeneous actor-networks. *Information, Communication & Society, 12,* 566–583.

Taylor, B. C. (1997a). Revis(it)ing nuclear history: Narrative conflict at the Bradbury Science Museum. *Studies in Cultures, Organizations, and Societies, 3,* 119–145.

Taylor, B. C. (1997b). Home zero: Images of home and field in nuclear-critical studies. *Western Journal of Communication, 61,* 209–234.

Taylor, B. C. (1999). Browsing the culture: Membership and intertextuality at a Mormon bookstore. *Studies in Cultures, Organizations, and Societies, 5,* 61–95.

Taylor, B. C. (2003). Postmodernism, ethnography, and communication studies:

Comments and a case. In R. Clair (Ed.), *Expressions of ethnography: Novel approaches to qualitative methods* (pp. 65–76). Albany, NY: SUNY Press.

Taylor, B. C., & Trujillo, N. (2001). Issues in qualitative research. In F. Jablin & L. Putnam (Eds.), *The new handbook of organizational communication* (pp. 161–194). Thousand Oaks, CA: Sage.

Taylor, C. (1977). Interpretation and the sciences of man. In F. R. Dallmayr & T. A. McCarthy (Eds.), *Understanding and social inquiry* (pp. 101–131). Notre Dame, IN: University of Notre Dame Press.

Taylor, J. R. (2005). Engaging organization through worldview. In S. May & D. K. Mumby (Eds.), *Engaging organizational communication theory and research: Multiple perspectives* (pp. 197–221). Thousand Oaks, CA: Sage.

Tedlock, B. (1991). From participant observation to the observation of participation: The emergence of narrative ethnography. *Journal of Anthropological Research, 47,* 69–94.

Ten Have, P. (2004). Ethnomethodology. In C. Seale, G. Giampetro, J. F. Gubrium, & D. Silverman (Eds.), *Qualitative research practice* (pp. 139–152). Thousand Oaks, CA: Sage.

Tesch, R. (1990). *Qualitative research: Analysis types and software tools.* New York: Falmer.

Thackaberry, J. A. (2004). "Discursive opening" and closing in organizational self-study. *Management Communication Quarterly, 17,* 319–359.

Thelwall, M. (2004). *Link analysis: An information science approach.* San Diego, CA: Academic Press.

Thomas, J. (1993). *Doing critical ethnography.* Newbury Park, CA: Sage.

Thomas, J. (2003). Musings on critical ethnography, meanings, and symbolic violence. In R. Clair (Ed.), *Expressions of ethnography: Novel approaches to qualitative methods* (pp. 45–54). Albany, NY: SUNY Press.

Thornton, A., Freedman, D. S., & Camburn, D. (1982). Obtaining respondent cooperation in family panel studies. *Sociological Methods & Research, 11,* 33–51.

Thornton, S. (1999). An academic Alice in adland: Ethnography and the commercial world. *Critical Quarterly, 41,* 58–68.

Tigas, C. (2006). *Pagan identities within the Unitarian Universalist Church.* Unpublished manuscript, University of Kentucky, Lexington.

Tilley, C. (2001). Ethnography and material culture. In P. Atkinson, A. Coffey, S. Delamont, J. Lofland, & L. Lofland (Eds.), *Handbook of ethnography* (pp. 258–272). Thousand Oaks, CA: Sage.

Tilley, C., Keane, W., Kuchler, S., Rowlands, M., & Spyer, P. (Eds.). (2006). *Handbook of material culture.* London: Sage.

Tillmann, L. M. (2009). Body and bulimia revisted: Reflections on "A Secret Life." *Journal of Applied Communication Research, 37,* 98–112.

Tillmann-Healy, L. M. (1996). A secret life in a culture of thinness: Reflections on body, food, and bulimia. In C. Ellis & A. P. Bochner (Eds.), *Composing ethnography: Alternative forms of qualitative writing* (pp. 76–108). Walnut Creek, CA: AltaMira.

Tinney, J. (2008). Negotiating boundaries and roles: Challenges faced by the nursing home ethnographer. *Journal of Contemporary Ethnography, 37,* 202–225.

Titscher, S., Meyer, M., Wodak, R., & Vetter, E. (2000). *Methods of text and discourse analysis.* Thousand Oaks, CA: Sage.

Tong, T. (1989). *Feminist thought: A comprehensive introduction.* Boulder, CO: Westview.

Tracy, K. (2007). The discourse of crisis in public meetings: Case study of a school district multimillion dollar error. *Journal of Applied Communication Research, 35,* 418–441.

Tracy, K., & Gallois, C. (Eds.). (1997). Qualitative contributions to empirical research [Special issue]. *Human Communication Research, 23,* 451–615.

Tracy, K., & Haspel, K. (2004). Language and social interaction: Its institutional identity, intellectual landscape, and discipline-shifting agenda. *Journal of Communication, 54,* 788–816.

Tracy, S. J., & Tracy, K. (1998). Emotion labor at 911: A case study and theoretical critique. *Journal of Applied Communication Research, 26,* 390–411.

Traudt, P. J., Anderson, J. A., & Meyer, T. P. (1987). Phenomenology, empiricism, and media experience. *Critical Studies in Mass Communication, 4,* 302–310.

Trethewey, G., & Ashcraft, K. L. (2004). Introduction. *Journal of Applied Communication Research, 32,* 81–88.

Trost, J. E. (1986). Statistically nonrepresentative stratified sampling: A sampling technique for qualitative studies. *Qualitative Sociology, 9,* 54–57.

Trujillo, N. (1993). Interpreting November 22: A critical ethnography of an assassination site. *Quarterly Journal of Speech, 79,* 447–466.

Tuchman, G. (1991). Qualitative methods in the study of news. In K. B. Jensen & N. W. Jankowski (Eds.), *A handbook of qualitative methodologies for mass communication research* (pp. 79–92). London: Routledge.

Tuckett, A. (2004). Qualitative research sampling: The very real complexities. *Nurse Researcher, 12,* 47–61.

Tudor, A. (1999). *Decoding culture.* Thousand Oaks, CA: Sage.

Turner, B. A. (1988). Connoisseurship in the study of organizational cultures. In A. Bryman (Ed.), *Doing research in organizations* (pp. 108–122). London: Routledge.

Turner, V. (1957). *Schism and continuity in an African society.* Manchester, UK: University of Manchester Press.

Tyler, S. (1986). Post-modern ethnography: From document of the occult to occult document. In J. Clifford & G. E. Marcus (Eds.), *Writing culture: The poetics and politics of ethnography* (pp. 122–140). Berkeley: University of California Press.

Ureta, S. (2006, June 20–27). *Locating the TV: Television placement and the reconfiguration of space in low-income homes in Santiago, Chile.* Media Anthropology Network—Working Papers. Retrieved April 8, 2010, from http://www.media-anthropology.net/ureta_locatingTV.pdf

Vacchs, A. (2009). *Haiku: A novel.* New York: Random House.

van Loon, J. (2006). Network. *Theory, Culture & Society, 23,* 2–3.

Van Maanen, J. (1979). The fact of fiction in organizational ethnography. *Administrative Science Quarterly, 24,* 535–550.

Van Maanen, J. (1988). *Tales of the field: On writing ethnography.* Chicago: University of Chicago Press.

Van Maanen, J. (1995a). An end to innocence: The ethnography of ethnography. In J. Van Maanen (Ed.), *Representation in ethnography* (pp. 1–35). Thousand Oaks, CA: Sage.

Van Maanen, J. (1995b). Trade secrets: On writing ethnography. In R. H. Brown (Ed.), *Postmodern representations: Truth, power, and mimesis in the human sciences and public culture* (pp. 60–79). Urbana: University of Illinois Press.

Vande Berg, L., & Trujillo, N. (2008). *Cancer and death: A love story in two voices.* Creskill, NJ: Hampton Press.

Vanderford, M., Jenks, E., & Sharf, B. (1997). Exploring patients' experiences as a primary source of meaning. *Health Communication, 9*(1), 13–26.

Veroff, J., & DiStefano, A. (2002). Introduction. *American Behavior Scientist, 45,* 1188–1196.

Vidich, A. J., & Lyman, S. M. (2000). Qualitative methods: Their history in sociology and anthropology. In N. K. Denzin & Y. S. Lincoln (Eds.), *Handbook of qualitative research* (2nd ed., pp. 37–84). Thousand Oaks, CA: Sage.

Vignes, D. S. (2008a). "Hang it out to dry": Performing ethnography, cultural memory, and Hurricane Katrina in Chalmette, Louisiana. *Text and Performance Quarterly, 28,* 344–350.

Vignes, D. S. (2008b). Hang it out to dry: A performance script. *Text and Performance Quarterly, 28,* 351–365.

Villi, M. (2007). Mobile visual communication: Photo messages and camera phone photography. *Nordicom Review, 28,* 49–62.

Waite, C. (2007). On the evolution of a discipline. *Qualitative Research Reports in Communication, 8,* 15–19.

Waite, C. (2009). How to study communication: Notes on a method. *Cultural Studies <=> Critical Methodologies, 9,* 438–445.

Waldram, J. B. (2007). Everybody has a story: Listening to imprisoned sexual offenders. *Qualitative Health Research, 17,* 963–970.

Wall, S. (2008). Easier said than done: Writing an autoethnography. *International Journal of Qualitative Methods, 7,* 38–53.

Walsh, S. (2001, May 23). *Corporate anthropology: Dirt-free research.* Retrieved June 2, 2009, from emBlogz: http://rajakutai.wordpress.com/2009/02/18/corporate-anthropology-dirt-free-research

Walther, J. (2002). Research ethics in Internet-enabled research: Human subjects issues and methodological myopia. *Ethics and Information Technology, 4,* 205–216.

Wanat, C. L. (2008). Getting past the gatekeepers: Differences between access and cooperation in public school research. *Field Methods, 20,* 191–208.

Wander, P. (1996). Marxism, post-colonialistm, and rhetorical contextualization. *Quarterly Journal of Speech, 82,* 402–435.

Warr, D. J. (2005). "It was fun . . . but we don't usually talk about these things": Analyzing sociable interaction in focus groups. *Qualitative Inquiry, 11,* 200–225.

Warren, C. A. B. (1988). *Gender issues in field research.* Newbury Park, CA: Sage.

Warren, C. A. B., Barnes-Brus, T., Burgess, H., Wiebold-Lippisch, L., Hackney, J., Harkness, G., et al. (2003). After the interview. *Qualitative Sociology, 26,* 93–109.

Wartella, E. (1987). Commentary on qualitative research and children's mediated communication. In T. R. Lindlof (Ed.), *Natural audiences: Qualitative research of media uses and effects* (pp. 109–118). Norwood, NJ: Ablex.

Wax, M. L. (1972). Tenting with Malinowski. *American Sociological Review, 37,* 1–13.

Webb, E. J., Campbell, D. T., Schwartz, R. D., & Sechrest, L. (1966). *Unobtrusive measures: Nonreactive research in the social sciences.* Chicago: Rand McNally College Publishing.

Weber, M. (1968). *Economy and society.* New York: Bedminster.

Weick, D. E., & Roberts, K. H. (1993). Collective mind in organizations: Heedful interrelating on flight decks. *Administrative Science Quarterly, 38,* 357–381.

Weick, K. (1985). Systematic observation methods. In G. Lindzey & E. Aronson (Eds.), *Handbook of social psychology: Vol 1. Theory and method* (3rd ed., pp. 567–634). New York: Random House.

Weil, M. (1989). Research on vulnerable populations. *Journal of Applied Behavioral Science, 25,* 419–437.

Weitzman, E. A. (2000). Software and qualitative research. In N. K. Denzin & Y. S. Lincoln (Eds.), *Handbook of qualitative research* (2nd ed., pp. 803–820). Thousand Oaks, CA: Sage.

Welker, L. S., & Goodall, H. L. (1997). Representation, interpretation, and performance: Opening the text of *Casing a Promised Land. Text and Performance Quarterly, 17,* 109–122.

Wellman, D. (1994). Constituting ethnographic authority: The work process of field research. *Cultural Studies, 8,* 569–583.

West, E. (2008). Mass producing the personal: The greeting card industry's approach to commercial sentiment. *Popular Communication, 6,* 231–247.

West, J. T. (1993). Ethnography and ideology: The politics of cultural representation. *Western Journal of Communication, 57,* 209–220.

Weston, C., Gandell, T., Beauchamp, J., McAlpine, L., Wiseman, C., & Beauchamp, C. (2001). Analyzing interview data: The development and evolution of a coding system. *Qualitative Sociology, 24,* 381–400.

White, R. W. (2007). "I'm not too sure what I told you the last time": Methodological notes on accounts from high-risk activists in the Irish Republican movement. *Mobilization, 12,* 287–305.

Whyte, W. F. (1943). *Street corner society.* Chicago: University of Chicago Press.

Whyte, W. F. (1982). Interviewing in field research. In R. G. Burgess (Ed.), *Field research: A source book and field manual* (pp. 111–122). London: Allen and Unwin.

Williams, M. (2000). Interpretivism and generalization. *Sociology, 34,* 209–224.

Willink, K. (2008). Economy & Pedagogy: Laboring to learn in Camden County, North Carolina. *Communication and Critical/Cultural Studies, 5,* 64–86.

Willis, P. (1977). *Learning to labour: How working class kids get working class jobs.* London: Saxon House.

Winch, P. (1958). *The idea of a social science and its relation to philosophy.* London: Routledge & Kegan Paul.

Winner, L. (1980). Do artifacts have politics? *Daedalus, 109*(1), 121–136.

Witmer, D. F. (1997). Communication and recovery: Structuration as an ontological approach to organizational culture. *Communication Monographs, 64,* 324–349.

Wittenberg-Lyles, E. M. (2006). Narratives of hospice volunteers: Perspectives on death and dying. *Qualitative Research Reports in Communication, 7,* 51–56.

Wolcott, H. F. (1999). *Ethnography: A way of seeing.* Walnut Creek, CA: AltaMira.

Wolcott, H. F. (2001). *Writing up qualitative research.* Thousand Oaks, CA: Sage.

Woolgar, S., Coopmans, C., & Neyland, D. (2009). Does STS mean business? *Organization, 16,* 5–30.

Yates, J. A., & Orlikowski, W. V. (1992). Genres of organizational communication: A structural approach to studying communication and media. *Academy of Management Review, 17,* 299–326.

Young, J. R. (2009, May 1). 2 Professors rock out online to study fame—and Us. *The Chronicle of Higher Education, 55*(34), A10.

Zelditch, M., Jr. (1962). Some methodological problems of field studies. *American Journal of Sociology, 67,* 566–576.

Zimmerman, D. H., & Wieder, L. (1977). The diary: Diary-interview method. *Urban Life, 5,* 479–498.

Zoller, H., & Kline, K. (2008). Interpretive and critical contributions to health communication theory. In C. S. Beck (Ed.), *Communication yearbook 32* (pp. 89–135). New York: Routledge.

图书在版编目（CIP）数据

传播学质性研究方法 / （美）托马斯·R.林德洛夫
（Thomas R. Lindlof），（美）布莱恩·C.泰勒
（Bryan C. Taylor）著；叶欣，李静，周翔译.--重庆：
重庆大学出版社，2020.8
　（万卷方法）
　书名原文：Qualitative Communication Research Methods
　ISBN 978-7-5689-2037-7

Ⅰ.①传… Ⅱ.①托… ②布… ③叶… ④李… ⑤周
… Ⅲ.①传播学—研究方法 Ⅳ.①G206-3
中国版本图书馆CIP数据核字（2020）第042176号

传播学质性研究方法
CHUANBOXUE ZHIXING YANJIU FANGFA

［美］托马斯·R.林德洛夫
［美］布莱恩·C.泰勒　　　著

叶欣　李静　周翔　译

周翔　审校

策划编辑：林佳木

特约编辑：陈　康

责任编辑：陈　曦　　版式设计：林佳木

责任校对：万清菊　　责任印制：张　策

*

重庆大学出版社出版发行

出版人：饶帮华

社址：重庆市沙坪坝区大学城西路21号

邮编：401331

电话：（023）88617190　88617185（中小学）

传真：（023）88617186　88617166

网址：http://www.cqup.com.cn

邮箱：fxk@cqup.com.cn（营销中心）

全国新华书店经销

重庆俊蒲印务有限公司印刷

*

开本：787mm×1092mm　1/16　印张：17　字数：428千

2020年8月第1版　　2020年8月第1次印刷

ISBN 978-7-5689-2037-7　定价：68.00元

版贸核渝字（2012）第 157 号